沥青路面结构电算

蒋 鑫　邱延峻　著

西南交通大学出版社
·成都·

内容简介

本书主要包括两大部分内容，第一部分主要是介绍基于 BISAR、KENLAYER、MICHPAVE、EverStressFE 和 3D-Move Analysis 等 5 款代表性专用软件的电算技术，首先从标准算例入手，然后针对前处理、计算求解和后处理等，阐释各软件应用的原理算法、技术细节和注意事项；第二部分主要是结合著者团队近年来所开展的工作，阐述这些软件在路面结构层次组合方案比选、路面工程课程设计中的实际应用，指出针对这些实例应用各软件的核心之处。书末以附录形式列出了美国肯塔基大学（University of Kentucky）的 Yang H. Huang 教授所著 *Pavement analysis and design*（*Second Edition*）第 3 章 "KENLAYER Computer Program" 末共 14 道习题的 KENLAYER 电算求解数据输入文件及扼要注释。

本书是著者团队近年来在路面结构精细化数值模拟领域研究心得的阶段性总结，可供从事沥青路面结构电算分析、计算力学软件开发等相关人员参考，亦可作为高等院校道路与铁道工程专业研究生及土木工程、道路桥梁与渡河工程专业高年级本科生教材。

图书在版编目（CIP）数据

沥青路面结构电算 / 蒋鑫，邱延峻著. —成都：西南交通大学出版社，2022.11
ISBN 978-7-5643-8870-6

Ⅰ. ①沥… Ⅱ. ①蒋… ②邱… Ⅲ. ①沥青路面－结构分析－应用软件 Ⅳ. ①U416.217-39

中国版本图书馆 CIP 数据核字（2022）第 150693 号

Liqing Lumian Jiegou Diansuan
沥青路面结构电算

蒋　鑫　邱延峻　著

责任编辑	韩洪黎
封面设计	GT 工作室
出版发行	西南交通大学出版社 （四川省成都市金牛区二环路北一段 111 号 西南交通大学创新大厦 21 楼）
邮政编码	610031
发行部电话	028-87600564　028-87600533
网址	http://www.xnjdcbs.com
印刷	四川煤田地质制图印刷厂
成品尺寸	185 mm × 260 mm
印张	21.25
字数	451 千
版次	2022 年 11 月第 1 版
印次	2022 年 11 月第 1 次
书号	ISBN 978-7-5643-8870-6
定价	59.00 元

图书如有印装质量问题　本社负责退换
版权所有　盗版必究　举报电话：028-87600562

行车荷载作用下沥青路面结构应力、应变、弯沉等力学响应的求解分析是路面工程的重要研究课题之一。随着电子计算机硬件与计算方法的快速发展，以及相应电算程序的纷纷涌现，人们已普遍接受、认可并采用电算技术于沥青路面结构分析之中。然而，令人遗憾的是，尽管科技期刊、学术会议上已经发表了诸多关于沥青路面结构电算分析的论文，但根据我们所能接触到的资料看，目前仍缺少一本专门地、系统地介绍电算技术，尤其是专用软件（程序）在沥青路面结构分析中应用的著作，这无疑严重阻碍了电算技术在沥青路面结构计算分析中的推广应用。

我们注意到，一方面，了解、掌握弹性层状体系理论、有限单元法等基础理论，并不意味着会正确、灵活使用各种电算程序（软件）于沥青路面结构分析之中，导致相关人员不愿、不敢、不擅运用这些优秀的程序，将其束之高阁，实为可惜；另一方面，又产生了错用、滥用电算程序的趋势，轻视各程序背后的假设、前提，粗暴地视这些高级工具为数字计算器。这些现状促使我们深思，如何将理论算法与软件应用有机融合，实现从初步入门到高级进阶，把这些由前辈付出巨大心血所开发的电算程序（软件）切实用于实际工作当中，从而极大促进生产力发展。为此，我们结合近年来的科学研究与教学实践，着手组织构思、编撰了此书。

本书主要包括两部分内容，第一部分主要是介绍基于 BISAR、KENLAYER、MICHPAVE、EverStressFE 和 3D-Move Analysis 等 5 款代表性专用软件的沥青路面结构电算技术，即第 2~6 章，首先是借助各软件帮助文档（或经典书籍）所附原始算例，描述其使用流程，然后重点讨论软件使用中的各种细节、技巧、注意事项等；第二部分主要是结合著者团队近年来所开展的工作，阐述这些软件在路面结构层次组合方案比选、路面工程课程设计中的实际应用，并指出针对这些实例应用各软件的核心之处，即第 7~9 章。本书还以附录形式列出了美国肯塔基大学（University of Kentucky）的 Yang H. Huang 教授所著 *Pavement analysis and design*（*Second Edition*）第 3 章"KENLAYER Computer Program"末共 14 道习题的 KENLAYER 电算求解数据输入文件及扼要注释。

　　本书是著者团队近年来在路面结构精细化数值模拟领域研究心得的阶段性总结。4 位硕士生参与了本书的编撰工作，他（她）们分别是：姚康（第 2 章、第 5 章）、张免（第 3 章、附录）、姜金（第 4 章）、陈戈（第 6 章）。第 7、8 章应用实例主要分别引自著者指导硕士生冯文青、博士生吴玉所开展的工作，第 9 章则为著者结合本科生课程"路面工程课程设计"，利用 KENLAYER 程序于公路新建沥青路面结构设计方面的探索。著者早年所指导毕业的硕士生曾诚、梁雪娇、高小峰、Nonde Lushinga 等亦曾为深入理解、灵活运用这些程序进行了辛勤探索。

　　本书具有如下特色：

　　（1）主要阐述专用电算软件，这是因为大型通用软件虽然功能强大但过于庞杂，初学者往往过多纠结于有限元网格剖分、荷载施加等环节，而忽视了物理合理抽象、模型科学概化等关键之处，而专用软件短小精悍、设计巧妙，易于帮助读者迅速抓住沥青路面结构电算的核心。事实上，运用大型通用软件开展沥青路面结构电算时必须妥善考虑这些专用软件内嵌的特色（如荷载的非均匀分布）才能获得预期效果。

　　（2）选取的 5 款专用软件在研发过程中均开展过较为严格的校验，并已获学术界高度认可，分别涵盖弹性层状体系理论、轴对称有限元法、三维有限元法和三维连续有限层法，各自特色鲜明，代表性突出，在路面结构电算发展历程中占有一席之地，值得进一步深入探讨。

（3）第一部分内容算例均源自各软件帮助文档（或经典书籍），这些文档亦提供了相应的解答。本书直接一步一步讲解这些算例，并将所获结果与上述结果校核，确保两者一致，从而充分说明本书所述分析步骤、流程正确，避免了著者理解、应用这些程序时可能产生的主观偏差。

（4）站在用户角度去思考，采用先叙后议的手法，讲解每个算例的分析流程后，重点结合著者使用经验、体会，讨论各电算软件的精妙之处，帮助读者实现入门到进阶的跨越；同时为了方便读者，列出了若干相关的代表性文献目录，供读者进一步深入钻研。

（5）第二部分内容源自著者团队近年来在科研、教学中所开展的工作，主要为利用 BISAR、KENLAYER 软件分别开展路面结构层次组合方案比选、路面工程课程设计等，扼要指出了针对这些实例应用各软件的核心环节（如建模或后处理技巧、数据输入文件和结果输出文件、尚有待改进之处）。

本书主要供从事沥青路面结构电算分析、计算力学软件开发等相关人员参考，亦可作为高等院校道路与铁道工程专业研究生及土木工程、道路桥梁与渡河工程专业高年级本科生教材。著者期待本书的出版能对提高沥青路面结构电算应用技术的水平，加强沥青路面结构电算基础理论的认识深度有所裨益。作为这方面工作的率先尝试，书中定有疏漏不当之处，欢迎读者批评指正。

本书研究工作得到西南交通大学本科教育教学研究与改革项目（项目编号：2103005）、西南交通大学学位与研究生教育改革建设类项目（项目编号：YJG-2022-JD01）的支持，西南交通大学本科教育教材建设研究课题对本书出版予以资助，谨致谢意。

2022 年 8 月于西南交通大学

目录 CONTENTS

第1章　绪　论 ········· 001
1.1 沥青路面结构计算分析方法 ········· 001
1.2 我国路面结构电算技术的发展历程 ········· 005
1.3 沥青路面结构分析代表性电算软件简介 ········· 006
1.4 本书主要内容 ········· 016

第2章　基于弹性层状体系理论的 BISAR 软件电算技术 ········· 018
2.1 BISAR 程序简介 ········· 018
2.2 BISAR 程序入门 ········· 019
　2.2.1 程序安装 ········· 019
　2.2.2 算例应用 ········· 023
2.3 BISAR 程序进阶 ········· 031
　2.3.1 前处理 ········· 031
　2.3.2 计算求解 ········· 044
　2.3.3 输出结果 ········· 046
　2.3.4 程序数据管理 ········· 054
　2.3.5 建议进一步阅读的文献 ········· 057

第3章　基于弹性层状体系理论的 KENLAYER 软件电算技术 ········· 058
3.1 KENLAYER 程序简介 ········· 058
3.2 KENLAYER 程序入门 ········· 058
　3.2.1 程序安装 ········· 058
　3.2.2 算例应用 ········· 059
3.3 KENLAYER 程序进阶 ········· 069
　3.3.1 前处理 ········· 069
　3.3.2 计算求解 ········· 116

3.3.3　后处理 …………………………………………………………… 117
　　3.3.4　建议进一步阅读的文献 …………………………………………… 117

第 4 章　基于轴对称非线性有限元的 MICHPAVE 软件电算技术 ·· 119

4.1 MICHPAVE 程序简介 ……………………………………………………… 119
4.2 MICHPAVE 程序入门 ……………………………………………………… 119
　　4.2.1　程序安装 ……………………………………………………………… 119
　　4.2.2　程序运行所需内存量 ………………………………………………… 120
　　4.2.3　程序使用相关说明 …………………………………………………… 120
　　4.2.4　算例应用 ……………………………………………………………… 122
4.3 MICHPAVE 程序进阶 ……………………………………………………… 137
　　4.3.1　前处理 ………………………………………………………………… 137
　　4.3.2　计算求解 ……………………………………………………………… 146
　　4.3.3　程序结果输出 ………………………………………………………… 149
　　4.3.4　MFPDS（MICHPAVE Windows 版本）的改进 ………………… 157
　　4.3.5　建议进一步阅读的文献 ……………………………………………… 164

第 5 章　基于三维有限元的 EverStressFE 软件电算技术 ………… 166

5.1 EverStressFE 程序简介 …………………………………………………… 166
5.2 EverStressFE 程序入门 …………………………………………………… 166
　　5.2.1　程序安装 ……………………………………………………………… 166
　　5.2.2　算例应用 ……………………………………………………………… 171
5.3 EverStressFE 程序进阶 …………………………………………………… 179
　　5.3.1　前处理 ………………………………………………………………… 179
　　5.3.2　计算求解 ……………………………………………………………… 191

5.3.3 后处理 ·· 194
　　5.3.4 建议进一步阅读的文献 ·· 205

第6章　基于三维连续有限层法的 3D-Move Analysis 软件电算技术 ········ 206

6.1 3D-Move Analysis 程序简介 ·· 206
6.2 3D-Move Analysis 程序入门 ·· 207
　　6.2.1 程序安装 ··· 207
　　6.2.2 算例应用 ··· 210
6.3 3D-Move Analysis 程序进阶 ·· 230
　　6.3.1 黏弹性分析 ·· 230
　　6.3.2 荷载库 ·· 239
　　6.3.3 性能分析 ··· 248
　　6.3.4 计算点位 ··· 257
　　6.3.5 建议进一步阅读的文献 ·· 261

第7章　沥青路面结构力学分析典型专业软件评析 ································ 262

7.1 概　述 ··· 262
7.2 四款典型专业软件比较 ··· 262
　　7.2.1 模型建立 ··· 263
　　7.2.2 模型求解 ··· 266
　　7.2.3 结果输出 ··· 267
7.3 算例分析与讨论 ··· 267
7.4 一些进一步的体会 ·· 271

第8章　基于 BISAR 软件的沥青路面结构层次组合方案比选 ······ 272

8.1 概　述 ··· 272
8.2 计算模型建立及验证 ·· 272

8.3 主要力学响应比较与讨论 …………………………………………… 274
　　8.3.1 路表弯沉 ……………………………………………………… 274
　　8.3.2 面层层底拉应变 ……………………………………………… 275
　　8.3.3 土基顶面压应变 ……………………………………………… 277
　　8.3.4 路面结构横向剖面应力和应变分布 ………………………… 278
8.4 本次电算分析实施的几个核心环节 ………………………………… 280

第9章　KENLAYER软件应用于路面工程课程设计之思考 ……… 282

9.1 概　述 ………………………………………………………………… 282
9.2 在路面工程课程设计中引入 KENLAYER 软件的缘由 …………… 282
9.3 在路面工程课程设计中应用 KENLAYER 软件的方法 …………… 285
　　9.3.1 算例描述 ……………………………………………………… 286
　　9.3.2 具体实施过程 ………………………………………………… 286
9.4 在路面工程课程设计中应用 KENLAYER 软件的其他益处 ……… 294
9.5 算例数据文件及进一步的思考 ……………………………………… 295

附录　*Pavement analysis and design*（*Second Edition*）
　　　习题 KENLAYER 数据输入文件 ………………………………… 301

主要参考文献 …………………………………………………………… 327

第 1 章 绪 论

1.1 沥青路面结构计算分析方法

作为路面分析与设计中的主要内容之一，沥青路面结构的力学计算分析至关重要。一方面，通过计算分析，可以获得荷载作用下路面结构的力学行为，从而揭示路面受损破坏机制；另一方面，随着力学-经验设计方法的普及，准确、快速获得荷载作用下路面结构重要部位（如沥青面层底、土基顶面等）的关键力学响应（如沥青面层底的拉应变、土基顶面的竖向压应变等），可为路面结构设计中的性能预测提供必需的输入条件。

与刚性的水泥混凝土路面结构分析多同时考虑行车荷载与温度梯度不同，沥青路面结构分析多只考虑行车荷载，温度、湿度等气候环境因素多通过调整结构层材料属性得以体现，故沥青路面在行车荷载作用下的分析本质上属于附加应力分析范畴。

为获得行车荷载作用下沥青路面结构的力学响应，可采用解析推导、数值计算等方法。其中，解析推导系经合理必要的简化后，主要运用弹性力学、塑性力学、流变力学等知识，推导获得荷载作用下路面结构的力学响应。早年代表性的工作包括 Boussinesq 创立均质各向同性及弹性介质表面点荷载应力公式、Burmister 获得双层及三层弹性体系的应力及位移分析公式等。国内诸多老一辈学者亦在这方面取得了丰硕成果。

以单圆垂直均布荷载作用于均质半空间体（图 1-1）为例，该问题具有轴对称特征，最不利的应力、应变和挠度出现在圆面积中心的对称轴上，该处剪应力 $\tau_{rz}=0$ 而法向应力 $\sigma_r=\sigma_t$，经解析推导后单圆荷载中心以下的应力可用式（1-1）、式（1-2）计算：

$$\sigma_z = q\left[1 - \frac{z^3}{\left(a^2+z^2\right)^{1.5}}\right] \qquad (1\text{-}1)$$

$$\sigma_r = \frac{q}{2}\left[1 + 2\mu - \frac{2(1+\mu)z}{\left(a^2+z^2\right)^{0.5}} + \frac{z^3}{\left(a^2+z^2\right)^{1.5}}\right] \qquad (1\text{-}2)$$

根据式（1-1）、式（1-2），如果知晓荷载圆半径 a、荷载集度 q 及距路表的深度 z、半空间体的泊松比 μ，自然即可求得单圆荷载中心以下 z 深度处的应力。

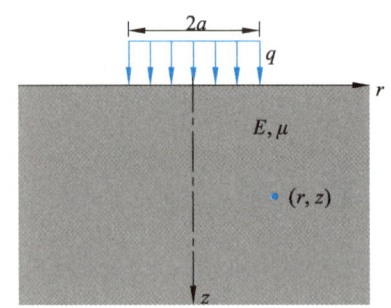

图 1-1 单圆垂直均布荷载作用下的均质半空间体

解析法（解析推导）最大的优势在于可通过解析公式，将主要影响因素（或变量）以"显式"形式明确展现，这对于工程判断具有积极意义。如从式（1-1）、式（1-2）可看出，σ_z 与半空间体的弹性模量 E 和泊松比 μ 无关，而 σ_r 与半空间体的弹性模量 E 无关。事实上，开展解析推导的过程，本身就是删繁就简的过程，即抓住主要矛盾或矛盾的主要方面，撇开无关紧要的若干因素，从而获得显式呈现的解析表达式。但注意到，解析推导涉及积分变换、特殊函数等工程数学，无疑是非常困难和烦琐的，当问题复杂时往往束手无策，当某一条件稍加改变，公式即不再适用，又需要重新予以推导。

为了便于实际工程应用，人们尝试开发了各种图表供快速计算，其中图 1-2 所示常被称为诺谟图（Nomogram），该图可用于求解圆形荷载作用下均质半空间体的竖向应力。参考图 1-1，假设半空间体不可压缩，泊松比为 0.5，荷载作用在半径为 a 和均布压力为 q 的圆面积上，欲确定空间坐标为（r，z）某点的竖向应力，则可先计算求得 r/a，依图 1-2 确定是哪条曲线，然后由 z/a 值画一水平线，获得该水平线与由 r/a 值所确定曲线的交点，再由该交点向上画一垂直线，对应求得 $(\sigma_z/q) \times 100\%$，自然就可得到竖向应力 σ_z。不难看出，使用诺谟图最大的缺陷在于过多受使用者主观判断影响，误差较大。

当然也可采用类似"中学数学用表"的查表法开展路面结构计算分析，类似表 1-1 所示的三层体系的应力系数。当数值不在表中所列时，需通过插值确定。

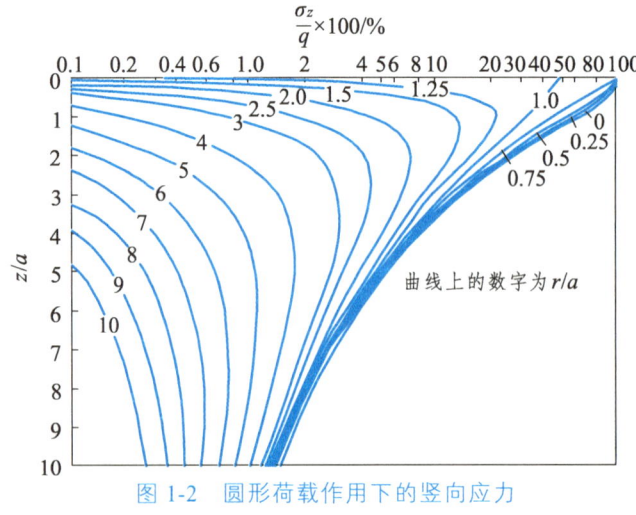

图 1-2 圆形荷载作用下的竖向应力

（注：该图引自 Yang H. Huang，1993）

表 1-1 三层体系的应力系数

H	k_2	A	$k_1=2$				$k_1=20$				$k_1=200$			
			ZZ1	ZZ2	(ZZ1−RR1)	(ZZ2−RR2)	ZZ1	ZZ2	(ZZ1−RR1)	(ZZ2−RR2)	ZZ1	ZZ2	(ZZ1−RR1)	(ZZ2−RR2)
0.125	2	0.1	0.429 50	0.008 96	0.706 22	0.017 16	0.145 29	0.008 10	1.811 78	0.015 42	0.034 81	0.005 49	3.022 59	0.009 69
		0.2	0.784 24	0.034 93	0.979 56	0.066 47	0.387 99	0.031 70	3.768 86	0.060 03	0.114 91	0.021 67	8.024 52	0.038 12
		0.4	0.980 44	0.126 67	0.709 70	0.235 31	0.786 51	0.116 50	5.167 17	0.216 40	0.332 18	0.082 29	17.641 75	0.142 86
		0.8	0.994 34	0.369 32	0.223 19	0.630 03	1.022 18	0.349 41	3.436 31	0.604 93	0.726 95	0.273 07	27.277 01	0.452 08
		1.6	0.993 64	0.721 13	−0.199 82	0.977 37	0.990 60	0.690 14	1.152 11	0.971 46	1.002 03	0.639 16	23.386 38	0.908 61
		3.2	0.999 22	0.961 48	−0.289 16	0.840 30	0.998 93	0.934 87	−0.068 94	0.883 58	1.008 28	0.925 60	11.870 14	0.914 69
	20	0.1	0.430 22	0.002 28	0.693 32	0.034 67	0.144 47	0.001 82	1.806 64	0.029 85	0.033 36	0.001 28	3.177 63	0.019 80
		0.2	0.784 14	0.008 99	0.920 86	0.135 41	0.384 69	0.007 16	3.745 73	0.116 97	0.109 28	0.005 09	8.660 97	0.078 27
		0.4	0.974 93	0.033 92	0.465 83	0.455 23	0.773 94	0.027 10	5.054 89	0.432 63	0.310 94	0.019 72	20.122 59	0.298 87
		0.8	0.978 06	0.113 50	−0.665 35	1.496 12	0.986 10	0.090 61	2.925 33	1.337 36	0.659 34	0.070 45	36.299 43	1.016 94
		1.6	0.969 21	0.312 63	−2.828 59	3.285 12	0.937 12	0.245 28	−1.270 93	2.992 15	0.879 31	0.209 63	49.408 57	2.643 13
		3.2	0.985 91	0.684 33	−5.279 06	5.059 52	0.963 30	0.554 90	−7.353 84	5.064 89	0.933 09	0.499 38	57.843 69	4.898 95
0.25	2	0.1	0.155 24	0.007 10	0.283 62	0.013 53	0.043 81	0.005 30	0.632 15	0.009 62	0.009 09	0.002 59	0.965 53	0.004 07
		0.2	0.428 09	0.027 83	0.702 25	0.052 78	0.142 82	0.020 91	1.837 66	0.037 81	0.032 69	0.010 27	3.107 63	0.016 11
		0.4	0.779 39	0.103 06	0.966 34	0.191 78	0.378 82	0.079 33	3.867 79	0.141 59	0.106 84	0.040 00	8.378 52	0.062 21
		0.8	0.967 03	0.317 71	0.668 85	0.552 11	0.759 04	0.262 78	5.507 96	0.447 10	0.304 77	0.145 13	18.955 34	0.218 60
		1.6	0.981 56	0.667 53	0.173 31	0.950 80	0.987 43	0.616 73	4.242 81	0.901 15	0.667 86	0.429 40	31.189 09	0.585 53
		3.2	0.998 40	0.937 98	−0.056 91	0.893 90	1.000 64	0.912 58	1.974 94	0.932 54	0.984 47	0.845 45	28.985 00	0.891 91

续表

H	k_2	A	$k_1=2$ ZZ1	ZZ2	(ZZ1-RR1)	(ZZ2-RR2)	$k_1=20$ ZZ1	ZZ2	(ZZ1-RR1)	(ZZ2-RR2)	$k_1=200$ ZZ1	ZZ2	(ZZ1-RR1)	(ZZ2-RR2)
0.25	20	0.1	0.154 36	0.001 79	0.257 80	0.027 28	0.042 36	0.001 23	0.650 03	0.019 30	0.007 76	0.000 65	1.087 38	0.008 61
		0.2	0.424 62	0.007 06	0.671 15	0.107 10	0.137 08	0.004 88	1.906 93	0.076 23	0.027 41	0.002 57	3.594 48	0.034 21
		0.4	0.766 47	0.026 97	0.844 62	0.399 19	0.357 16	0.018 88	4.139 76	0.290 72	0.086 34	0.010 14	10.309 23	0.133 65
		0.8	0.927 57	0.092 85	0.219 51	1.265 65	0.689 47	0.067 41	6.489 48	0.985 65	0.231 37	0.038 44	26.414 42	0.491 35
		1.6	0.913 93	0.264 54	−1.224 11	2.948 60	0.854 90	0.201 15	6.956 39	2.552 31	0.468 35	0.131 48	57.464 09	1.538 33
		3.2	0.952 43	0.607 54	−3.043 20	4.898 78	0.903 25	0.486 47	6.058 54	4.762 34	0.710 83	0.373 42	99.290 34	3.609 64
0.5	2	0.1	0.043 30	0.004 65	0.082 50	0.008 78	0.011 22	0.002 59	0.179 97	0.004 40	0.002 15	0.000 94	0.266 20	0.001 28
		0.2	0.153 25	0.018 36	0.283 18	0.034 54	0.041 72	0.010 28	0.647 79	0.017 44	0.008 26	0.003 73	0.987 72	0.005 09
		0.4	0.420 77	0.069 74	0.701 19	0.129 54	0.134 80	0.039 98	1.898 17	0.067 22	0.029 46	0.014 74	3.195 80	0.019 96
		0.8	0.756 83	0.232 56	0.966 81	0.411 87	0.351 75	0.144 19	4.095 92	0.234 76	0.095 08	0.056 22	8.719 73	0.074 34
		1.6	0.934 47	0.562 98	0.707 26	0.859 30	0.702 21	0.421 06	6.220 02	0.620 46	0.271 35	0.193 58	20.157 65	0.238 38
		3.2	0.988 01	0.886 55	0.338 78	0.963 53	0.974 20	0.822 56	5.418 28	0.938 31	0.623 99	0.529 12	34.252 29	0.549 31
	20	0.1	0.041 93	0.001 17	0.080 44	0.017 78	0.009 90	0.000 63	0.198 72	0.009 11	0.001 49	0.000 23	0.318 47	0.002 57
		0.2	0.148 08	0.004 64	0.275 74	0.070 27	0.036 48	0.002 51	0.722 64	0.036 20	0.005 64	0.000 94	1.195 98	0.010 25
		0.4	0.400 86	0.017 99	0.671 74	0.268 17	0.114 48	0.009 88	2.195 20	0.141 16	0.019 11	0.003 72	1.027 32	0.040 47
		0.8	0.690 98	0.064 76	0.861 91	0.911 68	0.279 34	0.037 31	5.247 26	0.515 85	0.055 74	0.014 53	12.008 85	0.154 52
		1.6	0.793 38	0.198 03	0.395 88	2.383 77	0.507 90	0.126 54	10.302 12	1.593 41	0.139 46	0.053 99	32.770 28	0.538 36
		3.2	0.859 40	0.492 38	−0.410 78	4.470 22	0.709 03	0.358 07	16.385 20	3.691 09	0.302 47	0.180 91	77.629 43	1.564 09

注：该表引自 Yang H. Huang, 1993。

随着电子计算机及计算方法的快速发展，人们尝试开展三层以上弹性体系力学电算，如 1967 年 Verstraeten 完成了在圆形均布垂直荷载、单向水平荷载和向心水平荷载作用下四层弹性连续体系的应力和位移计算，后陆续诞生了 BISTRO、BISAR、CIRCLY 等多层弹性体系力学计算标志性程序。1968 年，美国加州大学伯克利分校（University of California, Berkeley）的 J. M. Duncan、C. L. Monismith 和 E. L. Wilson 率先尝试将有限元法运用于沥青路面结构分析。

通过电算，可以准确、高效地获得行车荷载作用下路面结构的力学响应，目前电算技术已在沥青路面结构分析中得到广泛应用，在较为经典的教材类书籍当中，Rajib B. Mallick 和 Tahar El-Korchi 所著 Pavement engineering—principles and practice 一书的第二版[1]（2013 年出版）、第三版[2]（2018 年出版）均专门开辟章节，介绍了部分用于路面结构分析的计算机程序；Ghazi G. Al-Khateeb 在其所著 Traffic and pavement engineering 一书中阐述了 WinJULEA 程序的实际应用[3]；Yang H. Huang 所著 Pavement analysis and design 一书的第一版[4]（1993 年出版）、第二版[5]（2004 年出版），则用相当大的篇幅介绍了其所研发的 KENLAYER（基于弹性层状体系理论，用于沥青路面结构分析）、KENSLABS（基于有限单元法，用于水泥混凝土路面结构分析）两款路面结构电算程序，注意在该书第二版中这两个程序被整合命名为 KENPAVE。

另外，包括 International Journal of Pavement Engineering、Road Materials and Pavement Design、Journal of Transportation Engineering Part B-Pavements 和 International Journal of Pavement Research and Technology 等路面工程领域国际知名学术期刊也都纷纷刊载了不少关于沥青路面结构电算方法及其应用的科技论文。

1.2 我国路面结构电算技术的发展历程

电算技术应用于我国道路路面工程，始于 20 世纪 80 年代初。1983 年，张起森编写了《道路工程有限元分析法》一书[6]，介绍了有限元法在路面结构、路基工程、工程动力学问题和各种非线性问题中的应用，这或为国内该领域的第一本专著，书末附有垂直圆形均布荷载作用下多层路面应力分析的有限元电算程序（以四层为例）、多层路面应力非线性有限元分析的电算程序。这两个程序均按 719 机算法语言编写。

1990 年，王秉纲和邓学钧编写了《路面力学数值计算》一书[7]，叙述了路面力学课题的解析与数值计算方法，但限于篇幅，作者未能将计算程序编入该书。

1994 年，唐勇编写了《道路工程电算——从技能到软件》一书[8]，该书第十章介绍了柔性路面设计指标计算、柔性路面厚度设计与验算等内容。

1997 年，邓学钧、黄卫和黄晓明编写了《路面结构计算和设计电算方法》一书[9]，介绍了沥青路面、水泥混凝土路面应力分析理论及计算机程序，沥青路面及水泥混凝土路面的设计方法和设计程序等，列出了若干利用 FORTRAN 语言编制的计算与设计程序源代码。

1998 年，齐诚和余定选翻译了 Yang H. Huang 教授所著 *Pavement analysis and design* 一书第一版，中文译本[10]对促进著者 Yang H. Huang 所开发的 KENLAYER、KENSLABS 程序应用发挥了积极作用。

2001 年，邓学钧和黄晓明编写了《路面设计原理与方法》[11]，书中列出了一些用于路面结构电算分析的 FORTRAN 源代码。

2003 年，夏永旭和王秉纲编写了《道路结构力学计算》（下册）[12]，介绍了道路结构数值计算的原理和方法。

2016 年，刘俊卿编写了《路面结构数值分析方法》一书[13]。

2016 年，王凯编写了《层状弹性体系的力学分析与计算》（第二版）[14]，系统介绍了 BISAR 程序 2.0 版本的力学计算公式、程序结构组成、计算方法和数值计算。

2017 年，赵彬强编写了《路面结构设计及数值分析软件应用》一书[15]，主要介绍了路面结构设计及数值分析软件，包括 BISAR、EverStressFE1.0、EverFE2.25、URPDS、ABAQUS、Origin8.0 等。需要说明的是，BISAR 并非有限元程序，同时 BISAR、EverStressFE1.0、EverFE2.25、ABAQUS 等软件并不具有路面设计功能，而是分析软件，且 Origin 主要用于数据处理、图形绘制，实则不能直接用于结构分析。

2021 年，蒋鑫、邱延峻和姚康编写了《沥青路面结构力学分析软件 KENLAYER》[16]，蒋鑫、邱延峻和古含焱编写了《水泥混凝土路面结构力学分析软件 KENSLABS》[17]，分别全面深入地阐述了 KENLYAER、KENSLABS 两款电算软件的运用方法、注意事项。

在通用软件方面，2008 年廖公云和黄晓明编写了《ABAQUS 有限元软件在道路工程中的应用》(2014 年该书发行第二版)[18-19]，2016 年严明星和王金昌编写了《ABAQUS 有限元软件在路面结构分析中的应用》[20]，2015 年陈俊、张东和黄晓明编写了《离散元颗粒流软件（PFC）在道路工程中的应用》[21]，这些著作都积极促进了 ABAQUS 有限元软件、PFC 离散元颗粒流软件在国内路面领域电算技术的发展。

1.3 沥青路面结构分析代表性电算软件简介

目前，沥青路面结构分析的电算方法主要包括弹性层状体系理论、有限元法及其他方法，并纷纷涌现出一批各有特色的电算软件。下面扼要介绍一些国外代表性软件。

1. 在弹性层状体系理论方面

主要有 BISAR（BItumen Stress Analysis in Roads，荷兰 Bitumen Business Group 开发）、CIRCLY（澳大利亚 Mincad Systems Pty. Ltd.开发）、ELSYM（美国 SRA TECHNOLOGIES, INC.开发）、CHEVPC、JULEA、WinJULEA、GAMES（General Analysis of Multi-layered Elastic System，日本 Tokyo Denki University 开发）、WESLEA（Waterways Experiment Station Linear Elastic Analysis）、KENLAYER（美国 University of Kentucky 开发）、EverStress（美国 Washington State Department of Transportation 开发）、Flexible

Pavement System（FPS）中内嵌的 Stress and Strain Analysis for Pavement 模块（美国 Texas Transportation Institute 开发）等，这些程序的主要差异体现在可考虑的结构层层数、计算点数量、荷载（包括是否可考虑水平荷载，荷载圆个数、轮轴组合情况等）、结构层是否可考虑非线性、黏弹性、结构层层间结合条件等。在支持的操作系统方面，DOS、Windows 均有。后处理方面，多为文本性质的输出，有些程序已具备较好的图形化后处理功能。图 1-3 为若干程序界面。

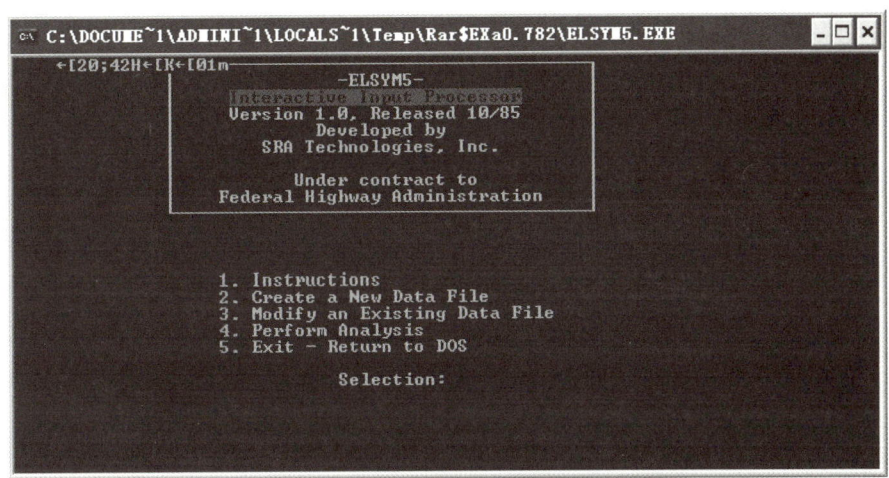

（a）ELSYM5

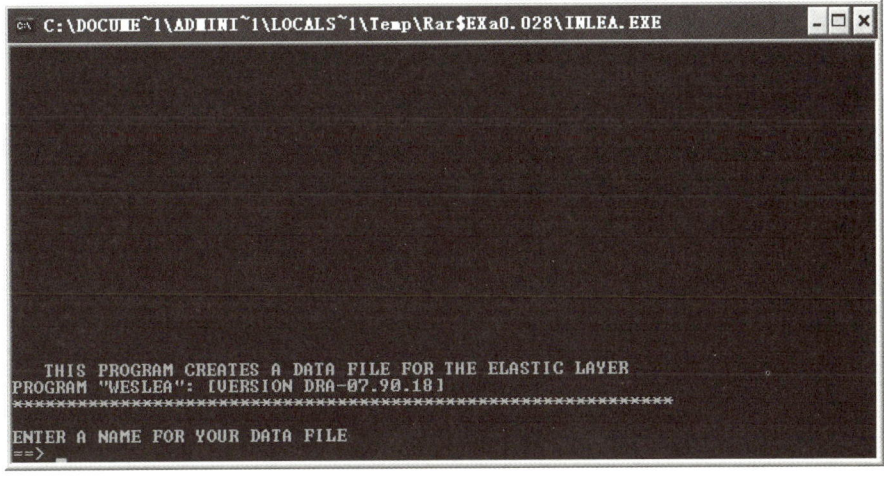

（b-1）用于 WESLEA 数据文件创建的 INLEA.EXE

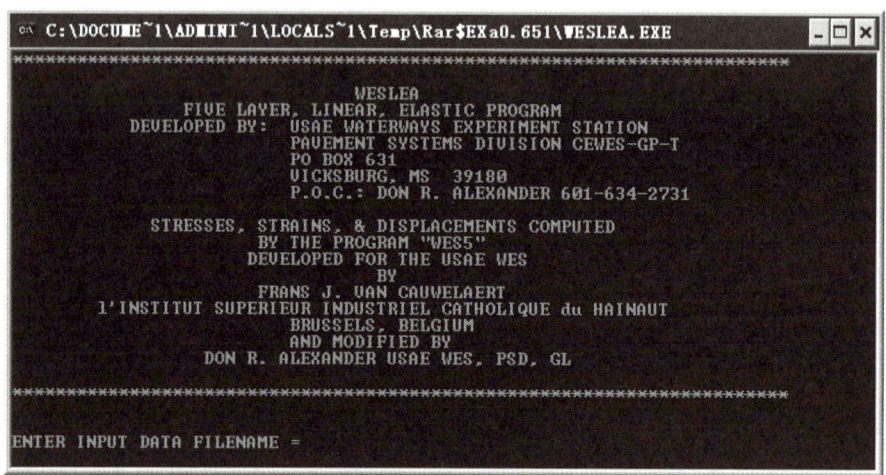

(b-2) WESLEA

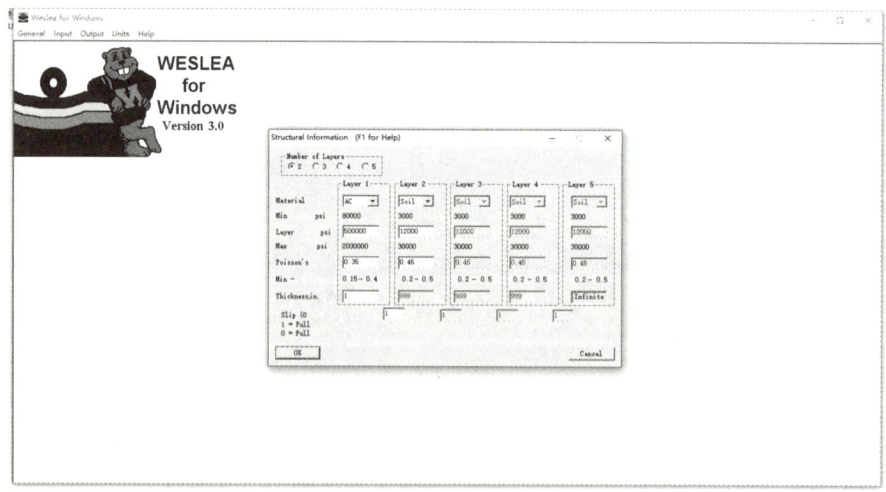

(c) WESLEA for Windows

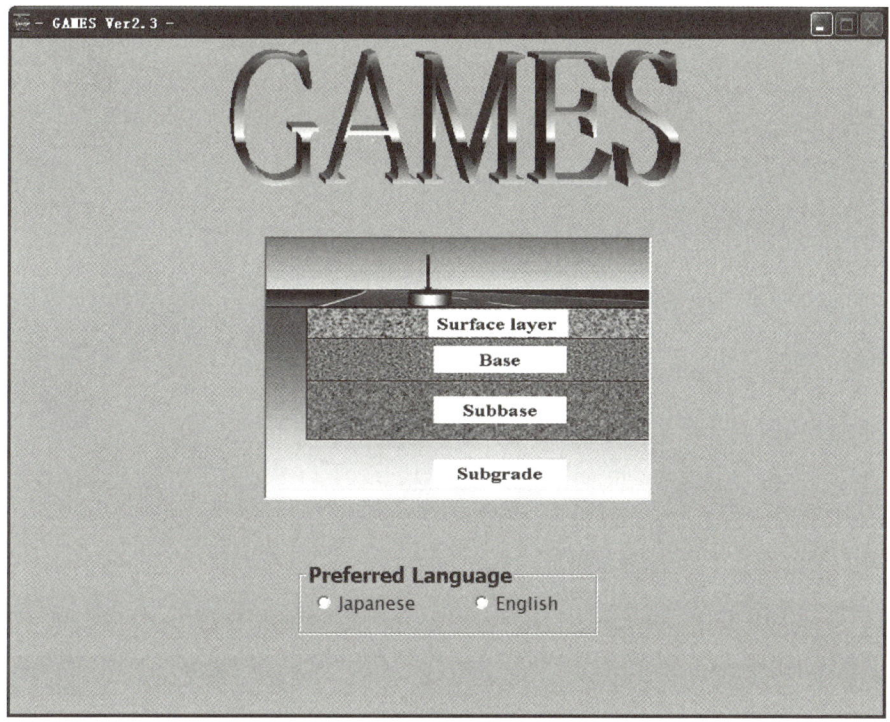

(d) GAMES

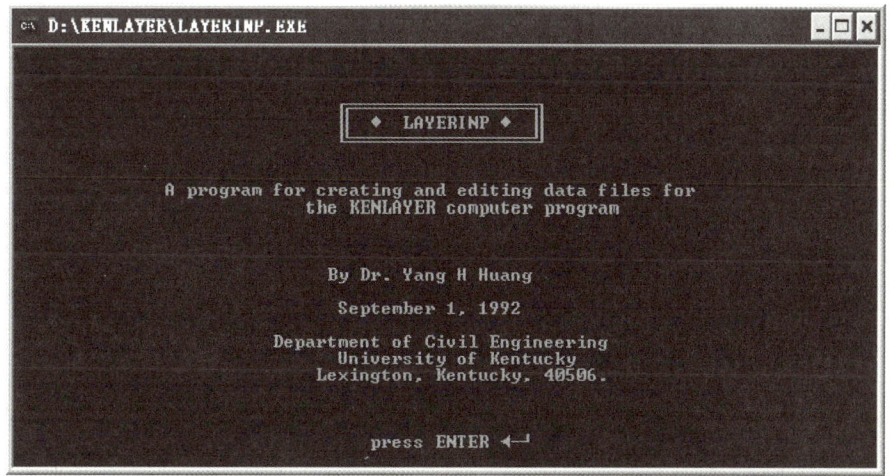

(e-1) 用于 KENLAYER 数据文件创建、编辑的 LAYERINP.EXE

(e-2) KENLAYER

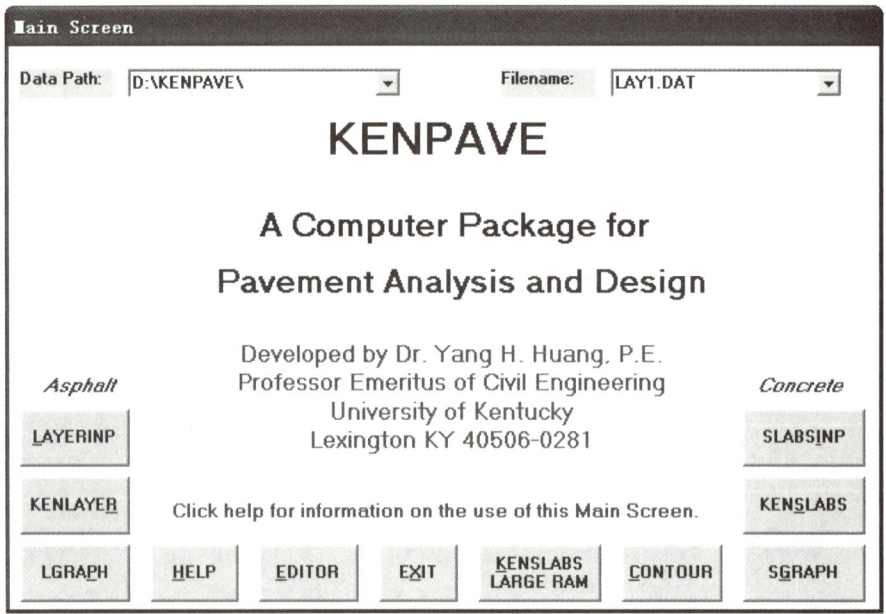

(f) KENPAVE

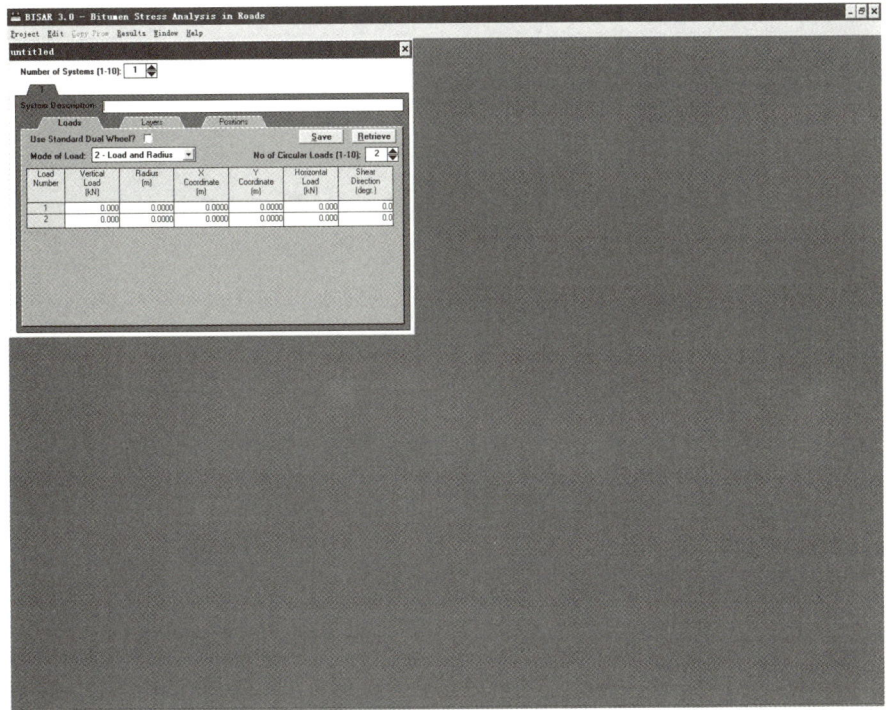

(g) BISAR

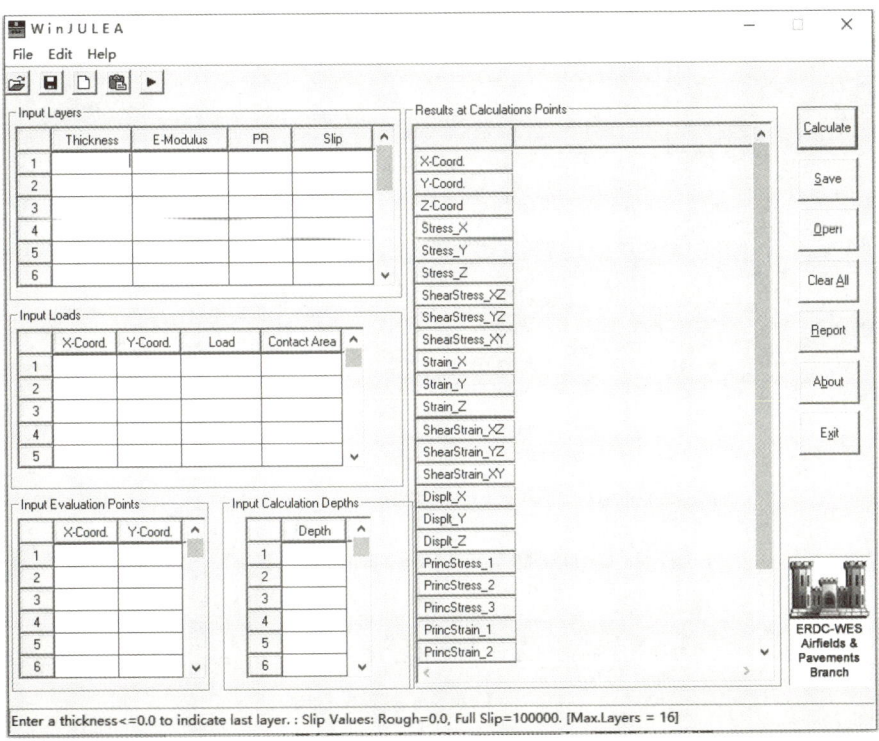

(h) WinJULEA

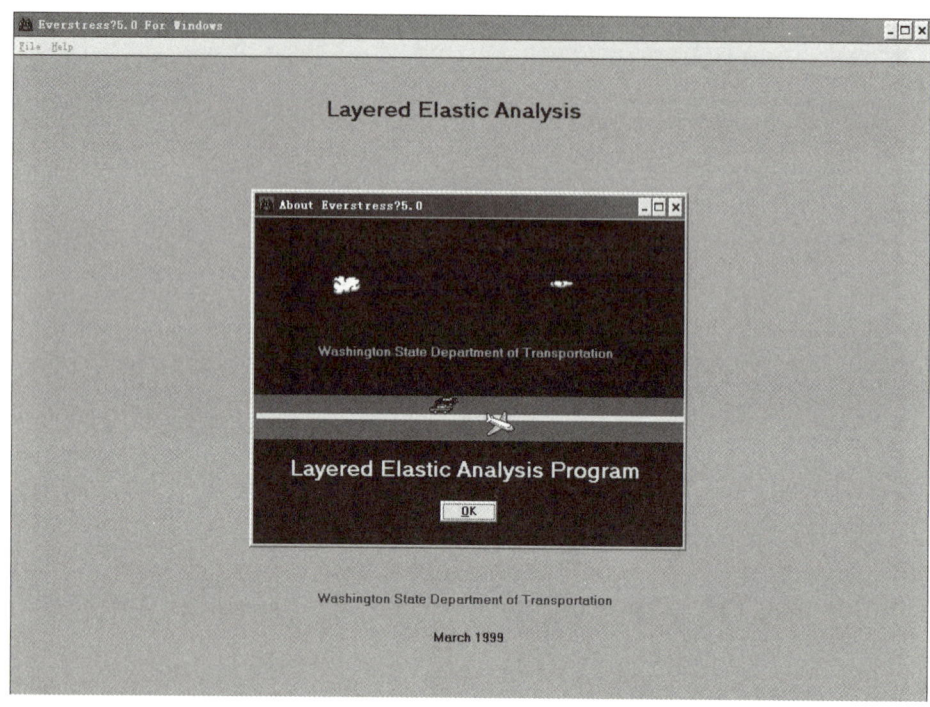

(i-1) Everstress5.0

(i-2) Everstress Data Entry

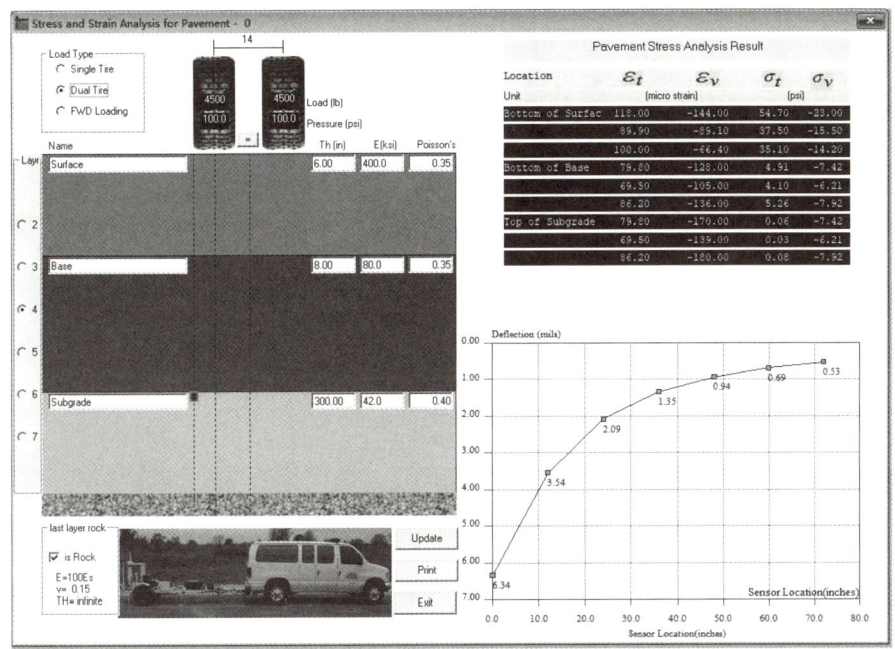

（j）FPS 中内嵌的 Stress and Strain Analysis for Pavement 模块

图 1-3　基于弹性层状体系理论的程序界面

2. 在有限元法方面

包括基于轴对称有限元法开发的 MICHPAVE（美国 Michigan State University 开发）、ILLI-PAVE（美国 University of Illinois at Urbana-Champaign 开发）、GT-PAVE（美国 Georgia Institute of Technology 开发）、ARKPAVE（美国 University of Arkansas 开发）和基于三维有限元法开发的 EverstressFE（美国 University of Maine 开发）等。部分程序界面见图 1-4。

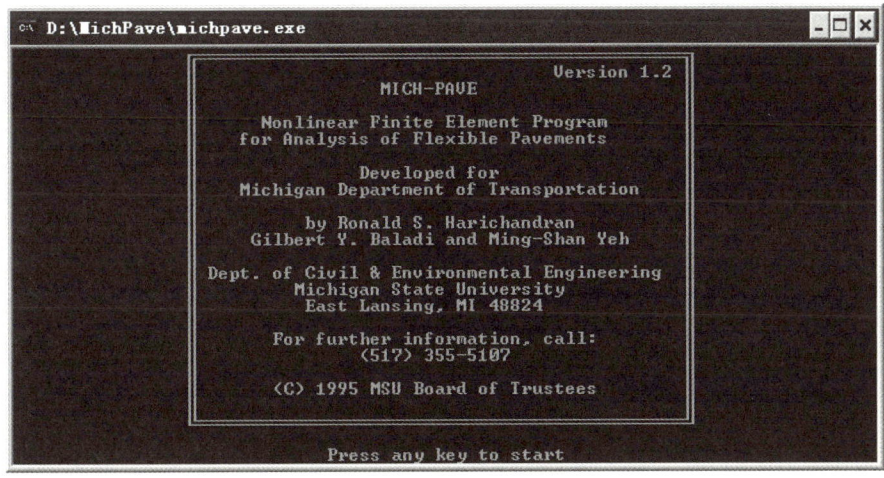

（a）MICHPAVE（DOS 版本）

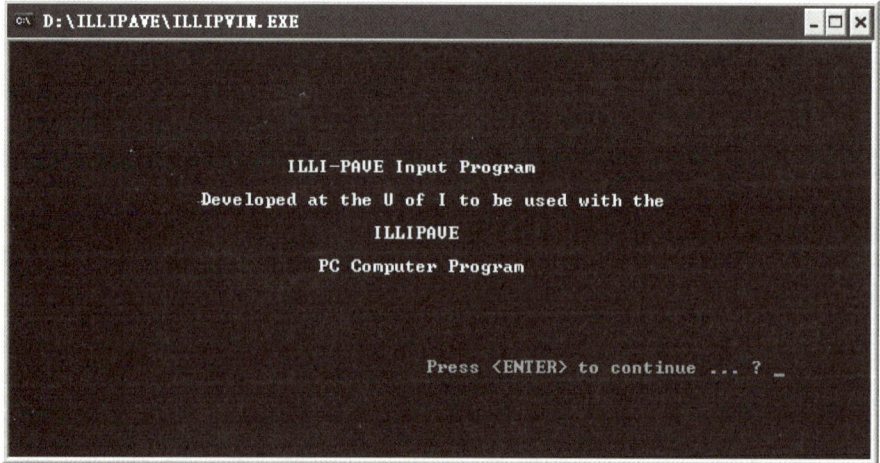

(b) MICHPAVE (Windows 版本)

(c) ILLI-PAVE (DOS 版本)

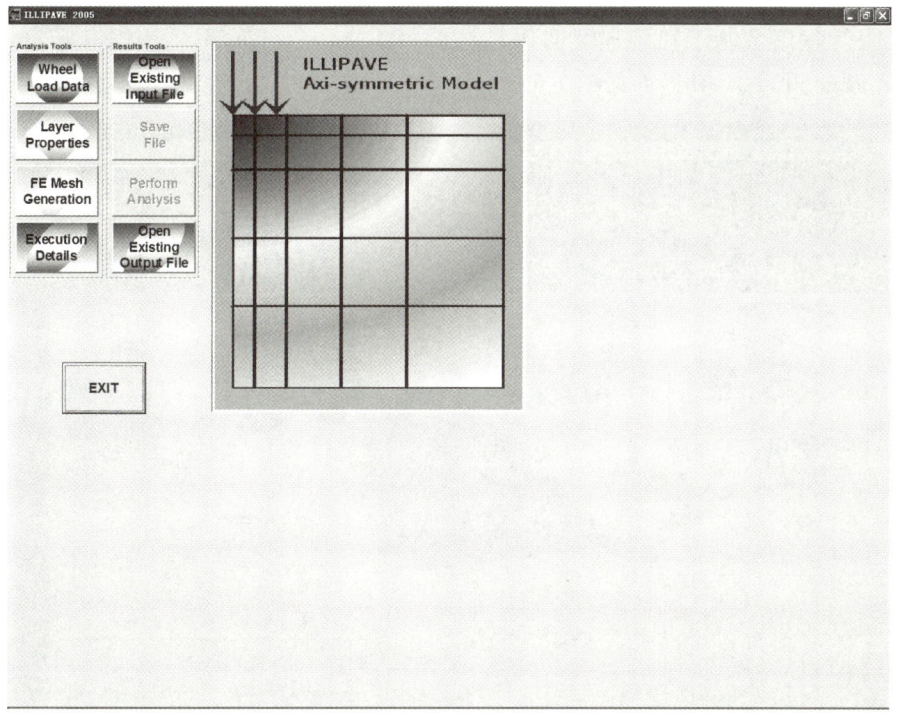

(d) ILLI-PAVE(Windows 版本)

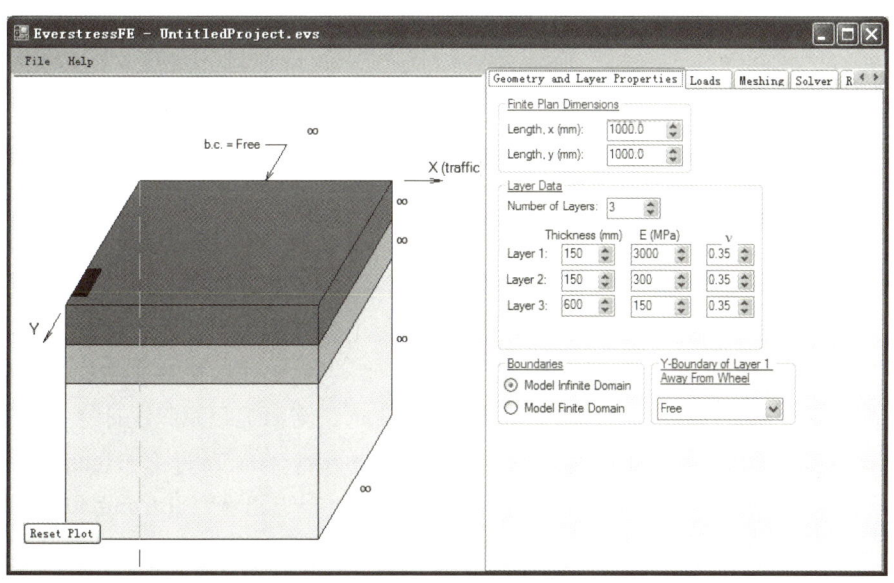

(e) EverstressFE

图 1-4 基于有限元法的程序界面

3. 在其他方法方面

代表性程序有基于三维连续有限层法的 3D-Move Analysis（美国 University of Nevada, Reno 开发），其界面见图 1-5。

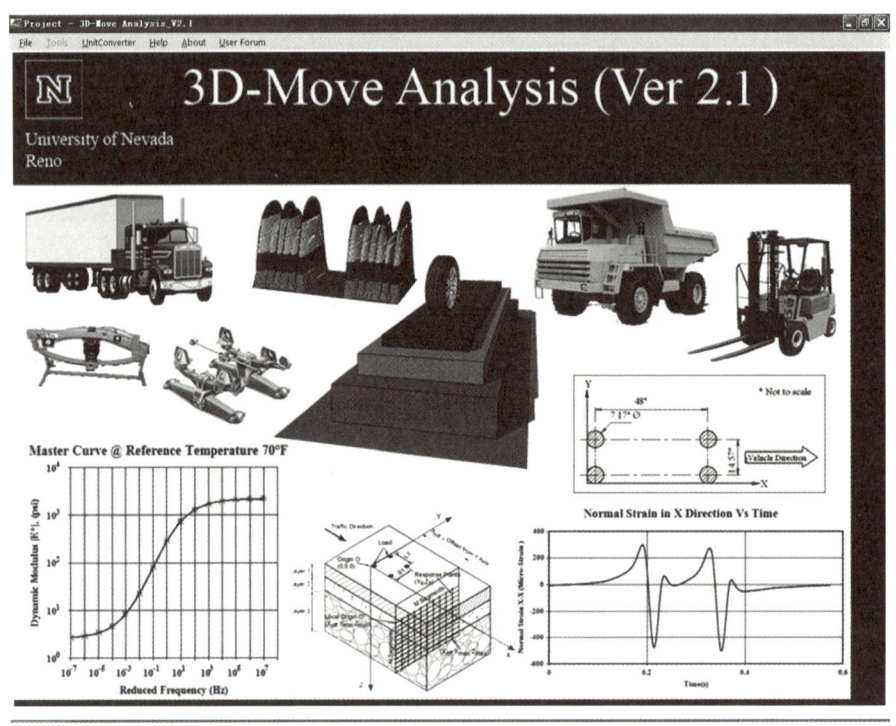

图 1-5　3D-Move Analysis 的程序界面

1.4　本书主要内容

本书主要分为两部分内容，第一部分主要是介绍 BISAR、KENLAYER、MICHPAVE、EverStressFE 和 3D-Move Analysis 等软件的应用，覆盖弹性层状体系理论、轴对称有限元法、三维有限元法和三维连续有限层法，首先是借助各软件帮助文档（或经典书籍）所附原始算例，详细描述其使用流程，然后细致讨论软件使用中的各种细节、技巧、注意事项等；第二部分主要是结合著者团队近年来所开展的工作，论述这些软件在科研、教学中的实际应用，包括路面结构层次组合方案比选、路面工程课程设计等。本书还以附录形式列出了美国肯塔基大学（University of Kentucky）的 Yang H. Huang 教授所著 *Pavement analysis and design*（Second Edition）第 3 章"KENLAYER Computer Program"末共 14 道习题的 KENLAYER 电算求解数据输入文件及扼要注释，供同行参考。

有几点需要说明：

（1）本书未再介绍弹性层状体系理论、有限元法和连续有限层法等的基本原理，建议读者自行阅读相关书籍。本书重在借助前辈们开发的、经受过时代检验的代表性软件

（程序），试图帮助读者搭建掌握基础理论与学会实际应用之间的桥梁，真正实现会用。

（2）第一部分中所列算例，均来自各款软件帮助文档（或经典书籍）自带算例，本书暂未自行设计算例，而是直接视这些算例为"标准算例"，通过结合著者亲自使用软件的流程介绍，将本书计算结果与软件帮助文档原始结果进行对比，从而保证在不失偏颇的视角下证实这些软件已正确使用，即尽量消除软件应用者的个人理解、应用层面可能的主观意识，确保用对。

（3）具体算例不可能穷尽，通过有限的典型算例了解基本应用流程、获得感性认识后，再仔细琢磨，深入、全面理解利用软件开展电算分析的相关细节是用活程序的可行之路，故作者花费了较多笔墨详尽阐述了在应用这些程序开展电算分析时的心得体会、注意事项，或指出了这些程序的不足及待改进之处。

（4）第二部分内容除了介绍著者运用这些软件所开展的工作之外，还指出了软件应用中的一些关键之处。这些关键之处凝聚着著者团队在该问题技术实现过程中的心路历程、探索思考，相信对读者开展类似工作时避免走错路、减少走弯路有很大帮助。

第 2 章 基于弹性层状体系理论的 BISAR 软件电算技术

2.1 BISAR 程序简介

20 世纪 70 年代初，Shell Research（壳牌研究公司）开发了大型计算程序——BISAR（*BItumen Stress Analysis in Roads*），当时主要用于绘制 1978 年颁布的《壳牌路面设计手册》中的设计图表。1987 年，可在微型计算机上运行的 BISAR-PC（R 1.0 版）发布，该 PC（个人计算机）版本为原始 BISAR 程序的简化版本。在当时的硬件条件下，欲使 PC 版本包含所有的原始程序，将会导致计算效率降低，故选择发布简化的 PC 版本便于用户使用壳牌路面设计手册中的设计图表，从而避免进行烦琐的插值。为了解除上个版本的一些限制，1995 年壳牌公司发布 DOS 程序 BISAR-PC 2.0，提供了以前的主机原始程序。随着 BISAR 3.0 版本的发布，原始 BISAR 计算程序已可完全在 Windows 环境中运行，如图 2-1 所示。除了计算应力和应变外，BISAR 3.0 还能够计算位移，并且可模拟水平荷载以及各结构层之间的相对滑动。这对开展各种复杂荷载作用下整个路面结构力学响应分布模式的计算提供了可能性。

综上所述，BISAR 3.0 是一个颇有价值的计算工具，可用于优化 SPDM3.0（壳牌公司开发的路面设计程序）设计，以执行更复杂的设计（例如半刚性基层路面或机场道面的设计）以及弹性层状体系的理论计算。

图 2-1 BISAR 程序

2.2 BISAR 程序入门

2.2.1 程序安装

由于该程序开发年份较早，仅可在 Windows XP 及以下操作系统上运行。若计算机系统为 Windows 7 及以上操作系统，可在现有操作系统上安装虚拟机，如 Windows XP Mode、VMware Workstation 等，然后在虚拟机中安装合适的操作系统（Windows XP 及以下）即可安装运行 BISAR 3.0。程序安装文件夹目录如图 2-2 所示。

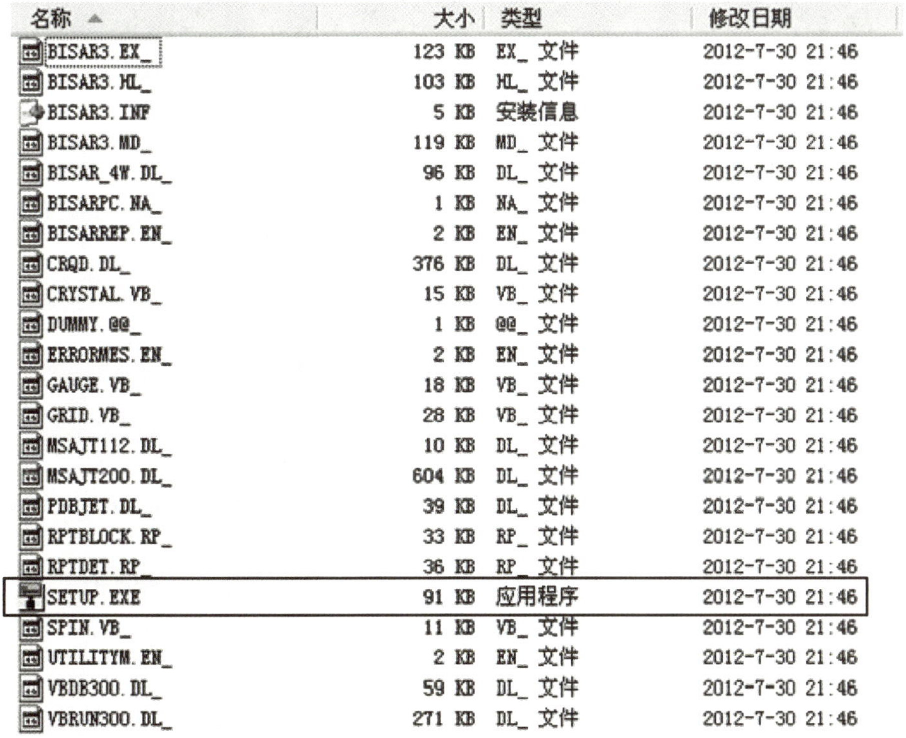

名称	大小	类型	修改日期
BISAR3. EX_	123 KB	EX_ 文件	2012-7-30 21:46
BISAR3. HL_	103 KB	HL_ 文件	2012-7-30 21:46
BISAR3. INF	5 KB	安装信息	2012-7-30 21:46
BISAR3. MD_	119 KB	MD_ 文件	2012-7-30 21:46
BISAR_4W. DL_	96 KB	DL_ 文件	2012-7-30 21:46
BISARPC. NA_	1 KB	NA_ 文件	2012-7-30 21:46
BISARREP. EN_	2 KB	EN_ 文件	2012-7-30 21:46
CRQD. DL_	376 KB	DL_ 文件	2012-7-30 21:46
CRYSTAL. VB_	15 KB	VB_ 文件	2012-7-30 21:46
DUMMY. @@_	1 KB	@@_ 文件	2012-7-30 21:46
ERRORMES. EN_	2 KB	EN_ 文件	2012-7-30 21:46
GAUGE. VB_	18 KB	VB_ 文件	2012-7-30 21:46
GRID. VB_	28 KB	VB_ 文件	2012-7-30 21:46
MSAJT112. DL_	10 KB	DL_ 文件	2012-7-30 21:46
MSAJT200. DL_	604 KB	DL_ 文件	2012-7-30 21:46
PDBJET. DL_	39 KB	DL_ 文件	2012-7-30 21:46
RPTBLOCK. RP_	33 KB	RP_ 文件	2012-7-30 21:46
RPTDET. RP_	36 KB	RP_ 文件	2012-7-30 21:46
SETUP. EXE	91 KB	应用程序	2012-7-30 21:46
SPIN. VB_	11 KB	VB_ 文件	2012-7-30 21:46
UTILITYM. EN_	2 KB	EN_ 文件	2012-7-30 21:46
VBDB300. DL_	59 KB	DL_ 文件	2012-7-30 21:46
VBRUN300. DL_	271 KB	DL_ 文件	2012-7-30 21:46

图 2-2　BISAR 程序安装文件夹目录

其中“SETUP. EXE”为安装程序，选中该文件双击鼠标左键即可进入安装界面，如图 2-3 所示。

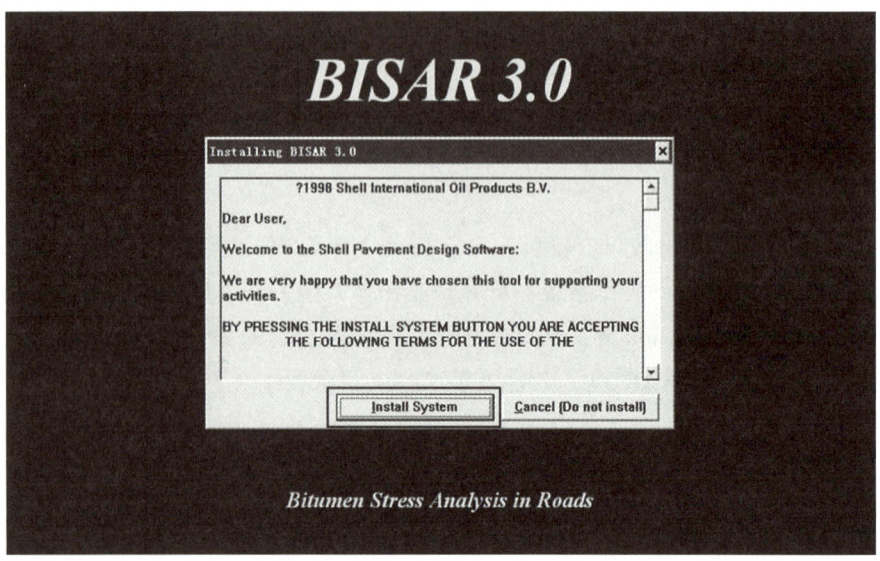

图 2-3　安装界面

点击"Install System"按钮，会出现如图 2-4 所示界面。程序安装最小硬盘空间需求为 4 382 456 B（约 4.4 MB），其默认安装路径为"C:\BISAR3"，用户可点击该处更改安装路径，也可直接使用默认路径，确定后点击"OK"开始安装。

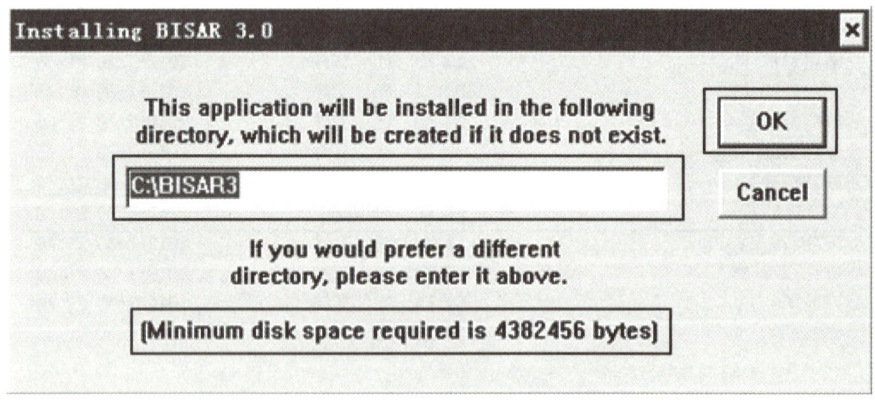

图 2-4　选择安装路径

出现如图 2-5 所示对话框后即表示安装完成，同时会生成一个打开程序的快捷方式，便于用户拖拽到方便位置使用。

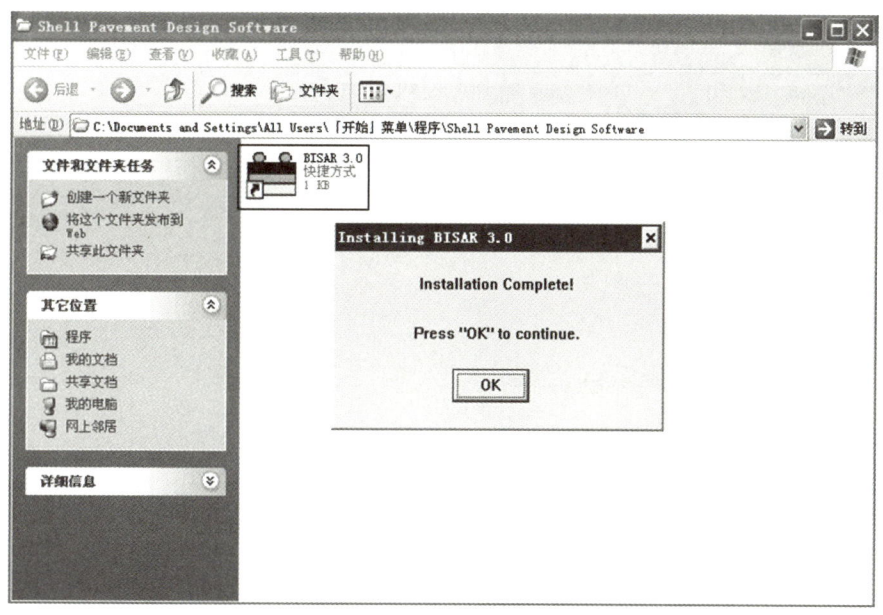

图 2-5　安装完成

根据上述安装路径打开程序安装后的文件夹目录如图 2-6 所示，其中“BISAR3.EXE”为核心可执行程序，前述安装后生成的文件（图 2-5）即为该核心可执行程序的快捷方式；“BISAR3.HLP”为该程序的帮助文件，便于用户学习，打开后如图 2-7 所示；其他文件使用较少，不予介绍。

名称	大小	类型	修改日期
BISAR3.EXE	294 KB	应用程序	2012-7-30 21:46
BISAR3.HLP	372 KB	帮助文件	2012-7-30 21:46
BISAR3.MDB	384 KB	Microsoft Offic...	2012-7-30 21:46
BISAR_4W.DLL	184 KB	应用程序扩展	2012-7-30 21:46
BISARPC.NAM	1 KB	NAM 文件	2012-7-30 21:46
BISARREP.ENG	5 KB	ENG 文件	2012-7-30 21:46
CRQD.DLL	890 KB	应用程序扩展	2012-7-30 21:46
CRYSTAL.VBX	30 KB	VBX 文件	2012-7-30 21:46
DUMMY.@@@	1 KB	@@@ 文件	2012-7-30 21:46
ERRORMES.ENG	4 KB	ENG 文件	2012-7-30 21:46
GAUGE.VBX	31 KB	VBX 文件	2012-7-30 21:46
GRID.VBX	45 KB	VBX 文件	2012-7-30 21:46
MSAJT112.DLL	18 KB	应用程序扩展	2012-7-30 21:46
MSAJT200.DLL	972 KB	应用程序扩展	2012-7-30 21:46
PDBJET.DLL	95 KB	应用程序扩展	2012-7-30 21:46
RPTBLOCK.RPT	221 KB	RPT 文件	2012-7-30 21:46
RPTDET.RPT	235 KB	RPT 文件	2012-7-30 21:46
SPIN.VBX	22 KB	VBX 文件	2012-7-30 21:46
UTILITYM.ENG	3 KB	ENG 文件	2012-7-30 21:46
VBDB300.DLL	93 KB	应用程序扩展	2012-7-30 21:46
VBRUN300.DLL	390 KB	应用程序扩展	2012-7-30 21:46

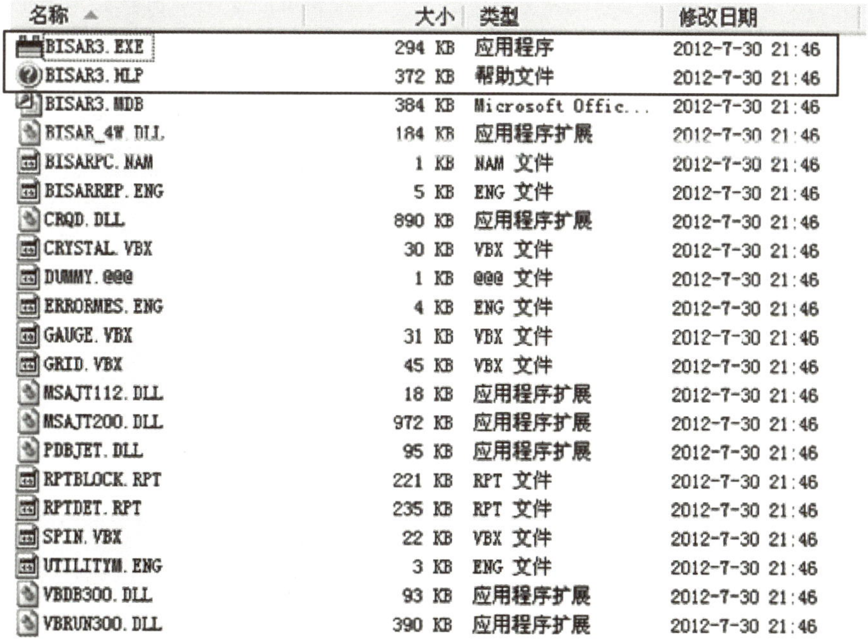

图 2-6　BISAR 程序文件夹目录

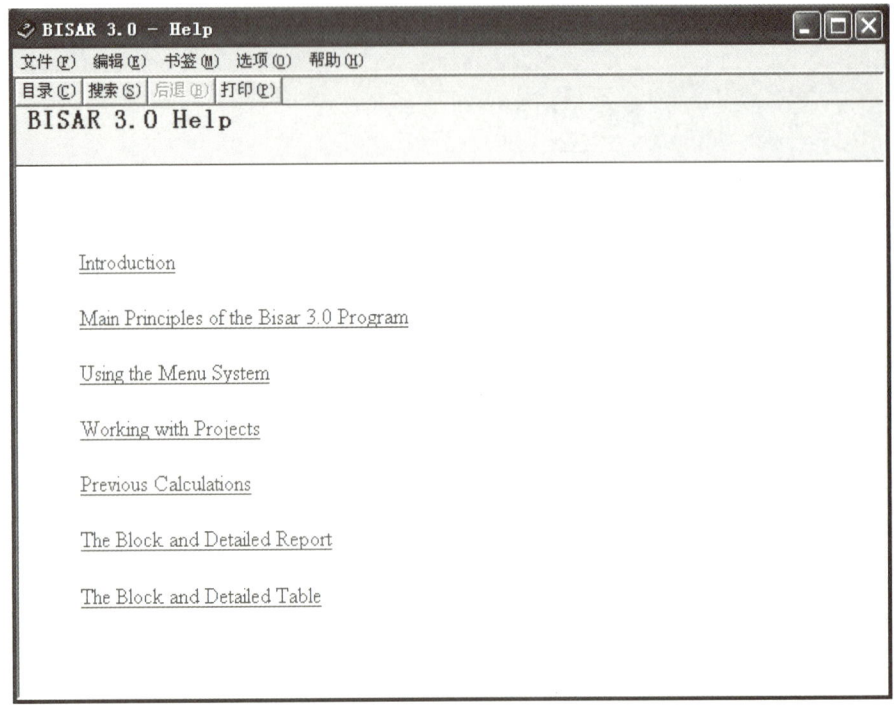

图 2-7　BISAR3.HLP 文件

双击安装文件夹内的"BISAR3.EXE"或前述安装完成后所生成的快捷方式(图 2-5)，打开 BISAR 程序，如图 2-8 所示，即可开始使用。

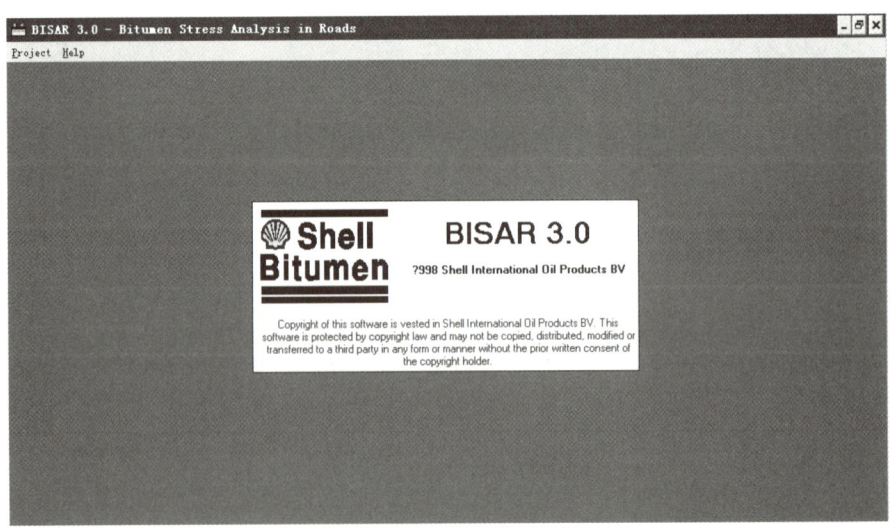

图 2-8　BISAR 3.0 程序

2.2.2 算例应用

2.2.2.1 问题描述

下面选取 BISAR 3.0 用户手册中的原始例题为算例,详细描述该程序使用的基本流程。该例题详见安装文件夹内的"Shell BISAR3.PDF"文件。

如图 2-9 所示为承受单轴双轮荷载作用下的四层层状体系,荷载为垂直圆形均布荷载,无水平荷载作用,荷载作用面积半径为 0.105 m,单轮荷载大小为 20 kN,轮-轮中心距为 0.315 m。结构层 1 厚度为 0.3 m,弹性模量为 5 000 MPa;结构层 2 厚度为 0.2 m,弹性模量为 1 000 MPa;结构层 3 厚度为 0.15 m,弹性模量为 800 MPa;结构层 4 为半无限空间体,弹性模量为 200 MPa;四个结构层的泊松比均为 0.35;各结构层之间无层间滑动。

现求解单圆荷载中心下及轮隙中心下,结构层 1 中部、结构层 1 底部、结构层 2 顶部、结构层 3 底部和结构层 4 顶部的力学响应。

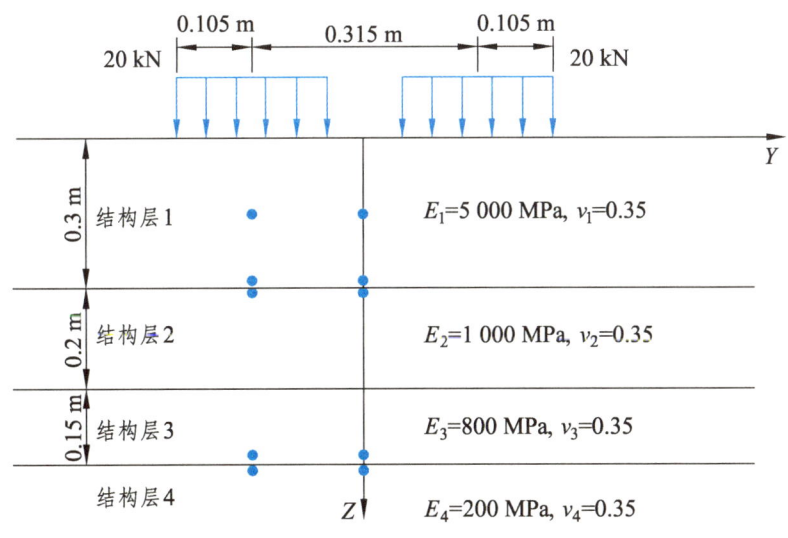

图 2-9 路面结构示意图

2.2.2.2 前处理

第一步:新建项目

打开 BISAR 程序,程序主界面如图 2-10 所示。

图 2-10　程序主界面

根据图 2-11，点击"Project"菜单中的"New"新建项目，会出现如图 2-12 所示界面，进入程序前处理阶段。

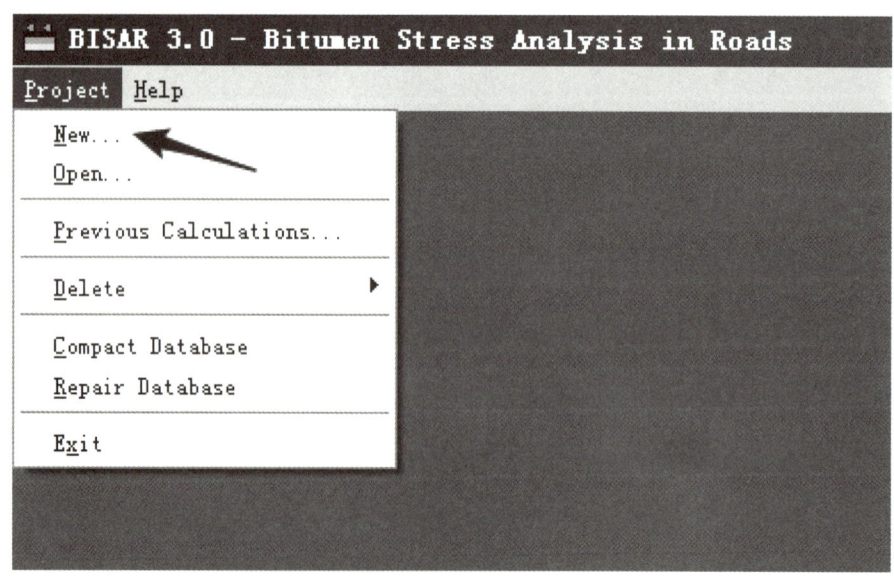

图 2-11　新建项目

第二步：输入 Loads（荷载）参数

点击图 2-12 中"Loads"开始输入作用荷载参数。根据已知荷载条件，此处"Mode

of Load"应选择第 2 种输入模式 Load and Radius（力和半径）。为便于荷载参数值输入，不妨将坐标原点置于路表双轮轮隙中心处，行车方向为 X 轴，如图 2-13 所示。荷载类型为单轴双轮荷载，注意将 "No of Circular Loads （1-10）"设置为"2"，荷载作用面积半径为 0.105 m，单轮荷载大小为 20 kN，轮距为 0.315 m，无水平荷载作用，将两轮对应参数填入表格内，如图 2-14 所示。

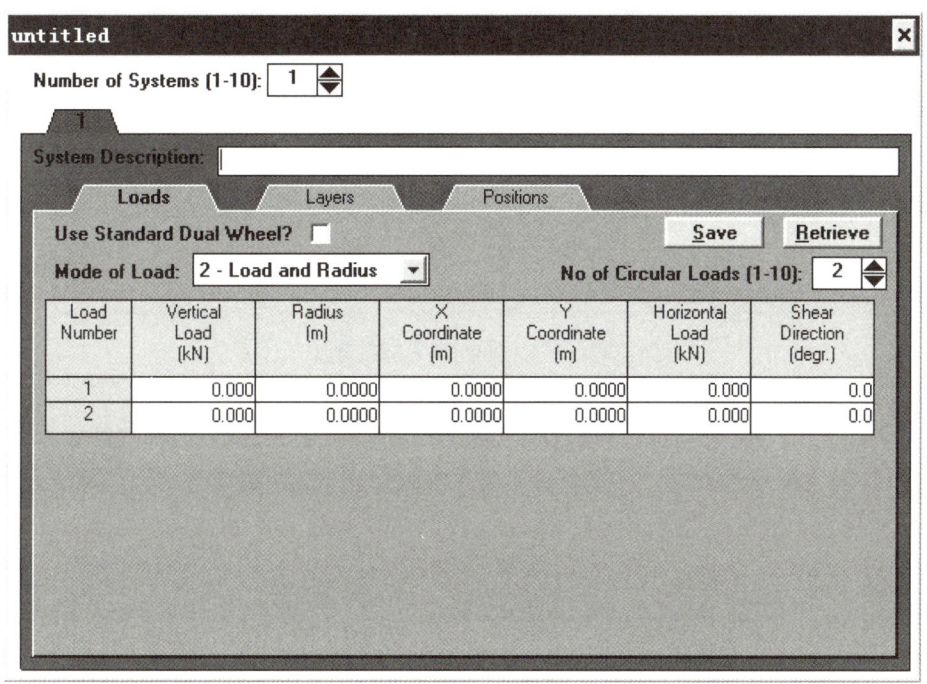

图 2-12　输入界面

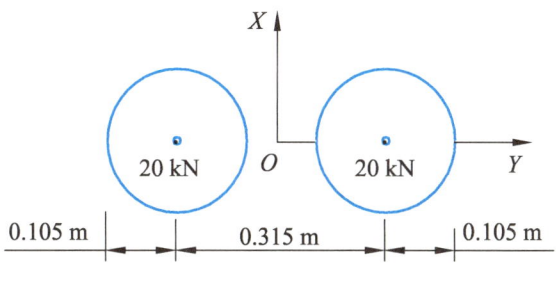

图 2-13　荷载示意图

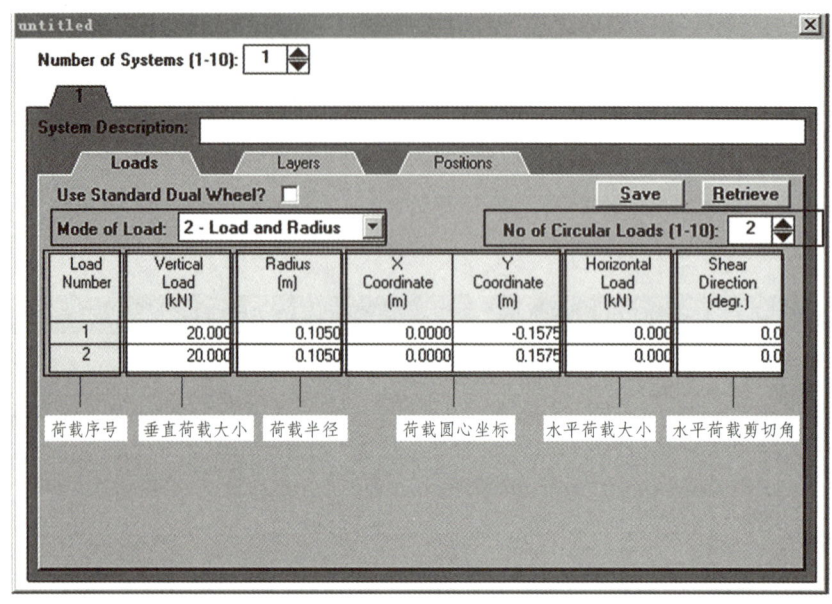

图 2-14 Loads 模块输入界面

第三步：输入 Layer（结构层）参数

点击图 2-12 中"Layers"开始输入结构层参数。根据图 2-9，结构层总数为 4 层，故将"No of Layers (1-10)"一值增至"4"，并从上至下依次输入各结构层厚度 0.3 m、0.2 m、0.15 m，最底层视为空间半无限体，无需输入厚度；各结构层弹性模量从上至下依次为 5 000 MPa、1 000 MPa、800 MPa、200 MPa；四个结构层的泊松比均为 0.35，如图 2-15 所示。因各结构层之间无层间滑动，需注意勾选"Full Friction Between Layers？"。

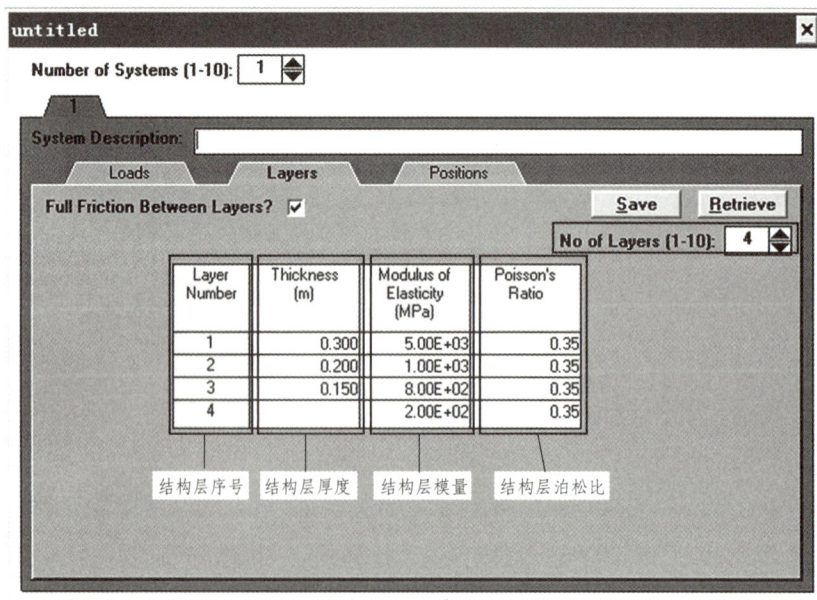

图 2-15 Layers 模块输入界面

第四步：输入 Positions（计算点位）参数

点击图 2-12 中"Positions"开始输入计算点位参数。由题意可知，所需计算的点位一共为 10 个，故将"No of Position Entries (1-10)"一值增至"10"。根据图 2-9 确定结构层 1 中部，结构层 1、2 界面以及结构层 3、4 界面的 Z 坐标分别为 0.15 m、0.3 m、0.65 m，且单圆荷载中心及轮隙中心的（X，Y）坐标分别为（0，−0.157 5）、（0，0），将其分别填入计算点位表格中，如图 2-16 所示。需注意的是，位于结构层 1、2 层间界面以及结构层 3、4 层间界面上的计算点位均需正确选择其所在的层位，例如第 2 个计算点应位于轮隙中心下结构层 1 的底部，故点击右侧"Select Layer"，将其选为"Layer 1 only"，如图 2-17 所示，选择完毕后，该计算点"Layer No"会由"1/2"变为"1"，表示该计算点位于结构层 1 底部，如图 2-18 所示。

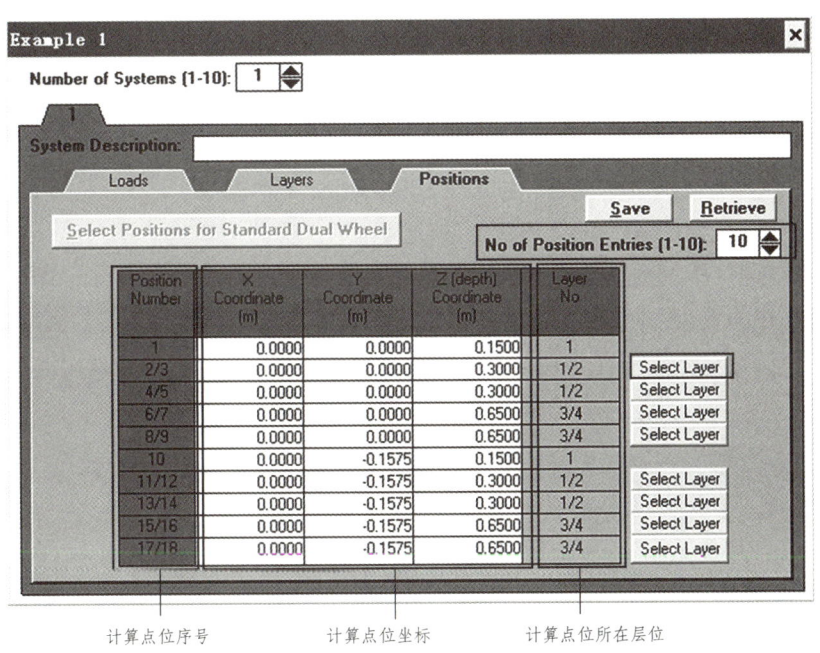

图 2-16　Positions 模块输入界面

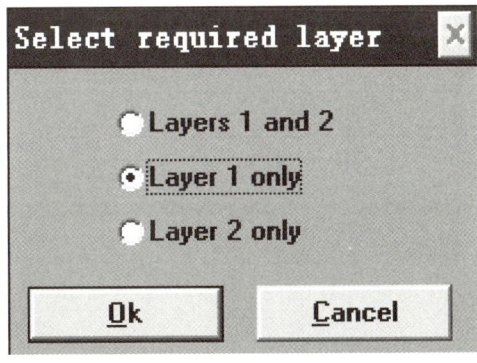

图 2-17　层位选择

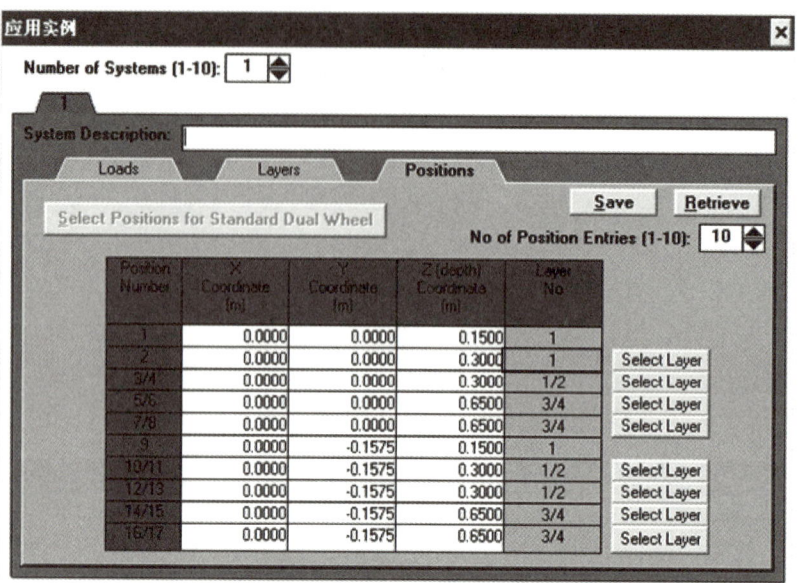

图 2-18 计算点 2 选择层位后程序界面

其他位于结构层界面上的点均按上述步骤操作，将其选定为位于所在结构层内。因操作相似，故此处不再赘述。所有计算点全部选择完毕后如图 2-19 所示。需注意观察最左一列"Position Number"和最右一列"Layer No"的相应改变。

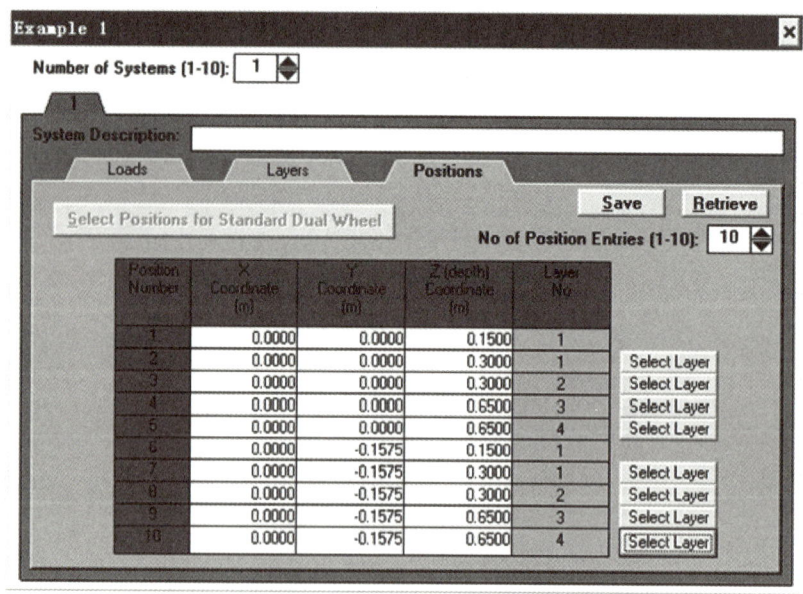

图 2-19 所有计算点选择层位后程序界面

2.2.2.3 计算求解

此时已完成所有参数的输入，点击菜单栏"Result"中的"Calculate"或直接按"F5"

键即可开始计算,程序显示如图 2-20 所示的窗口,询问开始计算前是否需要保存该项目,点击"是(Y)"保存,之后会出现如图 2-21 所示的窗口,将该项目命名为"应用实例"并点击"OK"按钮。出现图 2-22 所示界面时,即表示计算完成,界面上方会显示该项目的名称及计算完成的具体时间。

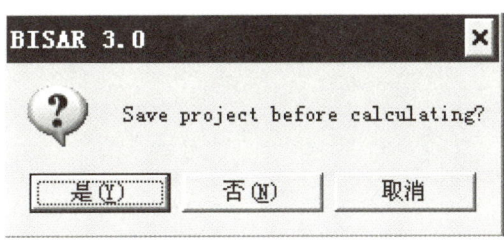

图 2-20　保存项目

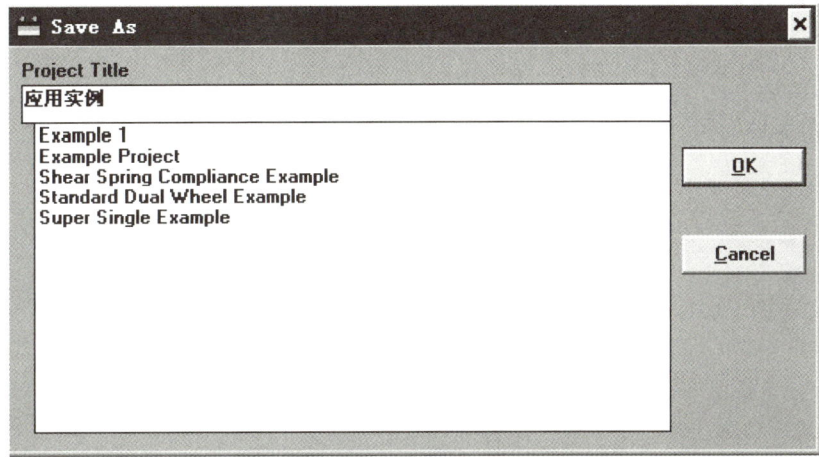

图 2-21　项目命名

2.2.2.4　输出结果

如图 2-22 所示,有 4 种结果输出形式可选择,其中 Block Report(简化报告)即可满足本算例要求,输出结果如图 2-23 所示,10 个计算点位的三向应力、应变、位移均从图 2-23 中获取。需要特别说明的是,可能因操作系统兼容性问题,图 2-23 中右下方 Strains 和 Displacement 处单位显示略有乱码,应分别为μstrain、μm,即微应变、微米。

图 2-22　计算输出

BISAR 3.0 - Block Report

应用实例

System 1: (untitled)

Structure

Layer Number	Thickness (m)	Modulus of Elasticity (MPa)	Poisson's Ratio
1	0.300	5.000E+03	0.35
2	0.200	1.000E+03	0.35
3	0.150	8.000E+02	0.35
4		2.000E+02	0.35

Loads

Load Number	Vertical Load (kN)	Vertical Stress (MPa)	Horizontal (Shear) Load (kN)	Horizontal (Shear) Stress (MPa)	Radius (m)	X-Coord (m)	Y-Coord (m)	Shear Angle (Degrees)
1	2.000E+01	5.774E-01	0.000E+00	0.000E+00	1.050E-01	0.000E+00	-1.575E-01	0.000E+00
2	2.000E+01	5.774E-01	0.000E+00	0.000E+00	1.050E-01	0.000E+00	1.575E-01	0.000E+00

Position Number	Layer Number	X-Coord (m)	Y-Coord (m)	Depth (m)	Stresses XX (MPa)	Stresses YY (MPa)	Stresses ZZ (MPa)	Strains XX 并strain	Strains YY 并strain	Strains ZZ 并strain	Displacements UX (米)	Displacements UY (米)	Displacements UZ (米)
1	1	0.000E+00	0.000E+00	1.500E-01	-1.475E-02	-9.446E-02	-1.290E-01	1.269E+01	-8.831E+00	-1.815E+01	0.000E+00	0.000E+00	9.900E+01
2	1	0.000E+00	0.000E+00	3.000E-01	1.919E-01	1.409E-01	-5.623E-02	3.246E+01	1.868E+01	-3.454E+01	0.000E+00	0.000E+00	9.516E+01
3	2	0.000E+00	0.000E+00	3.000E-01	1.416E-02	3.954E-03	-5.623E-02	3.246E+01	1.868E+01	-6.257E+01	0.000E+00	0.000E+00	9.516E+01
4	3	0.000E+00	0.000E+00	6.500E-01	2.704E-02	2.539E-02	-1.327E-02	2.849E+01	2.572E+01	-3.953E+01	0.000E+00	0.000E+00	7.978E+01
5	4	0.000E+00	0.000E+00	6.500E-01	1.399E-03	9.881E-04	-1.327E-02	2.849E+01	2.572E+01	-7.054E+01	0.000E+00	0.000E+00	7.978E+01
6	1	0.000E+00	-1.575E-01	1.500E-01	-2.084E-02	-3.776E-02	-2.388E-01	1.519E+01	1.062E+01	-4.366E+01	0.000E+00	-1.366E-01	9.778E+01
7	1	0.000E+00	-1.575E-01	3.000E-01	1.834E-01	1.450E-01	-5.453E-02	3.034E+01	1.999E+01	-3.389E+01	0.000E+00	-3.101E+00	9.284E+01
8	2	0.000E+00	-1.575E-01	3.000E-01	1.319E-02	5.514E-03	-5.453E-02	3.035E+01	1.998E+01	-6.108E+01	0.000E+00	-3.101E+00	9.284E+01
9	3	0.000E+00	-1.575E-01	6.500E-01	2.563E-02	2.317E-02	-1.262E-02	2.743E+01	2.327E+01	-3.712E+01	0.000E+00	-3.920E+00	7.845E+01
10	4	0.000E+00	-1.575E-01	6.500E-01	1.314E-03	6.976E-04	-1.262E-02	2.743E+01	2.327E+01	-6.660E+01	0.000E+00	-3.920E+00	7.845E+01

图 2-23 Block Report 输出

查看输出后，点击图 2-22 中的"Close"则会关闭该窗口，显示图 2-24 的界面，询问用户是否需要保存输出数据，以便于计算完成后查看，点击"是（Y）"完成保存。

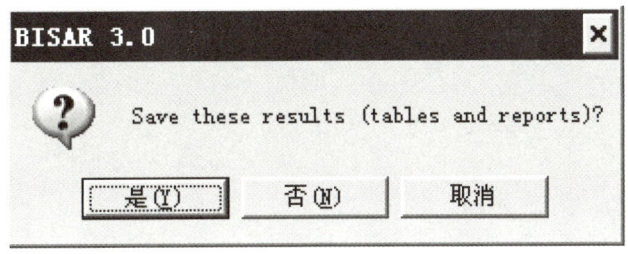

图 2-24　保存输出结果

至此，该项目的计算分析工作已全部完成。

2.3　BISAR 程序进阶

上文针对一个具体实例描述了 BISAR 程序的整个使用流程，对于初级用户而言，学习完上述内容即可使用该程序开展较为简单的力学分析，但对于部分高级用户，深度应用该程序开展更为复杂的力学分析，尚需进一步学习程序功能的扩展使用以及一些注意事项，本节将详细介绍 BISAR 程序的进阶使用。

2.3.1　前处理

2.3.1.1　Loads（荷载）模块

（1）该程序仅能模拟静态圆形均布荷载，不能模拟动态荷载以及非均布荷载。

（2）该程序对于荷载位置，采用的是笛卡尔坐标系，但该坐标系原点的位置并不固定，用户可通过设定荷载参数自行确定原点位置，但原点必须位于路表处，即 $Z=0$ 处。

例如，现有单轴双轮荷载，无水平荷载作用，荷载作用面积半径为 0.105 m，单轮荷载大小为 20 kN，轮距为 0.315 m，可令 X、Y 坐标轴均与轮载作用面相切，且行车方向为 X 轴，如图 2-25（a）所示，该坐标体系下程序中的荷载参数如图 2-26（a）所示。上述坐标体系下每个圆形荷载的平面坐标均为正数，便于输入，该坐标体系可适用于大多数荷载。

对于具有对称性的荷载，通常还可根据其对称性建立坐标系，依此可以大幅度减少实际计算点位的个数。如图 2-25（b）所示，可令坐标原点位于双轮轮隙中心位置，且行车方向为 X 轴，该坐标体系下程序中的荷载参数如图 2-26（b）所示。在开展计算时，若需同时求解两个单圆荷载中心路表处的力学响应，前者坐标体系下计算点位坐标需输入（0.105，0.105）和（0.105，0.42），而后者坐标体系下计算点位坐标仅需输入（0，0.157 5）即可，另一点可通过对称性镜像直接得出结果，两者相比，后者坐标体系建立方式可减少计算量。除此之外，用户可根据需求自行设定，不限于上述两种坐标体系。

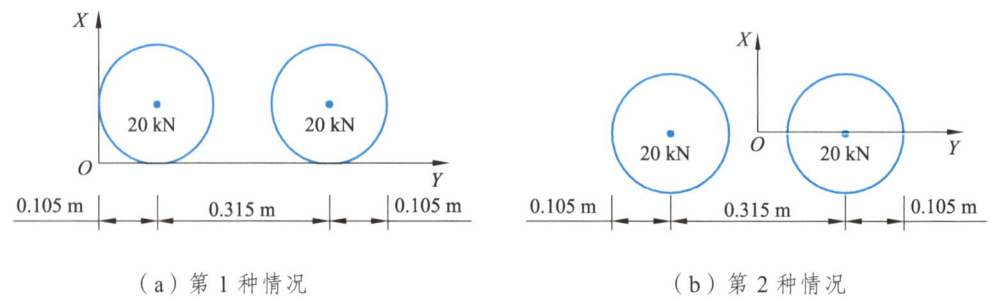

（a）第 1 种情况　　　　　　　　　　（b）第 2 种情况

图 2-25　坐标建立

（a）第 1 种情况

Load Number	Vertical Load (kN)	Radius (m)	X Coordinate (m)	Y Coordinate (m)	Horizontal Load (kN)	Shear Direction (degr.)
1	20.000	0.1050	0.1050	0.1050	0.000	0.0
2	20.000	0.1050	0.1050	0.4200	0.000	0.0

（b）第 2 种情况

Load Number	Vertical Load (kN)	Radius (m)	X Coordinate (m)	Y Coordinate (m)	Horizontal Load (kN)	Shear Direction (degr.)
1	20.000	0.1050	0.0000	-0.1575	0.000	0.0
2	20.000	0.1050	0.0000	0.1575	0.000	0.0

图 2-26　BISAR 输入界面

（3）如图 2-27 所示，在 Loads 模块输入表格上方有 4 个控制按钮，其详细含义如下：

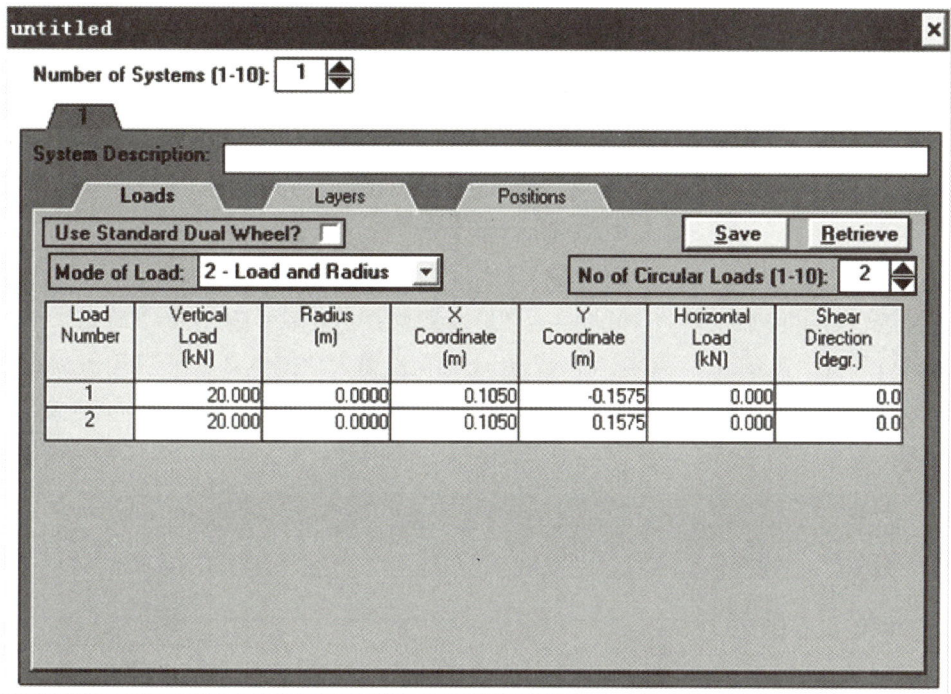

图 2-27　Loads 模块输入界面

"Use Standard Dual Wheel？"——是否采用标准双轮荷载，如勾选将会自动输入标准双轮荷载参数，如图 2-28 所示。需注意的是，该程序中内嵌的标准双轮荷载与《公路沥青路面设计规范》（JTG D50—2017）中的设计轴载有所不同。

图 2-28　程序内嵌标准双轮荷载

"Mode of Load"——荷载输入模式，该程序采用的荷载形式为圆形均布荷载，有三种输入模式，如图 2-29 所示，分别为 Stress and Load（应力和力）、Load and Radius（力和半径）、Stress and Radius（应力和半径），这是因为力、应力和半径这 3 个变量之间只有 2 个是独立的。用户可根据已知的荷载条件进行合理选择。

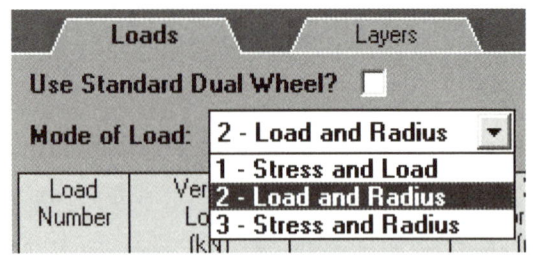

图 2-29　选择荷载输入模式

"No of Circular Loads（1-10）"——圆形荷载总数，最多可输入 10 个荷载。

"Save"及"Retrieve"——"Save"用于将荷载输入数据命名后保存至 BISAR 的数据库中，如图 2-30 所示，便于后续使用；"Retrieve"可读取数据库中已保存的荷载参数，如图 2-31 所示。

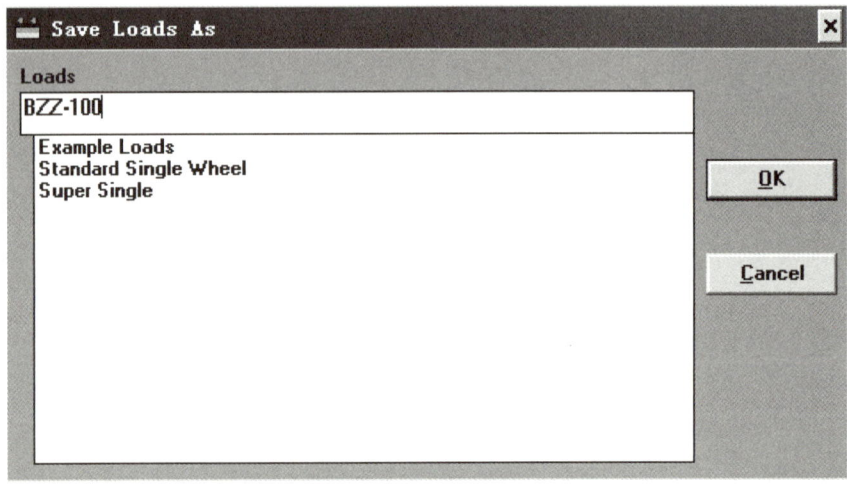

图 2-30　保存荷载

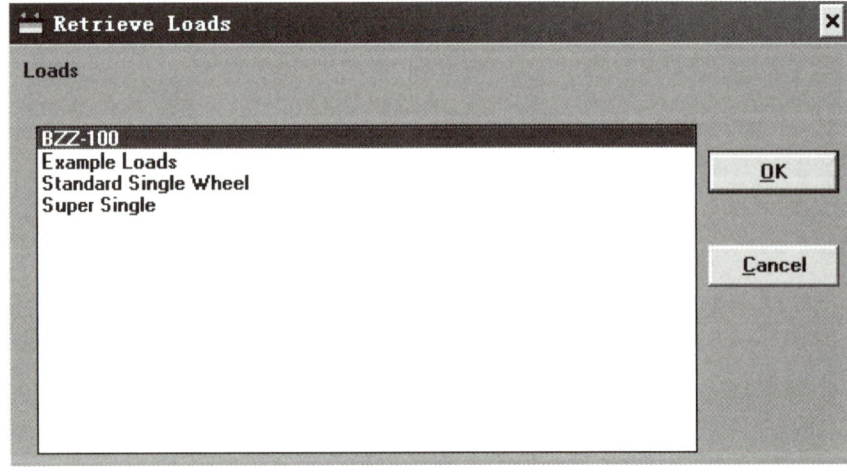

图 2-31　读取荷载

（4）由上文所知，在该程序 Loads 模块中，用户最多可施加 10 个圆形均布荷载，如图 2-32 所示，且每个圆形均布荷载的半径、坐标以及大小均可不同。

untitled
Number of Systems (1-10): 1
1
System Description:
Loads　Layers　Positions
Use Standard Dual Wheel?
Save　Retrieve
Mode of Load: 2 - Load and Radius
No of Circular Loads (1-10): 10

Load Number	Vertical Load (kN)	Radius (m)	X Coordinate (m)	Y Coordinate (m)	Horizontal Load (kN)	Shear Direction (degr.)
1	0.000	0.0000	0.0000	0.0000	0.000	0.0
2	0.000	0.0000	0.0000	0.0000	0.000	0.0
3	0.000	0.0000	0.0000	0.0000	0.000	0.0
4	0.000	0.0000	0.0000	0.0000	0.000	0.0
5	0.000	0.0000	0.0000	0.0000	0.000	0.0
6	0.000	0.0000	0.0000	0.0000	0.000	0.0
7	0.000	0.0000	0.0000	0.0000	0.000	0.0
8	0.000	0.0000	0.0000	0.0000	0.000	0.0
9	0.000	0.0000	0.0000	0.0000	0.000	0.0
10	0.000	0.0000	0.0000	0.0000	0.000	0.0

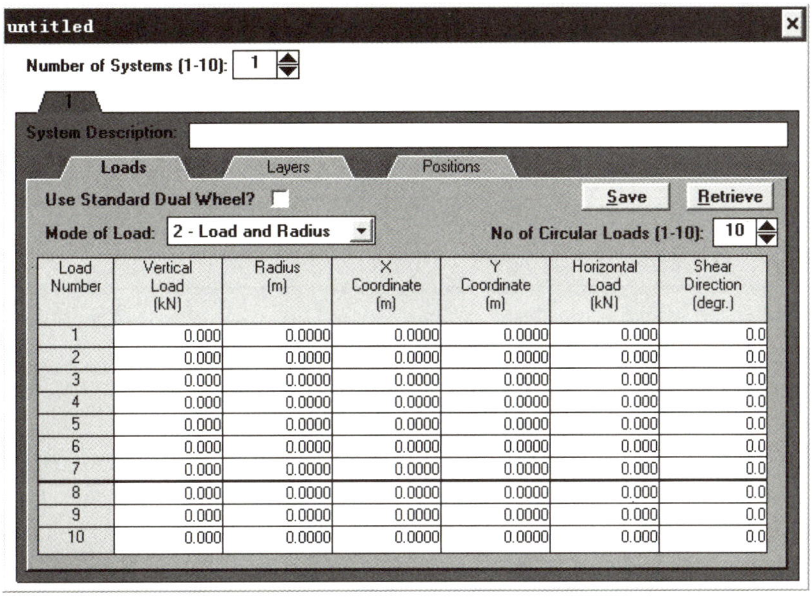

图 2-32　程序荷载数量上限

鉴于程序的该功能，用户可模拟多种荷载形式，例如双轴双轮荷载、三轴双轮荷载，甚至更为复杂的半挂汽车列车荷载以及飞机起落架机轮荷载等。用户在输入各类复杂荷载时只需将其简化为多个圆形均布荷载即可，下文给出两个示例供读者参考。

示例一：图 2-33 为双轴双轮荷载，无水平荷载作用，其荷载作用面积半径为 0.105 m，单轮荷载大小为 20 kN，轮距为 0.315 m，轴距为 0.42 m。该荷载具有对称分布特征，根据前述坐标系建立的技巧，令两轮隙中心的中点为原点，且行车方向为 X 轴，随后依次将各单圆荷载的参数填入表格内即可完成荷载输入，如图 2-34 所示。

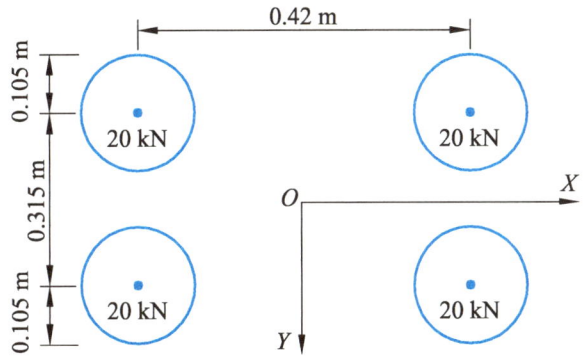

图 2-33　双轴双轮荷载

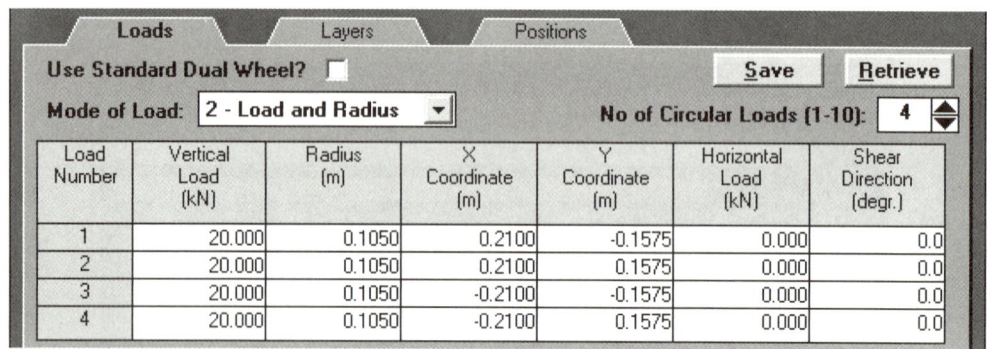

图 2-34　双轴双轮荷载程序输入界面

示例二：图 2-35 为半挂汽车列车，该车型较为复杂，轴承包括转向轴、驱动轴和拖车轴，各轴的荷载大小以及轴型均不相同，其中转向轴为单轴单轮组、驱动轴和拖车轴均为双轴双轮组。程序模拟时选取半挂汽车列车的一半轮轴为研究对象，其各轴的荷载参数如表 2-1 所示，且转向轴与驱动轴间的轴距为 5.7 m，驱动轴和拖车轴间的轴距为 9.4 m，驱动轴和拖车轴的前后排轮距均为 1.2 m，左右轮距为 0.37 m，如图 2-36 所示。此时荷载并无对称分布特征，故为便于输入，令 X、Y 坐标轴与单圆荷载相切，各圆形荷载坐标均为正值，且行车方向为 Y 轴，如图 2-37 所示，依次将各单圆荷载的参数填入表格内即可完成荷载输入。

表 2-1　半挂汽车列车荷载参数

研究状态	轴名称	单轮垂向荷载/kN	单轮水平荷载/kN	胎压/MPa	单轮荷载半径/m
静态	转向轴	26.7	0	0.7	0.110 2
	驱动轴	18.9	0	0.7	0.092 7
	拖车轴	18.9	0	0.7	0.092 7

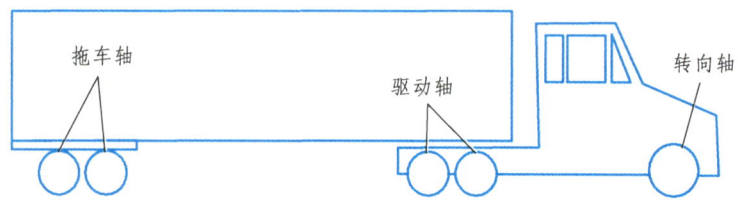

图 2-35　半挂汽车列车荷载

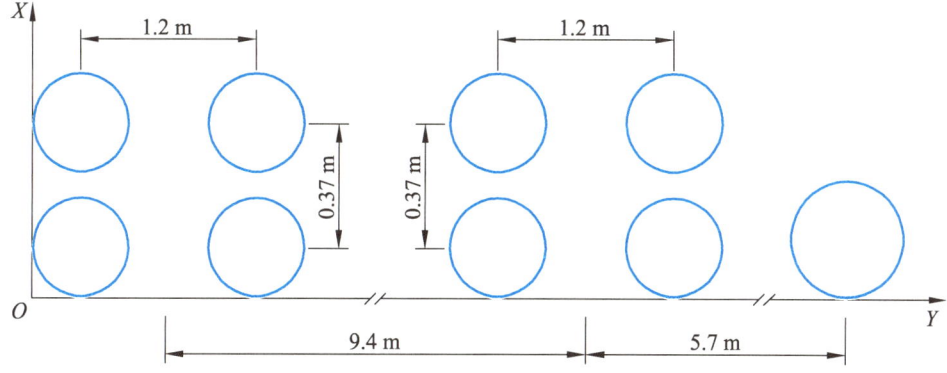

图 2-36 简化后半挂汽车列车荷载

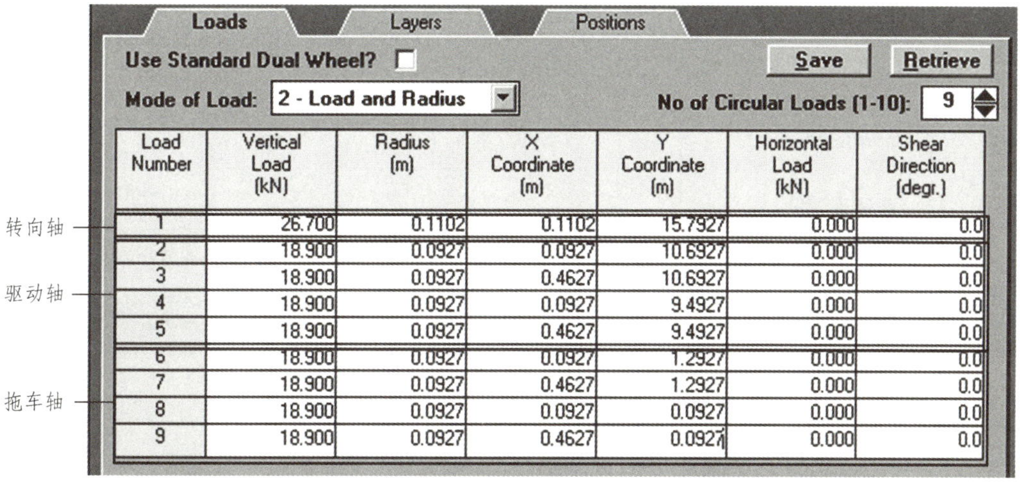

图 2-37 半挂汽车列车荷载程序输入界面

（5）由图 2-38 所示，该程序亦可模拟水平均布荷载的作用，BISAR 程序采用局部坐标系表示水平荷载，并可将垂直荷载转化为局部坐标系表示，具体见图 2-57，通过输入其水平荷载的大小及其剪切角（荷载与 X 轴正向的夹角）即可。通过该水平荷载的输入，可适当模拟汽车加速、制动、上坡、下坡等特殊行驶情况。

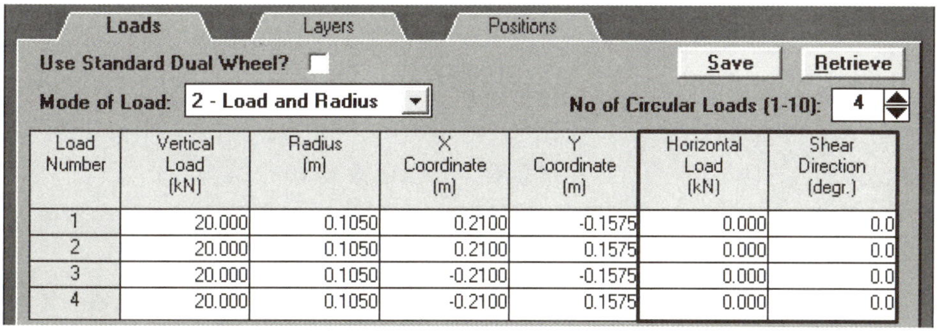

图 2-38 水平荷载输入

（6）由前文可知，该程序仅能模拟静态均布圆形荷载，对于矩形、椭圆形等形状相对规则的均布荷载，亦可通过面积等效的方式将其转换为圆形荷载予以模拟。

（7）Loads 模块中各参数的含义在前文中已做阐释，还需注意各输入参数的取值范围，在三种荷载输入模式中各参数的取值范围如表 2-2 所列。

表 2-2　Loads 模块输入参数限制

参数/单位	取值下限	取值上限
Vertical Stress /kPa	0	10 000
Vertical Load /kN	0	10 000
Radius /m	0	1000
X Coordinate /m	−99.999 9	999.999 9
Y Coordinate /m	−99.999 9	999.999 9
Horizontal Load /kN	0	9 999.999
Horizontal Stress /kPa	0	9 999.999
Shear Direction /degr.	0	999.9

2.3.1.2 Layers（结构层）模块

（1）弹性层状体系中最底层为半无限空间体，其沿三个方向均可无限延伸。基于该假设，BISAR 程序只能用于路基上的柔性道路路面或机场道面分析，不能用于桥面铺装结构分析。

（2）弹性层状体系中各层均是连续的、均匀的各向同性体，故 BISAR 程序不适用于面层板有接缝和传力杆、拉杆的水泥混凝土路面，仅适用于柔性的道路路面或机场道面。

（3）弹性层状体系中各层均是线弹性体，其模量不受应力状态（包括结构层自重应力）的影响，为一恒定值，且程序计算的是荷载作用下该结构所产生的附加应力，不考虑材料自重，故无需输入材料重度。

（4）如图 2-39 所示，在 Layers 模块输入表格上方有 3 个控制按钮，其详细含义如下：

"No of Layers (1-10)"——结构层总数，最多可输入 10 个结构层。

"Save" 及 "Retrieve"——可保存或读取输入的结构层参数，与荷载参数输入模块类似。

"Full Friction Between Layers？"——层间是否完全连续，程序默认勾选，表示各结构层之间均为完全连续，即荷载作用下无相对水平位移；取消勾选，则各结构层之间存在相对滑动。在实际工程中，由于施工、环境、材料性质等各方面因素的影响，各结构层之间可能难以达到理想化的完全连续状态，故在进行力学分析时可考虑结构层之间发生相对水平位移的情况。结构层之间的结合状态分为完全连续、完全光滑及介于两者之间的层间半结合状态。在 BISAR 程序中引入剪切弹簧柔量（Shear Spring Compliance）AK 来表示结构层之间的层间结合状态，其物理定义如下：

$$AK = \frac{\text{上下两层之间的相对水平位移}}{\text{作用在接触面上的应力}} (\text{m}^3/\text{N}) \quad (2\text{-}1)$$

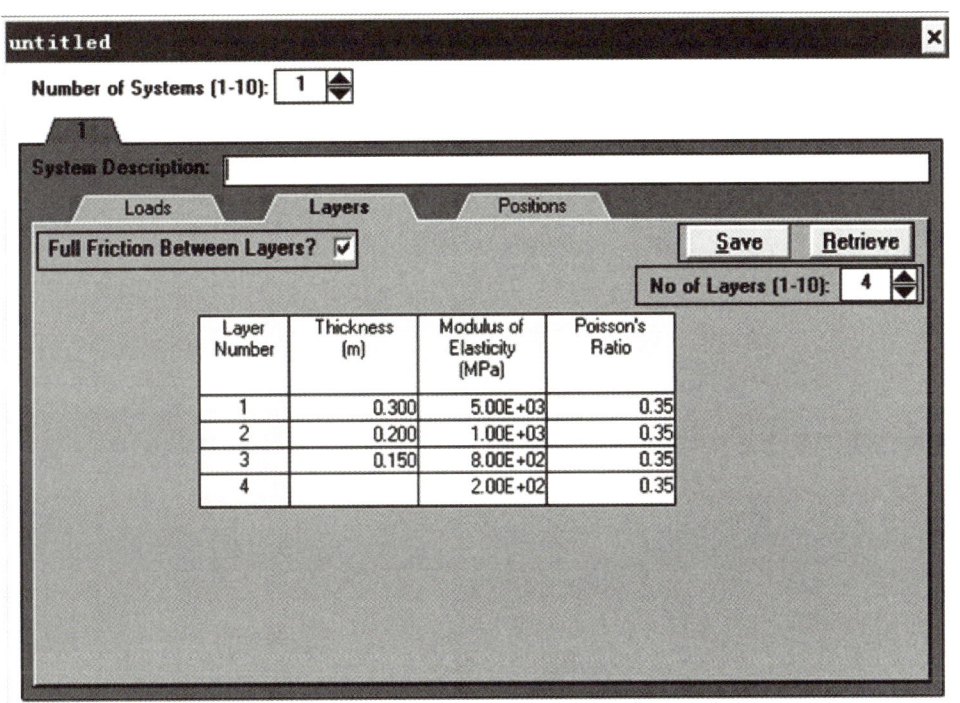

图 2-39　Layers 模块输入界面

由式（2-1）可知，当层间完全连续时，即结构层之间不发生相对水平位移，则 $AK=0$；当层间完全光滑时，结构层之间发生较大相对水平位移，但作用在接触面上的应力为 0，则 $AK=\infty$；当层间半结合时，介于上述两种状态之间，在荷载作用下既会发生相对水平位移，也会产生一定的应力，则 AK 为某个特定的正值。

程序输入的剪切弹簧柔量 AK 需通过摩擦系数 α（Friction parameter）进行计算，其关系式为：

$$\alpha = \frac{AK}{AK + \frac{1+v}{E} \cdot a} \quad (2\text{-}2)$$

式中：AK——剪切弹簧柔量（m^3/N）；
　　　a——荷载作用圆半径（m）；
　　　E、ν——层间界面上侧结构层弹性模量（Pa）及泊松比；
　　　α——无量纲的摩擦系数，该程序认为$\alpha=1$时为完全光滑，$\alpha=0$时为完全连续，$0<\alpha<1$
　　　　　时为层间半结合。实践中可取$\alpha=0.99$即为完全光滑。

同时，在该程序中还可用缩减剪切弹簧柔量（Reduced Shear Spring Compliance）ALK来表示层间结合状态，其计算公式如下：

$$ALK = \frac{\alpha}{1-\alpha} \cdot a \tag{2-3}$$

式中：ALK——缩减剪切弹簧柔量（m）；
　　　a——荷载作用圆半径（m）；
　　　α——摩擦系数。

在程序界面进行输入时，可在 Layers（结构层）模块输入界面中取消勾选"Full Friction Between Layers？"（层间是否完全连续？），如图 2-40 所示，然后通过选择"Standard Spring Compliance"或"Reduced Spring Compliance"分别输入 AK 或 ALK 来表示各结构层之间的层间结合状态。需要特别说明的是，可能因操作系统兼容性问题，图 2-40 右侧 Spring Compliance 处的单位显示略有乱码，应为 m^3/N。

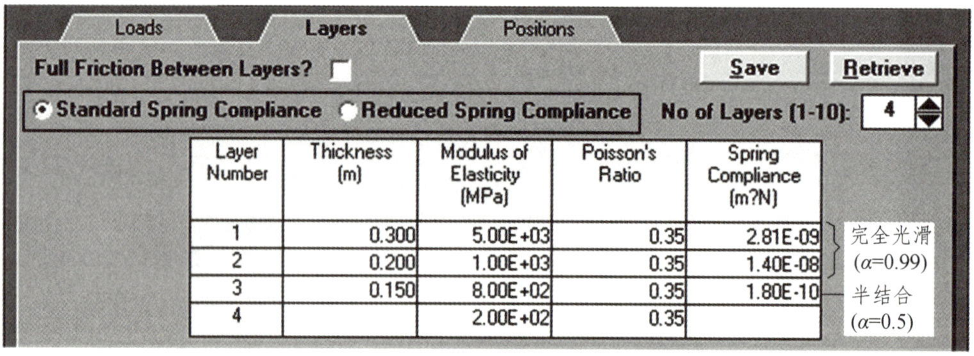

图 2-40　存在层间滑动的路面结构程序输入界面

例如，在半径为 0.105 m 的荷载作用下，欲表示图 2-40 所示结构中层 1 与层 2 之间为完全光滑状态，则选择"Standard Spring Compliance"，即 AK 表示层间结合状态，并令 $\alpha=0.99$ 且选取层 1 的弹性模量 E 及泊松比 ν 分别为 $5\,000\times10^6$ Pa 及 0.35，代入式（2-2）中计算得到 $AK=2.81\times10^{-9}$ m^3/N，将其填入"Spring Compliance"一列的第一行，此时即完成该结构中层 1 和层 2 之间层间结合状态为完全光滑状态的模拟定义。在图 2-40 中，其他层间界面的层间结合状态所对应的 AK 的值均按上述过程计算，因此仅在图 2-40 中展示结果，过程则不再赘述。

用户亦可采用 ALK 表示结构层之间的层间结合状态,其计算公式为式(2-3),模拟过程与 AK 相同。

(5)用户可结合非线性分析所获等效回弹模量在 BISAR 程序中开展线弹性分析。等效回弹模量是通过非线性力学计算后得到的输出结果(具体详见第 4 章),如在轴对称有限元 MICHPAVE 的输出结果中,可输出非线性结构层的等效回弹模量,该值可用于线性弹性分析中,并能一定程度地反映材料的非线性弹性力学性质。

(6)需注意 Layers 模块中各参数输入值的取值范围,各参数的取值范围如表 2-3 所列。

表 2-3　Layers 模块输入参数限制

参数/单位	取值下限	取值上限
Thickness/m	0	100
Modulus of Elasticity/MPa	0	10^{20}
Poisson's Ratio	0	1
Spring Compliance/(m^3/N 或 m)	0	10^{10}

2.3.1.3 Positions(计算点位)模块

(1)因输入计算点位时程序会根据计算点坐标自动显示该计算点所位于的层位,故在输入 Positions(计算点位)模块数据之前,必须先输入 Layers(结构层)数据,否则程序会弹出如图 2-41 所示提示信息。

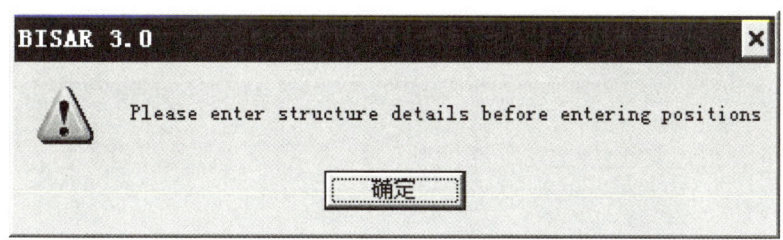

图 2-41　程序报错

(2)在 Positions 模块中需填写计算点位的(X, Y, Z)坐标,需注意的是,该程序的坐标体系在输入荷载参数时已经确定,输入计算点位参数时与输入荷载参数时的坐标体系完全一致。

(3)如图 2-42 所示,在 Positions 模块输入表格上方有 3 个控制按钮,其详细含义如下:

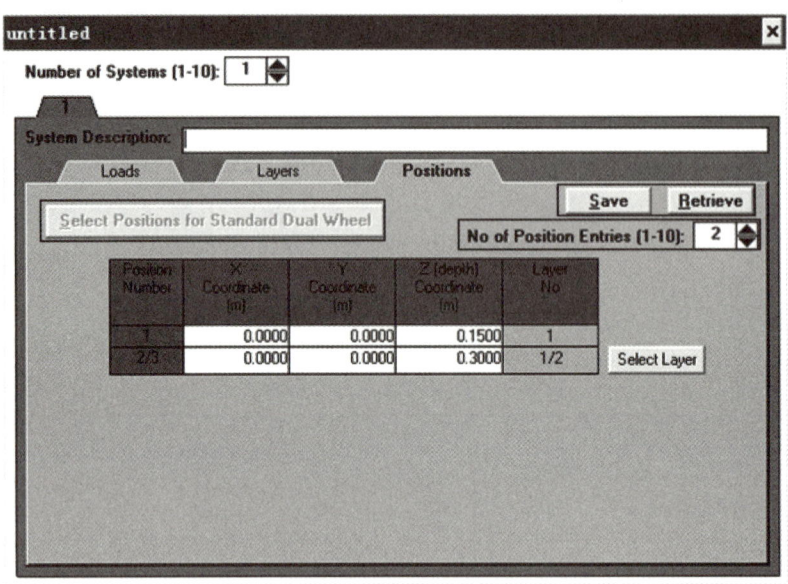

图 2-42 Positions 模块输入界面

"No of Position Entries（1-10）"——计算点总数，最多可输入 10 个计算点。

"Save"及"Retrieve"——可保存或读取输入的计算点参数，与荷载参数输入模块类似。

"Select Positions for Standard Dual Wheel"——当选用程序内嵌的标准双轮荷载时（图 2-28），可点击该按钮，程序会根据该荷载特点自动生成计算点位，如图 2-43 所示，图中计算点位均由程序自行生成，可供用户参考。

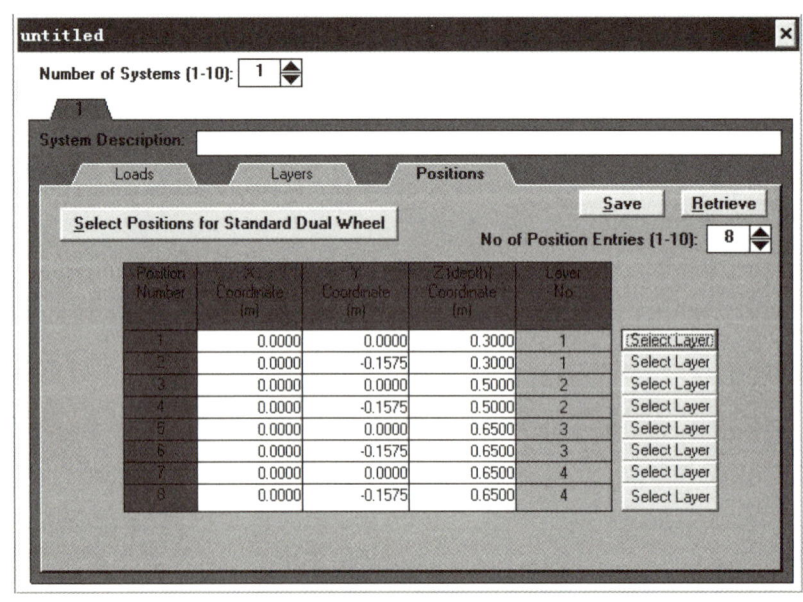

图 2-43 标准双轮荷载作用下程序生成计算点位

（4）由前文可知，对于呈对称分布的荷载需尽量根据其对称性建立坐标体系，依此可以减少实际计算点位个数。例如，若需求解如图 2-44 所示中 20 个呈对称分布的计算点位的力学响应，则通过其对称性的性质，仅需计算图中 5 个空心圈所表示的计算点位的力学响应即可，其他点位可通过其对称性镜像得出。

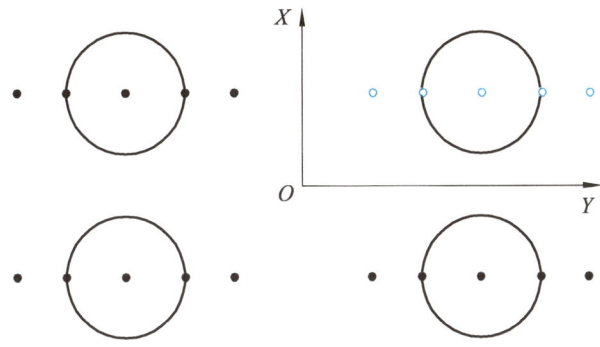

图 2-44　根据对称性建立坐标系

（5）在路面结构分析中，通常关注的指标是沥青混合料层层底拉应变、土基顶面竖向压应变、无机结合料稳定类层层底拉应力等，这些力学指标均位于各结构层的层底或层顶，在程序输入时若需获取该位置的力学响应，需进行层位的选择。例如，在图 2-45 所示的结构中，需获取层 1 底部的力学响应，则需在 Positions 模块中输入计算点位的 Z 坐标为 0.3 m，其右侧"Layer No"会显示其位于 1/2 层之间，故此时点击右侧的"Select Layer"按钮，如图 2-46 所示，选择"Layer 1 only"（图 2-47），表示该点位于层 1 的底部，点击"OK"，则发现图 2-46 右侧对应的"Layer No"由"1/2"变为"1"（图 2-48）。

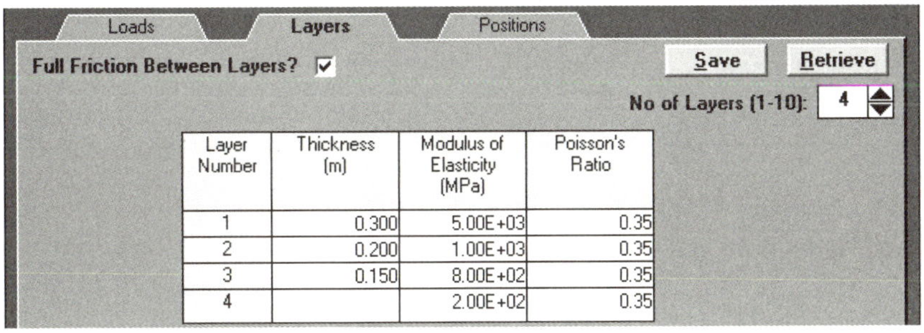

图 2-45　路面结构参数

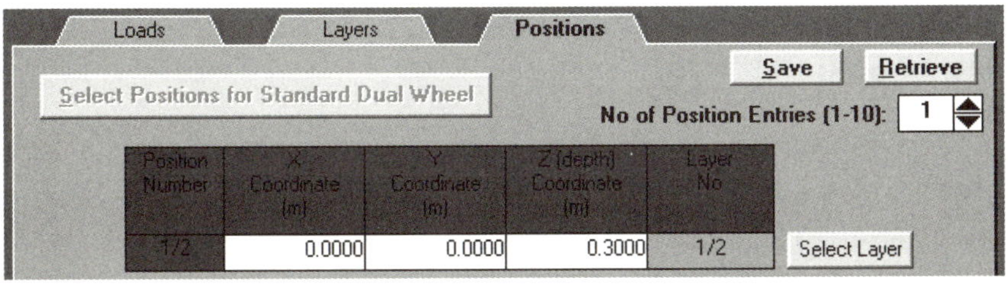

图 2-46　位于层间界面的计算点

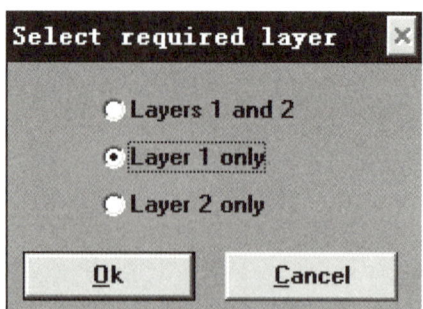

图 2-47 层位选择

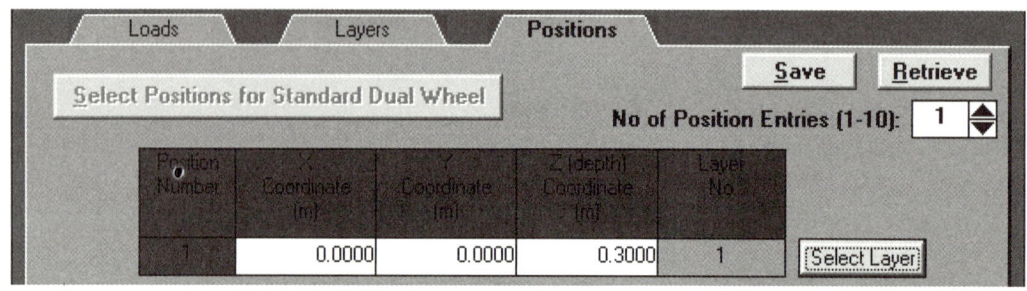

图 2-48 选择层位后

（6）需注意 Positions 模块中各参数输入值的取值范围，各参数的取值范围如表 2-4 所示。

表 2-4 Positions 模块输入参数限制

参数/单位	取值下限	取值上限
X Coordinate/m	−99.999 9	999.999 9
Y Coordinate/m	−99.999 9	999.999 9
Z Coordinate/m	−99.999 9	999.999 9

2.3.2 计算求解

BISAR 3.0 程序在单个 Project 中可并行计算多个问题，通过调整图 2-49 中 "Number of System (1-10)" 实现，至多可计算 10 个问题。

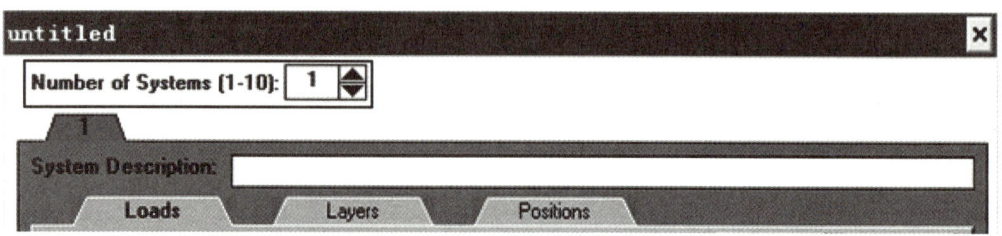

图 2-49 设置 Number of Systems 的数量

图 2-50 为新增的第 2 个 System，用户可在此输入新的数据。为便于用户在输出结果中区分 System 1 和 System 2，用户可在图中"System Description"一栏中为该 System 作一简要描述。此外，若用户需让 System 2 的数据与 System 1 相同，则如图 2-51 所示，点击菜单栏中"Copy From"中的 System 1 即可实现。

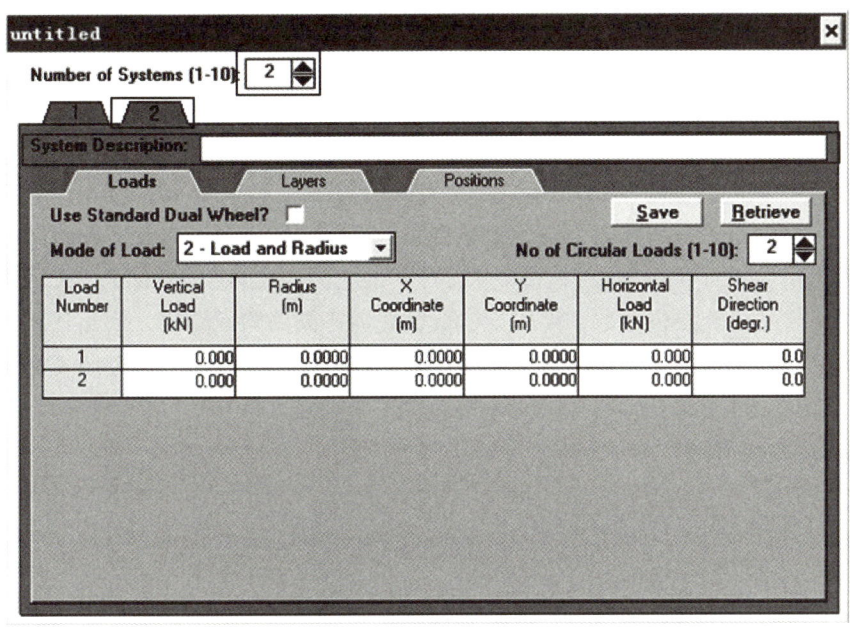

图 2-50　程序输入界面

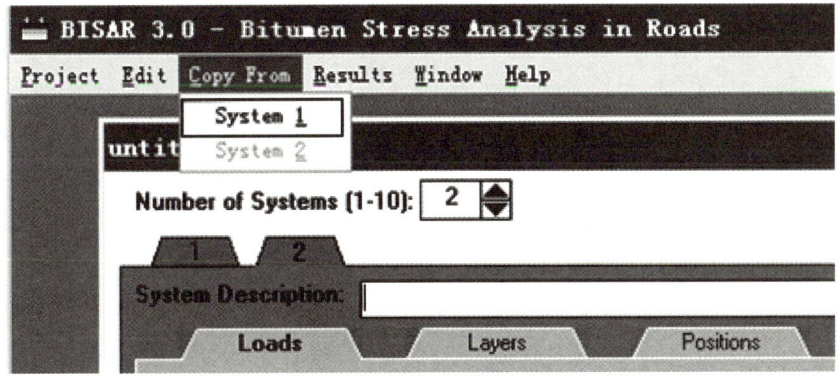

图 2-51　各 System 间复制

基于程序的该功能，用户可应用于多种复杂计算，其中包括但不限于以下情况：

1. 增加计算点位

由前文可知，在 Positions 模块中，至多可计算 10 个计算点位，但对于部分用户开展复杂的力学分析时，可能无法满足需求。可利用多个 System 并行计算的功能，在多个 System 中采用相同的荷载及结构层参数，计算点位置则相应修改，以此达到增加计算点位数量的目的,如使用 10 个 System,则计算点位数量的上限为 100 个。

2. 不同荷载对比

在道路实际运营过程中,存在多种车型,如小客车、大客车以及复杂的汽车列车等,并且超载等现象也较为突出,这些情况均会影响路面性能,可使用 BISAR 程序研究多类荷载大小及作用模式对同一路面结构的影响。此时可利用多个 System 并行计算的功能,在多个 System 中采用相同的结构层及计算点位参数,荷载设置为不同的参数,以此开展在不同荷载作用下的路面结构性能评估,如使用 10 个 System,则可研究 10 类行车荷载。

3. 不同路面结构对比

在对路面结构分析的研究当中,对新型路面结构的性能评估以及多种路面结构的性能对比尤为重要。可利用多个 System 并行计算的功能,在多个 System 中采用相同的荷载及各自特定的计算点位参数,结构层参数设置为不同的路面结构,依此开展在相同荷载作用下的多种路面结构的性能对比,如使用 10 个 System,则可研究 10 类路面结构。

2.3.3 输出结果

2.3.3.1 四种输出形式阐释

如图 2-52 所示,该程序有 4 种结果输出形式,其中除包括基本的应力、应变、位移力学响应外,还有诸多重要信息,可供用户开展进一步的分析评估。

图 2-52 程序输出

图 2-53 为 Block Report(简化报告),可应用于一般的力学分析,各指标含义如图中标注所示;图 2-54 为 Detailed Report(详细报告)的首页,首页为输入数据的汇总,之后每个计算点的输出数据为一页,如图 2-55 为计算点 1 的输出报告,它可应用于较为复杂的力学分析,各指标含义如图中标注所示。需要特别说明的是,图 2-53 中右下方 Strains、Displacements 的单位应分别为 μstrain、μm;图 2-54 中右上方 Shear Spring Compliance 的单位应为 m^3/N,右下方 Shear Direction 的单位应为 °;图 2-55 中左上方 Theta 的单位应为 °。

BISAR 3.0 - Block Report

Project 标题
System Description 信息

System 1: (untitled)

Structure

Layer Number	Thickness (m)	Modulus of Elasticity (MPa)	Poisson's Ratio
1	0.300	5.000E+03	0.35
2	0.200	1.000E+03	0.35
3	0.150	8.000E+02	0.35
4		2.000E+02	0.35

Layers（结构层）输入参数

Loads

Load Number	Vertical Load (kN)	Vertical Stress (MPa)	Horizontal (Shear) Load (kN)	Horizontal (Shear) Stress (MPa)	Radius (m)	Shear Angle (Degrees)
1	2.000E+01	5.774E-01	0.000E+00	0.000E+00	1.050E-01	0.000E+00
2	2.000E+01	5.774E-01	0.000E+00	0.000E+00	1.050E-01	0.000E+00

Loads（荷载）输入参数

Positions（计算点位）输入参数

Position Number	Layer Number	X-Coord (m)	Y-Coord (m)	Depth (m)
1	1	0.000E+00	0.000E+00	1.500E-01
2	1	0.000E+00	0.000E+00	3.000E-01
3	2	0.000E+00	0.000E+00	3.000E-01
4	3	0.000E+00	0.000E+00	6.500E-01
5	4	0.000E+00	0.000E+00	6.500E-01
6	1	0.000E+00	-1.575E-01	1.500E-01
7	1	0.000E+00	-1.575E-01	3.000E-01
8	2	0.000E+00	-1.575E-01	3.000E-01
9	3	0.000E+00	-1.575E-01	6.500E-01
10	4	0.000E+00	-1.575E-01	6.500E-01

应力输出结果(MPa)

XX (MPa)	Stresses YY (MPa)	ZZ (MPa)
-1.475E-02	-9.446E-02	-1.290E-01
1.919E-01	1.409E-01	-5.623E-02
1.416E-02	3.954E-03	-5.623E-02
2.704E-02	2.539E-02	-1.327E-02
1.399E-03	9.881E-04	-1.327E-02
-2.084E-02	-3.776E-02	-2.388E-01
1.834E-01	1.450E-01	-5.453E-02
1.319E-02	5.514E-03	-5.453E-02
2.563E-02	2.317E-02	-1.262E-02
1.314E-03	6.976E-04	-1.262E-02

应变输出结果(10^{-6})

XX 应变	Strains YY 应变	ZZ 应变
1.269E+01	-8.831E+00	-1.815E+01
3.246E+01	1.868E+01	-3.454E+01
3.246E+01	1.868E+01	-6.257E+01
2.849E+01	2.572E+01	-3.953E+01
2.849E+01	2.572E+01	-7.054E+01
1.519E+01	1.062E+01	-4.366E+01
3.034E+01	1.999E+01	-3.389E+01
3.035E+01	1.998E+01	-6.108E+01
2.743E+01	2.327E+01	-3.712E+01
2.743E+01	2.327E+01	-6.660E+01

位移输出结果(10^{-6} m)

UX (m)	Displacements UY (m)	UZ (m)
0.000E+00	0.000E+00	9.900E+01
0.000E+00	0.000E+00	9.516E+01
0.000E+00	0.000E+00	9.516E+01
0.000E+00	0.000E+00	7.978E+01
0.000E+00	0.000E+00	7.978E+01
0.000E+00	-1.366E+00	9.778E+01
0.000E+00	-3.101E+00	9.284E+01
0.000E+00	-3.101E+00	9.284E+01
0.000E+00	-3.920E+00	7.845E+01
0.000E+00	-3.920E+00	7.845E+01

图 2-53　Block Report 输出

BISAR 3.0 - Detailed Report

Project 标题

System Description 信息

System 1: (untitled)

Layer Number	Thickness (m)	Young's Modulus (Pa)	Poisson's Ratio	Shear Spring Compliance (m?/N)
1	0.300	5.000E+09	0.35	0.000E+00
2	0.200	1.000E+09	0.35	0.000E+00
3	0.150	8.000E+08	0.35	0.000E+00
4		2.000E+08	0.35	

Layers（结构层）输入参数

Load Number	Normal Stress (Pa)	Shear Stress (Pa)	Radius of Loaded Area (m)	Load - Position X (m)	Load - Position Y (m)	Shear Direction (?)
1	5.774E+05	0.000E+00	1.050E-01	0.000E+00	-1.575E-01	0.000E+00
2	5.774E+05	0.000E+00	1.050E-01	0.000E+00	1.575E-01	0.000E+00

Loads（荷载）输入参数

图 2-54 Detailed Report 输出首页

BISAR 3.0 - Detailed Report

应用实例

System 1: (untitled)

Position Number: 1   Layer Number: 1   X Coord (m): 0.000E+00   Y Coord (m): 0.000E+00   Z Coord (m): 1.500E-01

Position（计算点位）输入参数

Load No.	Distance to Load Axis (m)	Theta (º)	Displacements (m)			Stresses (Pa)				Strains			
			Radial	Tangential	Vertical	Radial	Tangential	Vertical	Rad./Tang.	Radial	Tangential	Vertical	Rad./Tang.
1	1.575E-01	9.001E-01	9.993E-07	0.000E+00	4.950E-05	-4.723E+04	-7.377E+03	-6.449E+04	0.000E+00	-4.415E-06	6.345E-06	-9.075E-06	0.000E+00
2	1.575E-01	-9.001E-01	9.993E-07	0.000E+00	4.950E-05	-4.723E+04	-7.377E+03	-6.449E+04	0.000E+00	-4.415E-06	6.345E-06	-9.075E-06	-2.127E-05

局部柱坐标体系下的单圆荷载作用下的位移、应力、应变

Total Stresses (Pa)   XX: -1.475E+04   YY: -9.446E+04   ZZ: -1.290E+05   XZ: 0.000E+00   XY: 0.000E+00
Total Strains   XX: 1.269E-05   YY: -8.831E-06   ZZ: -1.815E-05   XZ: 0.000E+00   XY: 0.000E+00
Total Displacements (m) UX: 0.000E+00   UY: 0.000E+00   UZ: 9.900E-05

局部柱坐标体系下多圆荷载叠加后的应力、应变、位移

整体直角坐标系下多圆荷载叠加后的应力、应变、位移

	X Comp.	Y Comp.	Z Comp.
	1.0000	0.0000	0.0000
	0.0000	1.0000	0.0000
	0.0000	0.0000	1.0000
	0.7071	0.0000	-0.7071
	0.7071	-0.7071	0.0000
	0.7071	0.7071	0.0000
	0.0000	0.7071	-0.7071
	0.0000	0.7071	0.7071

方向余弦

Principal Values and Directions of Total Stresses and Strains

	Normal Stress (Pa)	Normal Strain	Shear Stress (Pa)	Shear Strain
Maximum:	-1.475E+04	1.269E-05		
Minimax:	-9.446E+04	-8.831E-06		
Minimum:	-1.290E+05	-1.815E-05		
Maximum:	-7.186E+04		5.711E+04	1.542E-05
Minimax:	-5.461E+04		3.985E+04	1.076E-05
Minimum:	-1.117E+05		1.726E+04	4.660E-06

极值剪应力（应变）
极值正应力
伴生正应力
主应力（应变）

Strain Energy (J): 1.494E+00   **Strain Energy of Distortion (J): 9.266E-01**

总应变应能   畸变应变能

Calculated: 14-Dec-2019 16:32:29   Print Date: 17-Dec-2019

图 2-55   Detailed Report 输出

"Block Table（简化表格）""Detailed Table（详细表格）"的输出形式是将 Report 中的数据以表格的形式输出。如图 2-56 所示为 Block Table 输出，点击该界面左下角的"Copy to Clipboard"（复制到剪切板）可将表格中的数据复制到剪切板，供用户粘贴到 Excel 或其他平台使用。

图 2-56　Block Table 输出

2.3.3.2 Detailed Report 剖析

由前文所知，在 BISAR 程序的 4 种输出形式中，Block Report 可满足一般力学分析的需求，但对于较为复杂的力学分析则需要采用 Detail Report 输出形式。如图 2-54 及图 2-55 所示，Detail Report 输出报告中指标较多，且较为复杂，因此本节将详细剖析 Detail Report 输出报告中的诸多指标，从而将其用于更为复杂的力学分析及性能评估。输出报告首页仅为用户输入数据，故此处不再对其进行解释，着重剖析各计算点位的输出页面，如图 2-55 所示。

图 2-55 中上方为局部柱坐标体系下的单圆荷载坐标及单圆荷载作用下的位移、应力、应变。BISAR 程序实则为先计算各单圆荷载作用下局部柱坐标体系下的力学响应，然后通过坐标变换将各单圆荷载作用下的力学响应转换为整体直角坐标系后再进行叠加，如图 2-57 所示为 XY 平面的投影。在 Detial Report 中将用户输入的各单圆荷载作用下局部柱坐标系的力学响应输出，其符号规定与弹性力学相同。如图 2-58（a）所示，以 R 面元为例，σ_{RR} 为正应力，对应输出报告中的 Radial，$\sigma_{R\theta}$、σ_{RZ} 为剪应力，分别对应输出报告中的 Rad./Tang. 及 Rad./Vert.。

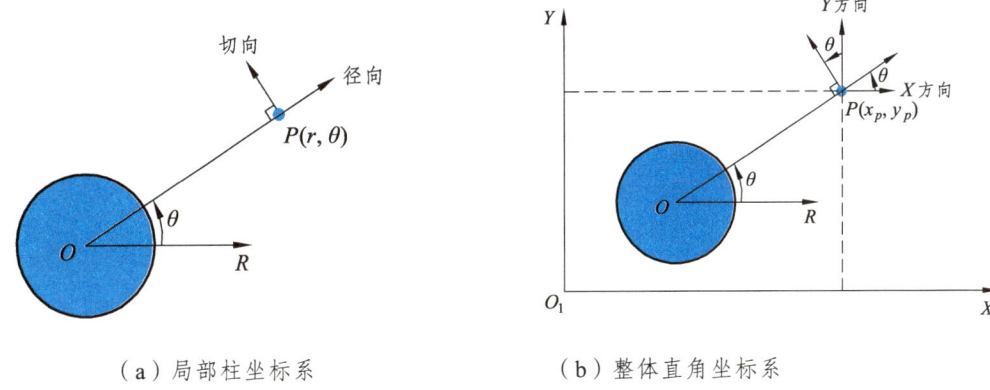

（a）局部柱坐标系　　　　　　（b）整体直角坐标系

图 2-57　单圆荷载作用下坐标体系变换

图 2-55 下方 Total Stresses、Total Strains、Total Displacements 为整体直角坐标系下多圆荷载叠加后的力学响应，其符号规定与弹性力学相同。如图 2-58（b）所示，以 X 面元为例，σ_{XX} 为正应力，对应输出报告中的 XX，σ_{XY}、σ_{XZ} 为剪应力，分别对应输出报告中的 XY 及 XZ。

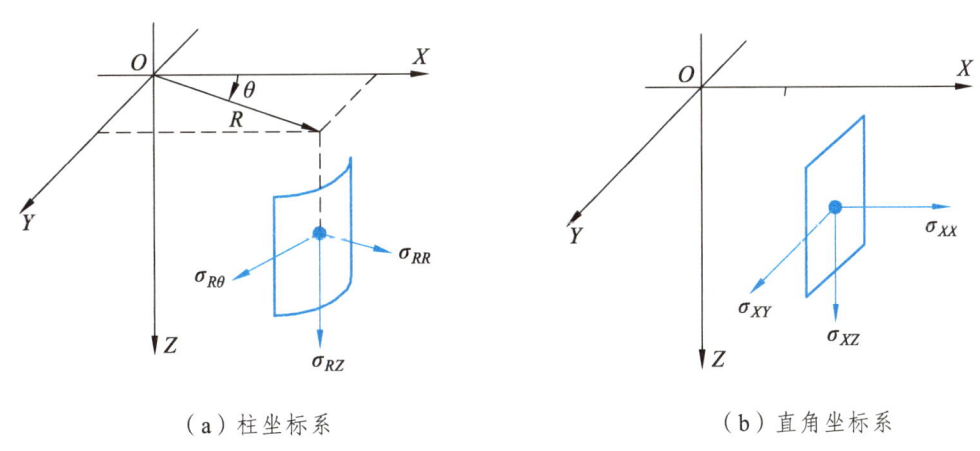

（a）柱坐标系　　　　　　（b）直角坐标系

图 2-58　坐标体系下符号规定

图 2-55 下方 Principal Value and Directions of Total Stresses and Strains 表格中，前三行为该计算点位的主应力、主应变及其方向余弦。在给定的应力状态下，存在一个截面，该截面上只有正应力没有剪应力，这样的截面称之为主平面，主平面上的正应力（应变）称为主应力（应变），主平面的法线方向称之为主方向，如图 2-59 所示。

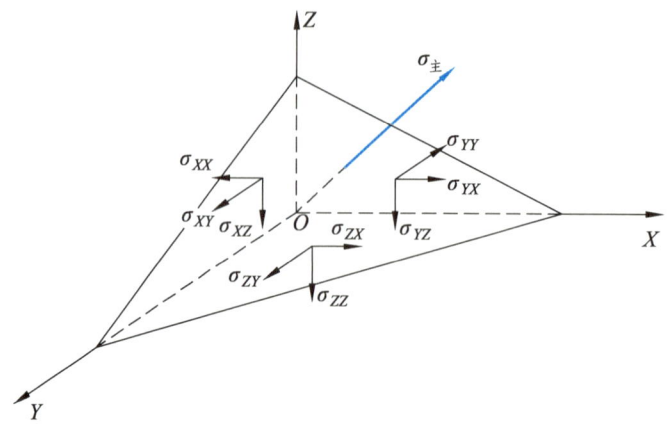

图 2-59　主应力

后六行为该计算点位的极值剪应力（应变）、极值剪应力伴生的正应力及其方向余弦。在给定的应力状态下，求得三个主应力及主方向后，取三个主应力方向作为坐标轴，此时存在一个截面作用着最大剪应力，该截面上的剪应力（应变）称之为极值剪应力（应变），截面上的正应力称之为极值剪应力伴生的正应力，如图 2-60 所示。极值剪应力在强度理论和塑性力学中均有着重要作用。

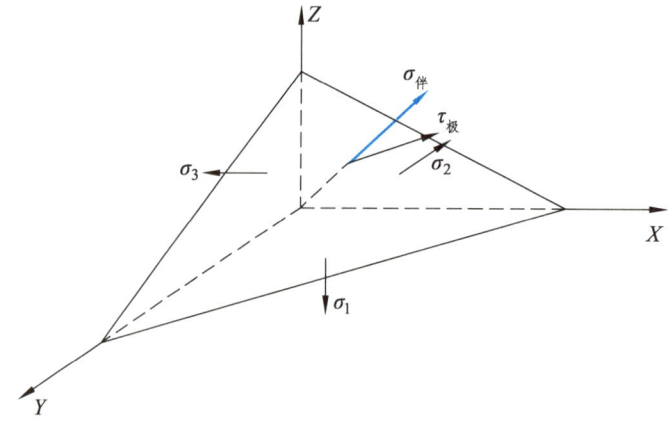

图 2-60　极值剪应力

输出报告中下方 Strain Energy 和 Strain Energy of Distortion 分别为每单位体积的总应变能和畸变应变能。当受到外力作用时，弹性体会产生变形，与此同时外力对弹性体做功。外力做的功转变为弹性体由于变形而储存在体内的能量，称为应变能。一般情况，单位体积的应变能由两部分组成，一部分由于体积改变，另一部分由于畸变。

2.3.3.3　输出结果可视化处理

由前文所知，该程序的输出形式均为文本，用户可根据需求使用第三方图形绘制软件（如 Origin、Surfer、SigmaPlot 等）对文本数据进行图形可视化后处理，实现力学响应从计算点到线、面的转换，下面给出三个示例供读者参考。

示例一：在沥青路面结构分析与设计中，通常需获取在最不利位置下结构层层底或层顶的力学响应。以沥青面层层底水平拉应变为例，在单轴双轮荷载作用下，通常认为沿道路深度方向过两圆形荷载圆心的截面为最不利截面，故用户可根据所建立的坐标体系，选取该最不利截面内沥青面层层底多个计算点，将其水平拉应变绘制成如图 2-61 所示的曲线图，依此分析沥青面层的抗疲劳开裂性能。

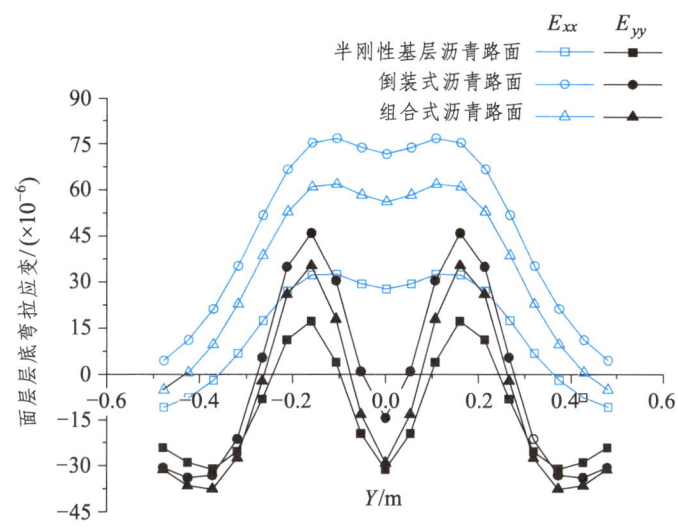

图 2-61　沥青面层层底应变分布

（注：该图引自吴玉、蒋鑫、梁雪娇等，2017）

示例二：在路面结构分析与设计中，有时需选取整个最不利截面的力学响应进行分析。以沥青面层内竖向压应力为例，在单轴双轮荷载作用下，通常认为沿道路深度方向过两圆形荷载圆心的截面为最不利截面，故用户根据所建立的坐标体系，选取该截面内不同深度下的多个计算点，将其竖向压应力绘制成如图 2-62 所示等值线，依此可研究沥青面层的抗永久变形性能。

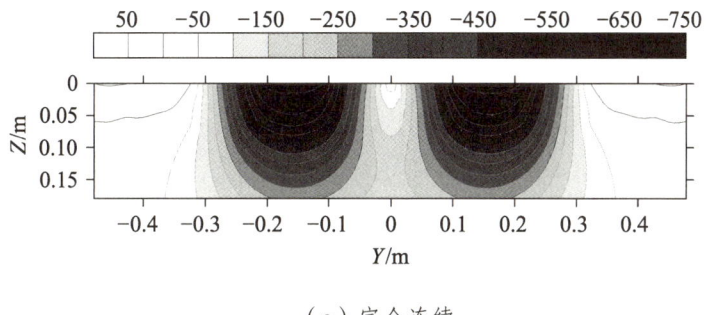

（a）完全连续

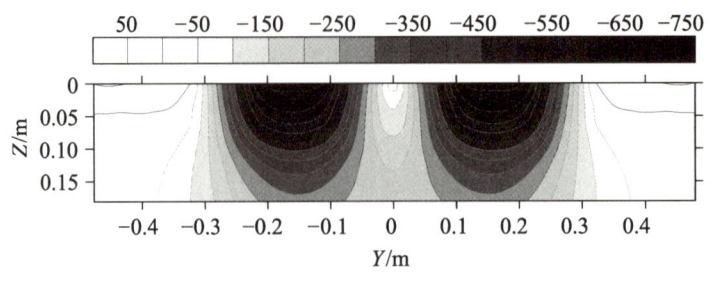

（b）完全光滑

图 2-62　沥青面层内竖向压应力分布（单位：kPa）

（注：该图引自蒋鑫、姚康、程淳羽等，2018）

示例三：除上述两种情况外，有时仍需获取整个结构层层顶或层底力学响应的分布。以路表弯沉为例，用户可根据所建立的坐标体系，在路表截面中选取多个计算点，将其竖向位移绘制成如图 2-63 所示三维图，依此可研究路面结构的整体承载性能。

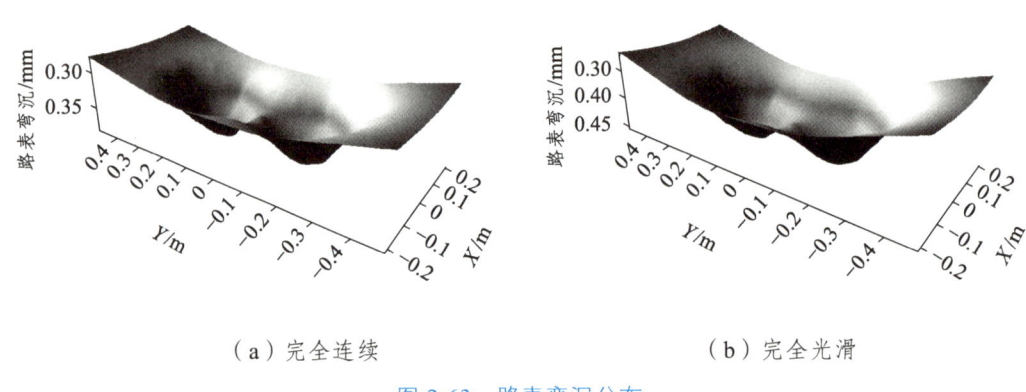

（a）完全连续　　　　　　　　　　　　（b）完全光滑

图 2-63　路表弯沉分布

（注：该图引自蒋鑫、姚康、程淳羽等，2018）

2.3.4　程序数据管理

由前文可知，在计算过程中会有多个数据保存在程序的数据库中，如 Loads（荷载）、Project（项目）、Results（结果）等。在计算结束后，用户亦可查看和管理保存在数据库中的数据。

点击菜单栏中的"Project"，如图 2-64 所示，点击其中的"Open"会出现如图 2-65 的界面，然后可根据需要打开所选择的项目。

图 2-64　Project 菜单

图 2-65　打开项目

点击"Project"下的"Previous Calculations"会出现如图 2-66 的界面，此处可根据需要打开所选择的项目的 4 种输出形式的结果。

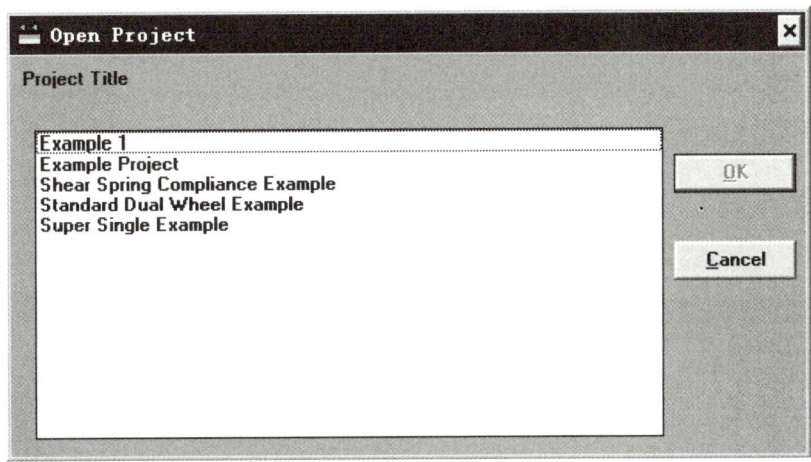

图 2-66　输出结果管理

点击"Project"下的"Delete",会出现如图 2-67 的界面,其包括 Project Input(项目输入)、Loads(荷载)、Layers(结构层)、Positions(计算点位)。可根据需要删除之前保存的项目信息、荷载信息等,如图 2-68 和图 2-69 所示。

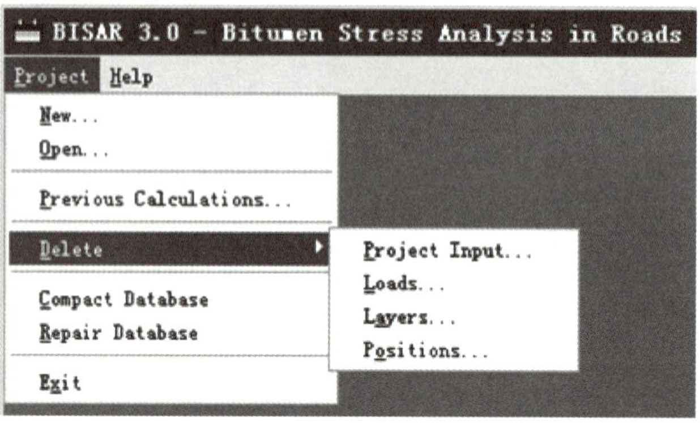

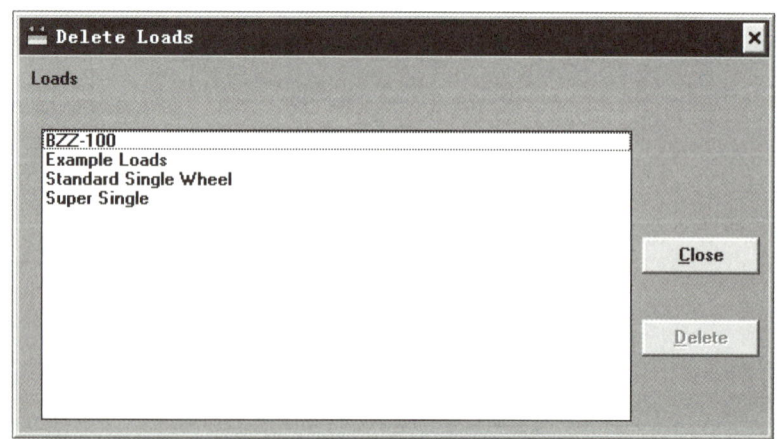

图 2-67　数据库删除

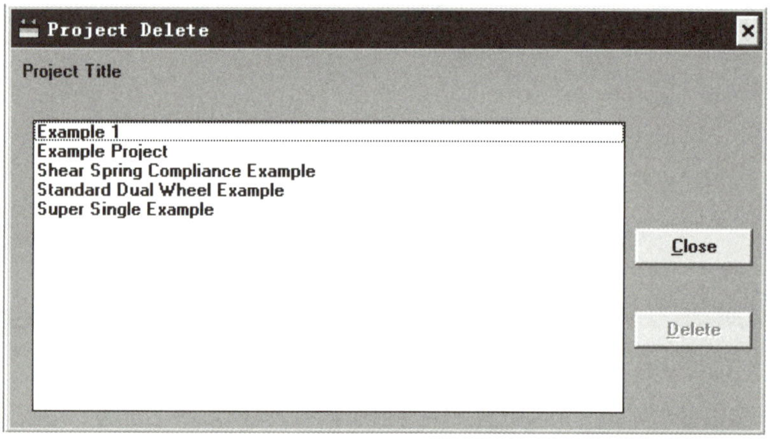

图 2-68　删除项目

图 2-69　删除荷载

"Project"下的"Compact Database"及"Repair Database"分别为压缩、修复程序内嵌数据库,"Exit"为退出该程序。

2.3.5 建议进一步阅读的文献

BISAR 3.0 软件目前已在互联网上广泛流传。

建议读者进一步阅读如下文献:

[1] Bitumen Business Group. BISAR 3.0 User Manual[Z]. The Hague: Bitumen Business Group, 1998.

[2] 王凯.层状弹性体系的力学分析与计算[M].2 版.北京:科学出版社,2016.

其中文献[1]为 BISAR 3.0 的官方用户手册,文献[2]系统介绍了 BISAR 程序 2.0 版本的力学计算公式、程序结构组成、计算方法和数值计算。

至于 BISAR 程序在路面结构层次组合方案比选、层间结合状况影响分析、路面力学响应计算等方面的一些具体应用,读者可参考本书末"主要参考文献"之文献[22]、[23]、[24]、[29]、[35]、[36]、[37]等。

第 3 章 基于弹性层状体系理论的 KENLAYER 软件电算技术

3.1 KENLAYER 程序简介

KENLAYER 系美国肯塔基大学（University of Kentucky）的 Yang H. Huang 教授所开发的一款基于弹性层状体系理论，用于沥青路面结构分析的电算软件。该软件早年为 DOS 版本，采用 FORTRAN77 语言编制，后采用 Visual Basic 语言改造升级为 Windows 版本，并与基于有限元法、用于水泥混凝土路面结构分析的电算软件 KENSLABS，一块整合并被命名为 KENPAVE。本书仅介绍 Windows 版本的 KENLAYER。

该程序具有以下突出的功能：

（1）荷载方面：可考虑单轮、单轴双轮、双轴、三轴等荷载。

（2）结构层方面：可考虑多达 19 层的层状体系，层间界面结合状况可为完全连续或完全光滑，结构层可为线弹性、非线性弹性、黏弹性或非线性弹性与黏弹性的组合体。对于非线性弹性，程序采用迭代法求解，对于黏弹性，程序引入蠕变柔量曲线，采用配置法求解，荷载可为静态或移动。

（3）计算点方面：程序可考虑竖向距离（Z 坐标）19 个，平面坐标点 25 个，输出竖向位移、四项应力、四项应变等力学响应。

（4）损伤分析：程序拥有损伤分析功能，可根据美国沥青学会（Asphalt Institute，AI）的破坏准则，分别求得不同时期、不同荷载组由沥青面层控制的疲劳开裂损伤率、由土基控制的永久变形损伤率，从而判断沥青路面结构主导损伤模式并求得相应的设计寿命。

3.2 KENLAYER 程序入门

3.2.1 程序安装

Yang H. Huang 所著 *Pavement analysis and design*（*Second Edition*）随书附有含 KENPAVE 软件安装包的光盘，读者可使用带光驱的计算机，应用此光盘安装程序于计算机上。当然也可以将软件安装包由光盘拷贝至移动存储设备，然后再通过移动存储设备安装。关于程序的安装，读者可参考由蒋鑫、邱延峻和姚康所著《沥青路面结构力学分析软件 KENLAYER》一书，书中有详细描述，此处不再赘述。

3.2.2 算例应用

3.2.2.1 问题描述

下面选取 *Pavement analysis and design*（*Second Edition*）一书中第 49 页 Example 2.1 为典型案例，详细描述该程序使用的基本过程。

如图 3-1 所示为两个圆形荷载作用下的均质半空间体。每个圆形荷载的半径为 5 in（127 mm），中到中相距 20 in（508 mm），作用在圆形面积上的压力为 50 psi（344.738 kPa）。半空间体的弹性模量为 10 000 psi（68.948 MPa），泊松比为 0.5。

现需求解一个圆形面积中心下 10 in（254 mm）处点的竖向应力 σ_Z、竖向应变 ε_Z 和挠度 ω。

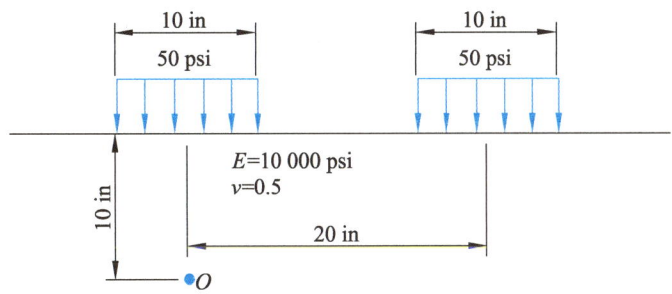

图 3-1 路面结构示意图

KENLAYER 程序无法直接开展半空间体的附加应力分析（后文将进一步详细阐述），故针对此题，不妨假设为由 10 in、无限厚度两层所组成，具有同样弹性模量和泊松比的双层体系，且层间界面完全连续。

3.2.2.2 前处理

步骤 1：新建项目
双击"KENPAVE.exe"打开程序，程序主界面如图 3-2 所示。

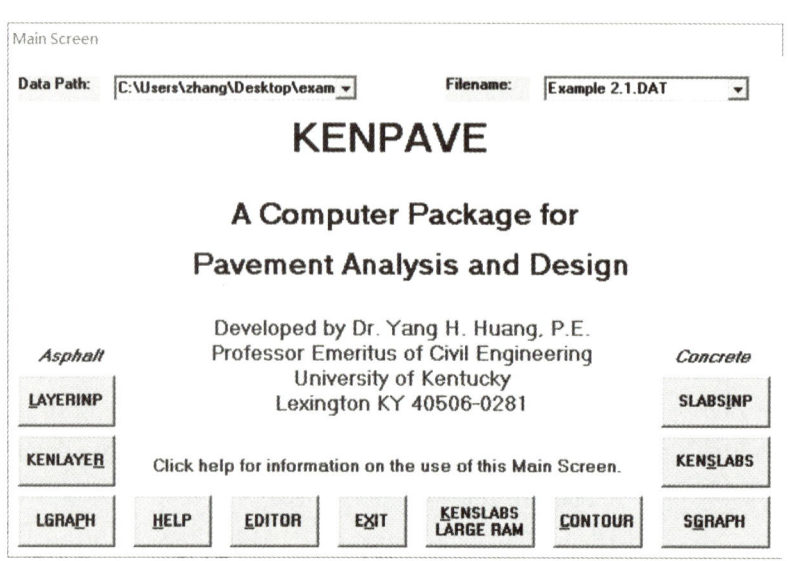

图 3-2 程序主界面

点击"LAYERINP"进入输入文件主菜单界面,如图 3-3 所示。随后点击"File",选择"New"选项,如图 3-4 所示,创建新项目。

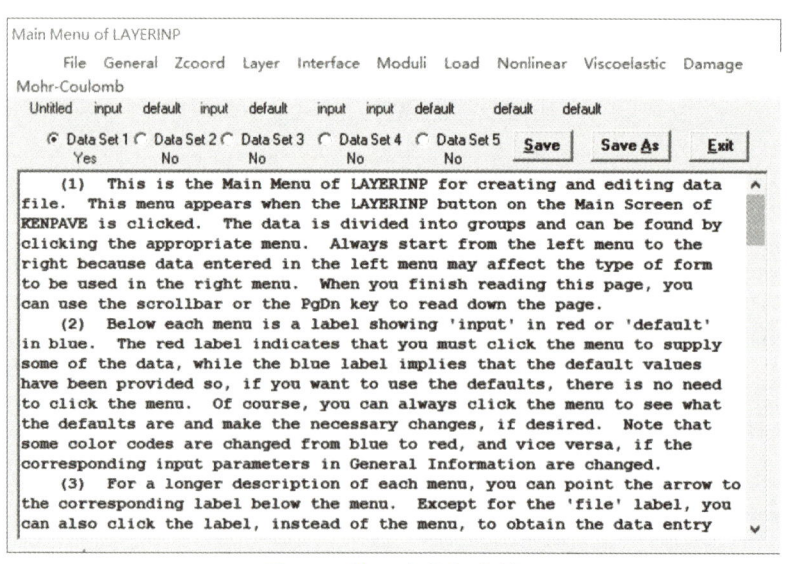

图 3-3 输入文件主菜单

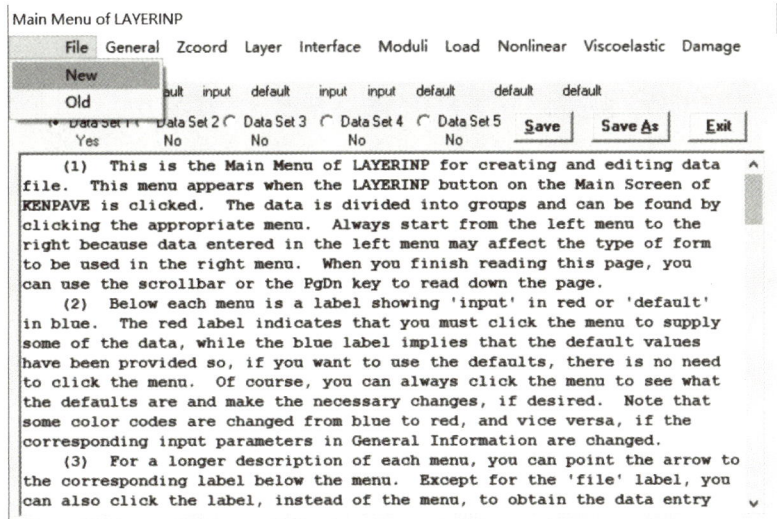

图 3-4 新建项目

步骤 2：输入基本参数

单击图 3-4 所示主菜单上的"General"，按图 3-5 所示依次输入相应的参数。需要特别指出的是，以下先暂不过多解释各输入参数的具体含义及填写注意事项，关于输入参数更详尽的解释见蒋鑫、邱延峻和姚康所著《沥青路面结构力学分析软件 KENLAYER》一书。

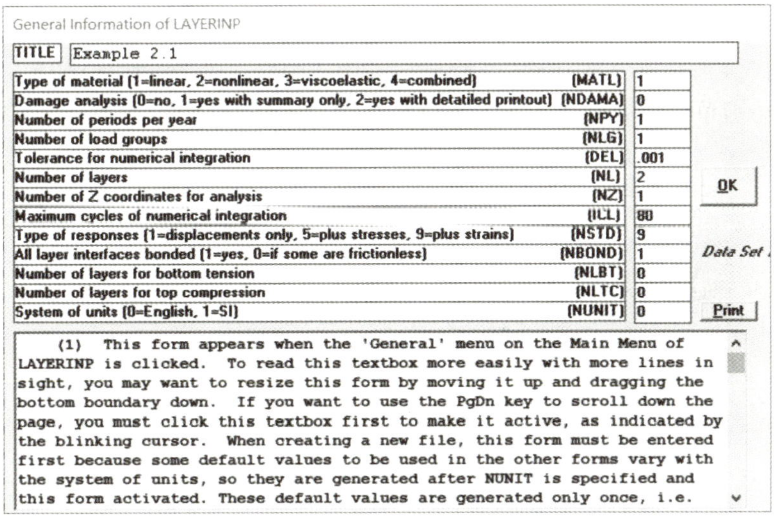

图 3-5 基本参数输入界面

TITLE——在 TITLE 栏中输入本算例标题"Example 2.1"。

MATL——结构层的材料类型。本算例两个结构层均视为线弹性体，故 $MATL=1$（1 为程序默认值）。

NDAMA——损伤分析指示。本算例无需开展损伤分析，故 $NDAMA=0$（0 为程序默认值）。

NPY——每年所划分的时期数。本算例 $NPY=1$（1为程序默认值）。

NLG——荷载组数。本算例 $NLG=1$（1为程序默认值）。

DEL——含贝塞尔（Bessel）函数积分的允许精度。本算例 $DEL=0.001$（0.001为程序默认值）。

NL——结构层层数。本算例 $NL=2$（即假设为由10 in、无限厚度两层所组成，具有同样弹性模量和泊松比的双层体系）。

NZ——所需分析的Z坐标数。本算例需求解单个轮载作用中心点以下10 in处点的竖向应力、竖向应变和挠度，仅需分析一个Z坐标，故 $NZ=1$。

ICL——含贝塞尔函数循环积分的最大次数。本算例 $ICL=80$（80为程序建议值）。

NSTD——计算输出代码。本算例需要输出的力学响应包括位移、应力和应变，$NSTD=9$。

NBOND——层间界面类型。本算例所有层间界面完全连续，$NBOND=1$。

NLBT——底部受拉的结构层数。本算例不涉及损伤分析，故 $NLBT=0$（0为程序默认值）。

NLTC——顶部受压的结构层数。本算例不涉及损伤分析，故 $NLTC=0$（0为程序默认值）。

NUNIT——单位制。本算例选用英制单位，$NUNIT=0$。

以上参数全部输入完毕后，单击"OK"完成该输入界面相关参数的填写。

步骤3：输入计算点的Z坐标

单击图3-4所示主菜单上的"Zcoord"，在弹出的界面中输入计算点的Z坐标 $ZC=10$ in，输入完毕后单击"OK"返回上一个界面，完成计算点Z坐标的输入，如图3-6所示。

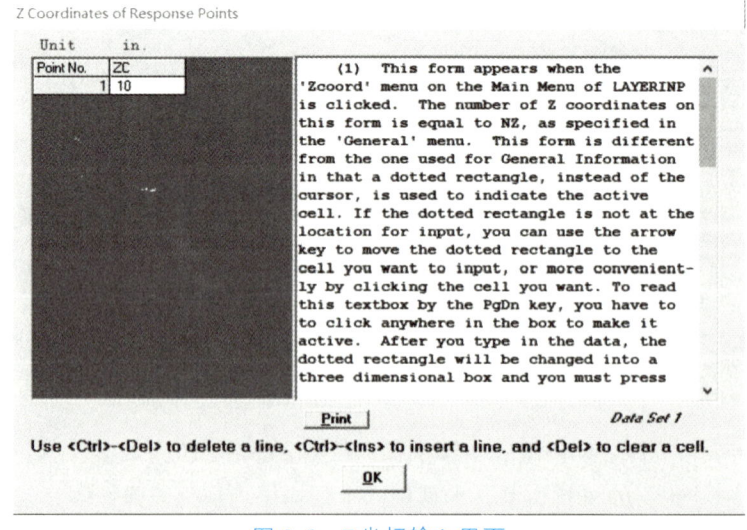

图3-6 Z坐标输入界面

步骤4：输入各结构层厚度和泊松比

单击图3-4所示主菜单上的"Layer"，在弹出的界面中输入各结构层的厚度 TH 和泊

松比 PR（各结构层按照从上至下的顺序，由 1 开始连续编号），其中第 1 层厚度 10 in，泊松比 0.5；第 2 层为空间半无限体，无需输入厚度，程序以"××××××"表示，泊松比 0.5。输入完成后点击"OK"返回上一个界面，完成结构层厚度 TH 和泊松比 PR 的输入，如图 3-7 所示。

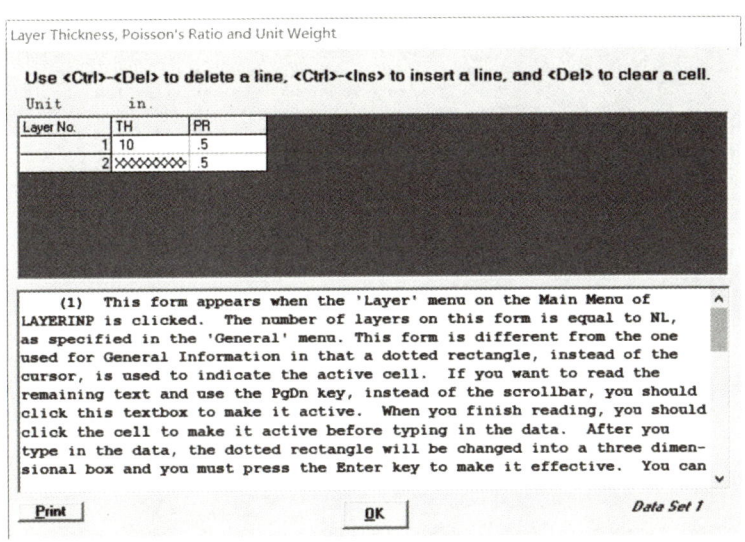

图 3-7　结构层厚度和泊松比输入界面

步骤 5：输入各结构层模量

单击图 3-4 所示主菜单上的"Moduli"，弹出界面如图 3-8 所示，此时需按时期分别填写对应的结构层弹性模量。因本算例只有一个时期，对应"Period1"图标，单击该图标，如图 3-9 所示，输入结构层 1 和结构层 2 的弹性模量 E=10 000 psi，输入完成后两次单击"OK"返回之前的界面，完成各结构层模量的输入。

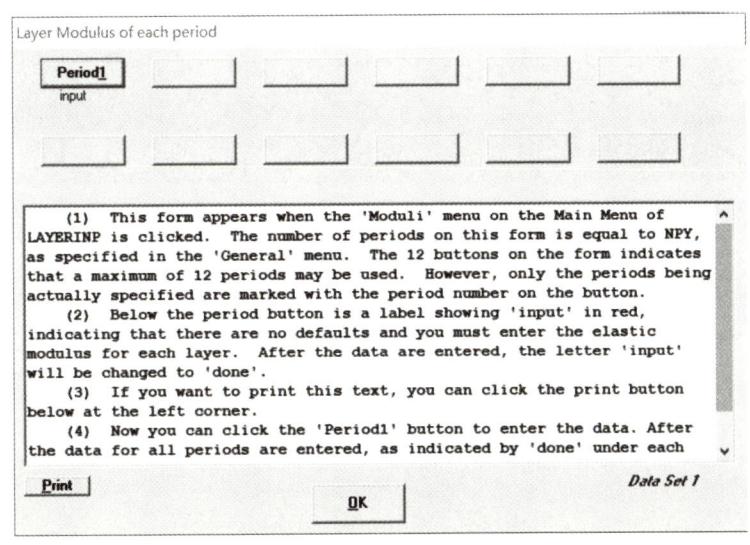

图 3-8　时期选择界面

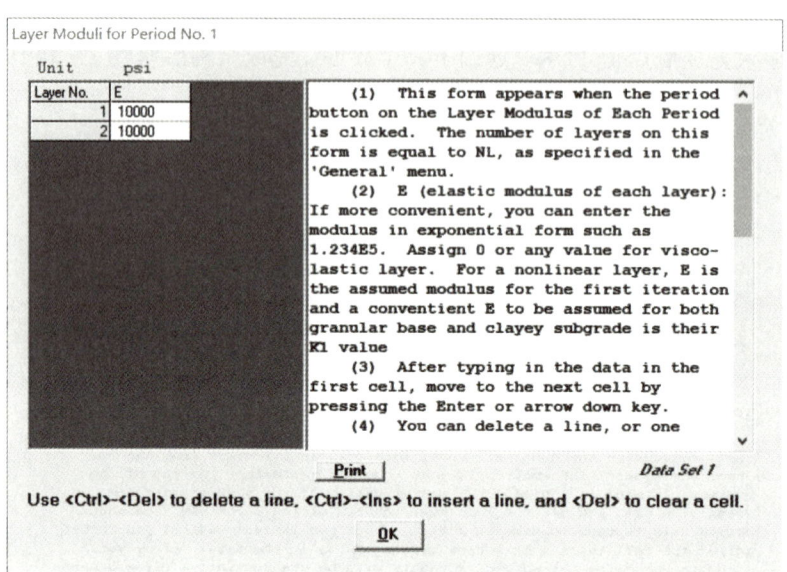

图 3-9　弹性模量输入界面

步骤 6：输入荷载有关参数

单击图 3-4 所示主菜单上的"Load"，在弹出界面依次输入荷载的有关参数，如图 3-10 所示。

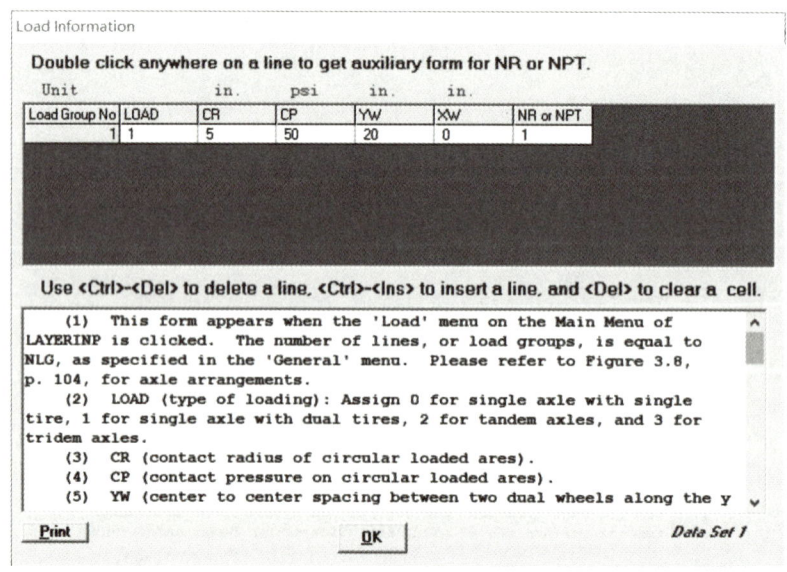

图 3-10　荷载参数输入界面

LOAD——荷载类型。本算例为单轴双轮，$LOAD=1$。
CR——圆形荷载作用面积的接触半径。本算例 $CR=5$ in。
CP——圆形荷载作用面积的接触压力。本算例 $CP=50$ psi。
YW——两轮沿 y 轴中心到中心间距。本算例 $YW=20$ in。
XW——两轴沿 x 轴中心到中心间距。因本算例为单轴，$XW=0$。
NR or NPT——单轮或多轮荷载作用下需要分析径向距离或 x 和 y 坐标的点数。本算例 $NPT=1$。

上述参数输入完毕后，双击荷载参数输入界面任意位置，在如图 3-11 弹出的界面中输入计算点的 X 坐标 XPT、Y 坐标 YPT。本算例计算点在一个单圆荷载中心点正下方，故 XPT 和 YPT 均为 0。输入完毕后两次点击"OK"返回之前的界面，完成荷载有关参数的输入。

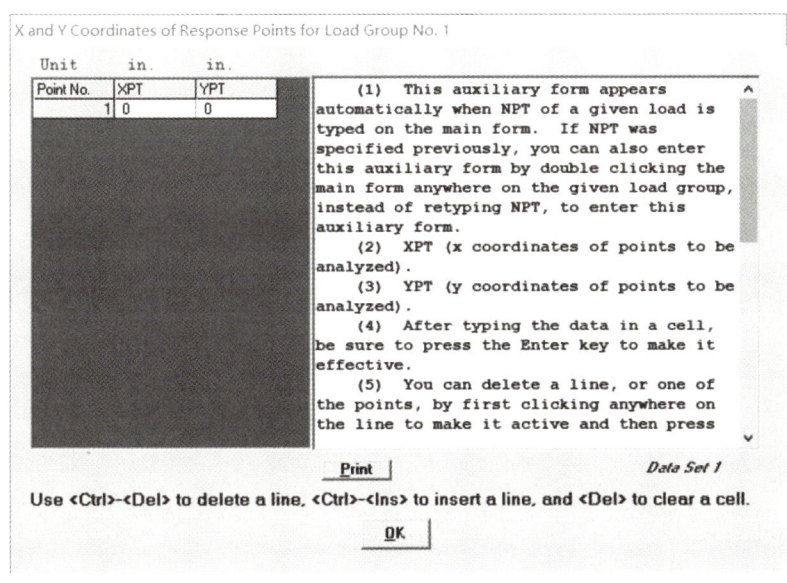

图 3-11　荷载坐标点输入界面

步骤 7：保存并退出

单击图 3-4 所示主菜单上的"Save As"，保存该文件并命名为"Example 2.1.DAT"，随后单击"Exit"退出输入文件主菜单界面。至此完成前处理工作。

3.2.2.3　计算求解

前处理完毕后，回到程序主界面（图 3-12），根据保存路径（注意程序主界面左上方"Data Path"），在程序主界面右上方"Filename"选择"Example 2.1.DAT"。单击"KENLAYER"图标，程序开始执行计算。如图 3-13 所示，在计算过程中，由于本算例所需求解的力学响应均为竖向，暂不需要输出除竖向外其他所有的应力应变分量，单击"否（N）"进入下一个界面。如图 3-14 所示，单击"确定"完成整个计算过程。计算完成后，程序在对应路径的文件夹内生成"Example 2.1.TXT"和"Example 2.1.LAY"两个文件，如图 3-15 所示。这两个文件均为文本文件，可用写字板、记事本或 UltraEdit 等文本编辑器打开查看。

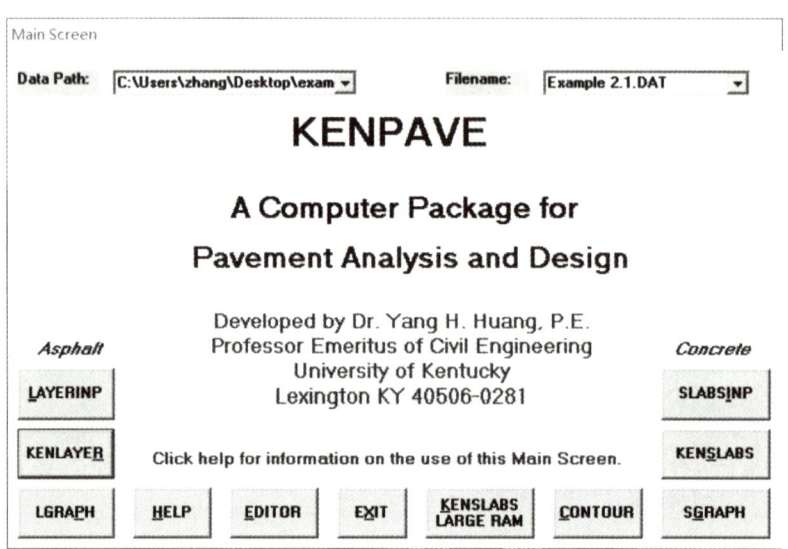

图 3-12　输入完成后的程序主界面

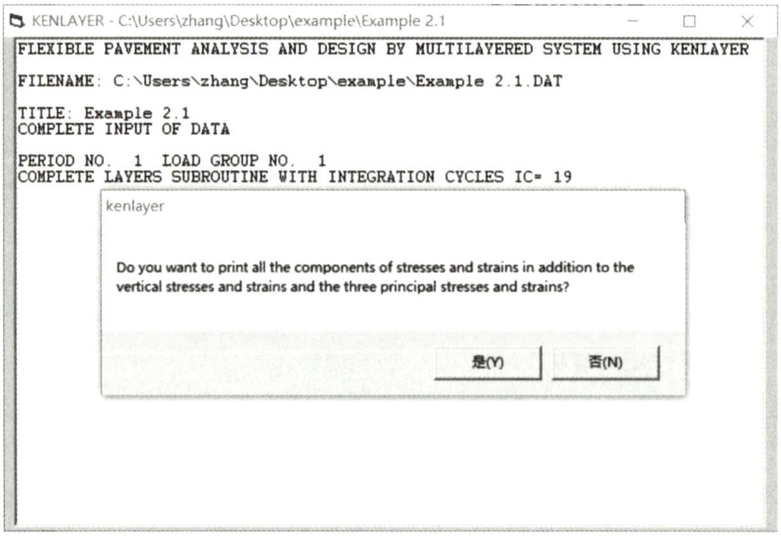

图 3-13　程序计算

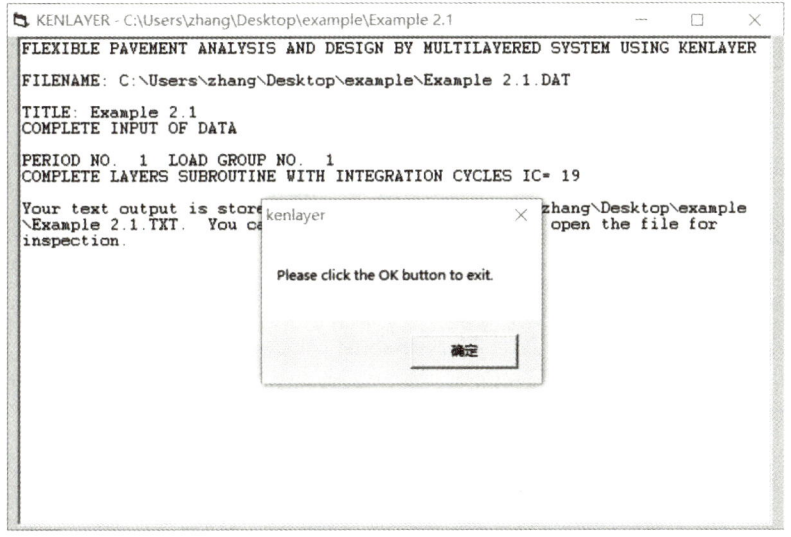

图 3-14 程序计算

Example 2.1.DAT	2021/8/7 22:43	DAT 文件	1 KB
Example 2.1.LAY	2021/8/11 15:23	LAY 文件	1 KB
Example 2.1.TXT	2021/8/11 15:23	文本文档	2 KB

图 3-15 输出文件

3.2.2.4 输出结果

图 3-15 中 Example 2.1.DAT 文件具体内容如下所列：

1 (1) NPROB
Example 2.1
1 0 1 1 (3) MATL NDAMA NPY NLG
.001 (4) DEL
2 1 80 9 0 (5) NL NZ ICL NSTD NUNIT
10 (6) TH
.5 .5 (7) PR
10 (8) ZC
1 (9) NBOND
10000 10000 (11) E
1 (13) LOAD
5 50 (14) CR CP
1 (19) NPT
0 20 0 0 (20) XW YW XPT

利用 UltraEdit 文本编辑器打开输出文件"Example 2.1.TXT"，输出结果如图 3-16 所示。其中前 39 行内容对应前处理环节中输入的各种参数，从第 40 行开始为计算结果，将这些结果整理成表 3-1。

```
1
2  INPUT FILE NAME  -C:\Users\zhang\Desktop\example\Example 2.1.DAT
3
4  NUMBER OF PROBLEMS TO BE SOLVED =  1
5
6  TITLE -Example 2.1
7
8  MATL = 1 FOR LINEAR ELASTIC LAYERED SYSTEM
9  NDAMA = 0, SO DAMAGE ANALYSIS WILL NOT BE PERFORMED
10 NUMBER OF PERIODS PER YEAR (NPY) =  1
11 NUMBER OF LOAD GROUPS (NLG) =  1
12 TOLERANCE FOR INTEGRATION (DEL) -- =  .001
13 NUMBER OF LAYERS (NL)------------- =  2
14 NUMBER OF Z COORDINATES (NZ)------ =  1
15 LIMIT OF INTEGRATION CYCLES (ICL)- =  80
16 COMPUTING CODE (NSTD)------------- =  9
17 SYSTEM OF UNITS (NUNIT)------------=  0
18
19 Length and displacement in in., stress and modulus in psi
20 unit weight in pcf, and temperature in F
21
22 THICKNESSES OF LAYERS (TH) ARE : 10
23 POISSON'S RATIOS OF LAYERS (PR) ARE : .5  .5
24 VERTICAL COORDINATES OF POINTS (ZC) ARE:  10
25 ALL INTERFACES ARE FULLY BONDED
26
27 FOR PERIOD NO. 1 LAYER NO. AND MODULUS ARE :    1  1.000E+04    2  1.000E+04
28
29 LOAD GROUP NO. 1  HAS 2  CONTACT AREAS
30 CONTACT RADIUS (CR)--------------- =  5
31 CONTACT PRESSURE (CP)------------- =  50
32 NO. OF POINTS AT WHICH RESULTS ARE DESIRED (NPT)-- =  1
33 WHEEL SPACING ALONG X-AXIS (XW)------------------ =  0
34 WHEEL SPACING ALONG Y-AXIS (YW)------------------ =  20
35
36 RESPONSE PT. NO. AND (XPT, YPT) ARE:  1   0.000   0.000
37
38 PERIOD NO.  1   LOAD GROUP NO.  1
39
40  POINT    VERTICAL   VERTICAL    VERTICAL     MAJOR       MINOR    INTERMEDIATE
41                       DISPL.               PRINCIPAL   PRINCIPAL   PRINCIPAL
42   NO.    COORDINATE (HORIZONTAL   STRESS     STRESS      STRESS      STRESS
43                     P. STRAIN)  (STRAIN)    (STRAIN)    (STRAIN)    (STRAIN)
44
45   1      10.00000    0.02184     14.598      14.638      0.828       2.111
46           (STRAIN) -7.546E-04  1.311E-03  1.317E-03  -7.546E-04  -5.622E-04
```

图 3-16　输出文件内容

表 3-1　输出结果

计算点序号	计算点竖坐标/in	竖向位移/in	竖向应力/psi	最大主应力/psi	最小主应力/psi	中间主应力/psi
1	10.000 00	0.021 84	14.598	14.638	0.828	2.111
计算点序号	计算点竖坐标/in	水平主应变/($\times 10^{-3}$)	竖向应变/($\times 10^{-3}$)	最大主应变/($\times 10^{-3}$)	最小主应变/($\times 10^{-3}$)	中间主应变/($\times 10^{-3}$)
1	10.000 00	−0.754 6	1.311	1.317	−0.754 6	− 0.562 2

在表 3-1 中找到需求解的竖向位移 0.021 84 in（0.555 mm）、竖向应力 14.598 psi（100.65 kPa）、竖向应变 1.311×10^{-3}，即可完成本算例的求解。这些结果与 *Pavement analysis and design*（*Second Edition*）一书中利用图解法所获解答［竖向位移、竖向应力、竖向应变分别为 0.022 in（0.559 mm）、14.38 psi（99.147 kPa）、1.29×10^{-3}］十分吻合。

3.3 KENLAYER 程序进阶

KENLAYER 程序基于弹性层状体系理论而开发，其目标是求算附加荷载作用下层状体系结构的附加应力。作为一本手册指导性书籍，蒋鑫、邱延峻和姚康所著《沥青路面结构力学分析软件 KENLAYER》一书已针对 6 个算例，采用 Step by step 的形式，详细介绍了如何利用该程序解决实际问题，可供读者高级进阶时参考使用。

本书另辟蹊径，不再以个别算例讲解为主，而调整为分别按照前处理（包括荷载、结构层、计算点）、计算求解、后处理三部分，介绍程序应用过程中的核心原理和应用技巧，并重点阐述前处理这一程序应用时最核心的部分，即如何正确、灵活地利用 LAYERINP 模块，建立数据输入文件（*.DAT 文件）。同时结合 Yang H. Huang 所著 *Pavement analysis and design*（*Second Edition*）第 3 章 "KENLAYER Computer Program" 末所附 14 道习题，本书附录还提供了利用 KENLAYER 求解这些习题的电算数据输入文件、解答及扼要的注释。

3.3.1 前处理

3.3.1.1 荷　载

1. 荷载输入参数的逻辑关系

KENLAYER 程序不能描述轮胎-路面的耦合作用（即无需在前处理中建立轮胎、车辆等的模型），行车荷载被直接视为作用于路表，垂直向下且呈圆形均匀分布的荷载，如图 3-17 所示。

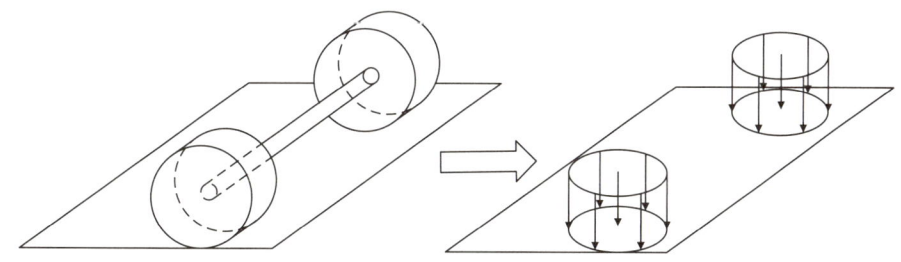

图 3-17　荷载模型简化

参考图 3-18，下面对荷载输入参数的逻辑关系予以详细阐述：
（1）荷载类型（轮轴组合）。

KENLAYER 程序通过参数 $LOAD$ 确定轮轴组合情况，其中：$LOAD=0$，表示为单轮；$LOAD=1$，表示为单轴双轮；$LOAD=2$，表示双轴；$LOAD=3$，表示三轴。对于其他荷载组合的情况，KENLAYER 程序无法实现直接模拟。注意两个双轮必须位于 y 方向。

（2）圆形荷载作用面积的接触半径。

如图 3-18 所示，KENLAYER 程序通过参数 CR 确定圆形荷载作用面积的接触半径。

（3）圆形荷载作用面积的接触压力。

在 KENLAYER 程序通过参数 CP 确定。注意，如仅知晓轴重或轮重等参数，需要事先正确将其转换成 CR、CP 等参数。

（4）同一车轴双轮间距离。

如图 3-18 所示，KENLAYER 程序通过参数 YW 确定同一车轴双轮间距离。若为单轮荷载（LOAD=0），YW=0；对于 LOAD=2、3 的情况，如 YW=0，表示双轴或三轴荷载作用在单轮上；对于 LOAD=1，则 YW 必须不等于 0，即必须为双轮。

（5）相邻两车轴间距离。

如图 3-18 所示，KENLAYER 程序通过参数 XW 确定相邻两车轴间距离。对于单轮荷载（LOAD=0）和单轴双轮（LOAD=1）的情况，XW=0。对于三轴荷载（LOAD=3）的情况，三根轴之间存在两个相邻轴间距，这两个轴间距 XW 数值上应完全相同。

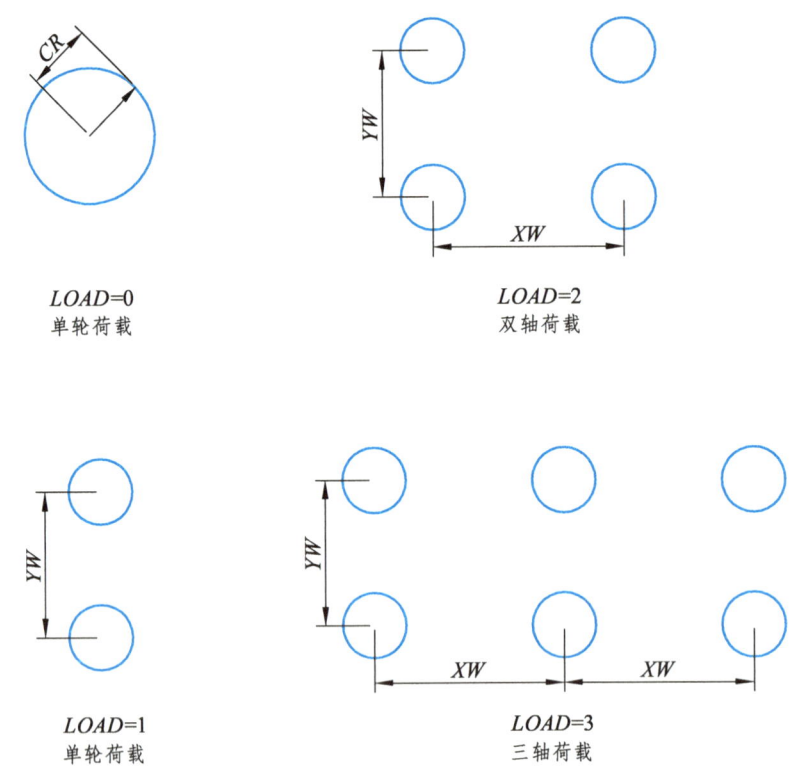

图 3-18　轮轴组合示意图

以上输入参数具体反映在 KENLAYER 程序如图 3-19 所示界面中。

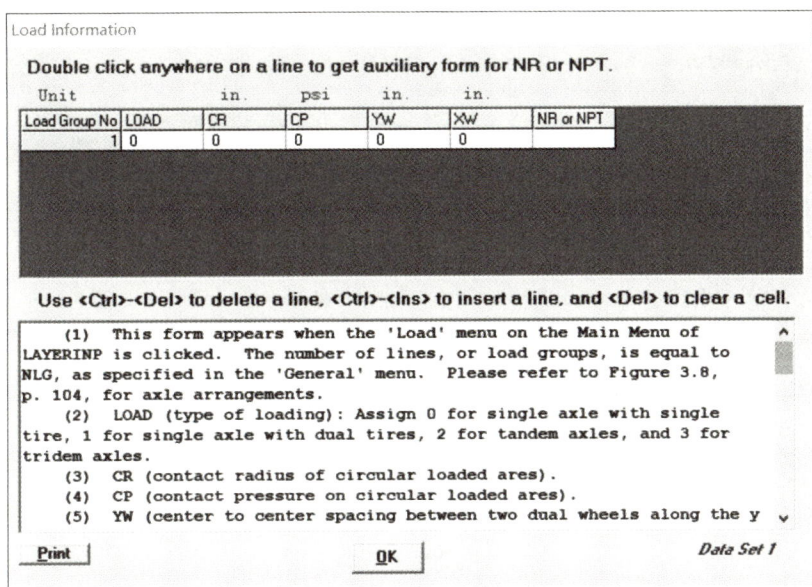

图 3-19　荷载有关参数输入界面

KENLAYER 程序还可通过 NLG 参数考虑多个荷载组，该参数程序默认值为 1，最大可赋值 12。当 NLG 取值大于 1 时，表示有多个荷载组，以 $NLG=2$ 为例，表示有两组不同的荷载，如图 3-20 和图 3-21 所示，这时相应地有两行输入框供荷载参数输入，每组荷载的输入和计算彼此之间不会相互影响。

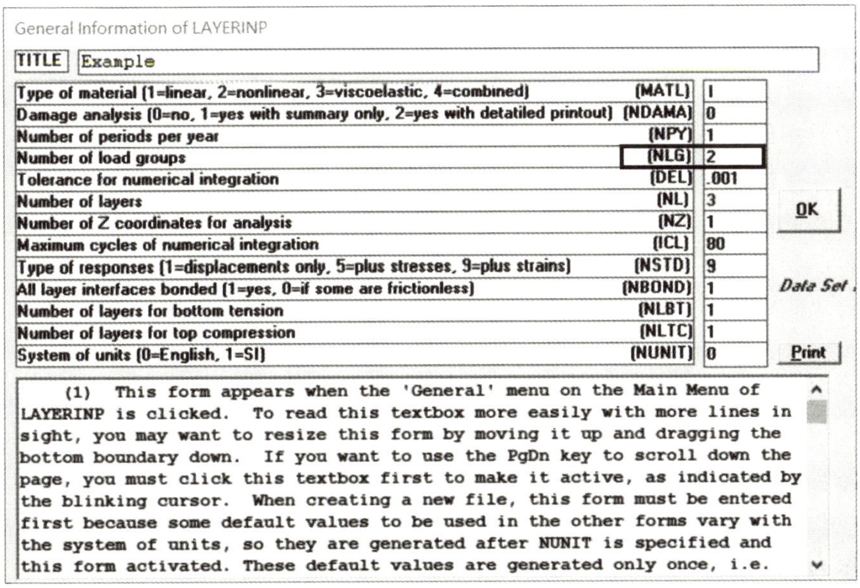

图 3-20　荷载组数 NLG 输入界面

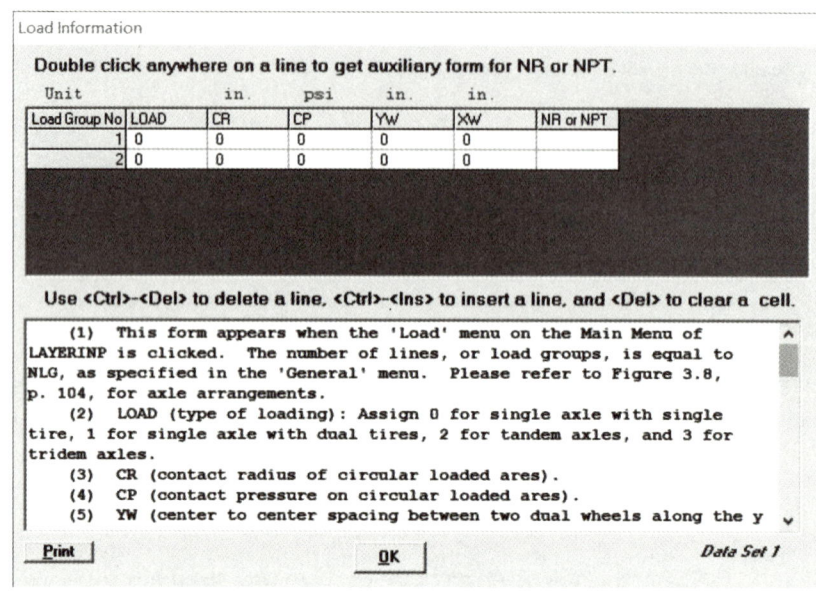

图 3-21 两组荷载情况下荷载有关参数输入界面

图 3-22 给出了荷载输入参数在 KENLAYER 程序中的具体位置示意，即图中阴影部分的相关参数。

2. 多轮荷载的迭加计算原理

KENLAYER 程序针对单轮、多轮荷载，分别采用圆柱坐标体系、笛卡尔坐标体系进行计算，对于多轮荷载，需使用迭加原理，下面扼要阐述。

对于单轮荷载（$LOAD=0$），程序考虑其对称性，以路表轮载中心点作为圆心建立一圆柱坐标系，其应力和应变的求解方法为假设一个应力函数，令其满足基本微分方程、模型的边界条件和连续条件，求出对应的积分常数。在应力函数确定后，就可以根据该函数确定需要的应力、应变和位移。

对于多轮荷载（$LOAD=1$、2 或 3），程序求解应力、位移的过程实质上就是将这些轮载看作单轮荷载情况独立求解然后再进行迭加。以图 3-23 所示一组双轴双轮荷载为例，欲对 P 点的应力和位移进行分析。因四个轮载各自产生的竖向应力和竖向位移均方向相同，竖直向下，故对于 P 点的竖向应力 σ_z 和竖向位移 ω，可由四个轮载各自在 P 点产生的竖向应力和竖向位移数值相加得到。但对于 P 点的其他应力，如径向应力 σ_r、切向应力 σ_t 和剪应力 τ_{rz}，由于四个轮载各自在 P 点产生的这些应力并不在同一方向上，故不可简单地进行数值上的迭加，此时引入图 3-23 所示以 O 为原点，x 方向为行车方向，y 方向为车轴方向的笛卡尔坐标系，将这些圆柱坐标系下的应力分解到 x 轴、y 轴和 xy、yz、xz 平面上，再进行相应的迭加。

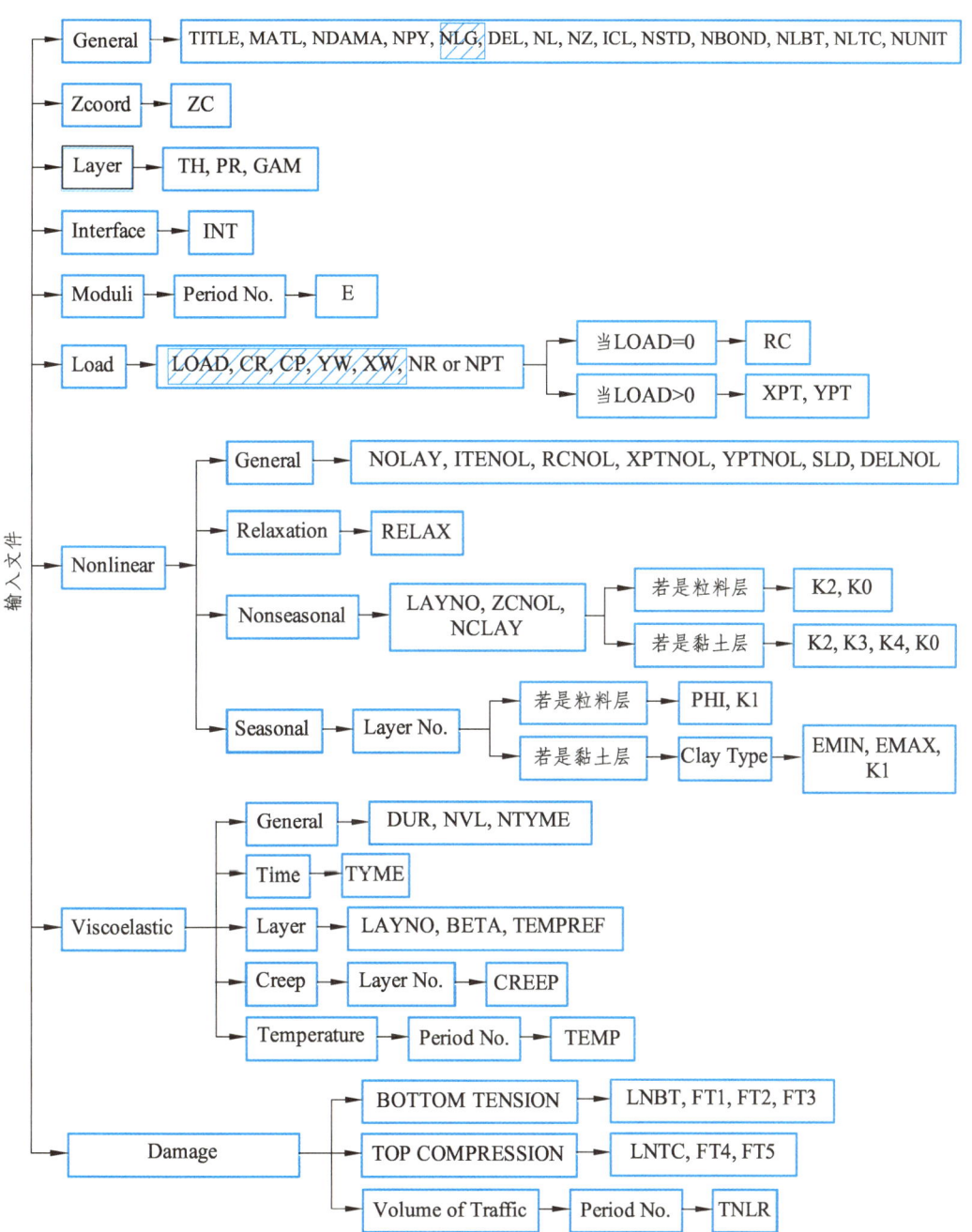

图 3-22 "LAYERINP" 模块输入数据时对应的流程图

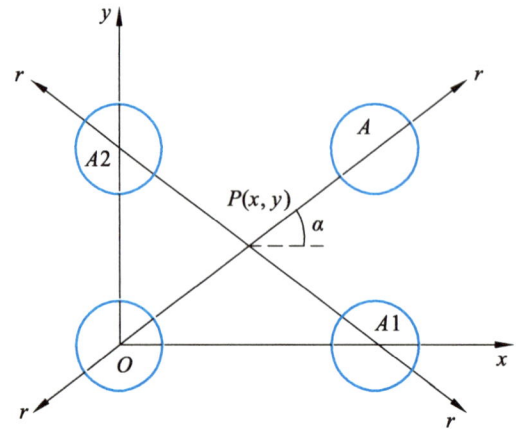

图 3-23 双轴双轮荷载平面示意图

以图 3-23 中轮载 A 对 P 点产生的应力为例，如图 3-24 所示，取 P 点处无穷小块进行受力分析，其中 α 表示 A 点径向坐标与 x 轴交角，l 可理解为图示作用面对应的长度或面积。

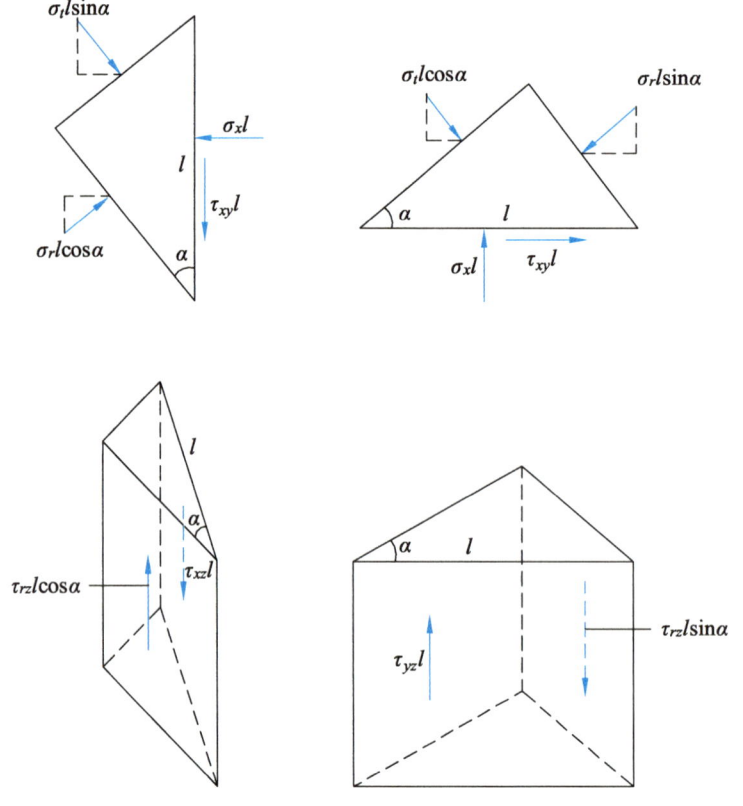

图 3-24 无穷小块受力分析

令无穷小块受力平衡，即 x 方向和 y 方向上的合力为零，列出力的方程式，消去式子中的 l 项，整理后将笛卡尔坐标系中的应力分量用圆柱坐标中的对应量表示，可得：

$$\sigma_x = \sigma_r \cos^2 \alpha + \sigma_t \sin^2 \alpha \tag{3-1}$$

$$\sigma_y = \sigma_r \sin^2 \alpha + \sigma_t \cos^2 \alpha \tag{3-2}$$

$$\tau_{xy} = (\sigma_r - \sigma_t) \sin \alpha \cos \alpha \tag{3-3}$$

$$\tau_{yz} = \tau_{rz} \sin \alpha \tag{3-4}$$

$$\tau_{xz} = \tau_{rz} \cos \alpha \tag{3-5}$$

这里得到的式（3-1）~式（3-5）实际上就是单轮多轮转换的普适关系式。同样地，轮载 O、$A1$ 和 $A2$ 对 P 点产生的应力也可以用该方法分解为 σ_x、σ_y、τ_{xy}、τ_{yz} 和 τ_{xz} 这几个分量，将四个轮载的这些分量对应进行迭加，就可以得到多轮荷载作用下 P 点产生的应力分量。

将迭加以后的 σ_x、σ_y、τ_{xy}、τ_{yz} 和 τ_{xz} 这几个应力分量代入式（3-6）三次方程式：

$$\sigma^3 - (\sigma_x + \sigma_y + \sigma_z)\sigma^2 + (\sigma_x\sigma_y + \sigma_y\sigma_z + \sigma_x\sigma_z - \tau_{yz}^2 - \tau_{xz}^2 - \tau_{xy}^2)\sigma - \\ (\sigma_x\sigma_y\sigma_z + 2\tau_{xy}\tau_{yz}\tau_{xz} - \sigma_x\tau_{yz}^2 - \sigma_y\tau_{xz}^2 - \sigma_z\tau_{xy}^2) = 0 \tag{3-6}$$

求解得到的三个解对应为三个主应力 σ_1、σ_2 和 σ_3，从而主应变 ε_1、ε_2 和 ε_3 可由式（3-7）、式（3-8）和式（3-9）计算得到：

$$\varepsilon_1 = \frac{1}{E}[\sigma_1 - \nu(\sigma_2 + \sigma_3)] \tag{3-7}$$

$$\varepsilon_2 = \frac{1}{E}[\sigma_2 - \nu(\sigma_1 + \sigma_3)] \tag{3-8}$$

$$\varepsilon_3 = \frac{1}{E}[\sigma_3 - \nu(\sigma_1 + \sigma_2)] \tag{3-9}$$

3.3.1.2 结构层

1. 结构层输入参数的逻辑关系

KENLAYER 程序基于弹性层状体系理论而研发，关于结构层输入参数，需重点关注如下几方面：

（1）体系层数。

通过参数 NL 予以确定，该参数在 2~19 之间取值。需要注意几点：①结构层编号自上而下、由 1 开始连续编号，包括最下一层土基在内，另当粒料层采用应力修正方法 1（确定粒料层应力修正方法的参数 PHI=0 或 90）时，因粒料层需细分为若干子层，需将这些子层数一并计算入 NL 内；② 即使为半空间体（如 3.2.2 节"算例应用"），NL 也不可赋值为 1，如设置 NL=1，则程序将在执行运算时报错，具体见图 3-25。

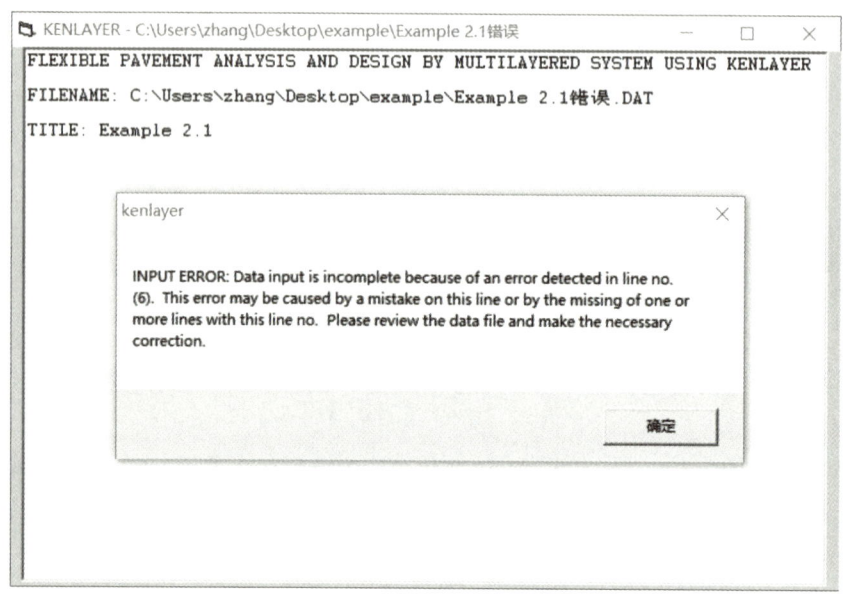

图 3-25　程序报错

对于类似 3.2.2 节"算例应用"的情况，可假设为两层（NL=2）或多层弹性模量、泊松比完全相同且层间完全连续的体系，对其开展分析。如前述"算例应用"中以路表下 10 in（254 mm）为层间界面，将单一结构层划分为两个层间连续且泊松比与弹性模量分别相同的结构层进行计算，此时 NL=2。实际上也可以在保证每层有相同弹性模量 E、泊松比 ν 且层间连续的前提下分成三层、四层或者更多层，具体每一层的厚度并不会对计算结果造成影响。

（2）各结构层厚度。

通过参数 TH 确定，由于最下层在层状体系中视为半无限体，故最下层无需输入层厚，程序将显示为"××××××"，不让用户在该处输入。

（3）各结构层材料属性。

因基于弹性层状体系理论，各结构层材料属性通过参数弹性模量 E、泊松比 PR 而确定，且程序假定泊松比 PR 不会受时期而改变。需要注意几点：① 对于线弹性体系，弹性模量 E 恒定，而对于非线性体系、黏弹性体系、非线性+黏弹性体系（程序通过参数 MATL 予以识别），弹性模量 E 会受应力状态、时间与温度等的影响而变化，后文将重点阐述；② 弹性模量 E 可设定为随时期数 NPY（NPY≤12）而变化，即如果时期数 NPY 不等于 1，程序可相应分别输入各时期各结构层对应的弹性模量。

以上参数的输入界面以及在输入流程图中的具体位置如图 3-26 ~ 图 3-30 所示。

图 3-26 材料类型 MATL、体系层数 NL、时期数 NPY 输入界面

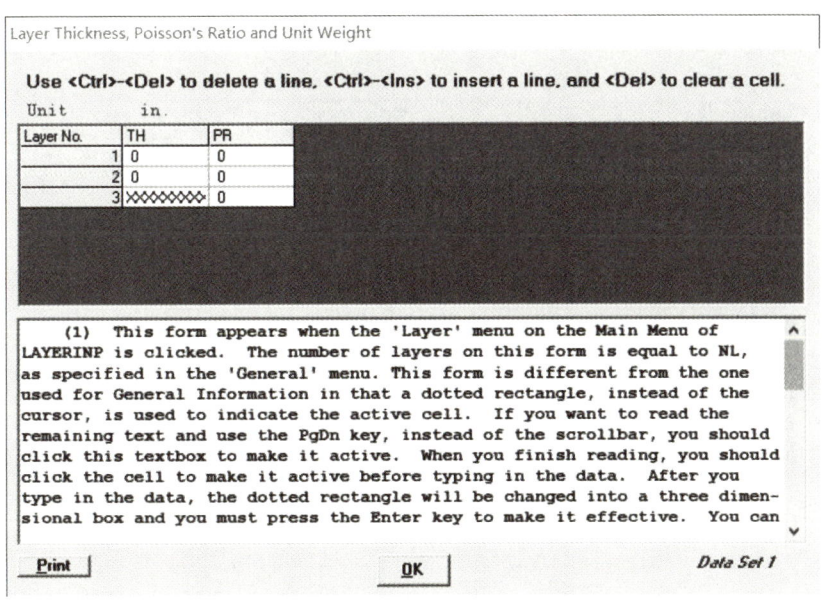

图 3-27 层厚 TH 和泊松比 PR 输入界面

图 3-28 弹性模量对应时期数界面（对应 $NPY=1$）

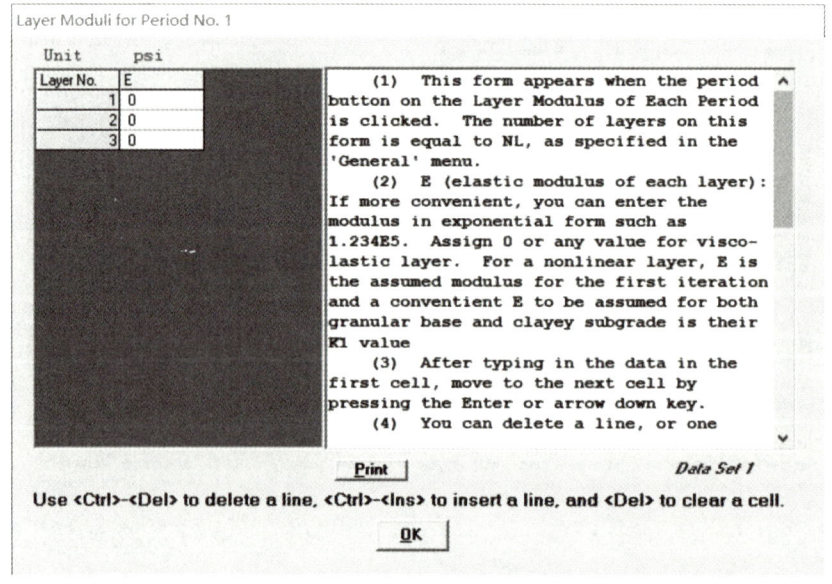

图 3-29 弹性模量 E 输入界面

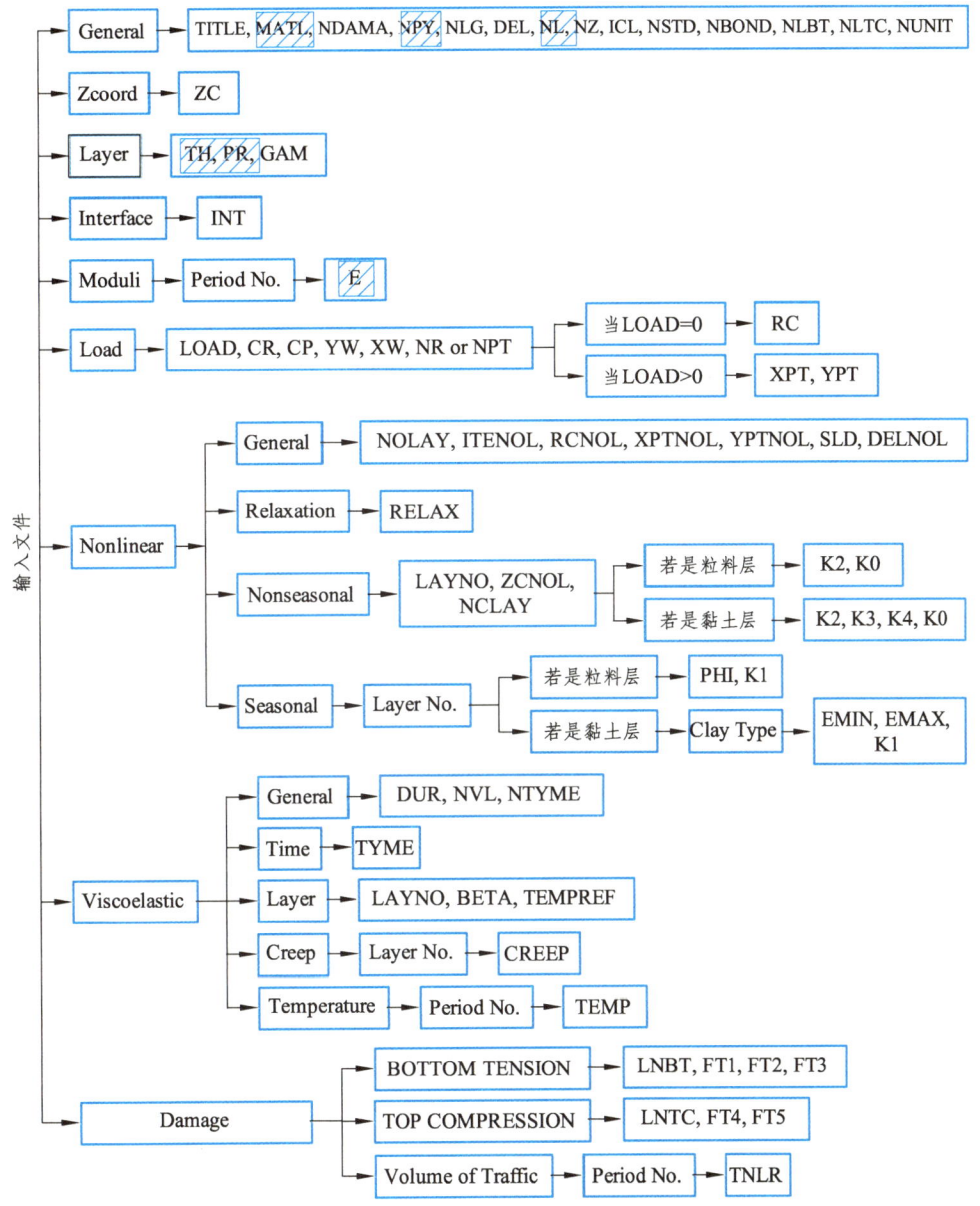

图 3-30 "LAYERINP"模块输入数据时对应的流程图

（4）层间结合状况。

KENLAYER 程序首先通过参数 NBOND 来宏观指示结构层层间结合状况，NBOND=0 表示存在一个或多个层间界面光滑，NBOND=1 表示所有层间界面都连续；然后再通过参数 INT 来具体确定各界面的结合状况，注意，程序自动将界面由上至下、由 1 开始至 NL-1 结束连续编号，INT=1 表示该界面连续，INT=0 表示该界面光滑。如连续，相邻两层间的竖向应力、竖向位移、剪应力和径向位移相等；如光滑，则剪应力和径向位移不再满足连续条件，计算时应当满足界面上下的剪应力等于零。

以图 3-31 所示三层体系为例，假设层间界面 1 连续，层间界面 2 光滑。图 3-32、图 3-33 给出了在 KENLAYER 程序中利用上述参数建立该模型的输入界面。

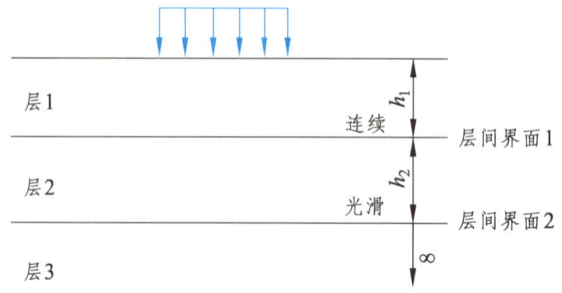

图 3-31　三层体系示意图

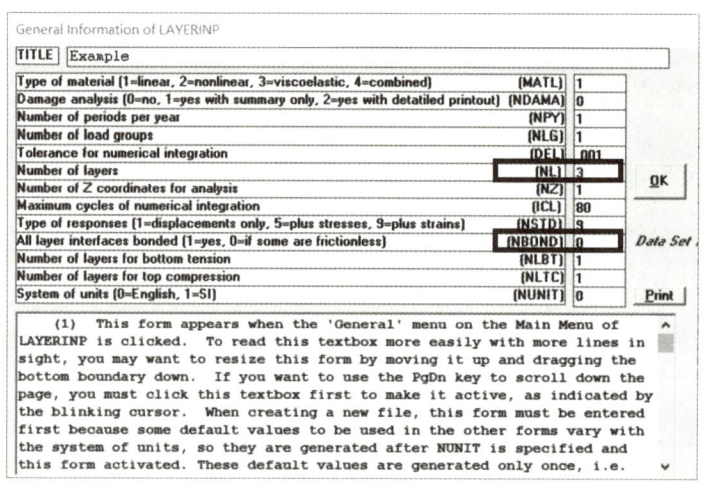

图 3-32　*NBOND* 输入界面

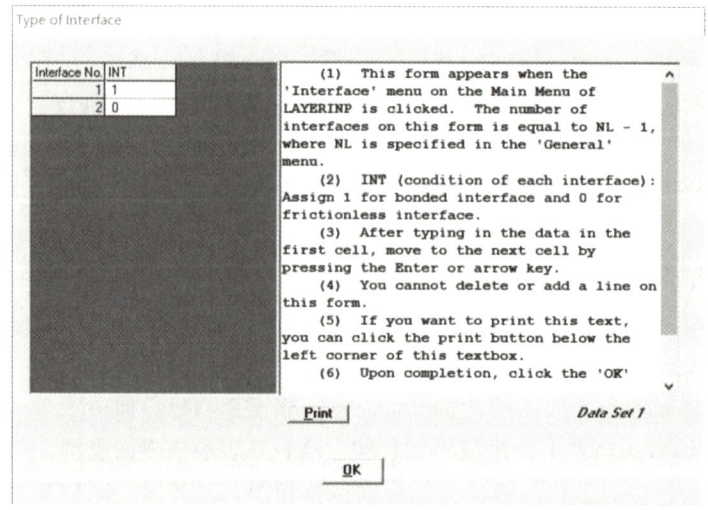

图 3-33　*INT* 输入界面

图3-34对这些相关参数在KENLAYER程序中输入的具体位置进行了标注。

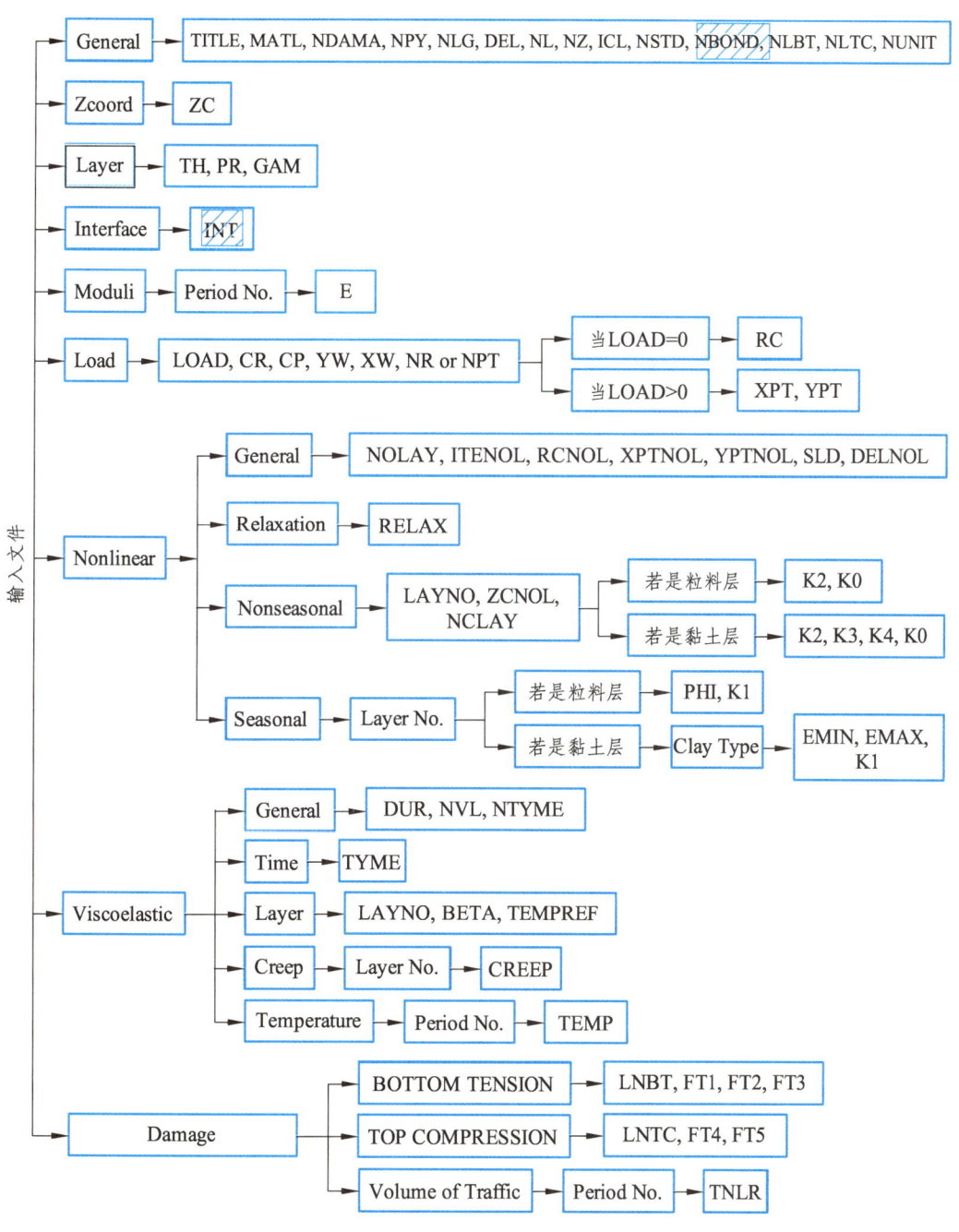

图3-34 "LAYERINP"模块输入数据时对应的流程图

当 NBOND 设置为 1 时，即全部层间界面均为连续，这时如图 3-35 所示，程序会自动对 INT 输入界面进行回避，即此时无需对 Interface 菜单进行相应的操作。

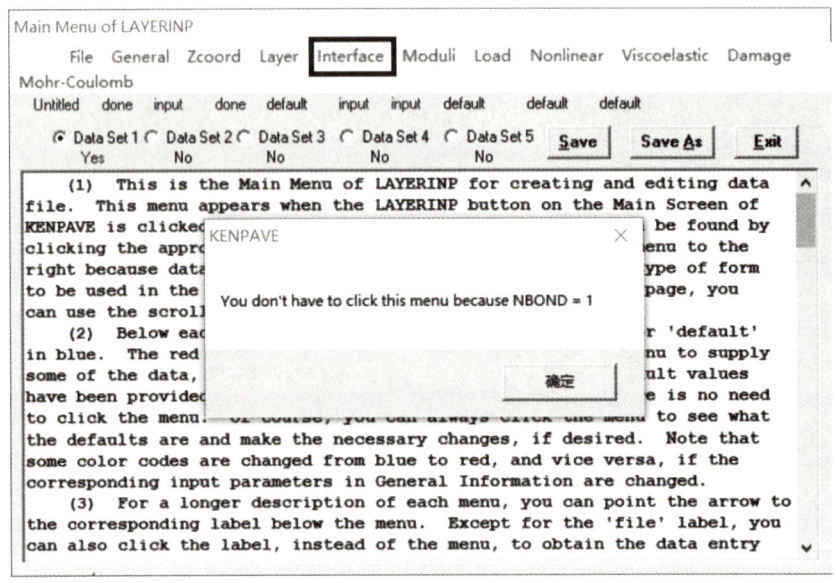

图 3-35　INT 输入界面回避

2. 结构层材料模型

（1）KENLAYER 程序开展非线性弹性分析的基本原理。

KENLAYER 程序可考虑粒料和细粒土的非线性弹性性质，这些结构层的模量依赖于应力状态，即非线性弹性层的弹性模量 E 会随着应力状态而发生变化，无法直接确定。对于这一问题，如图 3-36 所示，KENLAYER 程序采用迭代法近似求解弹性模量，然后再按照线弹性层状体系理论开展分析。

首先视非线弹性层为线弹性层，假设非线弹性层的弹性模量初值；然后确定应力点（可理解为特殊的计算点，后文将详细阐述），通过线弹性层状体系理论求解应力点处的力学响应（主要是应力）；再根据所求得的力学响应，代入用于描述非线性层模量应力依赖性的本构模型中，反过来求解应力点处的弹性模量，以应力点处的弹性模量代表整个非线弹性层的弹性模量，再开展线弹性层状体系分析。对以上过程重复迭代，直到相邻两次弹性模量的计算结果收敛达到规定的允许精度为止。此时以迭代结束时弹性模量为准，开展线弹性层状体系分析，获得荷载作用下的力学响应。

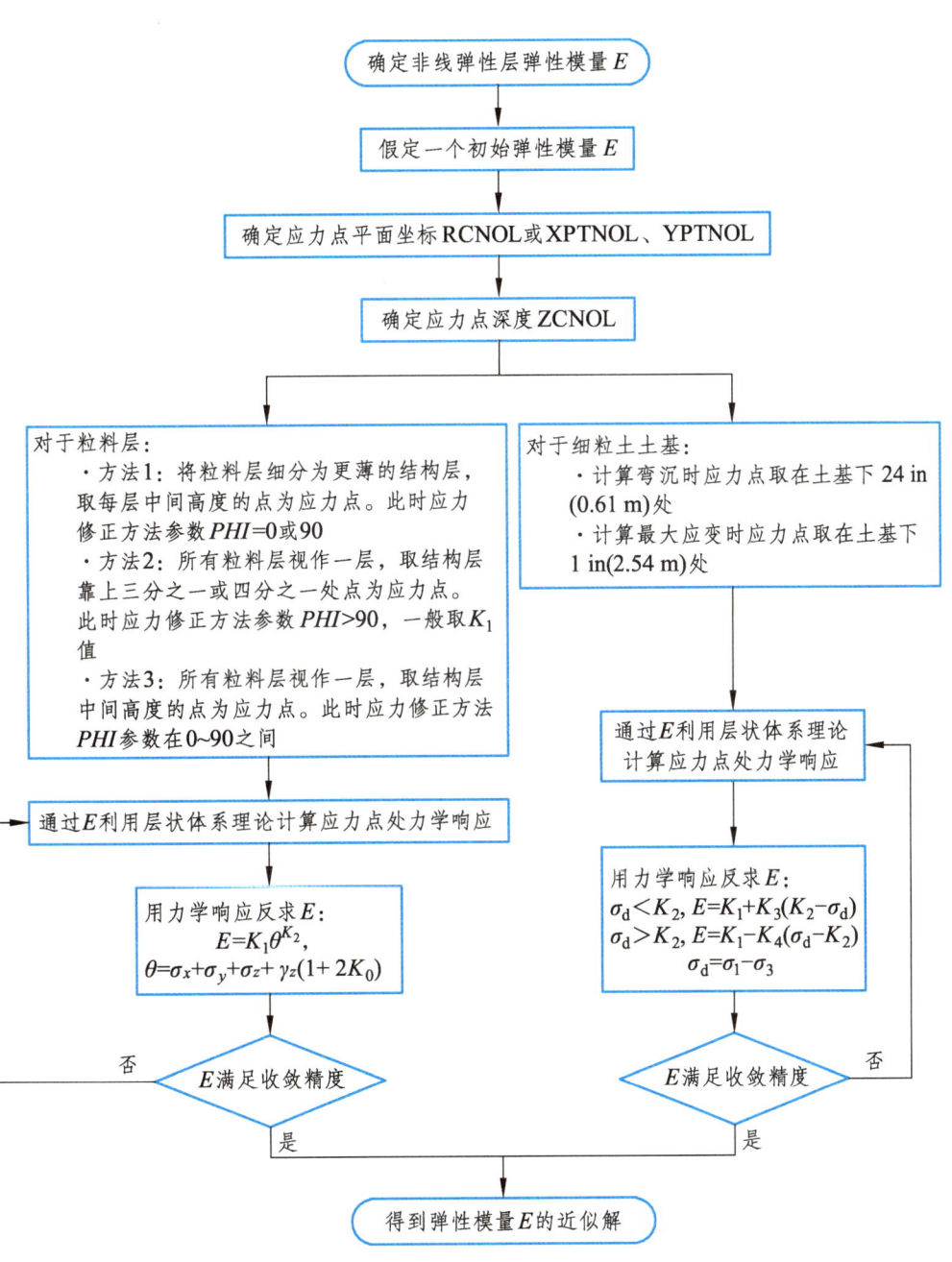

图 3-36 非线弹性层确定弹性模量 E 对应流程图

（2）KENLAYER 程序开展非线性弹性分析的流程。

对于非线性弹性，在具体应用 KENLAYER 程序时需注意如下几点：

① 非线性分析的指示。

KENLAYER 程序通过设定参数 *MATL*=2 来确定要开展非线性分析，此时有一层或多层结构层为非线性体，其他各层均为线弹性体。非线性层的总层数由参数 *NOLAY* 确定，相应的层号由参数 *LAYNO* 确定。需要注意，对于粒料层，当采用应力修正方法 1（确定粒料层应力修正方法的参数 *PHI*=0 或 90）时，因粒料层细分为多个子层而对 *NOLAY*、*LAYNO*、*NL* 将造成影响。

② 非线性本构模型及其参数。

KENLAYER 程序内嵌有 2 个非线性本构模型，分别为适用于粒料的 *K-θ* 模型、适用于细粒土的双线性模型，KENLAYER 程序通过参数 *NCLAY* 判别是粒料层（*NCLAY*=0）还是细粒土（*NCLAY*=1）。适用于粒料的模型为图 3-37 所示的 *K-θ* 模型，其关系式为：

$$E = K_1 \theta^{K_2} \qquad (3-10)$$

$$\theta = \sigma_x + \sigma_y + \sigma_z + \gamma z(1 + 2K_0) \qquad (3-11)$$

式中：K_1——粒料层的非线性系数，为实验得到的常数；

K_2——粒料层的非线性幂指数，为实验得到的常数；

E——弹性模量；

θ——应力不变量；

σ_x、σ_y、σ_z——应力的分量；

γ——对应土层平均单位体积重量（即重度）；

z——模量计算点离路表的距离；

K_0——静止土压力系数。

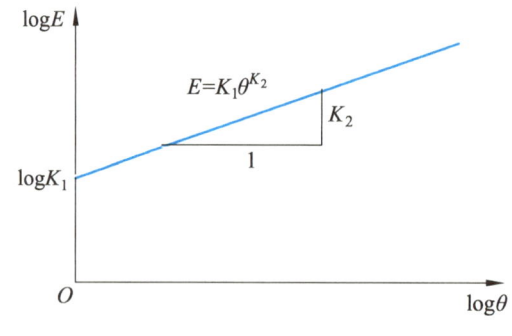

图 3-37 *K-θ* 模型

对于粒料层，通过设置 *NCLAY*=0 表示为粒料层（图 3-38），需要输入 K_1、K_2 两个本构参数（图 3-39、图 3-40）。

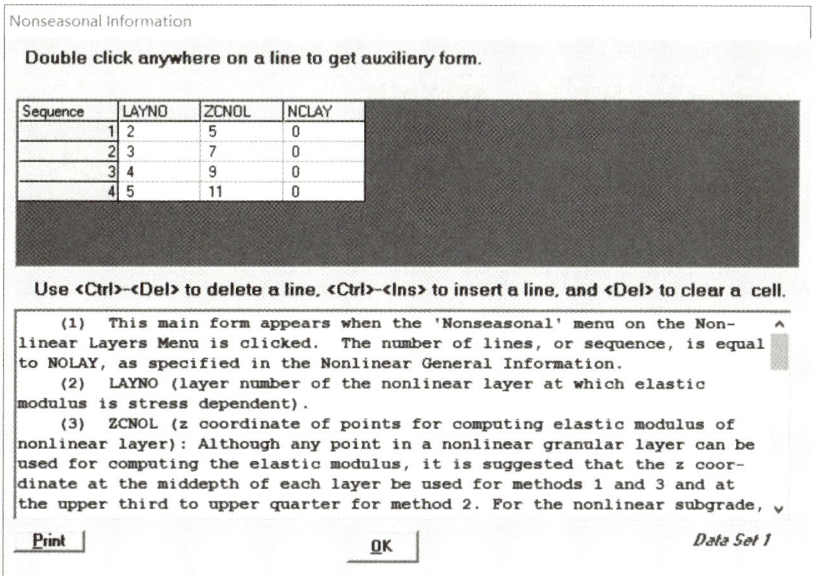

图 3-38　设置非线弹性层为粒料层（NCLAY=0）

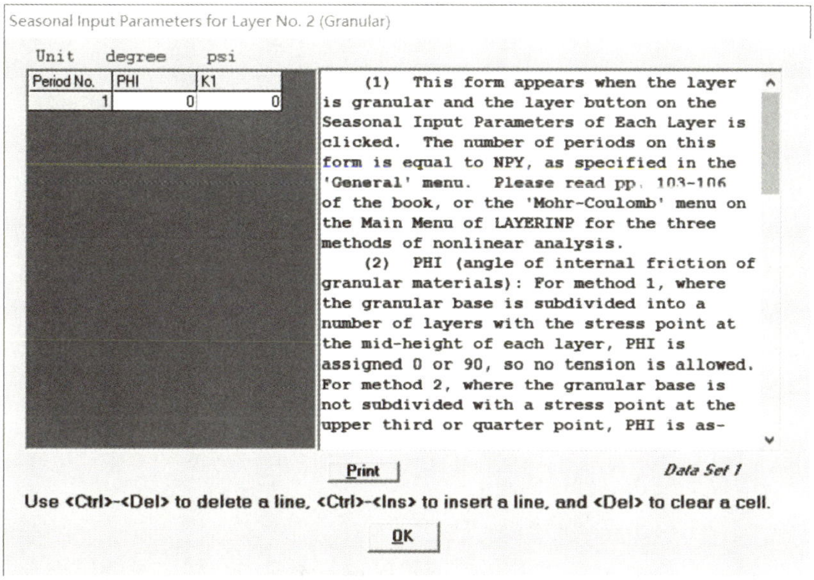

图 3-39　K_1 输入界面

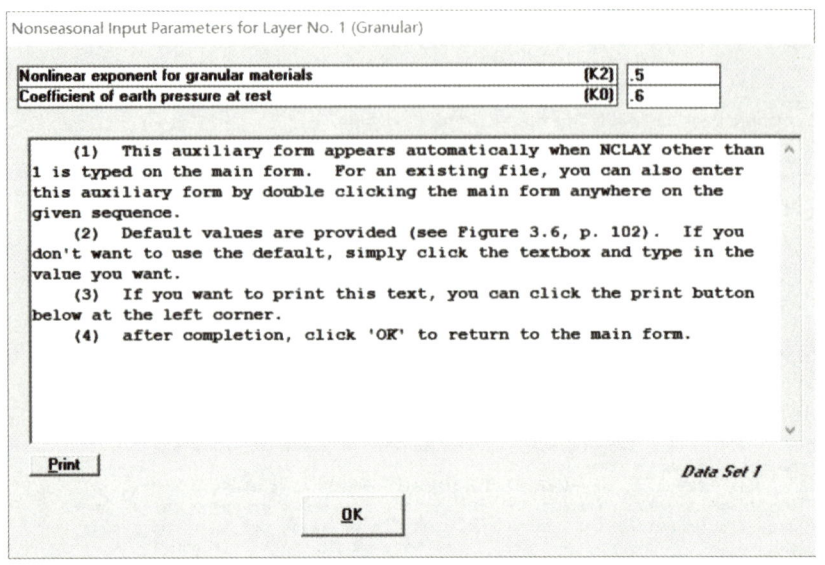

图 3-40 K_2 输入界面（双击图 3-38 LAYNO 各行处弹出）

对于细粒土层，KENLAYER 程序中采用如图 3-41 所示的双线性模型，其本构模型为：

当 $\sigma_d < K_2$，采用关系式（3-12）：

$$E = K_1 + K_3(K_2 - \sigma_d) \tag{3-12}$$

当 $\sigma_d > K_2$，采用关系式（3-13）：

$$E = K_1 - K_4(\sigma_d - K_2) \tag{3-13}$$

$$\sigma_d = \sigma_x - 0.5(\sigma_y + \sigma_z) + \gamma z(1 - K_0) \tag{3-14}$$

式中：σ_d——偏应力，按式（3-14）计算；

γ——对应土层平均单位体积重量（即重度）；

z——模量计算点离路表的距离；

K_0——静土压力系数；

E——弹性模量；

K_1——细粒土层拐点处的模量；

K_2——细粒土层拐点处的偏应力；

K_3——偏应力小于 K_2 时细粒土层回弹模量与偏应力直线关系的斜率；

K_4——偏应力大于 K_2 时细粒土层回弹模量与偏应力直线关系的斜率。

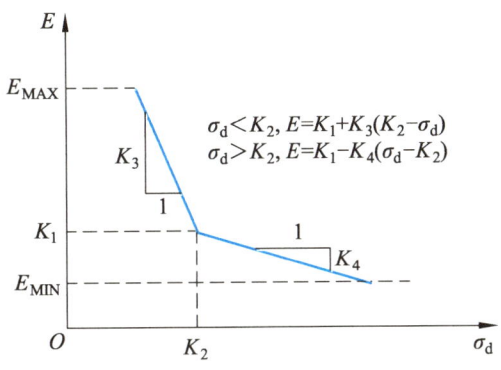

图 3-41 双线性模型

对于细粒土,通过设置 NCLAY=1 表示为细粒土层(图 3-42),需要输入 K_1、K_2、K_3、K_4 四个参数,并由 E_{MIN}、E_{MAX} 两个参数分别控制其弹性模量值的下限、上限(图 3-43、图 3-44),程序尚可根据 Thompson 和 Elliott 研究成果(具体见文献[40]),将细粒土直接划分为 4 类(Clay Type=1、2、3、4),并提供了包括 K_1、K_2、K_3、K_4、E_{MIN}、E_{MAX} 等 6 个参数供用户选用。其中,Clay Type=1、2、3、4,分别表示很软、软、中等和硬四类细粒土,当然用户也可以设置 Clay Type 为 0,自定义这些参数的值。

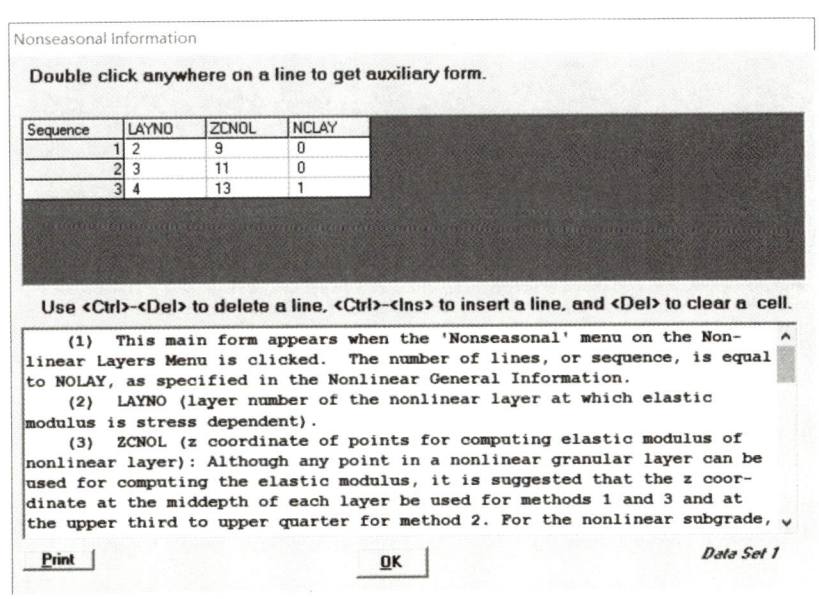

图 3-42 设置非线弹性层为细粒土层(NCLAY=1)

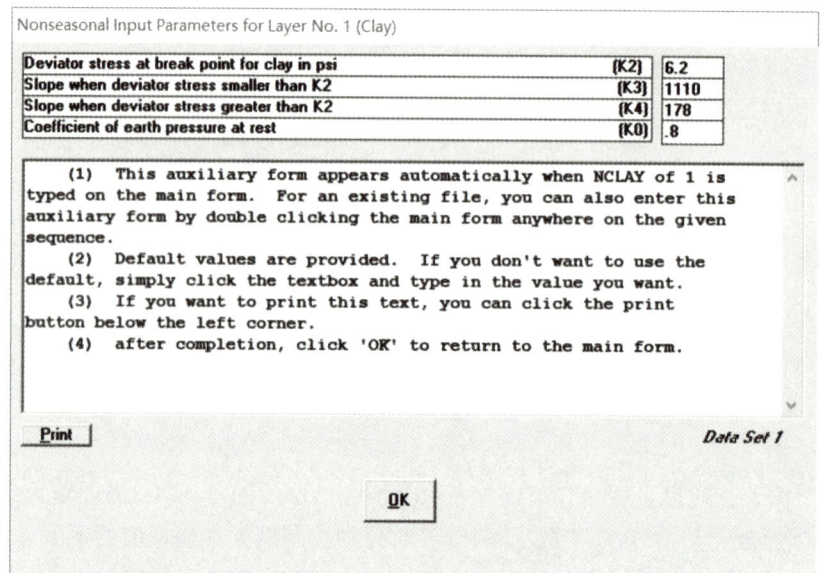

图 3-43 K_2、K_3 和 K_4 输入界面（双击图 3-42 细粒土层所在行弹出）

图 3-44 K_1、E_{MAX} 和 E_{MIN} 输入界面（图示为 Clay Type 取 1 的情况）

由式（3-11）、式（3-14）可以看出，当根据应力状态来求解非线性层的弹性模量时，除了考虑荷载在非线性层内应力点处引起的附加应力，尚需考虑相同应力点处的自重应力，故需要输入各结构层材料静止土压力系数 K_0（图 3-40、图 3-43）、重度 GAM（图 3-45）。

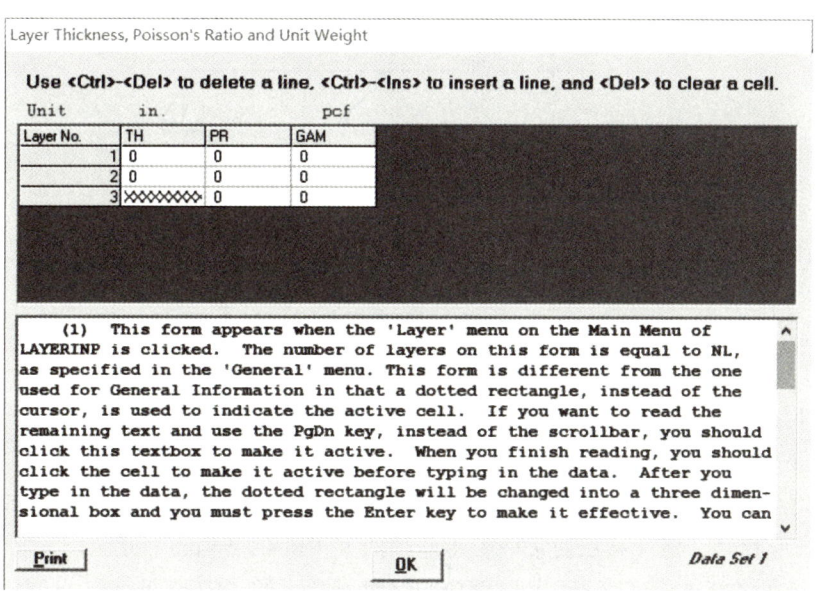

图 3-45　GAM 输入界面

同时还需要注意，在开展非线性分析时，需要假定非线性层的初始弹性模量 E，该值一般情况下可取本构模型中的参数 K_1 值，其值仍在如图 3-9 所示对应非线性弹性结构层中输入。

③ 应力点。

KENLAYER 程序以非线性层中的一点（即应力点）为准，根据该点应力状态对模量进行迭代修正。应力点位置用路表的一个点、荷载分布斜率 SLD 和 z 坐标 ZCNOL 来定义，其中针对单轮荷载，路表点位置用 RCNOL 确定，针对单轴、双轴或三轴荷载，路表点位置用 XPTNOL、YPTNOL 确定。如只需要求最大应力、应变或挠度，应力点应选在单轮中心下，RCNOL=0 和 SLD=0；或在双轮中间，XPTNOL=0、YPTNOL=YW/2（YW 为轮距）和 SLD=0。若需求平均响应，如求圆形荷载作用下的弯沉盆，则取 RCNOL=a（a 为荷载作用面积半径）、SLD=0.5。

如图 3-46 所示，对于单轮荷载，应力点的径向坐标 r：

$$r = RCNOL + SLD \times ZCNOL \qquad (3-15)$$

对于多轮荷载，应力点的 x 坐标和 y 坐标：

$$x = XPTNOL + SLD \times ZCNOL \qquad (3-16)$$

$$y = YPTNOL + SLD \times ZCNOL \qquad (3-17)$$

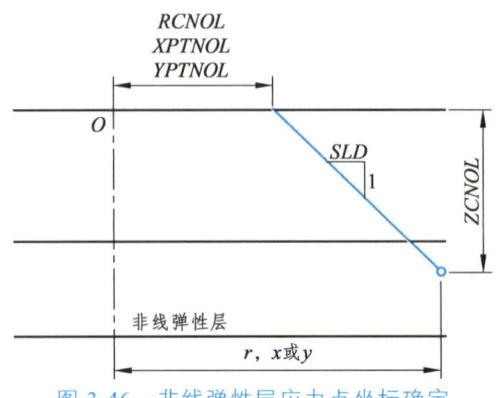

图 3-46　非线弹性层应力点坐标确定

非线性层弹性模量计算点的 Z 坐标 ZCNOL 依细粒土、粒料而分别确定。下面分别阐述：

a. 针对黏性土基，如计算弯沉时，该计算点通常取距土基顶面下 24 in（0.61 m）处；如计算最大应变时，该计算点通常取距土基顶面下 1 in（2.54 cm）处。

b. 针对粒料基层或底基层，其取值应与后续所填入的 PHI 值相呼应，即如采用应力修正方法 1（PHI=0 或 90），此时将基层或底基层细分为若干子层，该计算点取各子层中间高度，程序规定最小模量为 0；如采用应力修正方法 2（PHI>90，单位：psi 或 kPa），此时基层或底基层不再细分，该计算点取该结构层上 1/3 或 1/4 处，程序规定最小模量等于 PHI；如采用应力修正方法 3（PHI=0~90，单位：度），则通常直接取基层或底基层的中间高度，程序不再规定该结构层最小模量。注意当粒料层采用应力修正方法 1 时，由于粒料层细分为若干子层，故 ZCNOL 亦因此受到影响。

参数 RCNOL、XPTNOL、YPTNOL、SLD 和 ZCNOL 在输入界面中的位置见图 3-47 和图 3-48。

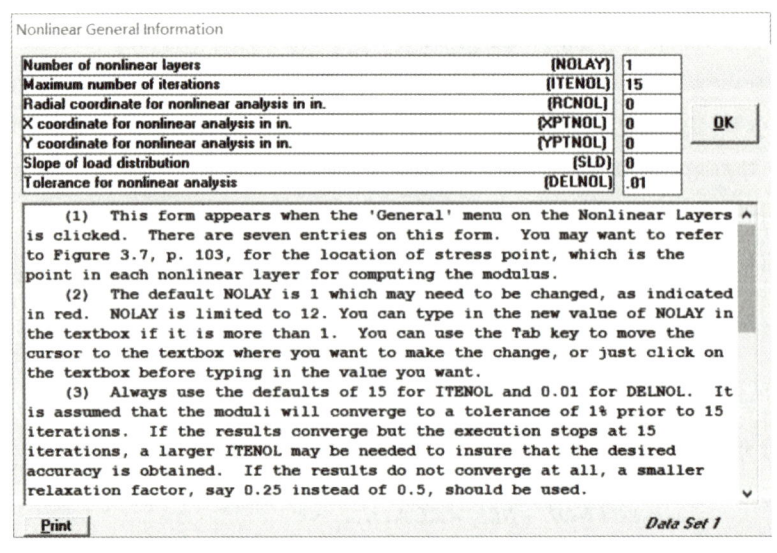

图 3-47　RCNOL、XPTNOL、YPTNOL 和 SLD 输入界面

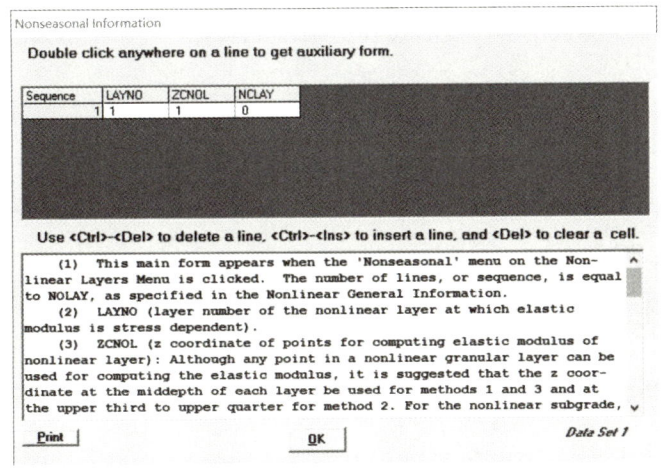

图 3-48　$ZCNOL$ 输入界面

④ 粒料层应力修正方法。

程序通过参数 PHI 来确定粒料层的应力修正方法。当 PHI=0 或 90 时，采用应力修正方法 1，即将粒料层分为若干子层，且不允许其发生受拉；当 PHI>90 时，采用应力修正方法 2，该输入值代表最小回弹模量（英制单位：psi，国际单位：kPa），建议取本构模型中的 K_1 值；PHI=0~90 时，采用应力修正方法 3，即 Mohr-Coulomb 修正，该输入值代表材料的内摩擦角（单位：度），建议对低模量路基（路基弹性模量小于 69 MPa）赋值 40°，对高模量路基赋值 60°。

参数 PHI 在输入界面中的位置见图 3-39。

⑤ 迭代收敛控制。

程序通过 3 个参数来控制迭代收敛，即非线性分析的允许精度 $DELNOL$，程序建议取 0.01；非线性分析的最大迭代次数 $ITENOL$，程序建议取 10；非线性分析用的松弛系数 $RELAX$，程序建议取 0.5，如结果发散，可改用小一些的松弛系数，如 0.25、0.125。

以上参数在输入界面中的位置见图 3-47 和图 3-49。

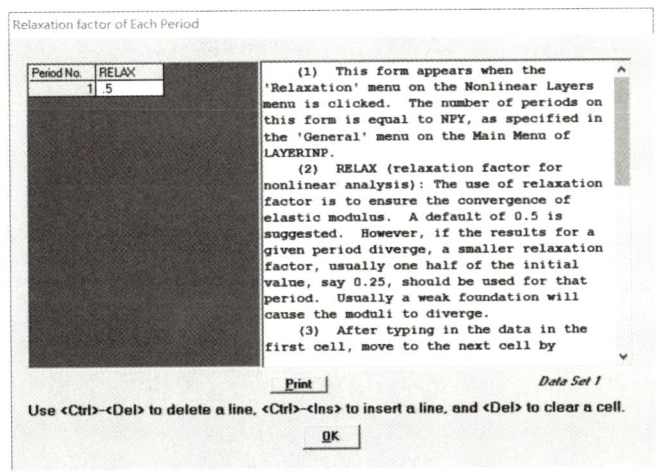

图 3-49　$RELAX$ 输入界面

图 3-50 对非线弹性层所涉及的参数在 KENLAYER 程序中输入的具体位置进行了标注。

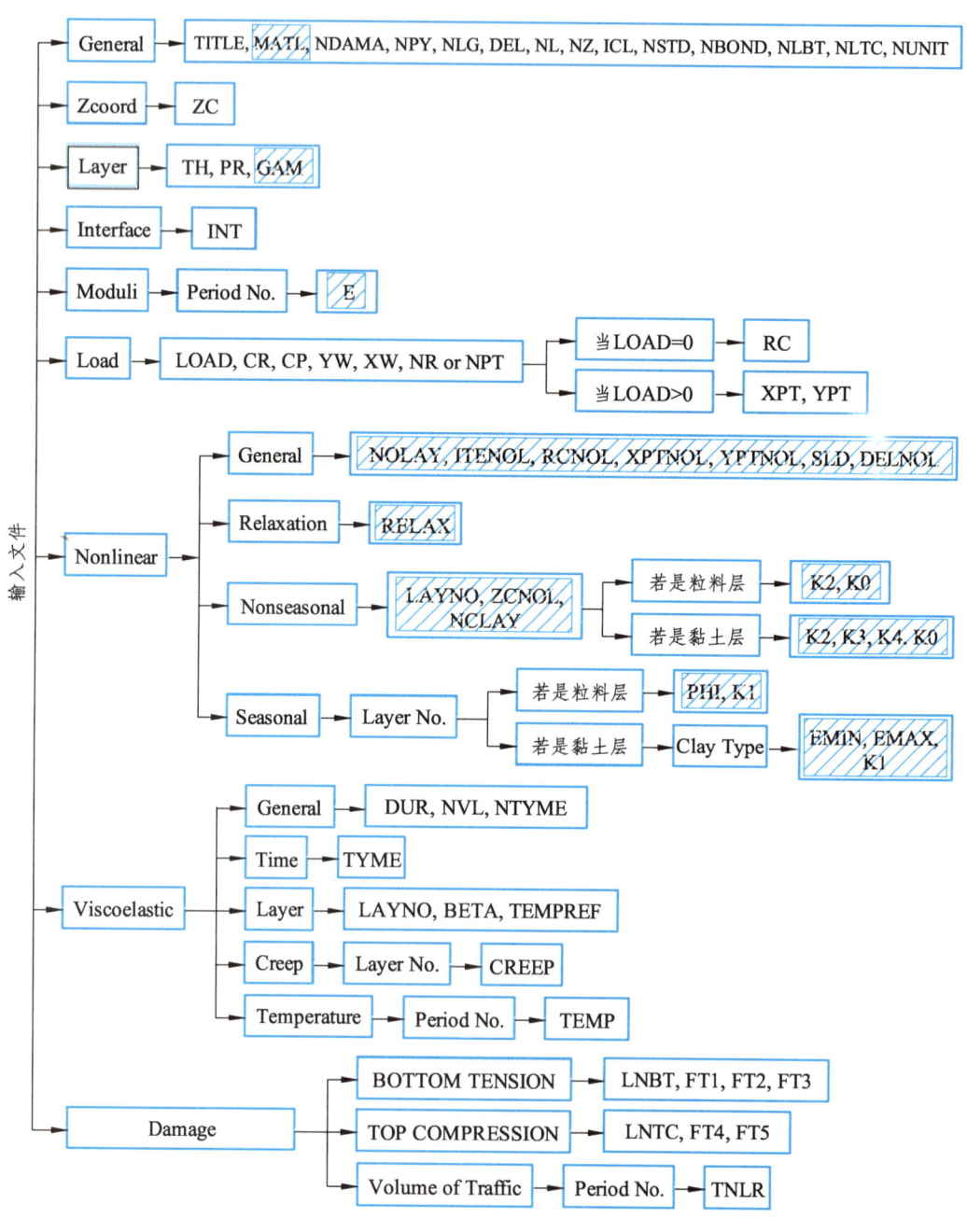

图 3-50 "LAYERINP"模块输入数据时对应的流程图

(3) KENLAYER 程序开展黏弹性分析基本原理。

① 根据广义模型得到用狄拉克（Dirichlet）级数表示的蠕变柔量。

用由一个麦克斯韦（Maxwell）模型和多个开尔文（Kelvin）模型组成的广义模型来表征沥青层的黏弹性，在常应力时，广义模型的应变可写为式（3-18），其中麦克斯韦模型可表示瞬时弹性应变和黏性应变，而开尔文模型则可表示滞后应变。

$$\varepsilon = \frac{\sigma}{E_0}\left(1 + \frac{t}{T_0}\right) + \sum_{i=1}^{n}\frac{\sigma}{E_i}\left[1 - \exp\left(-\frac{t}{T_i}\right)\right] \qquad (3\text{-}18)$$

式中：ε——应变；

σ——应力；

t——时间；

E——弹性模量；

下标 0——麦克斯韦模型，$T_0=\lambda_0/E_0$ 表示松弛时间；

下标 1——开尔文模型，$T_1=\lambda_1/E_1$ 表示滞后时间。

引入不同时间的蠕变柔量 $D(t)$，其定义为：

$$D(t) = \frac{\varepsilon(t)}{\sigma} \qquad (3\text{-}19)$$

式中：$\varepsilon(t)$——在常应力作用下与时间有关的应变。

在常应力作用下，蠕变柔量是弹性模量 E 的倒数，借助广义模型式（3-18），可将其表示为：

$$D(t) = \frac{1}{E_0}\left(1 + \frac{t}{T_0}\right) + \sum_{i=1}^{n}\frac{1}{E_i}\left[1 - \exp\left(-\frac{t}{T_i}\right)\right] \qquad (3\text{-}20)$$

考虑到路面设计是基于短历时的移动荷载，由黏性应变产生的蠕变柔量可以忽略不计，故式（3-20）可进一步化简为：

$$D(t) = \frac{1}{E_0} + \sum_{i=1}^{n}\frac{1}{E_i}\left[1 - \exp\left(-\frac{t}{T_i}\right)\right] \qquad (3\text{-}21)$$

利用狄拉克级数对式（3-21）进行简化可得：

$$D(t) = \sum_{i=1}^{n} G_i \exp\left(-\frac{t}{T_i}\right) \qquad (3\text{-}22)$$

这时需满足 T_n 趋于无穷时，有：

$$G_i = -\frac{1}{E_i} \qquad (3\text{-}23)$$

$$G_n = \frac{1}{E_0} + \sum_{i=1}^{n} \frac{1}{E_i} \tag{3-24}$$

② 蠕变柔量的配置法求解。

式（3-22）表明，此时蠕变柔量 $D(t)$ 的计算式中只剩下系数 G_i 和 T_i（滞后时间），如将这两个系数确定，则可得到任意时刻 t 的蠕变柔量，从而得到任意时刻的弹性模量。

KENLAYER 程序采用配置法对其进行求解：

a. 开展蠕变试验，确定黏弹性材料的蠕变柔量，比如说开展 1 000 s 蠕变试验测定蠕变柔量（11 个历时，其值分别为 0.001、0.003、0.01、0.03、0.1、0.3、1、3、10、30、100，单位：s）。

b. 因移动荷载通常历时很短，KENLAYER 程序规定 7 个滞后时间 T_i，其值分别为 0.01、0.03、0.1、1、10、30 和 ∞，单位：s。

c. 若给定 7 个不同的 t 历时各自对应的蠕变柔量 $D(t)$，此时利用 7 个联立方程 7 个未知数可直接联立方程求解 G_i，若给定 t 的个数和各自对应的蠕变柔量超过 7 个，这时程序会利用转置矩阵将方程的数量减少到 7 个再进行求解。

得到系数 G_i 后，任意时刻 t 的蠕变柔量即可用式（3-22）计算。

③ 温度对蠕变柔量的修正。

关于温度对黏弹性的影响，KENLAYER 程序采用时间-温度迭加的方式予以考虑：

若已知基准温度 T_0 的蠕变柔量为：

$$D(t) = \sum_{i=1}^{n} G_i \exp\left(-\frac{t_{T_0}}{T_i}\right) \tag{3-25}$$

程序根据不同温度时的蠕变柔量（图 3-51），以 t_T 作为温度 T 时求得蠕变柔量相应的时间，以 t_{T_0} 作为温度 T_0 时求得同样蠕变柔量相应的时间，那么 T 与 T_0 温度下两曲线之间的距离为：

$$\log t_T - \log t_{T_0} = \log \frac{t_T}{t_{T_0}} \tag{3-26}$$

将 $\frac{t_T}{t_{T_0}}$ 定义为时间-温度平移系数，以 α_T 表示。

根据沥青混合料试验所揭示的 $\log \alpha_T$ 与温度呈直线关系的规律（图 3-52），直线的斜率 β（即温度修正系数）在 0.061～0.170 变化，平均值为 0.113（英制单位）。

斜率 β 的关系式为：

$$\beta = \frac{\log \frac{t_T}{t_{T_0}} - \log \frac{t_{T_0}}{t_{T_0}}}{T - T_0} = \frac{\log \frac{t_T}{t_{T_0}}}{T - T_0} \tag{3-27}$$

即：

$$t_T = t_{T_0} \exp[2.302\,6\beta(T-T_0)] \tag{3-28}$$

则对应温度 T 的蠕变柔量为：

$$D(t) = \sum_{i=1}^{n} G_i \exp\left(-\frac{t_T}{T_i}\right) \tag{3-29}$$

其中 t_T 可利用式（3-28）由 t_{T_0} 表示。

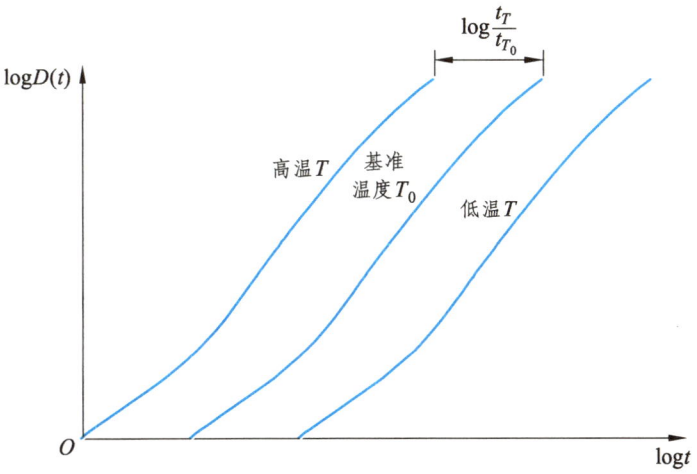

图 3-51　不同温度时的蠕变柔量

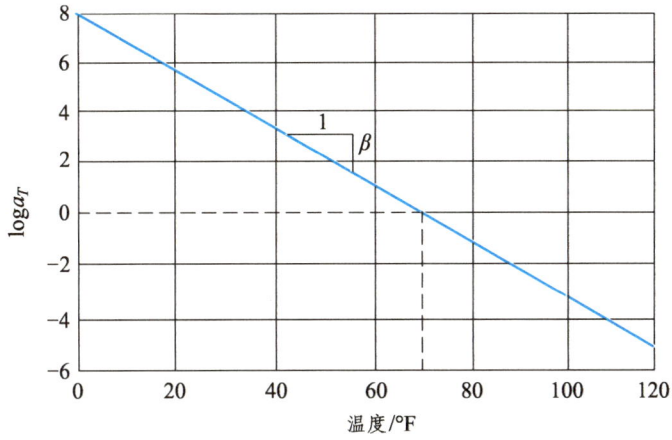

图 3-52　平移系数与温度关系

④ 黏弹性解的配置。

黏弹性响应 R 可用荻拉克级数近似表示为：

$$R = \sum_{i=1}^{7} C_i \exp\left(-\frac{t}{T_i}\right) \qquad (3\text{-}30)$$

利用式（3-29）得到多组历时 t 的蠕变柔量，基于线弹性层状体系理论，得到各历时 t 对应的线弹性解，利用式（3-30）联立方程组反求系数 C_i，然后再将 C_i 代回式（3-30），即可得到任意时刻下静载作用下的黏弹性解。

⑤ 移动荷载的考虑。

KENLAYER 程序中，假设荷载强度 $L(t)$ 随时间 t 变化符合半正弦函数：

$$L(t) = q \sin^2\left(\frac{\pi}{2} + \frac{\pi t}{d}\right) \qquad (3\text{-}31)$$

式中：q——荷载强度；

d——荷载持续时间。

如图 3-53 所示，当 $t=0$ 时，荷载强度 $L(t)$ 达到最大值；当 $t = \pm\dfrac{d}{2}$ 时，荷载强度 $L(t)=0$。

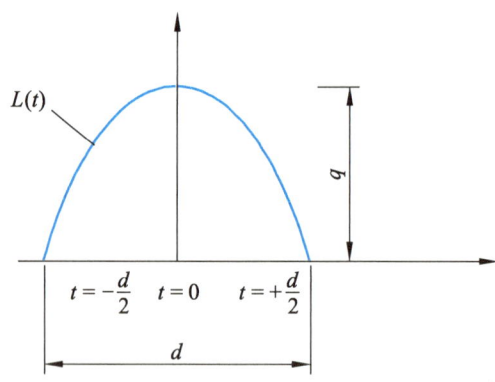

图 3-53　荷载强度随时间变化曲线

荷载的作用时间 d 与车速 v 和轮胎接触面积半径 r 有关。一般认为，荷载会对以其为中心、半径为 $6r$ 的周边区域产生影响，超过这个范围即认为没有影响。如图 3-54 所示，不难得到动荷载对某一计算点实际作用时间 d 的关系式：

$$d = \frac{2 \cdot 6r}{v} = \frac{12r}{v} \qquad (3\text{-}32)$$

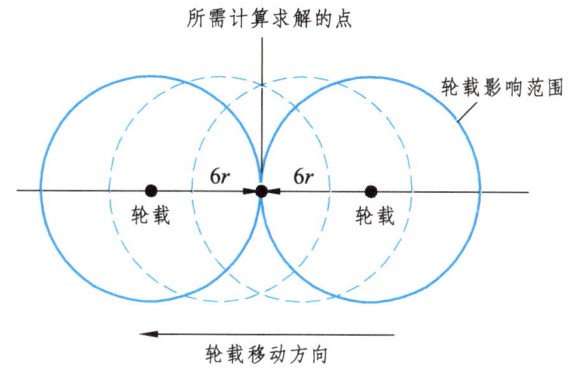

图 3-54 动荷载作用示意图

静载作用下的响应由式（3-33）可知：

$$R(t) = \sum_{i=1}^{7} C_i \exp\left(-\frac{t}{T_i}\right) \tag{3-33}$$

移动荷载作用下的响应可利用波茨曼（Boltzmann）迭加原理得到：

$$R = \int_{-\frac{d}{2}}^{0} R(t)\frac{\mathrm{d}L}{\mathrm{d}t}\mathrm{d}t \tag{3-34}$$

由式（3-30）可得：

$$\frac{\mathrm{d}L}{\mathrm{d}t} = -\frac{q\pi}{d}\sin\left(\frac{2\pi t}{d}\right) \tag{3-35}$$

将式（3-24）和式（3-33）代入式（3-32）积分后可以得到动载下力学响应的最终表达式：

$$R = \frac{q\pi^2}{2}\sum_{i=1}^{n} C_i \frac{1+\exp\left(-\dfrac{d}{2T_i}\right)}{\pi^2 + \left(\dfrac{d}{2T_i}\right)^2} \tag{3-36}$$

（4）KENLAYER 程序开展黏弹性分析的流程。

图 3-55 所示为 KENLAYER 程序开展黏弹性分析的流程。

① 黏弹性分析的指示。

KENLAYER 程序通过设定参数 *MATL*=3 来确定开展黏弹性分析，此时有一层或多层结构层为黏弹性，其他结构层均为线弹性体。黏弹性层的层数、层号分别通过参数 *NVL*、*LAYNO*（图 3-56、图 3-57）来确定。

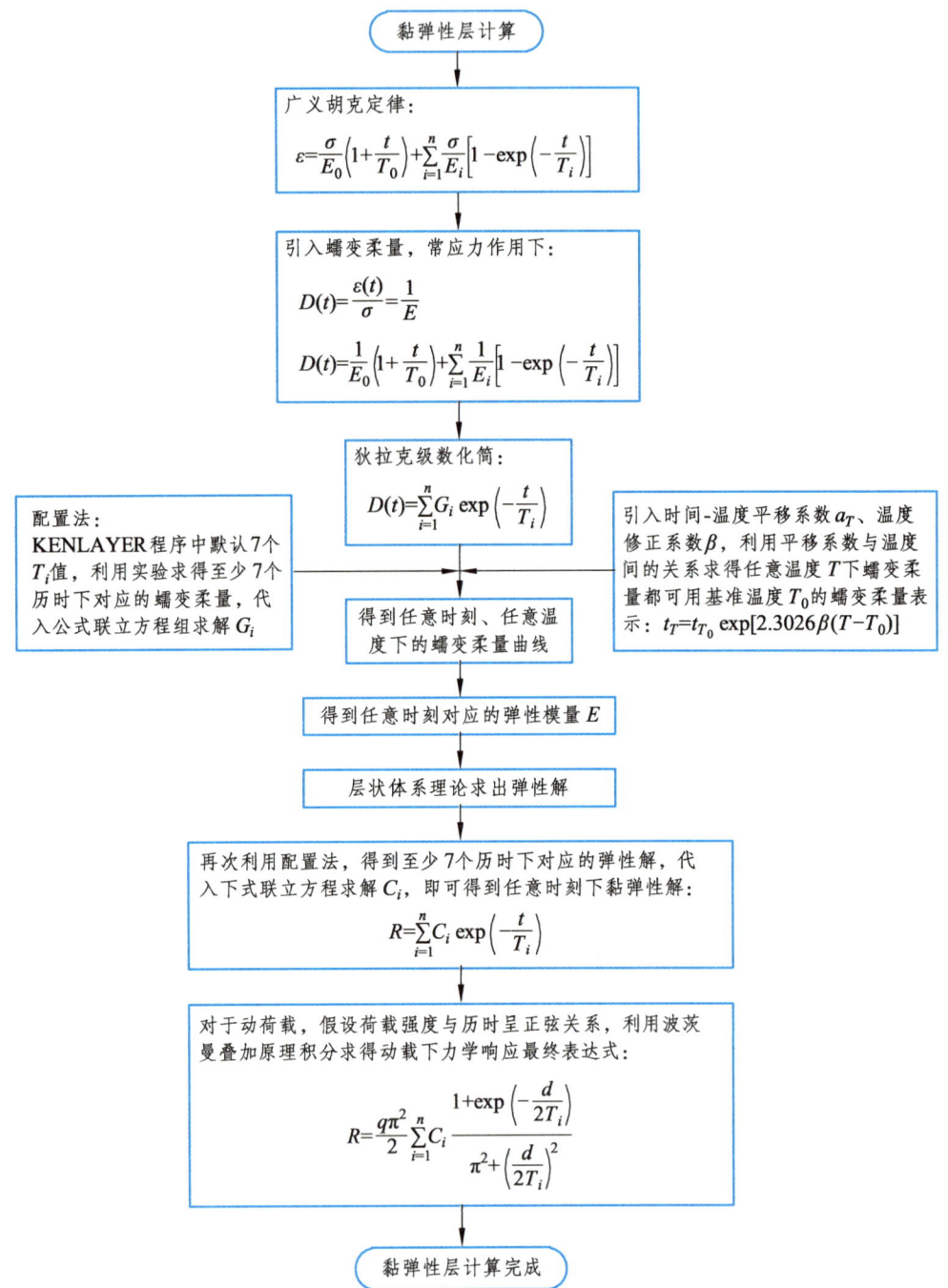

图 3-55 黏弹性分析流程

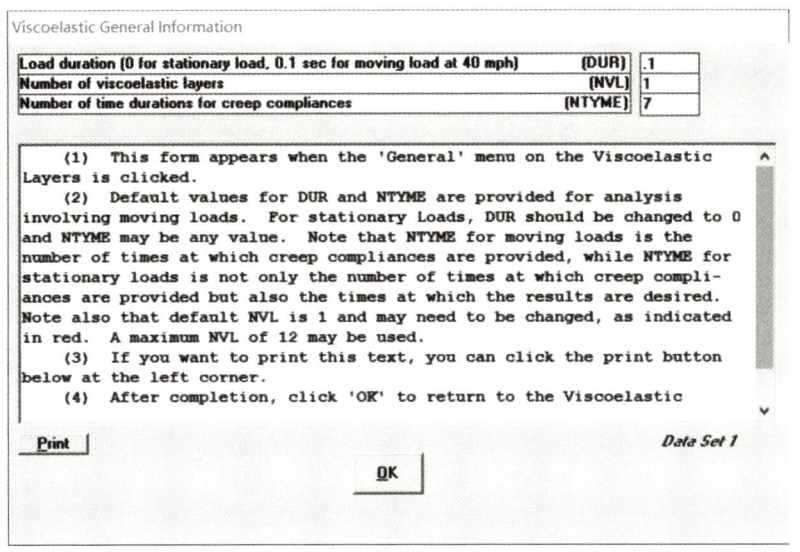

图 3-56　*NVL* 输入界面

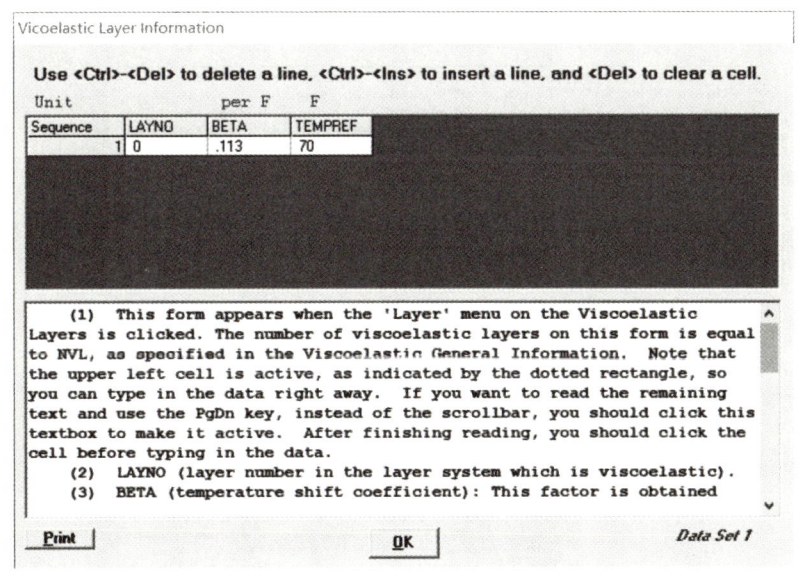

图 3-57　*LAYNO* 输入界面

② 基准温度条件下黏弹性层的蠕变柔量。

对于黏弹性层，KENLAYER 程序在图 3-9 所示界面对应结构层中输入弹性模量 E 时可取 0 或其他任意值。

程序中输入蠕变柔量的历时数由 *NTYME* 确定，具体历时 t 由 *TYME* 确定，历时对应的基准温度下的蠕变柔量 $D(t)$ 由 *CREEP* 确定，具体输入界面如图 3-56、图 3-58、图 3-59 和图 3-60 所示。

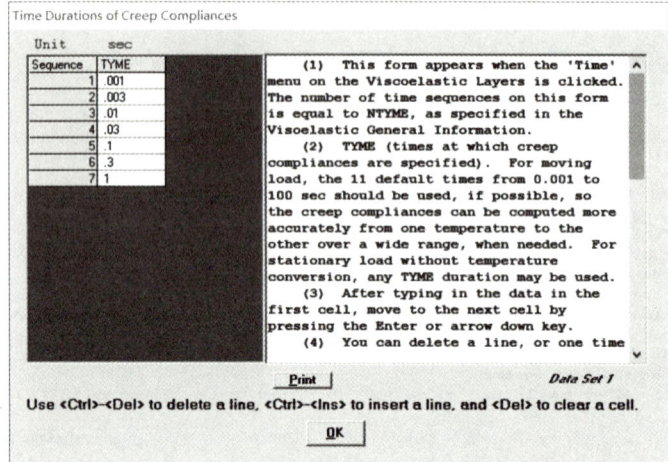

图 3-58　*TYME* 输入界面

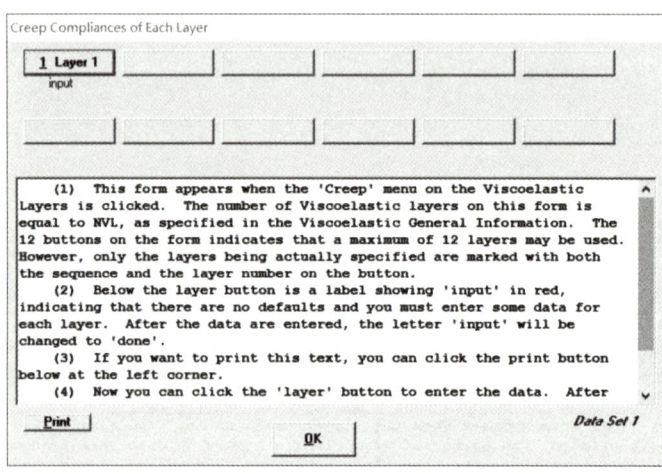

图 3-59　分黏弹性层输入 *CREEP* 界面

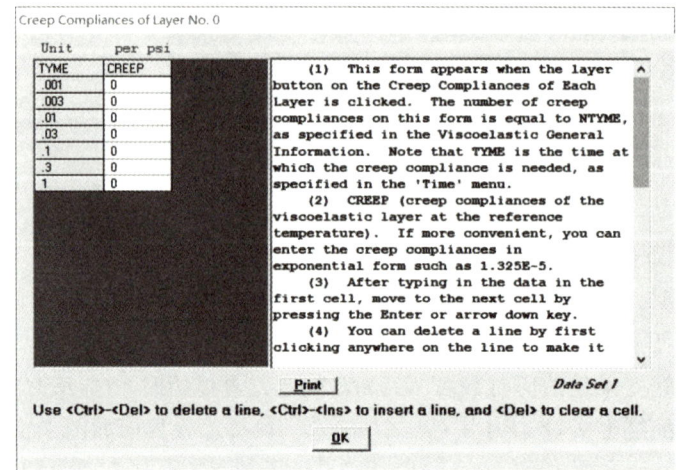

图 3-60　*CREEP* 输入界面

③ 拟计算温度条件下黏弹性层的蠕变柔量。

KENLAYER 程序中温度修正系数 β 由 BETA 确定，默认值取 0.113（英制单位）或 0.2034（国际单位制）；基准温度 T_0 由 TEMPREF 确定，默认值取 70 ℉；各黏弹性层的实际温度 T 由 TEMP 确定，需按时期数 NPY 进行输入。具体输入界面如图 3-57、图 3-61 和图 3-62 所示。

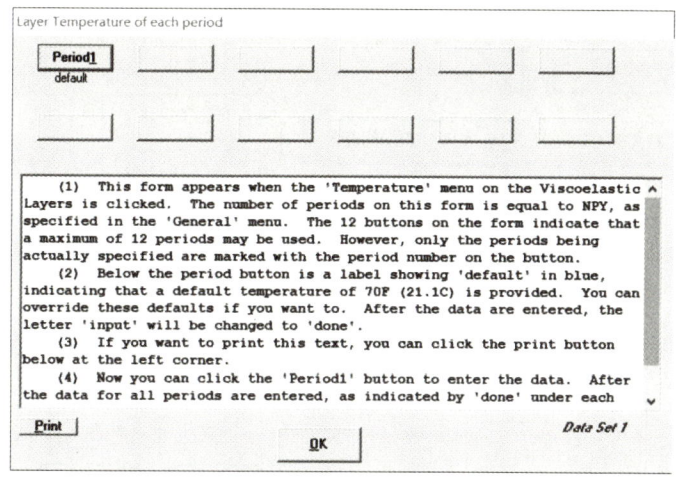

图 3-61　分时期输入 TEMP 界面

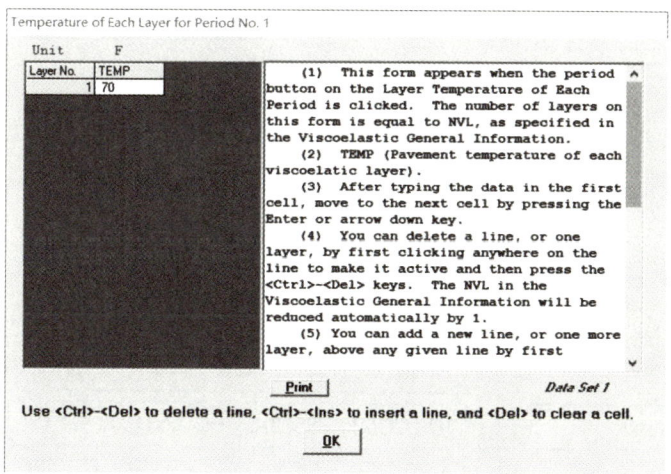

图 3-62　TEMP 输入界面

④ 移动荷载。

KENLAYER 程序中对于黏弹性层在动荷载作用下模型的计算，只需要将黏弹性层在静载作用下的模型中的运动荷载实际作用时间 d（KENLAYER 程序中由 DUR 表示）由 0 秒改成对应的秒数即可。对于 40 mph（64 km/h），DUR 一般设置为 0.1 s。具体输入界面如图 3-56 所示。

图 3-63 对黏弹性层计算有关参数在 KENLAYER 程序中输入的具体位置进行了标注。

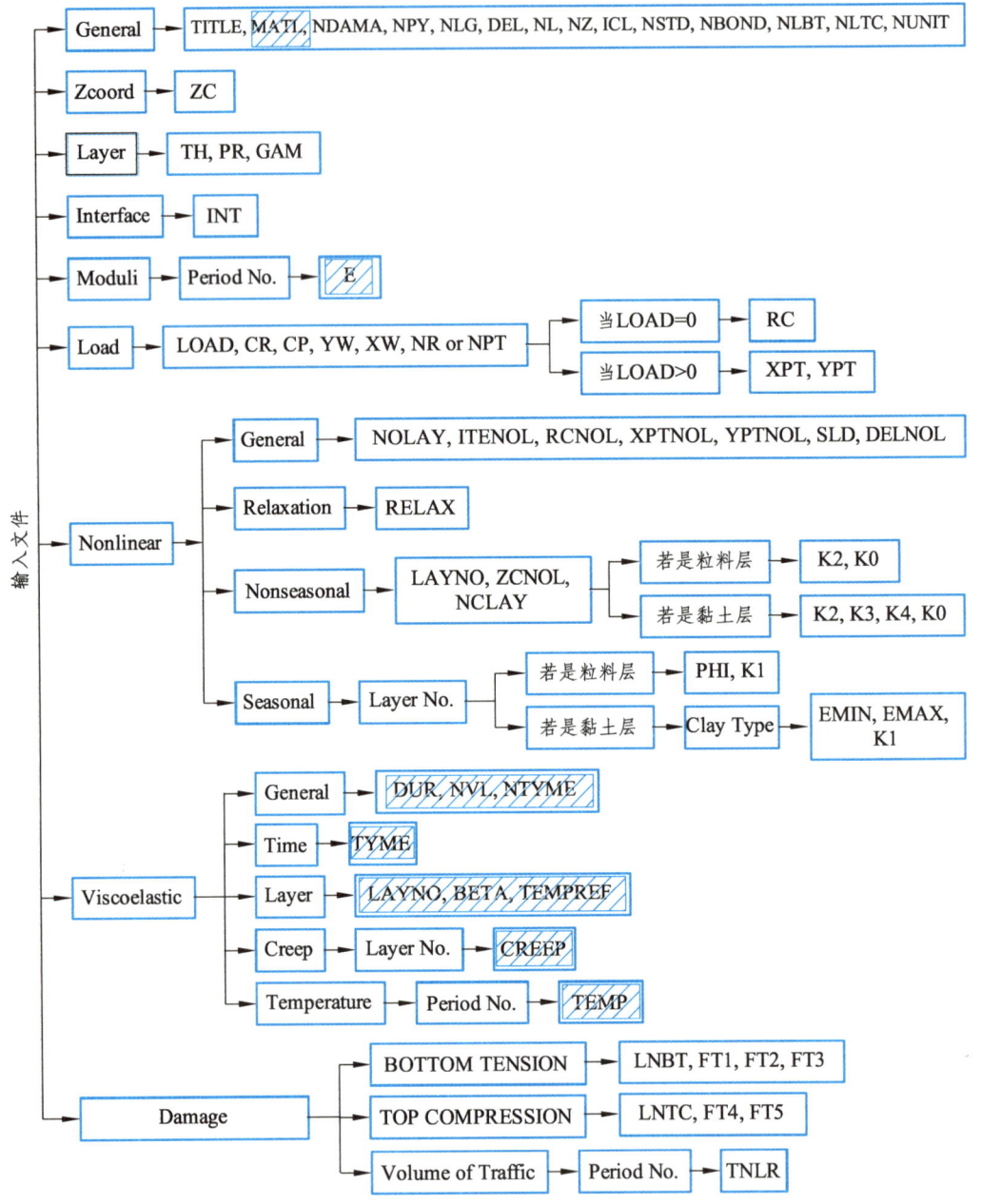

图 3-63 "LAYERINP" 模块输入数据时对应的流程图

（5）KENLAYER 程序开展非线弹性体+黏弹性体分析的基本流程。

KENLAYER 程序通过设定参数 $MATL=4$ 来确定开展非线弹性和黏弹性组合体的分析，此时有一层或多层结构层为非线弹性和黏弹性，其他结构层均为线弹性体。不难想象，这种情况下两种类型的结构层之间会相互影响，如黏弹性面层随温度变化其弹性模量发生变化，这样由路表传递给非线弹性层的应力也会相应产生变化。因此，用户在前处理建立模型的过程中应同时考虑上述非线弹性体和黏弹性体中的各种因素。

需要注意的是，这种情况下非线弹性层层号和黏弹性层层号均由 $LAYNO$ 确定，这在前处理过程中恐存在疑惑，用户在前处理过程中需要仔细区分结构层的具体类型再进行输入。

3.3.1.3 计算点

对于计算点，主要解决 3 个问题：计算点的个数、计算点的空间位置、计算点拟输出力学响应的类型。下面分别介绍。

1. 计算点的个数

KENLAYER 程序通过参数 NR（单轮荷载，$LOAD=0$）、NPT（多轮荷载，$LOAD=1$、2 或 3）来确定计算点的平面坐标个数，NR、NPT 的最大值均为 25；通过参数 NZ 来确定计算点的竖向距离个数，该参数最大值为 19。这样程序将计算的点总数为 $NZ \times NR$（单轮荷载，$LOAD=0$）个、$NZ \times NPT$（多轮荷载，$LOAD=1$、2 或 3）个。

2. 计算点的空间位置

计算点的空间位置由其平面坐标、竖向距离两者共同确定。其中，平面坐标体系与荷载定义时完全相同，即对于单轮荷载（$LOAD=0$）、多轮荷载（$LOAD=1$、2 或 3），分别采用圆柱坐标、笛卡尔坐标，如图 3-64 所示。圆柱坐标系坐标原点位于路表单轮中心点处；笛卡尔坐标系坐标原点位于图 3-64 所示路表左下第一轮中心点处。

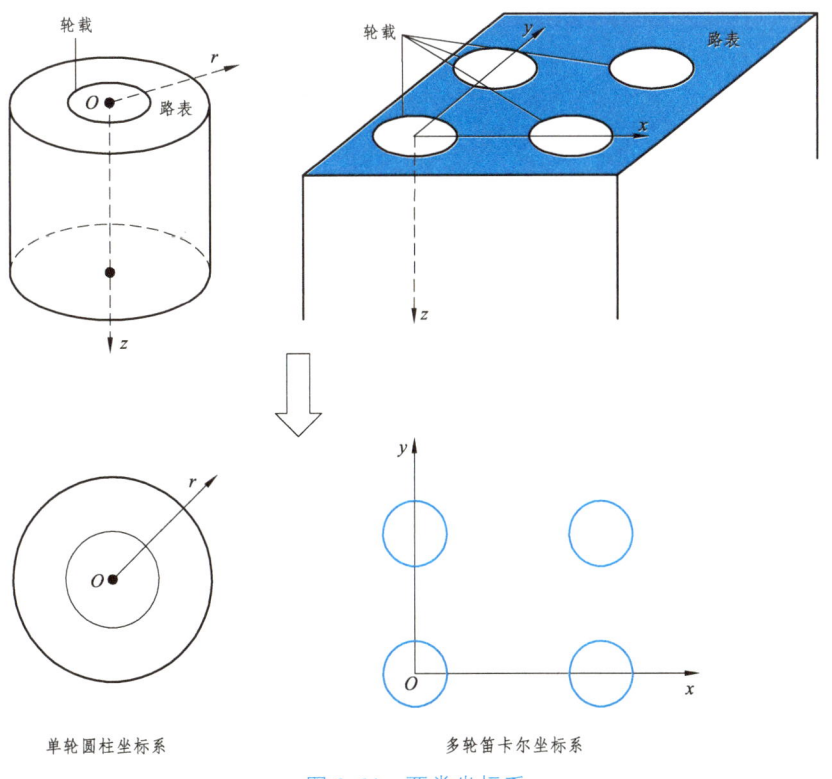

图 3-64 两类坐标系

对于单轮荷载，计算点的平面坐标通过参数 RC 确定、竖向距离（Z 坐标）通过参数 ZC 确定；对于多轮荷载，计算点的平面坐标通过参数 XPT、YPT 确定，竖向距离（Z 坐标）通过参数 ZC 确定。需要注意的是，当 Z 坐标恰好位于两层界面，则视该点为上层底部的点，如希望得到下层顶部的值，可采用稍大一些的 Z 坐标，如大 0.000 1。

以下通过单轮荷载、双轮荷载两个具体的案例给出计算点确定的流程以及上述涉及参数相应的输入界面。

示例一：确定如图 3-65 所示单轮荷载作用下路表下 10 in（254 mm）处荷载作用半径处一点 P 的位置。

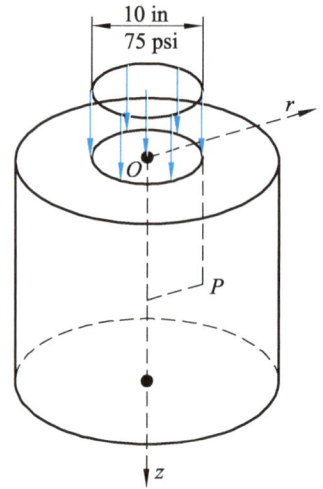

图 3-65　示例一示意图

不难看出，因仅有一个计算点，且为单轮荷载（$LOAD$=0），故 NR=1，NZ=1；计算点在路表下 10 in，故 ZC=10 in；计算点位于荷载作用半径边缘，RC=5 in。具体输入界面如图 3-66～图 3-69 所示。

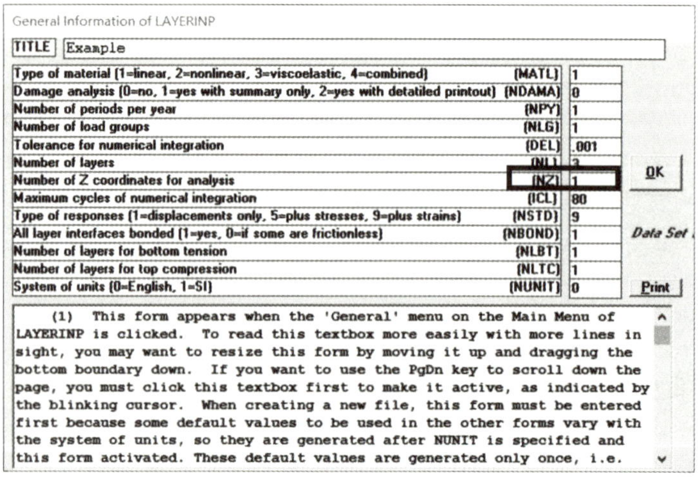

图 3-66　NZ 输入界面

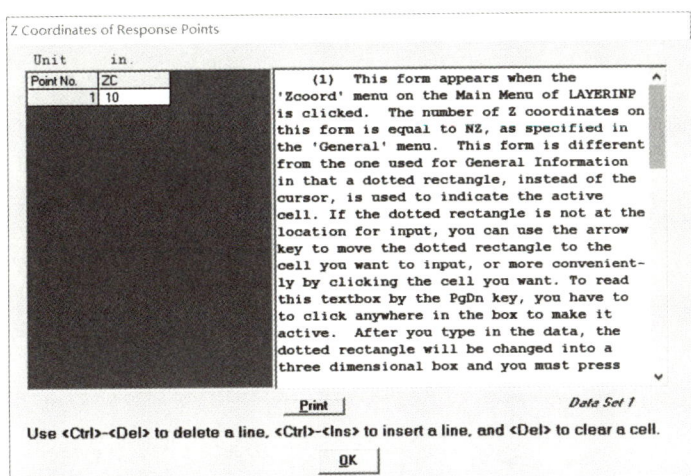

图 3-67　ZC 输入界面

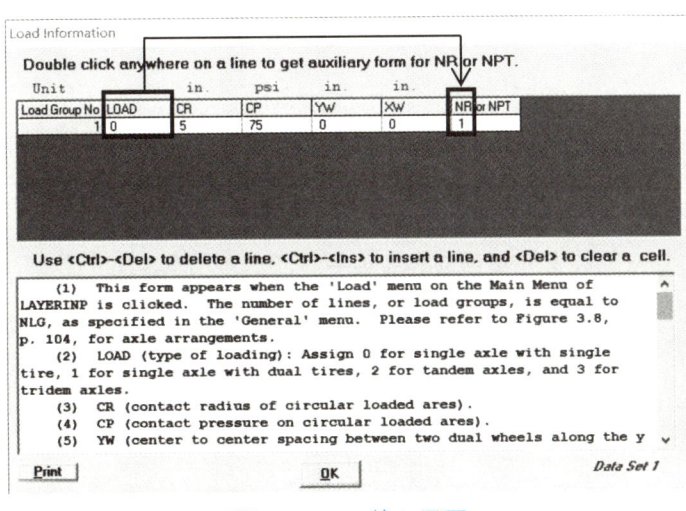

图 3-68　NR 输入界面

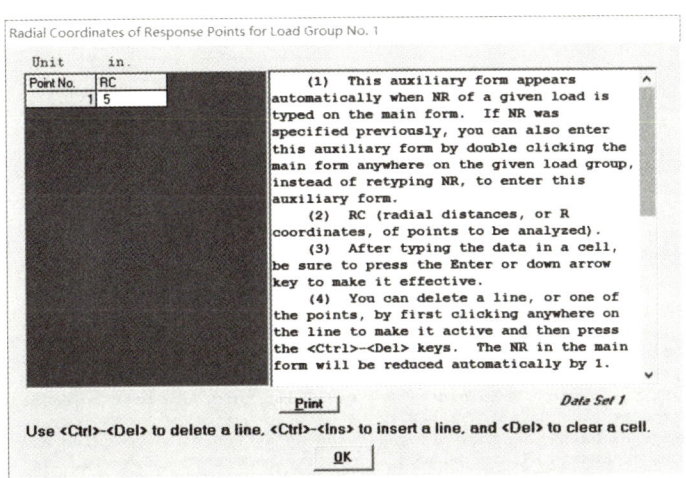

图 3-69　RC 输入界面（双击图 3-68 任意处打开此界面）

示例二：确定如图 3-70 所示单轴双轮荷载作用下路表下 10 in（254 mm）处两轮中心点 *P*1 和 *P*2 的位置。

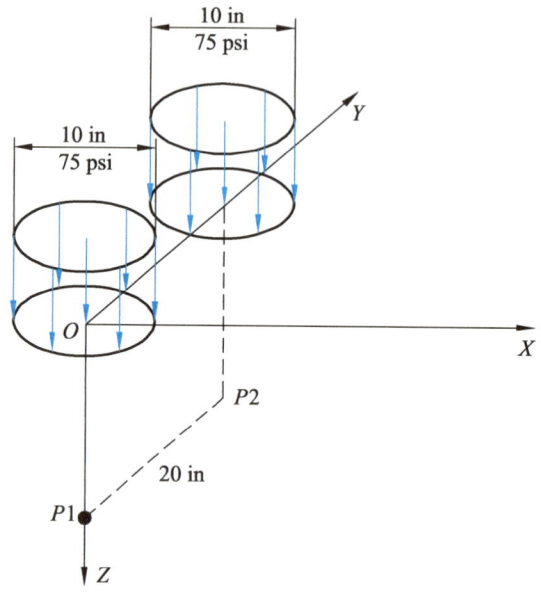

图 3-70　示例二示意图

虽然本例有两个计算点，但其都在路表下 10 in 处，故 *NZ*=1，*ZC*=10 in。因为是多轮荷载，且平面坐标点数为 2，故 *NPT*=2；两计算点在 *X-O-Y* 坐标系中的坐标分别为（0，0）和（0，20 in），分别对应 *P*1 点的 *XPT*、*YPT* 和 *P*2 点的 *XPT*、*YPT*。具体输入界面如图 3-71 ~ 图 3-74 所示。

General Information of LAYERINP

TITLE　Example

Type of material (1=linear, 2=nonlinear, 3=viscoelastic, 4=combined)	(MATL)	1
Damage analysis (0=no, 1=yes with summary only, 2=yes with detatiled printout)	(NDAMA)	0
Number of periods per year	(NPY)	1
Number of load groups	(NLG)	1
Tolerance for numerical integration	(DEL)	.001
Number of layers	(NL)	3
Number of Z coordinates for analysis	(NZ)	1
Maximum cycles of numerical integration	(ICL)	80
Type of responses (1=displacements only, 5=plus stresses, 9=plus strains)	(NSTD)	9
All layer interfaces bonded (1=yes, 0=if some are frictionless)	(NBOND)	1
Number of layers for bottom tension	(NLBT)	1
Number of layers for top compression	(NLTC)	1
System of units (0=English, 1=SI)	(NUNIT)	0

OK　Data Set　Print

(1) This form appears when the 'General' menu on the Main Menu of LAYERINP is clicked. To read this textbox more easily with more lines in sight, you may want to resize this form by moving it up and dragging the bottom boundary down. If you want to use the PgDn key to scroll down the page, you must click this textbox first to make it active, as indicated by the blinking cursor. When creating a new file, this form must be entered first because some default values to be used in the other forms vary with the system of units, so they are generated after NUNIT is specified and this form activated. These default values are generated only once, i.e.

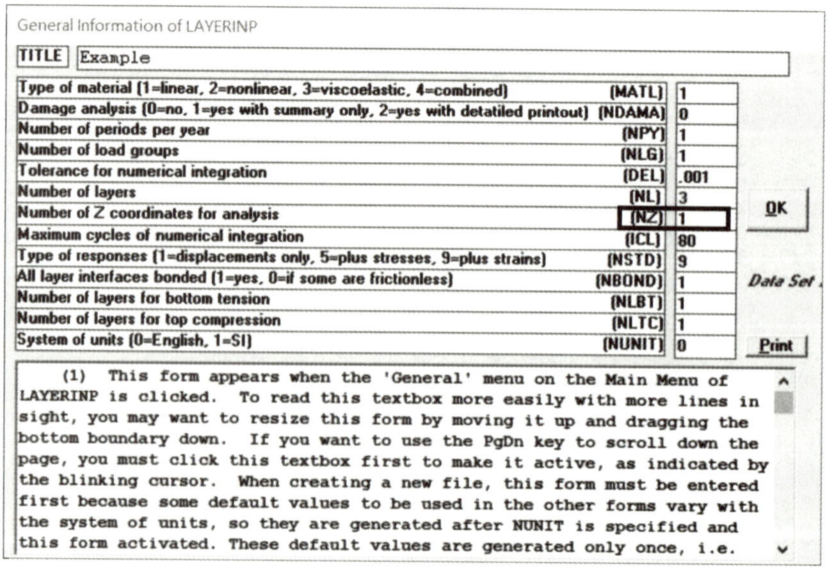

图 3-71　*NZ* 输入界面

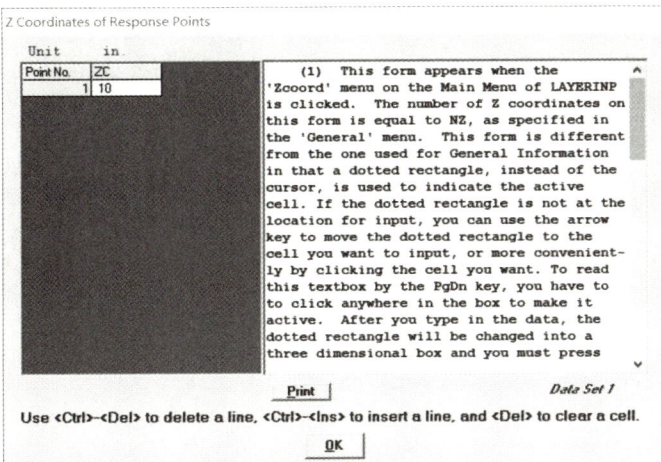

图 3-72　*ZC* 输入界面

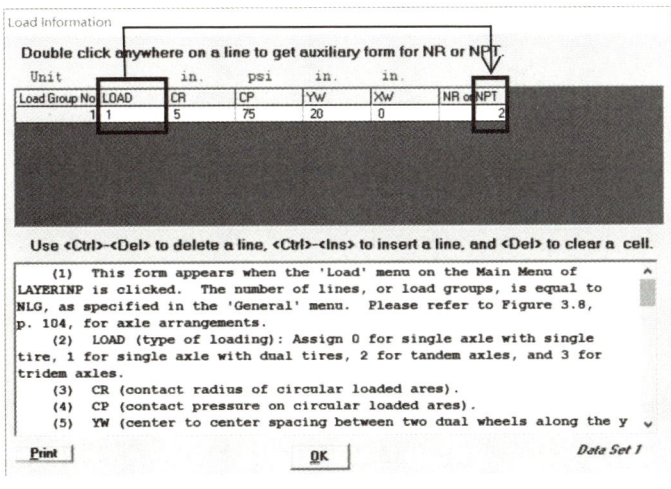

图 3-73　*NPT* 输入界面

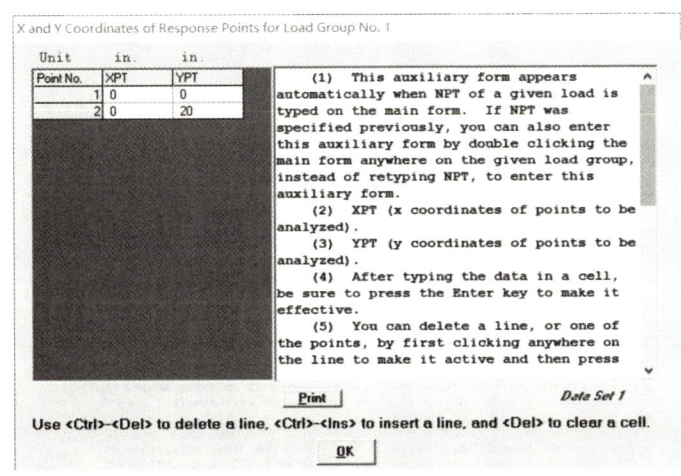

图 3-74　*XPT*、*YPT* 输入界面（双击图 3-73 任意处打开此界面）

不难看出，这两个计算点实际上是以轮隙中心为准对称的，为减少计算量，x 方向理应设置在垂直于轴承轮隙中心线上更妥，但是 KENLAYER 程序的坐标系是固定的，计算点的平面坐标体系与荷载完全相同。对于多轮荷载，如图 3-75 所示，其坐标原点始终位于左下第一个轮载中心处，以行车方向为 x 方向，轴承方向为 y 方向。

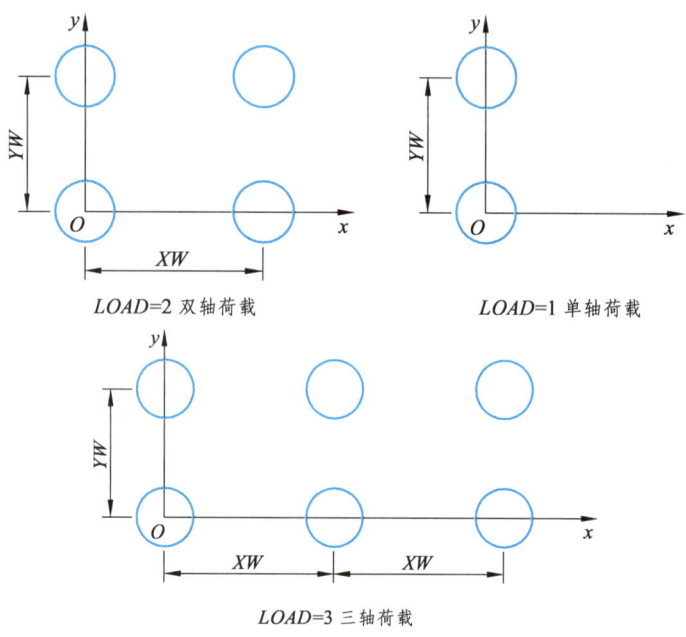

图 3-75　多轮坐标系示意图

3. 计算点拟输出力学响应的类型

在 KENLAYER 程序中通过参数 NSTD 确定计算点拟输出力学响应的类型。NSTD=1，程序只计算并输出对应点的竖向位移；NSTD=5，程序计算并输出对应点的竖向位移和四项应力；NSTD=9，程序计算并输出对应点的竖向位移、四项应力和四项应变。程序通过 NSTD 参数控制输出力学响应的类型，这对减小计算工作量、节约硬盘数据存储空间具有积极意义。具体输入界面见图 3-76。如需开展损伤分析（NDAMA=1 或 2），NSTD 必须赋值 9。

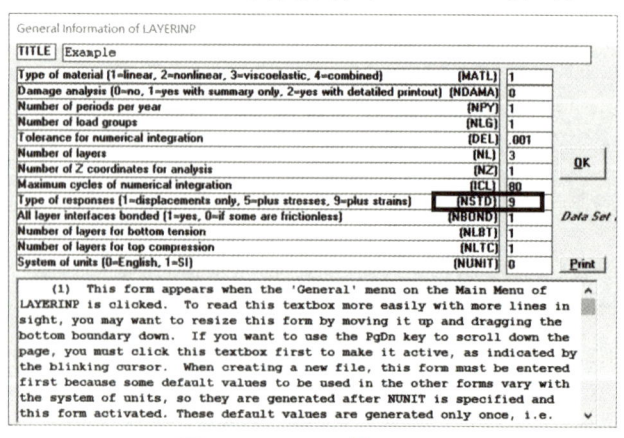

图 3-76　NSTD 输入界面

图 3-77 对这些参数在 KENLAYER 程序中输入的具体位置进行了标注。

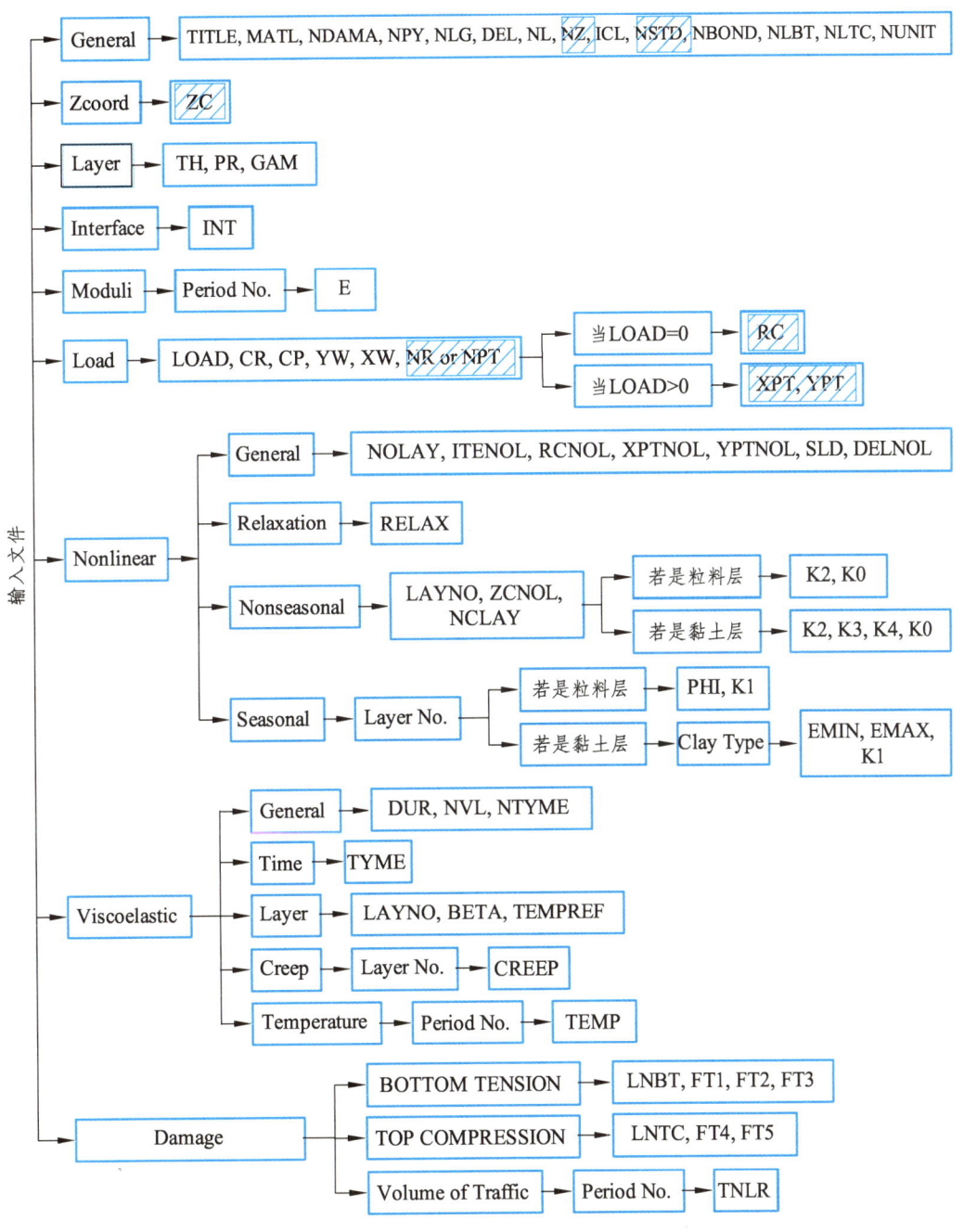

图 3-77 "LAYERINP"模块输入数据时对应的流程图

3.3.1.4 损伤分析

1. 损伤分析基本原理

损伤分析是 KENLAYER 程序颇有特色的功能，其实质是确定沥青路面结构主导损伤模式（即是沥青面层疲劳开裂还是土基永久变形），以及该主导损伤模式情况下的设计寿命。

基本原理：KENLAYER 程序基于美国沥青学会破坏准则，针对以下两个因素开展损伤分析。

（1）沥青路面疲劳开裂的破坏极限为：

$$N_f = f_1(\varepsilon_t)^{-f_2}(E_1)^{-f_3} \tag{3-37}$$

式中：N_f——防止疲劳开裂允许荷载重复作用的次数；

f_1、f_2、f_3——受拉疲劳系数，KENLAYER 程序中默认采用美国沥青学会的建议值 0.079 6（英制单位）或 0.414（国际单位）、3.291 和 0.854；

ε_t——沥青层底部拉应变；

E_1——沥青层弹性模量。

其中沥青层底部拉应变 ε_t 计算式为：

$$\varepsilon_t = \frac{\varepsilon_x + \varepsilon_y}{2} - \sqrt{\left(\frac{\varepsilon_x - \varepsilon_y}{2}\right)^2 + \gamma_{xy}^2} \tag{3-38}$$

ε_x、ε_y 和 γ_{xy} 均为应变分量，可由荷载叠加原理模块求得的应力分量计算得到，具体计算式为：

$$\varepsilon_x = \frac{1}{E_1}[\sigma_x - \nu(\sigma_y + \sigma_z)] \tag{3-39}$$

$$\varepsilon_y = \frac{1}{E_1}[\sigma_y - \nu(\sigma_x + \sigma_z)] \tag{3-40}$$

$$\gamma_{xy} = \frac{2(1+\nu)}{E_1}\tau_{xy} \tag{3-41}$$

对于线弹性层，沥青层弹性模量 E_1 是定值，在输入时就已经确定；对于黏弹性层，E_1 可由最大主应变 ε_1 或最小主应变 ε_3 计算得到，其计算式为：

$$E_1 = \frac{\sigma_1 - \nu(\sigma_2 + \sigma_3)}{\varepsilon_1} \tag{3-42}$$

或

$$E_1 = \frac{\sigma_3 - \nu(\sigma_1 + \sigma_2)}{\varepsilon_3} \tag{3-43}$$

式中：σ_1、σ_2、σ_3——主应力，由式（3-6）求解得到；
$\quad\quad v$——沥青面层的泊松比。

（2）沥青路面永久变形的破坏极限为：

$$N_d = f_4(\varepsilon_c)^{-f_5} \tag{3-44}$$

式中：N_d——限制永久变形允许荷载重复作用的次数；
$\quad\quad f_4$、f_5——受压永久变形系数，KENLAYER 程序中默认采用美国沥青学会的建议值 1.365×10^{-9} 和 4.477；
$\quad\quad \varepsilon_c$——土基表面的压应变。

其中，土基表面的压应变 ε_c 实际上取土基顶处最大压应变，其计算式为：

$$\varepsilon_c = \varepsilon_1 = \frac{1}{E}[\sigma_1 - v(\sigma_2 + \sigma_3)] \tag{3-45}$$

式中：σ_1、σ_2、σ_3——主应力，由式（3-6）求解得到；
$\quad\quad v$——土基的泊松比；
$\quad\quad E$——土基的弹性模量。

计算得到 N_f 和 N_d 后，引入损伤率的概念，损伤率 D_r 是指预计荷载全年重复作用次数与允许作用次数的比值，其具体计算关系式为：

$$D_r = \sum_{i=1}^{p}\sum_{j=1}^{m}\frac{n_{i,j}}{N_{i,j}} \tag{3-46}$$

式中：$n_{i,j}$——时期 i 荷载 j 的预期重复次数；
$\quad\quad N_{i,j}$——时期 i 荷载 j 的允许作用次数；
$\quad\quad p$——时期数；
$\quad\quad m$——荷载组数。

损伤率的倒数即为对应的设计寿命。将疲劳开裂的损伤率和永久变形的损伤率分别求出，随后分别计算出一个设计寿命，比较后取较小值作为最终的设计寿命。

2. 损伤分析基本流程

根据上述基本原理，KENLAYER 程序开展损伤分析时参数输入需要注意如下几点：
（1）是否开展损伤分析。

在 KENLAYER 程序中通过参数 $NDAMA$ 来控制是否开展损伤分析，$NDAMA=0$，不作损伤分析；$NDAMA=1$，作损伤分析，且简略输出；$NDAMA=2$，作损伤分析，且详细输出。

（2）预期施加的荷载重复作用总次数。

KENLAYER 程序通过参数 $TNLR$ 来确定各时期各荷载组预期施加的荷载重复作用总次数。

（3）允许的荷载重复作用次数。

根据式（3-37）和式（3-44）分析得到防止疲劳开裂的允许荷载重复作用次数、限制永久变形的允许荷载重复作用次数。在 KENLAYER 程序中，通过参数 NLBT、NLTC 分别确定底部受拉的结构层数、顶部受压的结构层数，通过 LNBT、LNTC 分别确定对结构层底部受拉作损伤分析的层号、对结构层顶部受压作损伤分析的层号，分别通过 FT1、FT2、FT3 和 FT4、FT5 来确定底部受拉疲劳系数、顶部受压永久变形系数。

上述涉及参数的输入界面如图 3-78 ~ 图 3-82 所示。

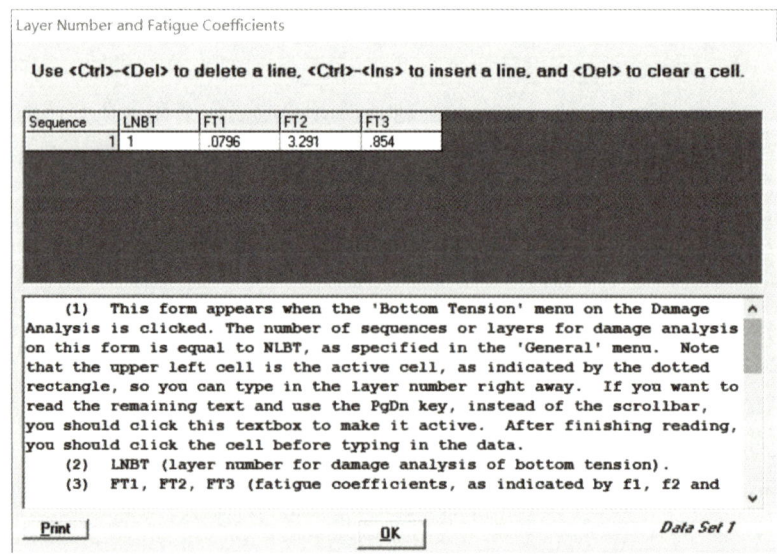

图 3-78　NLBT 和 NLTC 输入界面

图 3-79　LNBT、FT1、FT2 和 FT3 输入界面

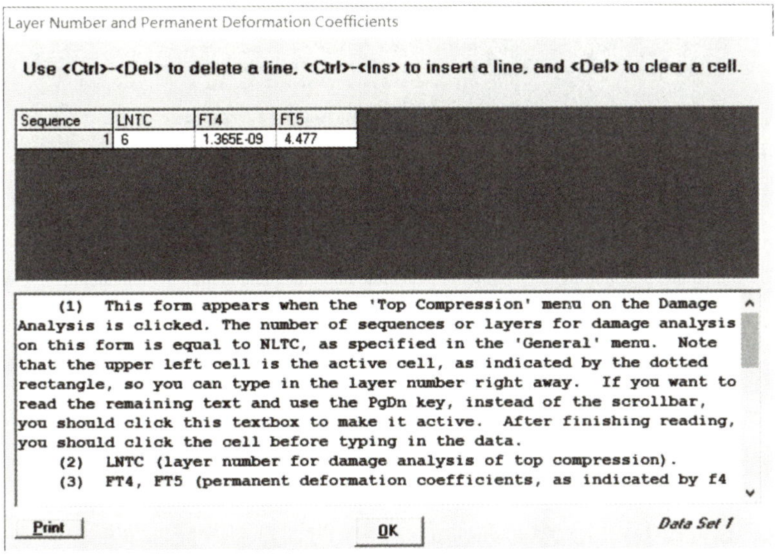

图 3-80　*LNTC*、*FT*4 和 *FT*5 输入界面

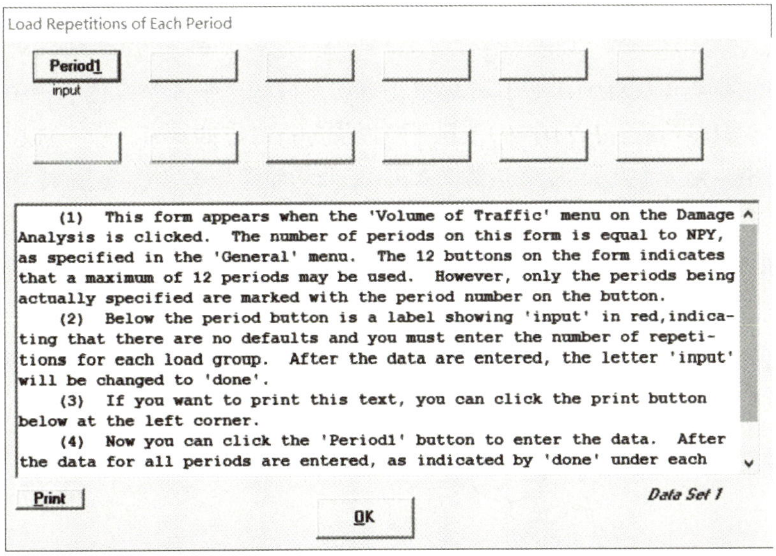

图 3-81　分时期（*NPY*）输入 *TNLR* 界面

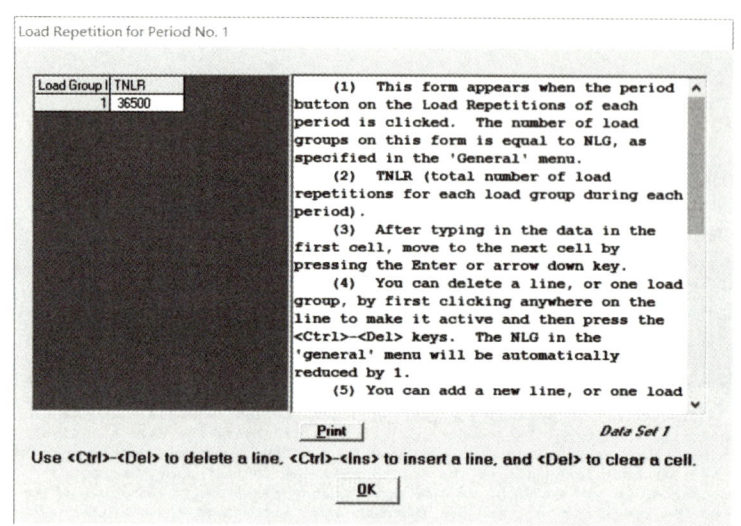

图 3-82 分时期（NPY）输入 $TNLR$ 界面

（4）开展损伤分析点位的确定。

式（3-37）和式（3-44）中 ε_t 和 ε_c 力学响应的计算涉及竖向坐标，但是在进行损伤分析时，NZ 不再起到控制竖向坐标个数的作用，竖向坐标 ZC 输入时自动回避。

对于计算点的竖向位置，开展损伤分析时实际上由 $NLBT$、$NLTC$ 和 $LNBT$、$LNTC$ 确定，一旦确定层数、层号，程序强制认为沥青面层计算点就在沥青面层层底，土基计算点就在土基层顶，仍然以坐标的形式表示。

对于平面坐标，程序会根据轮和轴的数量按以下类型分类自动进行确定，同样还是用坐标表示。

对于单轮荷载（$LOAD$=0），其开展损伤分析对应的点平面坐标位于轮中心处。

对于单轴双轮荷载（$LOAD$=1），其开展损伤分析对应的点有三个，如图 3-83 所示，分别为单轮中心处（A 点）、轮载边缘（B 点）、两轮轮隙中心（C 点）。计算时，需分别计算三点处沥青面层底的拉应变和土基顶面压应变，找出最大拉应变和压应变，分别计算两者所对应的允许荷载作用次数及损伤率，即可判断路面破坏形式由沥青面层疲劳开裂还是土基永久变形控制。

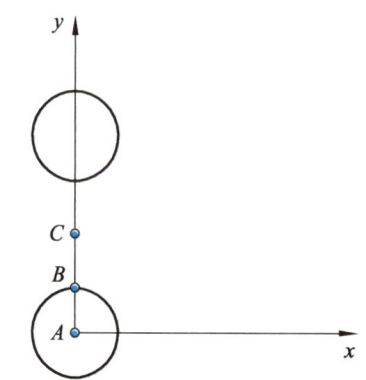

图 3-83 单轴双轮损伤分析计算点示意图

当荷载为双轴荷载（LOAD=2）时，KENLAYER 程序采用以下方法对双轴荷载进行损伤分析。如图 3-84 所示，首先采用与单轴荷载相同的办法计算出第一组允许荷载最大拉压应变，分别计算出拉压应变对应允许荷载作用次数，进而分别计算对应损伤率；再将计算点沿 x 轴平移到两轴中点位置处，再计算得到另一组最大拉压应变、允许荷载作用次数及对应损伤率；再将两组拉压应变损伤率分别相加，比较损伤率大小，判断路面破坏形式是由沥青面层疲劳开裂控制还是土基永久变形控制。若层底拉应变对应损伤率大，则破坏形式由疲劳开裂控制；若土基顶面压应变对应损伤率大，则破坏形式由永久变形控制。

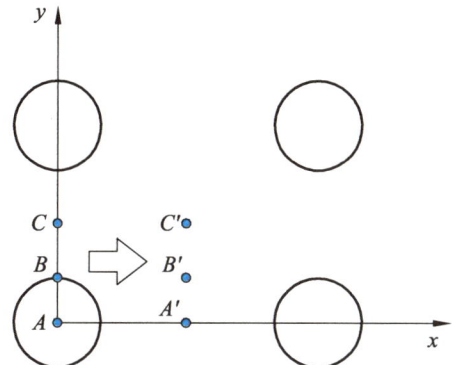

图 3-84 双轴损伤分析计算点示意图

同样地，对于三轴荷载（LOAD=3），也是将损伤分析分为两组，如图 3-85 所示，第一组计算点选在中间组车轴处，第二组选在任意两轴中点处。同样将两组所得拉压应变相加，按照上述相同方法得到损伤率。

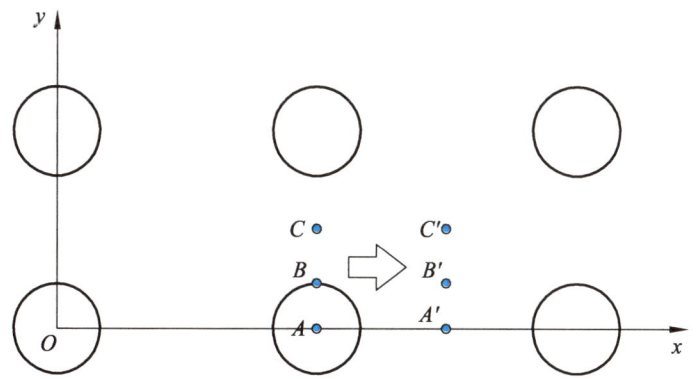

图 3-85 三轴损伤分析计算点示意图

此外还需要注意一点，由于式（3-37）和式（3-44）涉及应变计算，故开展损伤分析时 NSTD 必须设置为 9。

KENLAYER 程序关于损伤分析的有关参数在输入数据中的具体位置详见图 3-86。

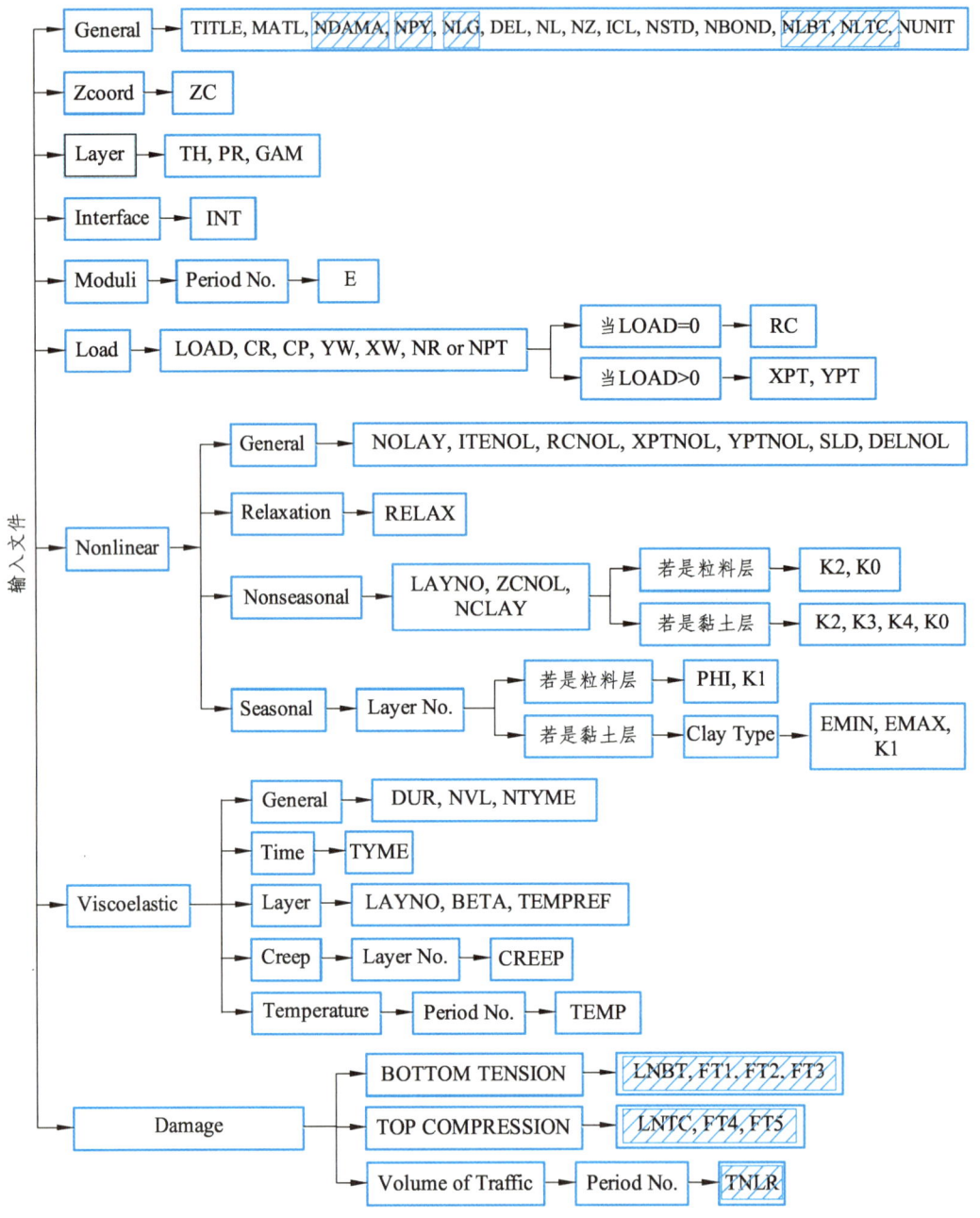

图 3-86 "LAYERINP" 模块输入数据时对应的流程图

3.3.2 计算求解

KENLAYER 执行计算较为快捷，只需要点击图 3-2 所示程序主界面中的 "KENLAYER" 按钮即可，计算过程中的相关信息会动态显示于屏幕上，供用户查看。当然在数据输入文件填写过程中有几个开关可供用户合理设定，包括 DEL（含贝塞尔函数积分的允许精度，程序建议取 0.001）、*ICL*（含贝塞尔函数循环积分的最大次数，程序建议取 80）等。

3.3.3 后处理

KENLAYER 程序执行计算求解后，结果主要以文本、图形两种形式体现，其中文本方面，计算完成后，程序在对应路径的文件夹内生成"*.TXT"和"*.LAY"文件，这两个文件均为文本格式，可通过记事本、写字板、UltraEdit 等文本编辑器打开查看。

图形方面，在图 3-2 程序主界面中点击"LGRAPH"按钮，程序将显示关于路面结构剖面、计算点、荷载等信息的图形，以 3.2.2 节"算例应用"为例，其结果图形如图 3-87 所示。

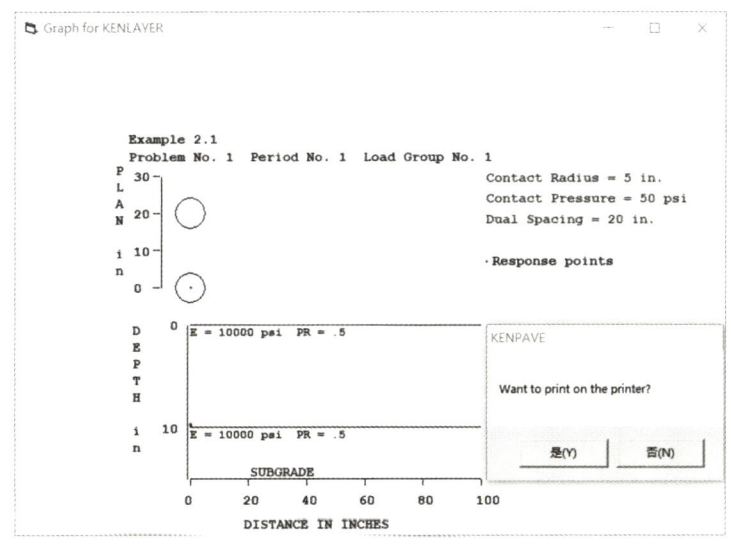

图 3-87 算例应用结果图形示意

3.3.4 建议进一步阅读的文献

KENLAYER 软件安装包可从 Yang H. Huang 所著 *Pavement analysis and design*（*Second Edition*）随书所附光盘中获得。

建议读者进一步阅读如下文献：

[1] YANG H HUANG. Pavement analysis and design (Second Edition)[M]. Upper Saddle River, New Jersey: Prentice Hall, 2004.

[2] YANG H HUANG. Pavement analysis and design[M]. Upper Saddle River, New Jersey: Prentice Hall, 1993.

[3] 黄仰贤. 路面分析与设计[M]. 余定选, 齐诚, 译. 北京: 人民交通出版社, 1998.

[4] 蒋鑫, 邱延峻, 姚康. 沥青路面结构力学分析软件 KENLAYER[M]. 成都: 西南

交通大学出版社，2021.

  其中，文献[1]第 2 章、第 3 章及附录 C 介绍了 KENLAYER 软件的原理算法、程序说明等；文献[2]第 2 章、第 3 章、附录 B 及附录 D 介绍了 KENLAYER 软件 DOS 版本的原理算法、程序说明、输入程序等；文献[3]系文献[2]的中文译本；文献[4]阐述了 KENLAYER 软件 DOS 版本、Windows 版本各 6 个标准算例的使用流程，梳理了数据输入卡片填写的注意事项，可作为 KENLAYER 软件学习的指导手册性用书。

  至于 KENLAYER 程序的一些具体应用，可参考本书末"主要参考文献"之文献[27]、[30]、[34]、[35]、[37]、[38]、[39]等。

第 4 章 基于轴对称非线性有限元的 MICHPAVE 软件电算技术

4.1　MICHPAVE 程序简介

MICHPAVE（Version 1.2 for DOS）程序由美国密歇根州立大学（Michigan State University）的 Ronald S. Harichandran 教授、Gilbert Y. Baladi 教授领衔开发，是一款易于用户操作的非线性弹性轴对称有限元程序，适用于柔性路面结构的力学分析。该程序可用于计算由单圆垂向均布荷载引起的柔性路面位移、应力和应变等力学响应，还可通过经验公式估算柔性路面的疲劳寿命及车辙深度。

MICHPAVE 程序中的编程语言大多数运用 FORTRAN 77。图形绘制和屏幕操作则运用 FORTRAN，调用由 Microcompatibles Inc. 出售的 GRAFMATIC 图形库执行。

4.2　MICHPAVE 程序入门

4.2.1　程序安装

MICHPAVE 程序开发年份较早，仅能在 Windows XP 及以下操作系统中运行。对于 Windows 7 及以上的计算机操作系统，可在现有操作系统中安装虚拟机，如 Windows XP Mode、VMware Workstation 等，然后在虚拟机中安装 Windows XP 及以下操作系统即可运行该程序。

如图 4-1 所示，DOS 版本程序安装文件为解压版，解压后直接双击可执行文件 "michpave.exe" 即可打开程序，输入相关数据后执行计算分析，获得计算结果。

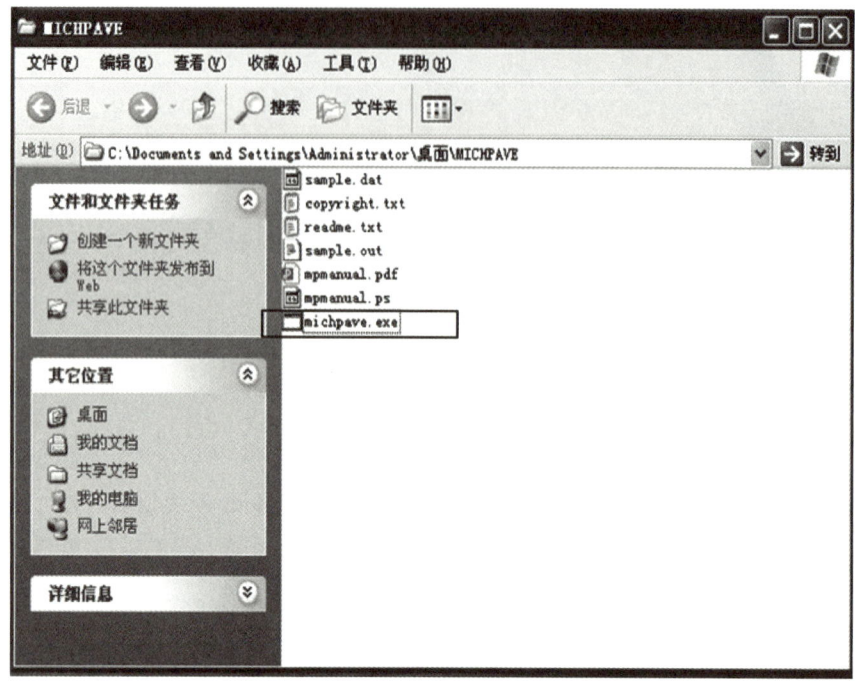

图 4-1　MICHPAVE 程序

4.2.2　程序运行所需内存量

MICHPAVE 程序需要大约 515 KB 的内存才能运行。DOS 和内存驻留程序（如 SIDEKICK）减少了其他程序的可用内存量，可用内存量可使用 DOS 命令 CHKDSK 来检查。如果可用内存不足，则在运行 MICHPAVE 程序之前需删除内存驻留程序。

如果内存不足，无法加载程序，将显示以下消息：

Program too big to fit in memory.

有时程序可以毫无问题地加载到内存中，但在计算过程中可能会显示以下错误消息：

Run-time error F6700:

-heap space limit exceeded.

这种情况也表示可用内存不足。

4.2.3　程序使用相关说明

4.2.3.1　按键使用说明

为了方便用户使用，MICHPAVE 在执行每一步操作时，需在对应界面中通过光标和按键输入相关数据。表 4-1 描述了在相关数据输入时，光标和按键的具体功能。

表 4-1 光标及按键的功能

按键	功能
Return/Enter	将光标移动到下一个字段
Tab	将光标移到右边的下一个字段
Shift Tab	将光标移到左边的上一个字段
Home	将光标移动到表单中的第一个字段
End	将光标移到表单中的最后一个字段
↑ or PgUp	将光标移到当前光标上方的字段
↓ or PgDn	将光标移到当前光标下方的字段
Backspace	删除光标之前的字符
Del	删除光标上的字符
Ins	在光标处插入空格
→	向右移动光标一个空格
←	向左移动光标一个空格
F1	检查每个字段中输入数据的有效性并保存数据。如果部分数据无效,将发出提示进行更正
Esc	放弃当前屏幕上所做的任何更改并返回到以前的屏幕

4.2.3.2 生成相关文件说明

如图 4-2 所示,在程序运行过程中,会生成"I-96.DAT""SYSTEM.DAT""R.PLT""V.PLT"等文件;程序运行结束后,生成"I-96.OUT"文件。

其中,"SYSTEM.DAT"储存了计算机配置的相关信息,在运行 MICHPAVE 时,将从该文件中读取系统信息。如果在指定此信息时出错,或者更改了计算机或打印机中的图形适配器,则应在运行 MICHPAVE 之前删除文件 SYSTEM.DAT 后,重新输入相关新硬件的说明。

"I-96.DAT"等扩展名为 DAT 的文件中存储输入数据的相关信息;"I-96.OUT"等扩展名为 OUT 的文件中存储输出数据的相关信息,包括路面结构各计算点相关的力学响应、等效回弹模量等。

"R.PLT""V.PLT"文件包含后续绘制力学响应结果图形中将会使用的结果。在程序分析之前,如果未删除之前存在的"R.PLT"和"V.PLT"文件,则将打印先前分析的结果,每次分析之后将会覆盖这些打印文件。

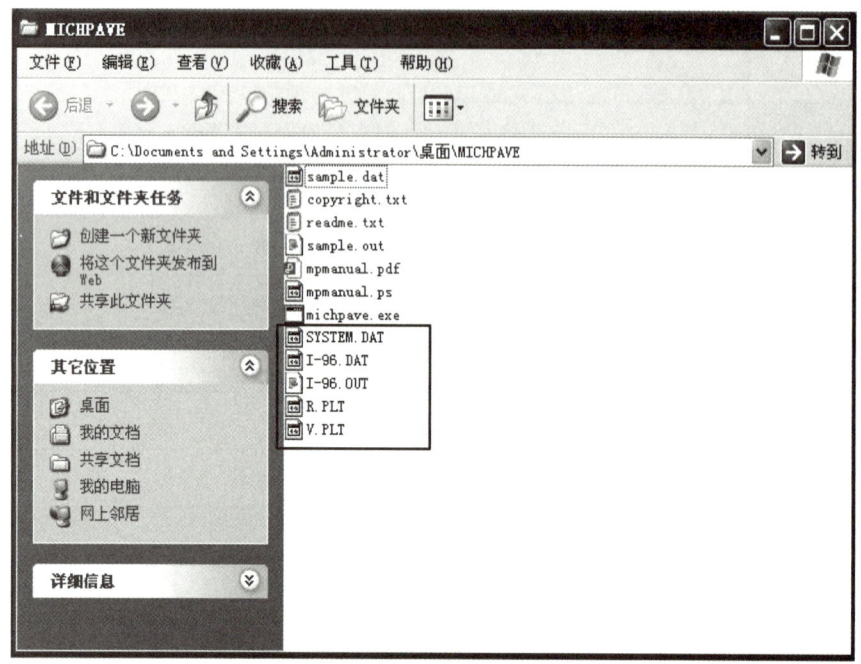

图 4-2 文件系统

4.2.4 算例应用

4.2.4.1 问题描述

本节选取 MICHPAVE（Version 1.2 for DOS）用户手册中的例题为算例，详细介绍程序操作使用的过程，该例题可由 *MICHPAVE USER'S MANUAL* 查找获得，即安装文件夹下所附"mpmanual.pdf"文件，因程序自身所限，计算中涉及单位均为英制单位。

如图 4-3 所示为垂直均布单圆荷载作用下的三层体系，荷载作用面积半径 a=5.352 in，集度 p=100 psi，即对应轮载 9 000 lb。第一层为线弹性沥青面层，厚度为 10 in，弹性模量 E=500 000 psi，泊松比 ν=0.35，密度 ρ=150 pcf；第二层为粒料基层，厚度为 20 in，视为满足 K-θ 模型的材料，泊松比为 0.4，材料参数 K_1=9 000 psi、K_2=0.35，内摩擦角 φ=30°，黏聚力 c=0，密度 ρ=120 pcf；第三层为土基，厚度取 20 in，视为满足双线性模型的材料，泊松比 ν=0.45，材料参数 K_1=6 psi、K_2=3 020 psi、K_3=1 110、K_4=178，密度 ρ=120 pcf，黏聚力 c=800 psf，内摩擦角 φ=0；三层结构层的静止土压力系数 K_0=0.4。各结构层之间完全连续，无层间滑动。

现求解受单圆荷载作用，在深度分别为 0、10、28、33.3 in 的水平剖面及在荷载中心（r=0）、距荷载中心径向 4.7 in 的垂向剖面位置处的力学响应。

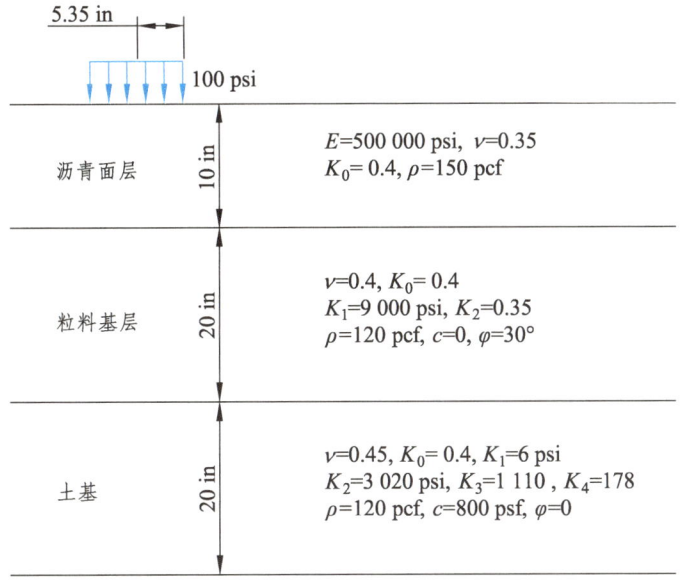

注：ρ—密度；ν—泊松比；E—弹性模量；a—荷载半径；p—荷载集度；
1 psi=6.985 kPa，1 pcf=16.018 kg/m³，1 psf=47.88 Pa，1 in=2.54 cm。

图 4-3　应用实例

4.2.4.2　计算步骤

第一步：设定计算机配置信息

打开 MICHPAVE 程序，如图 4-4 所示，在第一次运行时，该程序要求输入有关计算机系统的下列信息：① 计算机系统的图形配置器类型；② 计算机是否严格 IBM 兼容；③ 打印机是否 EPSON 兼容。

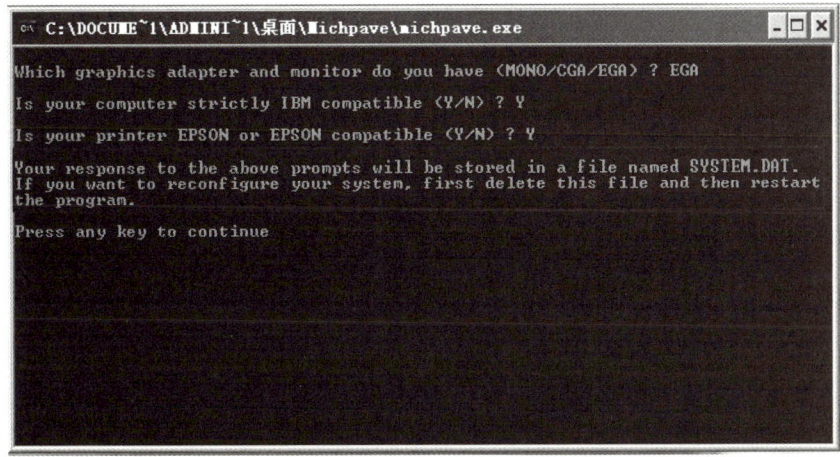

图 4-4　计算机配置信息

输入计算机相关配置信息后,程序提示生成"SYSTEM.DAT"文件。点击任意键继续,则可进入如图 4-5 所示 MICHPAVE 界面。该界面给出了程序版本号、开发单位、开发者、开发单位地址、联系电话等。

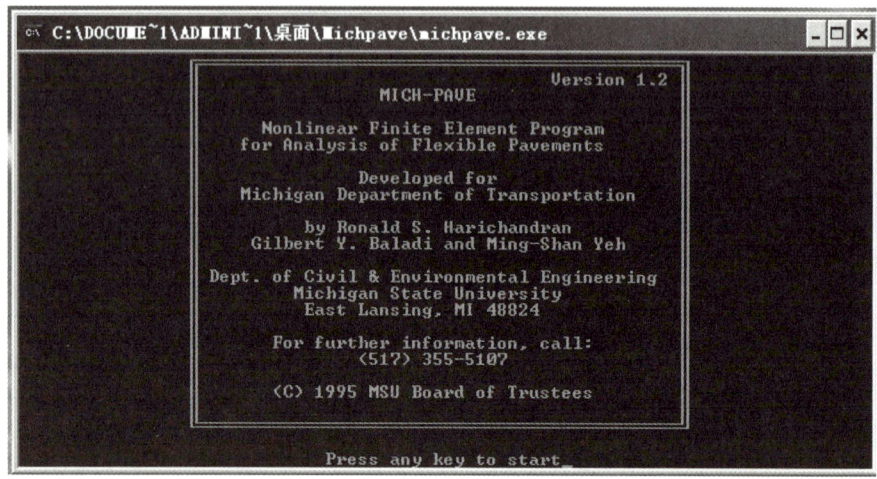

图 4-5　MICHPAVE 界面

第二步:进入主菜单

点击任意键,出现如图 4-6 所示主菜单界面。

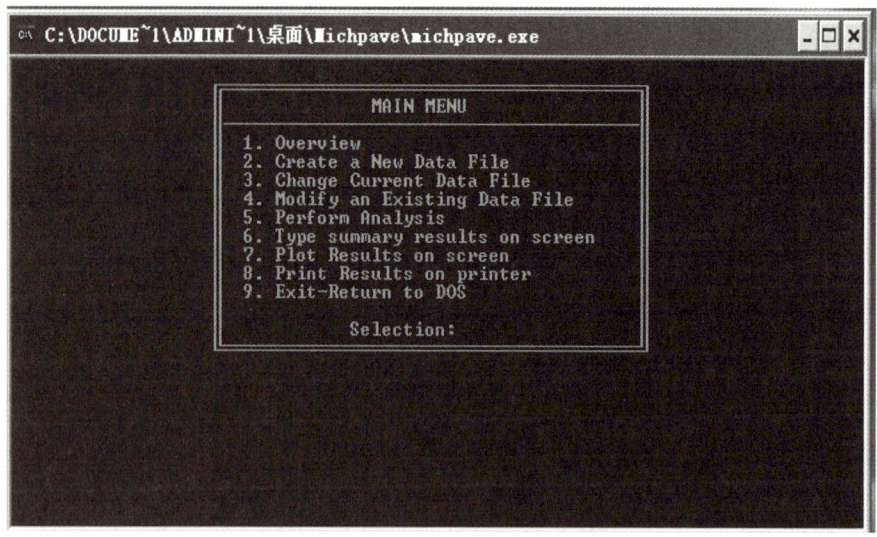

图 4-6　主菜单

菜单上显示的 9 个选项中的任意一个选项都可以通过在"Selection:"处输入 1~9 之间的数字来选择。

在"Selection:"处输入"1",出现如图 4-7 所示概述流程图,介绍程序的运行步骤,数据输入主要在"DATA FILE MENU"菜单中完成。

点击任意键返回图 4-6 主菜单。选项 2（创建新的数据文件）、3（修改当前数据文件）、4（修改已存在的数据文件）结构组织上类似，建议依次遵循"DATA FILE MENU"菜单中的选项进行操作。

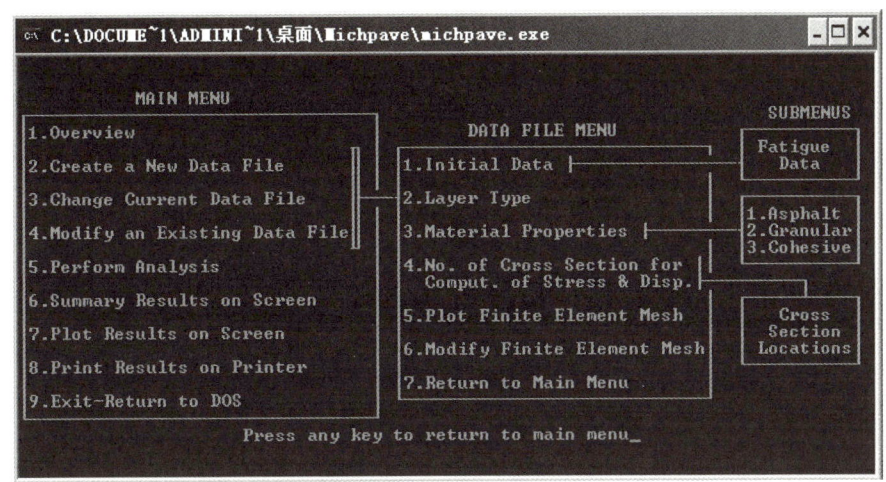

图 4-7　概述流程图

在主菜单的"Selection："处输入"2"，进入如图 4-8 所示"DATA FILE MENU"菜单，在此菜单下要完成选项 1~6 中的数据输入。

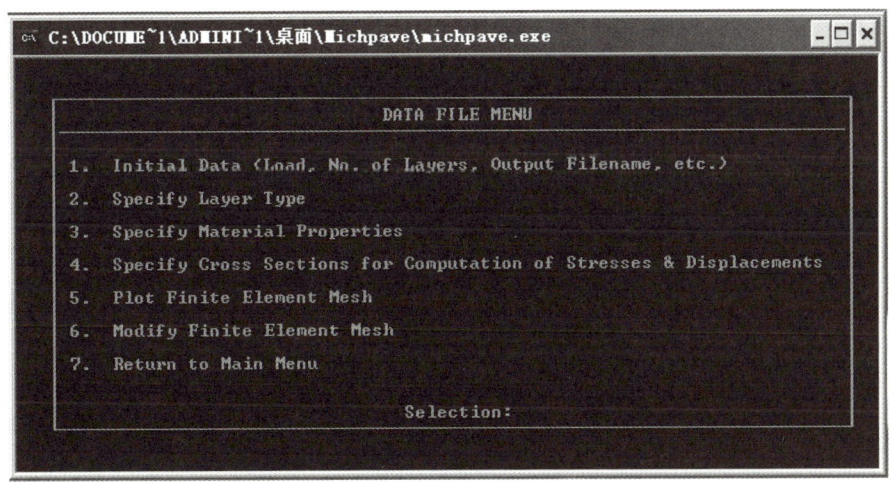

图 4-8　"DATA FILE MENU"菜单

第三步：输入初始数据

在图 4-8"Selection："处输入"1"，进入如图 4-9 所示"INITIAL DATA"菜单，输入相关信息，包括输入文件名（本例暂定为"I-96.dat"）及输出文件名（本例暂定为"I-96.out"）、标题（本例暂定为"Section of I-96 at Willianston"）、结构层数、轮载、荷载集度、是否进行疲劳寿命和车辙深度的计算。本例中,结构层有 3 层,荷载集度为 100 psi,轮载为 9 000 lb。在选项 7 处输入"Y",表示欲开展疲劳寿命和车辙深度的计算,点击"F1"保存文件,"ESC"放弃修改并返回原先的屏幕。

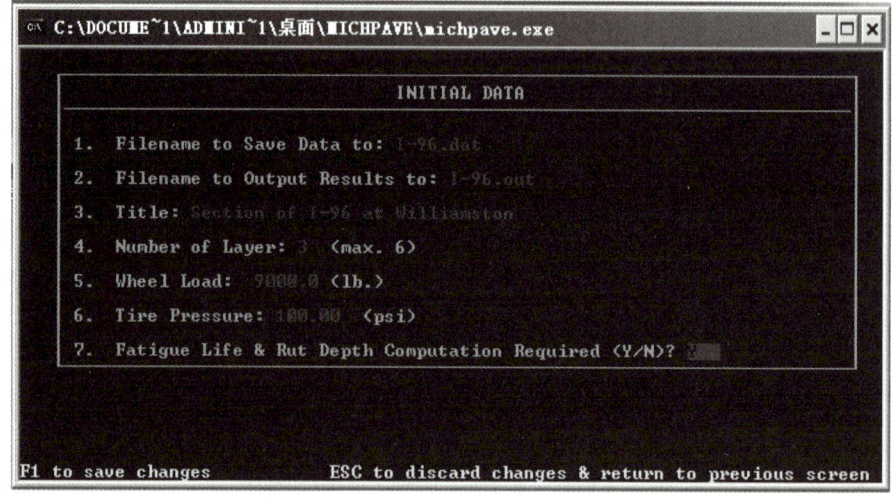

图 4-9　"INITIAL DATA"菜单

第四步:输入疲劳寿命和车辙深度数据

点击 F1 后进行下一步,出现如图 4-10 所示"FATIGUE LIFE & RUT DEPTH DATA"菜单,输入与疲劳寿命和车辙深度计算相关的数据,包括:年平均气温(本例为 77 ℉)、沥青混合料的空隙率百分比(本例为 3%,只需输入 3 即可)、动力黏度[本例为 270 cst(厘泊)]。注意,图 4-10 下方给出了不同等级的沥青对应的动力黏度典型取值,供输入时参考。

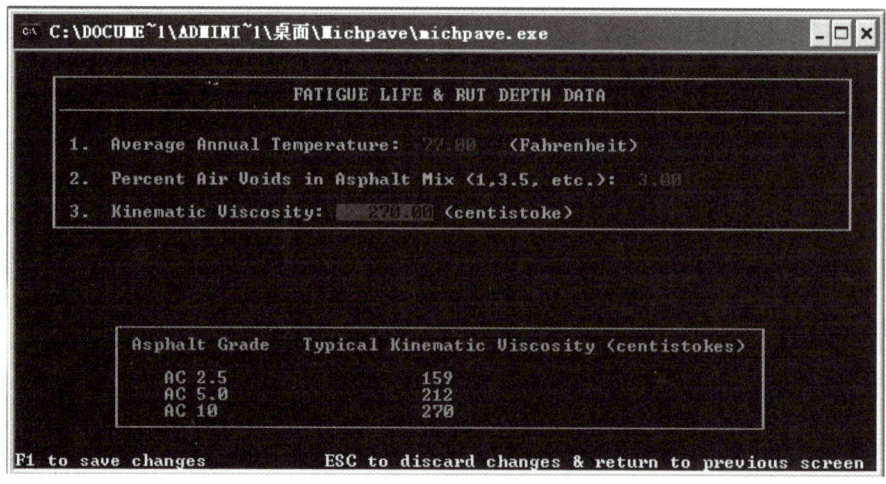

图 4-10　"FATIGUE LIFE & RUT DEPTH DATA"菜单

第五步：输入结构层类型

继续点击"F1"进行下一步，在图 4-8"Selection:"处输入"2"，进入如图 4-11 所示"LAYER TYPE"菜单，输入各结构层的材料类型。"1"代表沥青混凝土或线性材料，"2"代表粒料类材料，"3"代表细粒土。本例中，三层结构层类型从上至下分别为沥青层、粒料层、细粒土，故从上至下依次输入"1""2""3"。

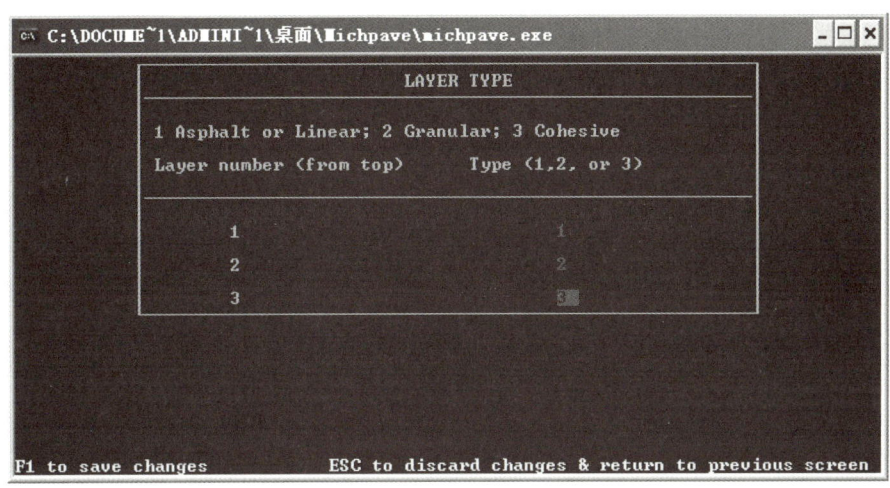

图 4-11 "LAYER TYPE"菜单

第六步：输入材料参数

输入结构层类型后，点击"F1"进行下一步。在图 4-8"Selection:"处输入"3"，进入如图 4-12 所示的"ASPHALT MATERIAL PROPERTIES"菜单。结构层名称暂定为"Asphalt"，然后输入沥青层的相关材料参数。沥青面层的厚度为 10 in，弹性模量为 500 000 psi，泊松比为 0.35，密度为 150 pcf，静止土压力系数 K_0=0.4。

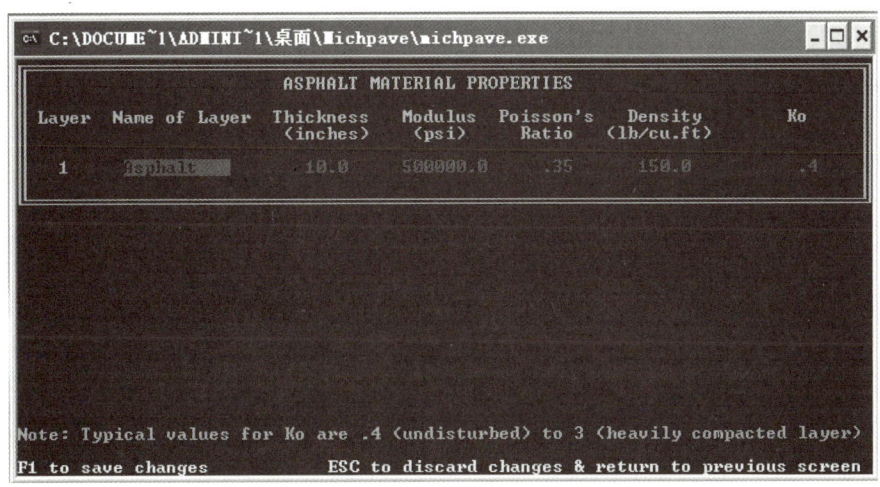

图 4-12 "ASPHALT MATERIAL PROPERTIES"菜单

继续点击"F1",出现如图 4-13 所示"GRANULAR MATERIAL PROPERTIES"菜单,结构层名称暂定为"Base",然后输入粒料材料的相关参数。粒料基层的厚度为 20 in,泊松比为 0.4,材料参数 K_1=9 000 psi、K_2=0.35,内摩擦角为 30°,黏聚力 c=0,密度 ρ=120 pcf,K_0=0.4。

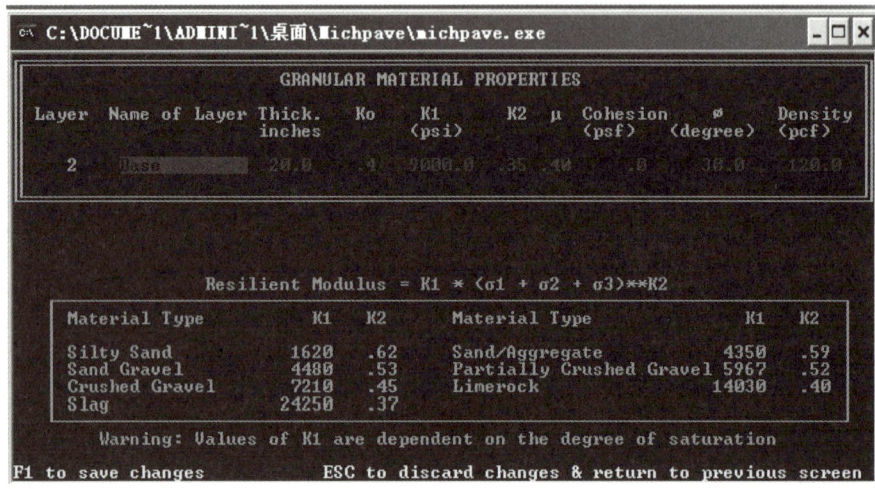

图 4-13 "GRANULAR MATERIAL PROPERTIES" 菜单

继续点击"F1",出现如图 4-14 所示"COHESIVE MATERIAL PROPERTIES"菜单,结构层名称暂定为"Roadbed",然后输入细粒土的相关参数。土基厚度为 20 in,泊松比为 0.45,材料参数 K_1=6 psi、K_2=3 020 psi、K_3=1 110、K_4=178,密度 ρ=120 pcf,黏聚力 c=800 psf,内摩擦角 φ=0;静止土压力系数 K_0=0.4。需要特别注意的是,土基实则为无限厚度,此处需取有限厚度(20 in),关于土基厚度的确定详见后文阐述。

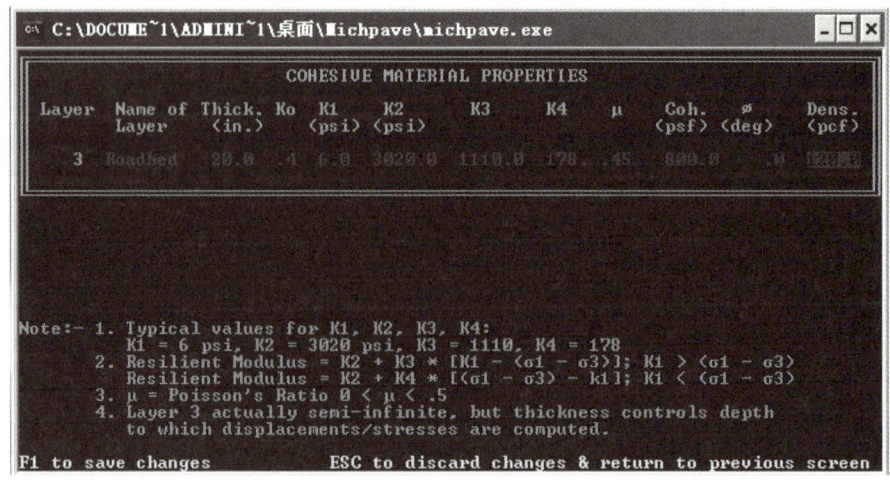

图 4-14 "COHESIVE MATERIAL PROPERTIES" 菜单

第七步：指定剖面

材料特性输入完成后，点击"F1"回到"DATA FILE MENU"菜单，在图 4-8"Selection:"处输入"4"，进入如图 4-15 所示"SPECIFY CROSS SECTIONS MENU"菜单，指定需要计算的剖面。位移、应力和应变均沿指定的水平和垂直剖面计算，指定水平和垂直剖面的数目时必须至少指定一个垂直剖面。本例中，分别在深度 0、10、28、33.3 in 处为指定水平剖面，荷载中心（$r=0$）及距荷载中心径向 4.7 in 处为指定垂向剖面，故水平和垂向剖面指定的数量分别为 4、2。

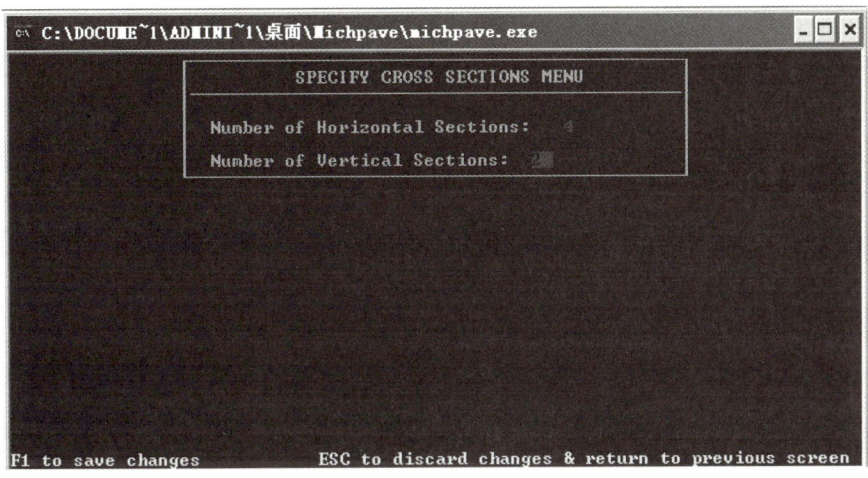

图 4-15 "SPECIFY CROSS SECTIONS MENU"菜单

继续点击"F1"，进入如图 4-16 所示界面，输入需要计算的水平剖面位置的深度。为了帮助确定这些位置，右侧上方中显示了路面结构中每一结构层的厚度，右下方显示了每一个结构层中计算点的最佳位置，对应该结构层中单元的中心位置。本例中，输入水平剖面的计算深度分别为 0、10、28、33.3 in。

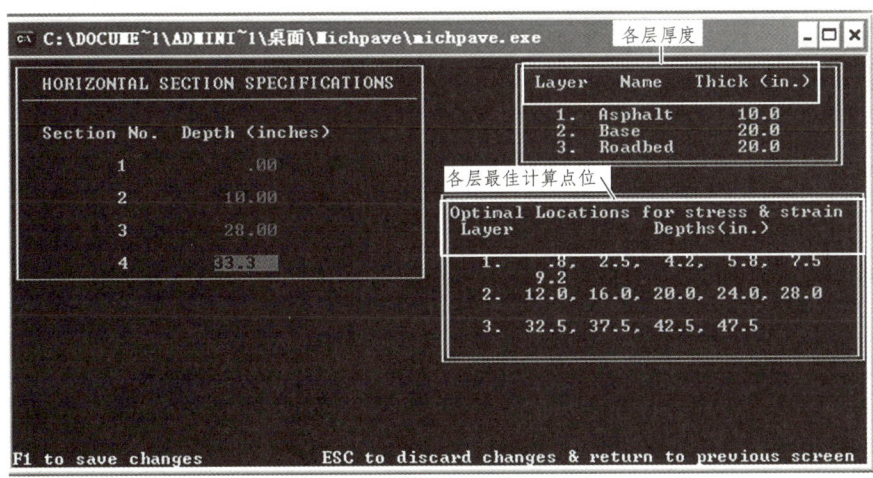

图 4-16 确定水平剖面深度

点击"F1",进入如图 4-17 所示界面,输入需要计算的垂向剖面位置的径向距离,界面右侧显示了计算应力、应变的最佳径向位置,界面下方注释部分给出了荷载作用面积半径,提示给出了当前有限元网格的最佳计算点。

本例中,取计算垂向剖面径向距离为荷载中心($r=0$)及距中心 4.7 in 处(0~a 部分最右侧单元的中心位置)。

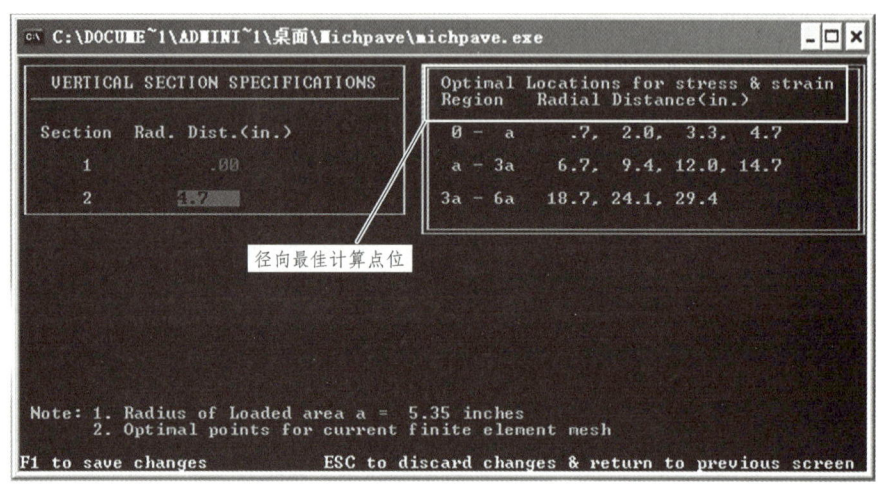

图 4-17　确定垂向剖面径向距离

第八步:有限元网格生成

点击"F1"回到"DATA FILE MENU"菜单,在如图 4-8 所示"Selection:"处输入"5",程序自动绘制出如图 4-18 所示的默认有限元网格。图 4-18 中显示了加载区域、加载区域的半径以及模型范围。系统默认垂直方向各结构层的单元数量分别为 6、5、4,水平方向分别为 4、4、3、2。

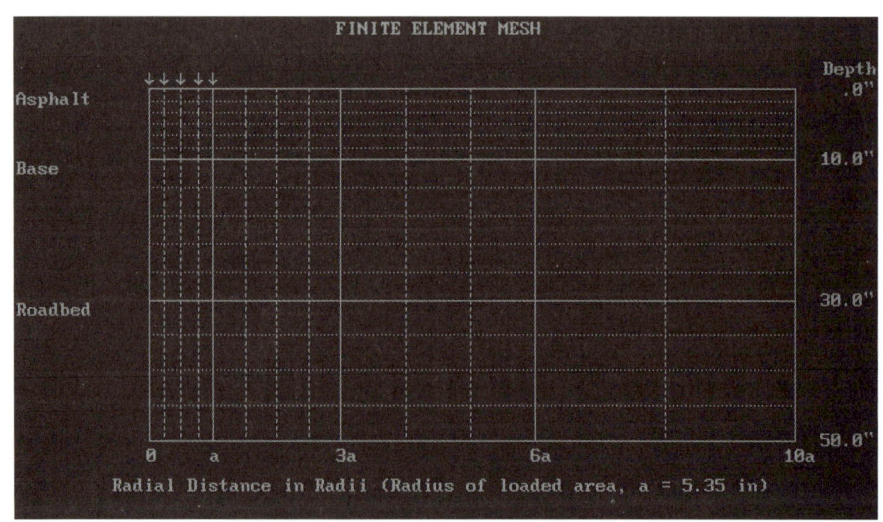

图 4-18　默认有限元网格

第九步：有限元网格修改

点击"F1"回到"DATA FILE MENU"菜单，在图 4-8 所示"Selection："处输入"6"，进入如图 4-19 所示"MODIFY NUMBER OF ELEMENTS IN VERTICAL DIRECTION"菜单，此选项用于修改垂直方向的单元数量。本例中，垂向网格数量在各结构层中分别修改为 4、5、3，每层中的单元具有相同的垂向尺寸。

图 4-19 "MODIFY NUMBER OF ELEMENTS IN VERTICAL DIRECTION"菜单

垂直方向单元数量修改完成后，点击"F1"，进入如图 4-20 所示"MODIFY NUMBER OF ELEMENTS IN HORIZONTAL DIRECTION"菜单，修改水平方向的单元数量。本例中暂不修改水平方向的单元数量，程序默认为 4、4、3、2，给定范围内的所有单元都具有相同的水平尺寸。

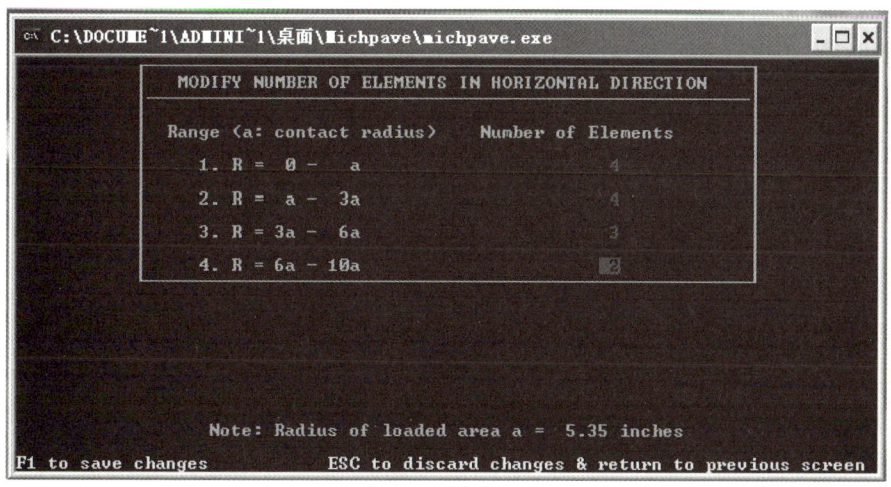

图 4-20 "MODIFY NUMBER OF ELEMENTS IN HORIZONTAL DIRECTION"菜单

第十步：程序运行

继续点击"F1"回到"DATA FILE MENU"菜单，在图 4-8 所示"Selection："处输入"7"，退出"DATA FILE MENU"菜单，进入如图 4-21 所示主菜单，在"Selection："处输入"5"，开展分析计算。

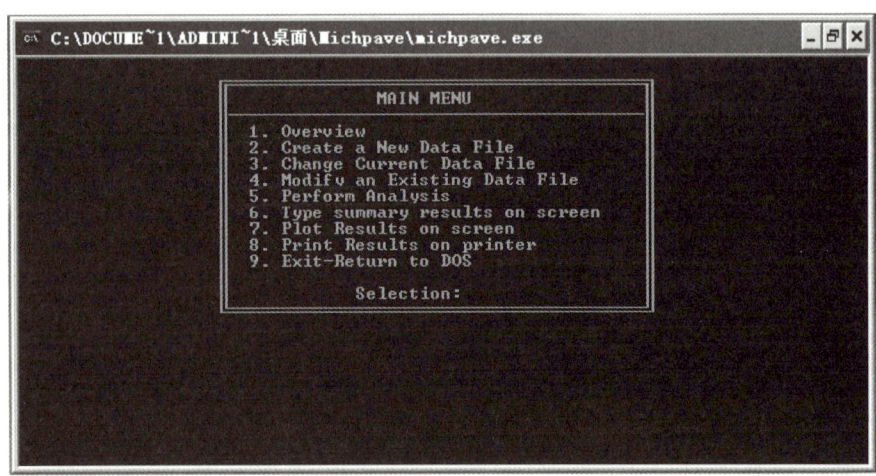

图 4-21　主菜单

随后出现如图 4-22 所示"CALCULATION IN PROGRESS—PLEASE WAIT"菜单，程序进行计算，并显示迭代次数、各个阶段运行所用时间及总时间。本例中，迭代次数为 3 次。需要特别说明的是，图 4-22 显示完成时间均为 0，这与 *MICHPAVE USER'S MANUAL* 所述有所出入，这或与现代电子计算机硬件已明显改善有关，并不代表计算出错。

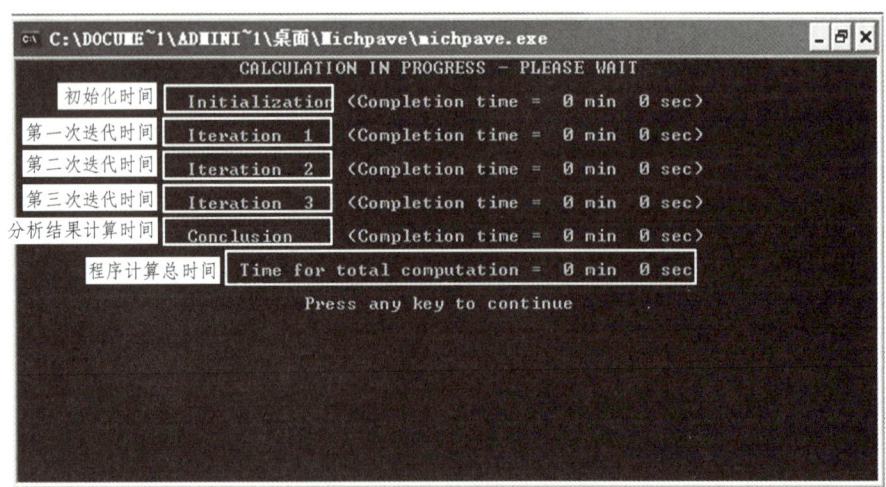

图 4-22　"CALCULATION IN PROGRESS—PLEASE WAIT"菜单

点击任意键进行下一步，随后出现如图 4-23 所示 "DESIGN SUMMARY" 菜单，此界面显示分析完成后的关键信息，包括沥青层底最大拉应变、沥青层平均压应变、土基顶部最大压应变、沥青路面疲劳寿命、路面预期车辙总深度以及沥青面层、基层、土基预期的车辙深度。

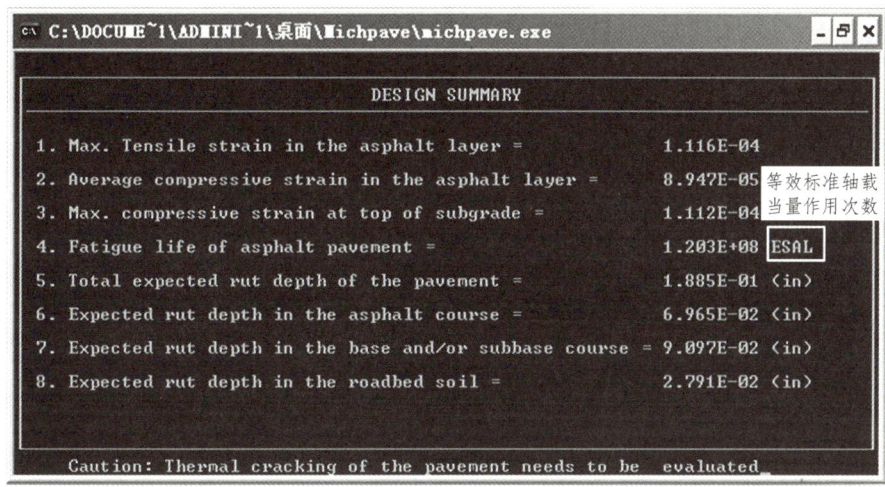

图 4-23 "DESIGN SUMMARY" 菜单

随后点击 "F1"，出现如图 4-24 所示菜单，程序将提出下列问题：

Output fatigue life, rut depth data and summary results to printer (Y/N)? [将疲劳寿命、车辙深度数据和汇总结果输出到打印机（是/否）？]

Recompute fatigue life and rut depth with different data (Y/N)?[用不同的数据重新计算疲劳寿命和车辙深度（是/否）？]

本例中均输入 "N"，即不将结果输出到打印机也不重新计算疲劳寿命和车辙深度。

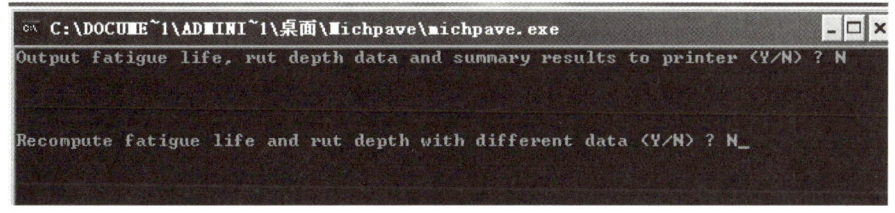

图 4-24 提示信息

若要重新计算疲劳寿命和车辙深度，直接在第二个问题后键入 "Y"，将会出现第四步输入疲劳寿命和车辙深度数据的窗口，重新输入数据后，点击 "F1"，图 4-23 中会出现新的计算结果。需要注意，这是唯一一个可以根据新的输入数据重新估算路面疲劳寿命和车辙深度的阶段，如果在此阶段不重新计算，而想要重新修改数据，则需要再次进行分析。此外，所有疲劳寿命和车辙深度的计算结果将保存在输出文件中。

第十一步：绘制结果

点击"Enter"，返回主菜单"MAIN MENU"（图4-6）。主菜单中选项6即为图4-23所示结果。在图4-6中"Selection:"处输入"7"，出现如图4-25所示"PLOT RESULTS MENU"菜单，可根据需要绘制先前指定的垂直剖面和水平剖面的力学响应结果。

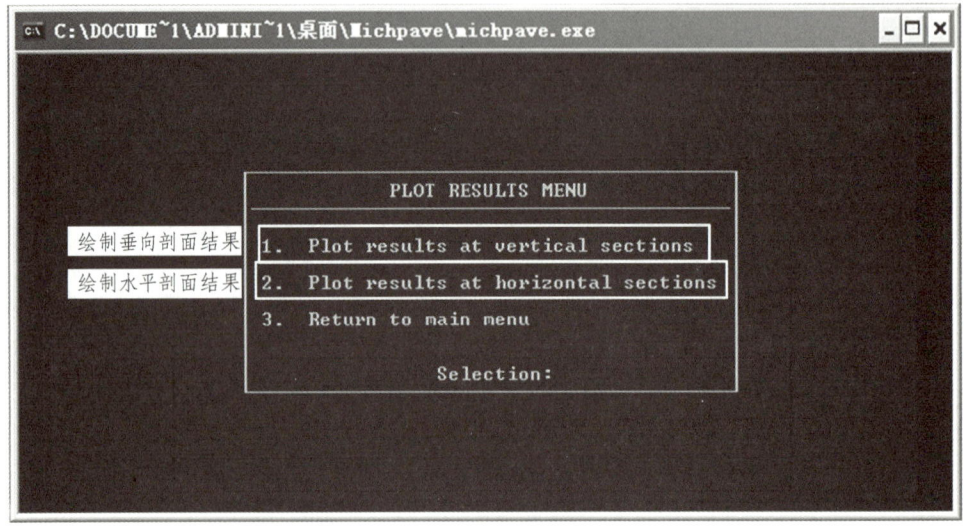

图4-25　"PLOT RESULTS MENU"菜单

在图4-25中"Selection:"处输入"1"，出现如图4-26所示"PLOT RESULTS AT VERTICAL SECTIONS MENU"菜单，用于选择绘制沿垂直剖面的力学响应结果。选项1、2、3分别为垂直压应力、径向拉应力及径向拉应变，此三者通常为需要绘制的结果，故程序将它们划为第一部分，其余结果在选项4~8中被划为第二部分。

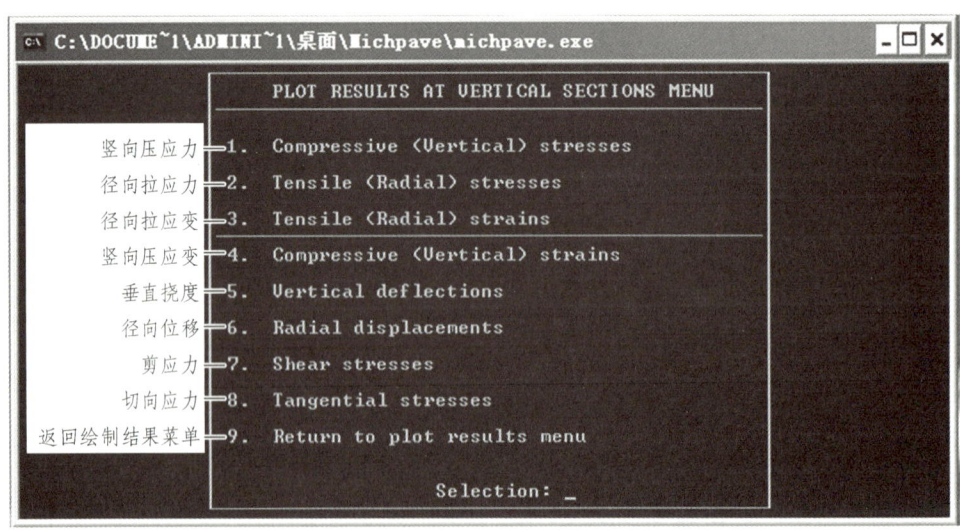

图4-26　"PLOT RESULTS AT VERTICAL SECTIONS MENU"菜单

以绘制垂直剖面竖向压应力为例,在图 4-26 中"Selection:"处输入"1",出现如图 4-27 所示径向距离为 0 in 的图形结果,点击任意键出现径向距离为 4.70 in 的图形结果(图 4-28)。其余结果与之相似,此处不再赘述。

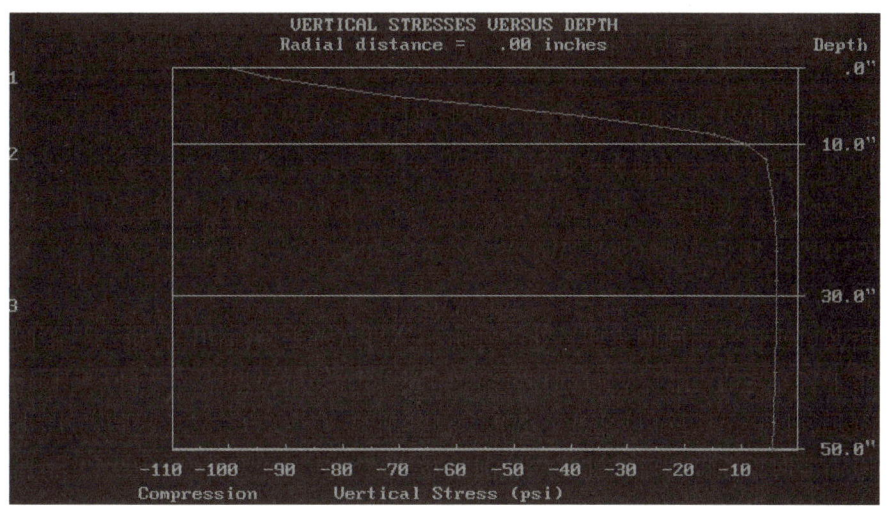

图 4-27 竖向压应力与深度的关系(径向距离 0 in)

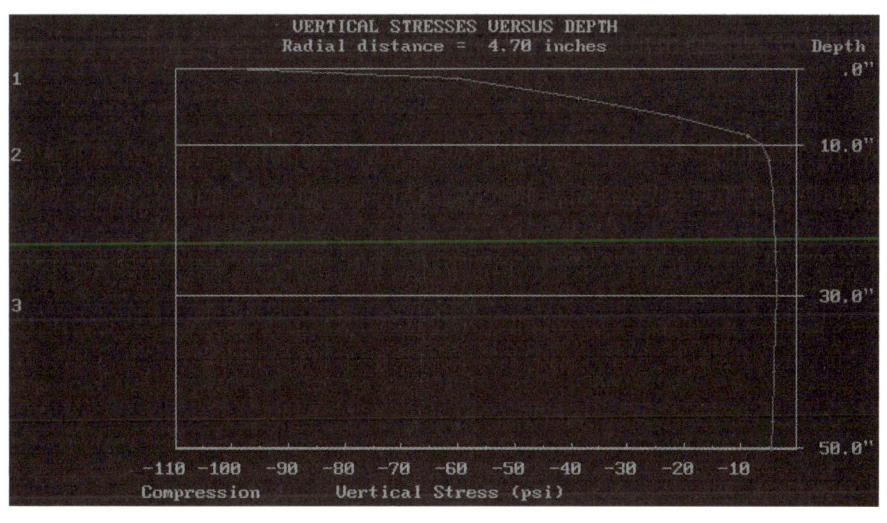

图 4-28 竖向压应力与深度的关系(径向距离 4.7 in)

点击任意键回到"PLOT RESULTS MENU"界面,在"Selection:"处输入"2",出现如图 4-29 所示"PLOT RESULTS AT HORIZONTAL SECTIONS MENU"界面,用于选择绘制沿水平剖面的力学响应结果。水平剖面力学响应绘制选项的划分与垂直剖面略有不同,选项 1、2(竖向压应力和垂直挠度)是通常需要绘制的结果,故程序将其划为第一部分,其余响应划分为第二部分。

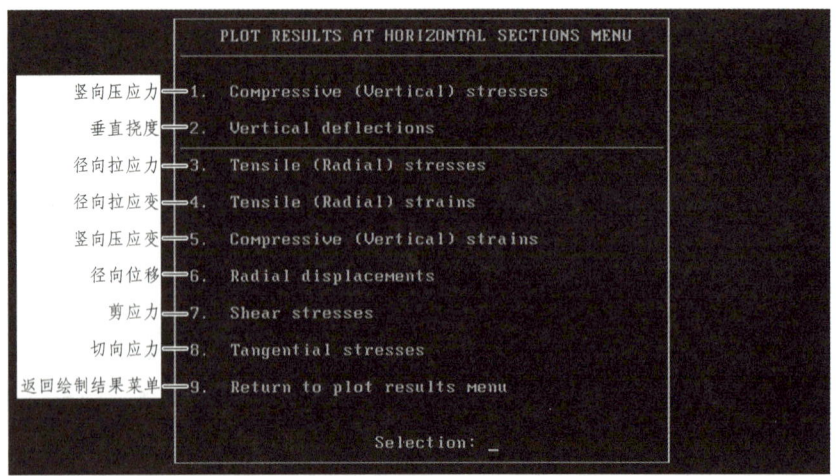

图 4-29 "PLOT RESULTS AT HORIZONTAL SECTIONS MENU" 菜单

以绘制水平剖面竖向压应力为例,在图 4-29 中"Selection:"处输入"1",出现如图 4-30 所示深度分别为 0、10、28、33.3 in 的水平剖面上竖向应力与距荷载中心的径向距离的关系图,点击任意键可切换至不同深度的绘图结果。

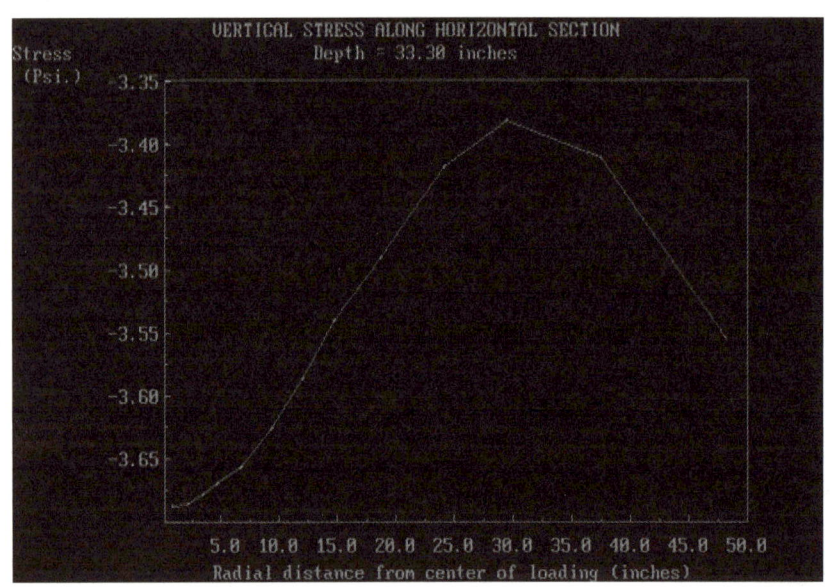

图 4-30　水平剖面上的竖向压应力（深度=33.30 in）

点击任意键回到"PLOT RESULTS MENU"界面,在"Selection:"处输入"3",回到主菜单。

第十二步：打印结果

用户可根据需要从 MICHPAVE 中打印出分析结果。在图 4-6 所示主菜单"Selection:"处输入"8",出现如图 4-31 所示界面。设置与打印机相关的信息,然后点击任意键继续打印。

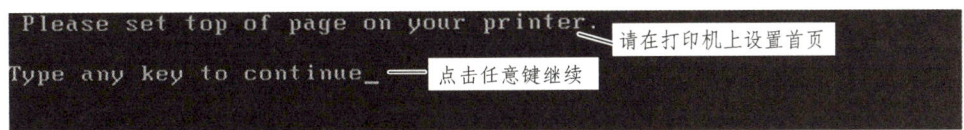

图 4-31　提示信息

点击任意键回到主菜单,在"Selection:"处输入"9",退出程序。至此,该算例完整的计算已全部完成,程序会生成"I-96.OUT"输出文件,可查看相关数据及输出结果。

4.3　MICHPAVE 程序进阶

4.3.1　前处理

4.3.1.1　荷载

(1)该程序为轴对称有限元程序,故仅用于单圆垂直均布荷载的应力分析,不能分析复杂的轮轴组合工况。

(2)如图 4-32 所示,在"INITIAL DATA"菜单中仅需要输入轮载和均布荷载集度两个参数,软件可根据公式 $a = [轮载/(\pi \times 均布荷载集度)]^{1/2}$ 自动计算出荷载圆半径 a。该半径在后续计算中不可修改,软件根据生成的半径,除了确定荷载分布的范围之外,还具有如下作用:自动确定有限元模型的径向范围,即模型的径向范围最大为 $10a$,按照"分区分网"的原则,将模型径向剖分为 $0 \sim a$、$a \sim 3a$、$3a \sim 6a$、$6a \sim 10a$ 共 4 个区域,且后续剖分有限元网格时在距离对称轴 a 处(即轮载边缘)、$3a$ 处、$6a$ 处一定会分别生成一条垂线。

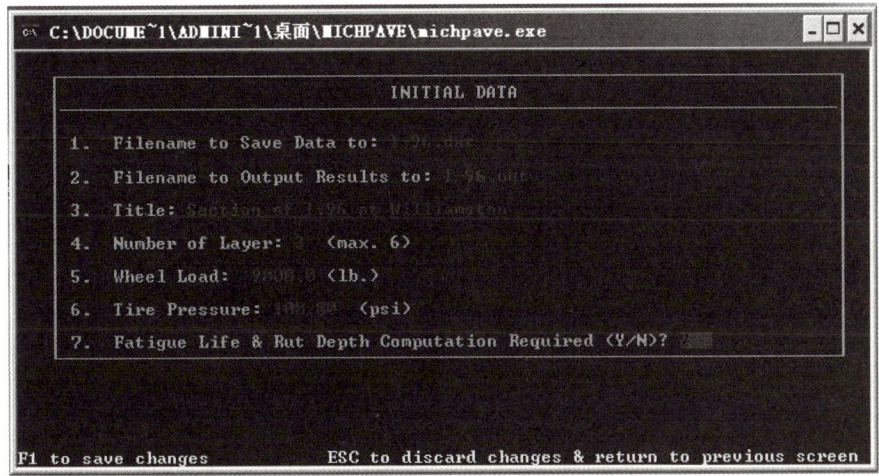

图 4-32　"INITIAL DATA"菜单

（3）软件自动将轴对称圆柱坐标的原点设置在单圆垂直均布荷载的圆心处，故无法修改轮载作用位置。

（4）该程序仅能考虑垂直荷载的作用，不能考虑水平荷载作用。

（5）对于矩形、椭圆形等规则形状的均布荷载而言，可适当通过面积等效的方式将其转换为圆形荷载进行计算；对于双轮组荷载同样可适当通过面积等效的方式，将双轮组荷载转化为单圆荷载进行计算。

4.3.1.2 结构层

（1）程序最多能计算的结构层数为 6 层（包括土基在内），假设层间完全连续，不能考虑层间部分连续的情况，且路面横断面中的每一层在水平方向上无限延伸，最下一层无限深，故基于该假设，程序不能用于桥隧铺装结构分析，只适用于土质路基上的沥青路面结构分析。

（2）在 MICHPAVE 程序中，材料类型分为 3 类，分别为沥青或线性材料、粒料类材料、细粒土。若为石灰沥青（lime asphalt）或水泥处治材料（cement treated materials）可指定为细粒土类。若要对整个路面结构进行线性分析，可将所有结构层材料类型指定为沥青类材料（线性材料）；指定的材料类型若为粒料或细粒土，则意味着将开展非线性分析。

① 沥青类材料。

沥青类材料（第 1 类材料）被认为是线弹性材料，弹性模量为定值，不随温度和时间而改变，应力应变关系满足胡克定律。在输入沥青类材料参数时，如图 4-33 所示，界面下方会提示静止土压力系数 K_0 的取值范围，K_0 值一般为 0.4（未扰动）到 3（重度压实）。

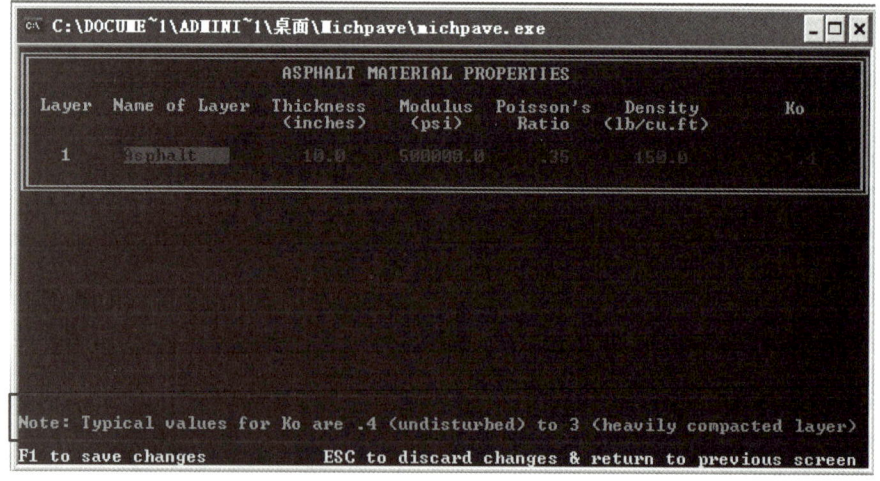

图 4-33 沥青层材料参数

② 粒料类材料。

粒料类材料及细粒土材料具有显著的非线性特征，即材料的回弹模量与其应力状态具有强相关性，故应考虑材料非线性对于路面结构力学响应的影响。MICHPAVE 程序采用不同的模型来表征这两种材料的非线性特征。

MICHPAVE 程序采用 $K\text{-}\theta$ 模型来表征粒料类材料（第 2 类材料）的非线性特性。其计算公式为：

$$M_R = K_1 \theta^{K_2} \qquad (4\text{-}1)$$

式中：θ——体积应力，其值等于 3 个主应力之和，即 $\theta = \sigma_1 + \sigma_2 + \sigma_3$；

M_R——回弹模量；

K_1、K_2——材料参数。

回弹模量与体积应力的对数关系见图 4-34，K_1、K_2 可分别由纵向截距和曲线斜率得到。MICHPAVE 程序给出了部分材料的 K_1、K_2 参考取值，如图 4-35 所示，整理后见表 4-2 所列。

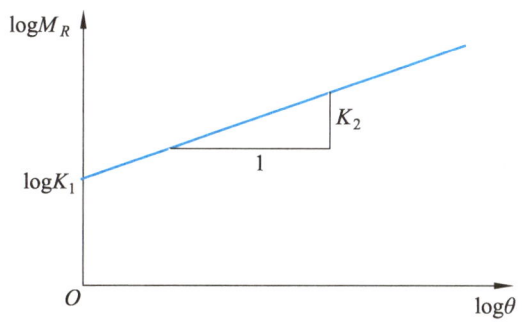

图 4-34　$\log M_R$ 与 $\log \theta$ 的线性关系

表 4-2　粒料类材料的 K_1、K_2 参考取值

材料	K_1/psi	K_2
粉砂	1 620	0.62
砂/集料	4 350	0.59
砂砾石	4 480	0.53
部分轧碎砾石	5 967	0.52
轧碎碎石	7 210	0.45
石灰石	14 030	0.4
矿渣	24 250	0.37

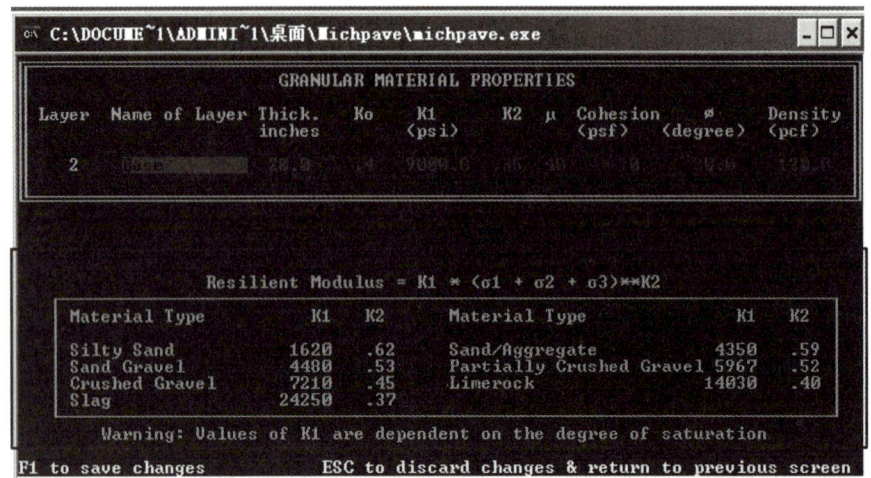

图 4-35　粒料材料特性

③ 细粒土材料。

对于细粒土材料（第 3 类材料），偏应力（$\sigma_1-\sigma_3$）为影响其回弹模量的主要因素。MICHPAVE 程序采用双线性模型描述此类材料的非线性特征。

MICHPAVE 程序中双线性模型计算公式为：

$$M_R = \begin{cases} K_2 + K_3\left[K_1-(\sigma_1-\sigma_3)\right] & (\sigma_1-\sigma_3)<K_1 \\ K_2 + K_4\left[(\sigma_1-\sigma_3)-K_1\right] & (\sigma_1-\sigma_3)\geqslant K_1 \end{cases} \quad (4\text{-}2)$$

式中，K_1、K_2、K_3、K_4 均为材料参数，其值同样通过试验得到，绘制回弹模量 M_R 与偏应力 σ_d [即（$\sigma_1-\sigma_3$）]的关系曲线，具体见图 4-36。拐点处的横纵坐标分别为 K_1、K_2 的值，两直线斜率分别为 K_3、K_4 的值，其值受试样尺寸、压实度、密度、侧向围压等因素影响。

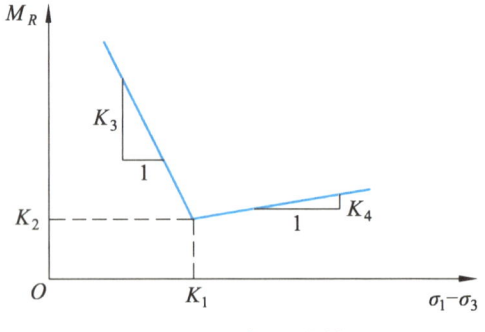

图 4-36　M_R 与 σ_d 的关系

MICHPAVE 程序给出了 K_1、K_2、K_3、K_4 的建议值为 K_1=6 psi, K_2=3 020 psi, K_3=1 110，K_4=178；泊松比的取值范围为 $0<\mu<0.5$。具体见图 4-37。

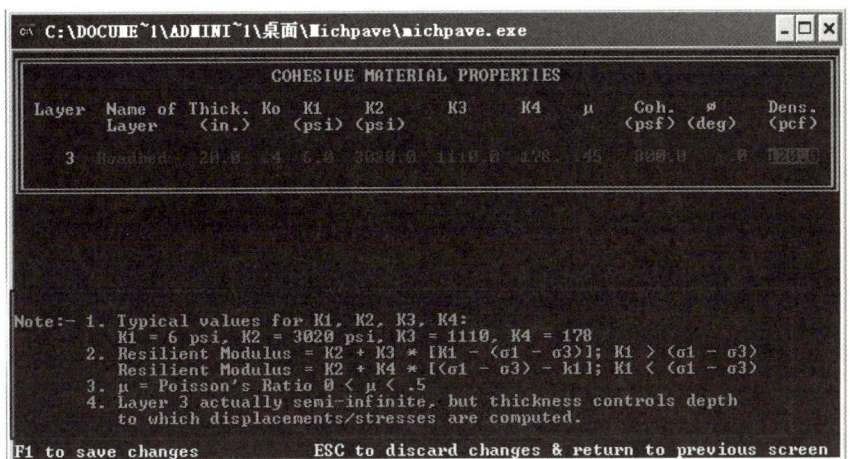

图 4-37　细粒土材料特性

（3）应当注意，除了最下一层路基，其他各结构层均直接输入真实厚度，而最下一层路基原本是半无限空间体，但在有限元分析中，应取定为有限厚度，该厚度控制了计算位移、应力和应变的深度，MICHPAVE 程序推荐值为 6~12 in。关于路基厚度的确定详见 4.3.1.3 节。

（4）自重应力与侧向应力。

MICHPAVE 程序开展非线性分析时，用于粒料层和细粒土层回弹模量修正的应力包括结构层自重应力。路面结构层中任意位置处的竖向自重应力 σ_g 为：

$$\sigma_g = \gamma z \tag{4-3}$$

式中：γ——材料重度；

z——路表至该点的深度。

材料自身在该点引起的侧向应力为：

$$\sigma_h = \sigma_g \cdot K_0 \tag{4-4}$$

式中：K_0——材料的静止土压力系数，其值与材料类型有关。对于粒料类材料及砂性土可取 $K_0=1-\sin\varphi$，对于细粒土可取 $K_0=1-0.95\sin\varphi$，其中 φ 为内摩擦角。

在压实过程中及重复荷载作用下，结构层内还会产生水平"自锁应力"（locked-in stresses），其值虽小，但能平衡荷载所产生的一部分水平附加应力，故在非线性分析中仍需考虑自锁应力。输入时可取 K_0 略大于静止土压力系数来平衡自锁应力。

4.3.1.3 有限元相关参数

1. 模型范围

MICHPAVE 程序根据荷载圆半径确定模型径向范围，径向范围自动设定为荷载圆半径的 10 倍；垂向按照结构层厚度分层，模型底部引入特殊的柔性边界（flexible boundary）

代替传统的位移固定边界。柔性边界通常位于路基土表面以下 12 in 或路表以下深度 50 in（取两者中的较大值）。4.2.4 节中算例则取定路表以下深度 50 in 作为模型的垂向范围。

2. 网格划分

MICHPAVE 程序使用矩形四节点单元，单元号按照从左至右，从上至下的顺序编排。为了使计算结果更加精确，在网格剖分时，距离荷载作用区域较近的部分应适当加密，较远的部分则可适当稀疏。

程序最初会生成默认网格，但用户可对此进行修改。程序生成的默认网格具有以下特征：模型径向宽度被分成 4 部分，分别为 0~a、a~$3a$、$3a$~$6a$、$6a$~$10a$（a 为荷载圆半径），然后又对每一部分进行等分，单元数量分别为 4、4、3、2，等分部分的单元具有相同的水平尺寸，程序默认径向单元总数为 13；模型深度方向先大致划分结构层数，每一结构层的单元具有相同的垂向尺寸，其单元数量取决于该结构层厚度，且竖向单元总数不得超过 24。

MICHPAVE 用户手册（*MICHPAVE USER'S MANUAL*）提到程序规定深度方向上沥青面层至少划分 4 个单元，其他结构层至少划分 2 个单元。但在实际操作中，似与用户手册说明略有出入，若结构层厚度方向单元数量小于 3，系统将提示修改：Number of elements in each layer must be at least 3（每个结构层单元数量至少为 3）。具体见图 4-38。

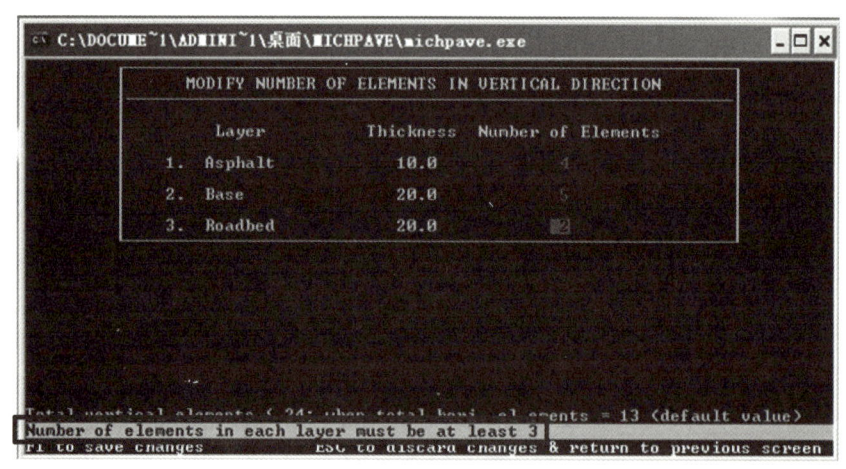

图 4-38　结构层垂向单元数量限制

在进行网格剖分时，该软件似乎存在逻辑上的不合理。从 4.2.4 节算例来看，用户似乎已经知道网格如何剖分，没有选取程序的默认网格及其推荐的最佳计算点位，选取的计算点位均位于修改后的网格单元中心位置。若是用户在分析自己的问题时，事先不清楚如何剖分网格，在默认网格的基础上指定了计算剖面的数量及位置，而后程序生成默认网格，由于计算精度的需要，用户又对网格进行了修改，那么先前指定的剖面位置可能不再位于单元中心，故宜先确定网格如何剖分（即网格修改），再指定计算剖面数量及位置，这样就能确保指定的剖面位于单元的中心，使计算结果更为精确。

3. 边界条件

模型左侧为对称轴，其径向位移为 0，垂向自由；右侧为径向位移约束，垂向自由；上部为自由表面，其左侧作用垂向均布荷载；底部为柔性边界。假设底层边界下的半无限空间体为线弹性层状材料，其模量值取为下边界正上方单元的平均模量。

使用柔性边界能减少计算运行时间，节约内存。在大约相同的计算时间内，使用柔性边界的有限元方法比使用较深固定边界的传统有限元方法获得的力学响应更为准确。尤其是在计算过程中需要迭代或求其增量解的非线性问题分析中，柔性边界的优势更为显著。但柔性边界设置深度有一定要求，若离路基顶部太近，则位移可能精确但应力存在误差；若放置较深，则失去了柔性边界的意义。在进行非线性分析时，必须将柔性边界放置在可忽略材料非线性深度以下的位置。

有限元网格建立在由弹性层状地基组成的半空间体之上，两者通过柔性边界上的自由度进行耦合。通过确定包含柔性边界上自由度的半空间的刚度矩阵，来计算边界位移。其中弹性半空间的刚度矩阵计算复杂，需通过求其逆矩阵（柔度矩阵）来反推得到。具体见图 4-39。

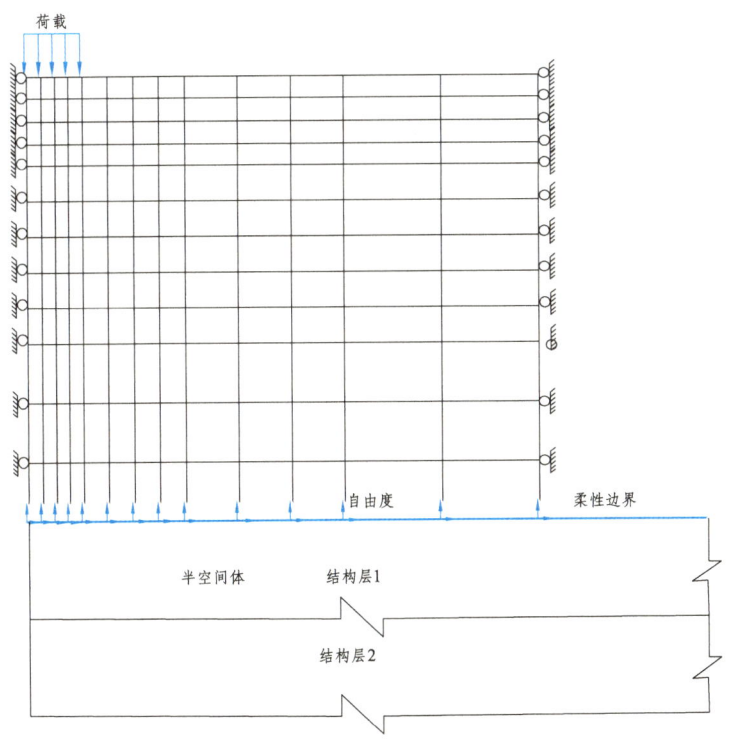

图 4-39　柔性边界及其自由度

4. 计算点位

MICHPAVE 程序认为四节点矩形单元中心的应力、应变最为精确，故计算输出各单元中心及原点的力学响应值，各结构层界面处的力学响应值亦一并列出。

程序需通过指定水平剖面和垂直剖面的位置来确定计算点位。垂直剖面至少指定一个，即对称轴（单圆荷载中心）处，且其他垂直剖面均建议取在单元中心处，水平剖面建议取在单元中心及层间界面处。计算点位及边界条件如图 4-40 所示。

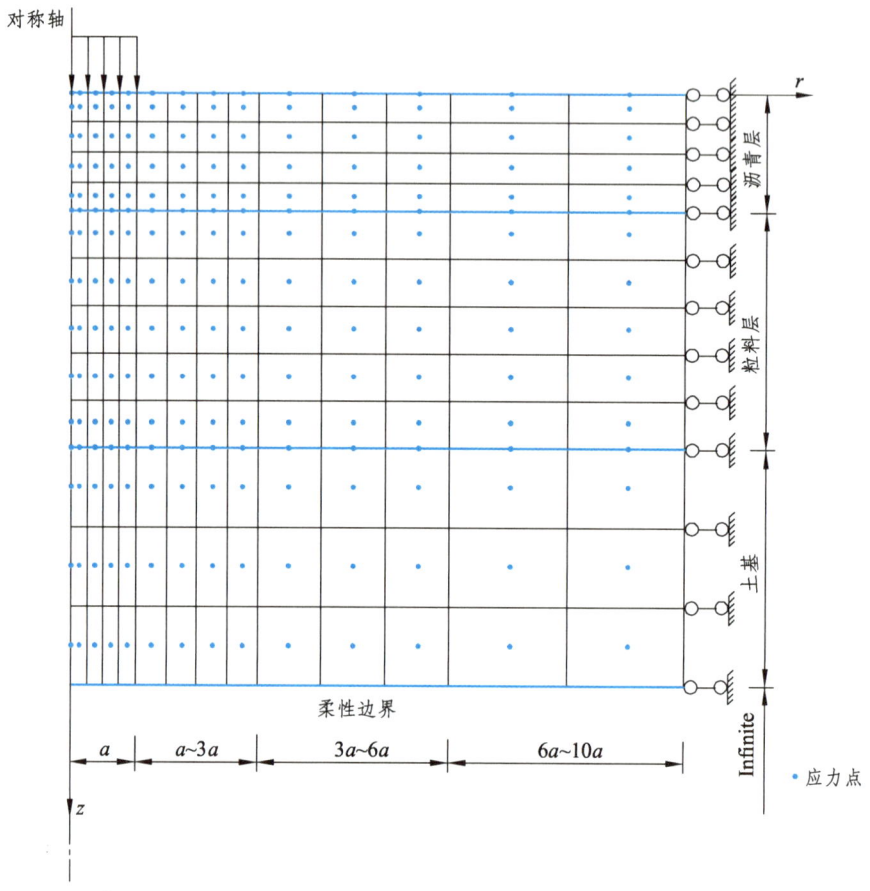

图 4-40　模型示意图

5. 层间界面处应力和应变的内插和外推

对于层间完全连续的结构层（即层间界面处不发生相对滑移），其力学响应在层间界面处也应连续。由于有限元方法使用低阶插值函数，其力学响应在层间界面处会出现不连续的情况，从而出现误差。因此可通过线性内插的方法，用相邻单元中心的力学响应值来估计层间界面处的力学响应。例如，若 σ_1 是层间界面正上方单元中心的应力，σ_2 是层间界面正下方单元中心的应力，则通过线性内插得到的界面应力为：

$$\sigma = \sigma_1 + \frac{\sigma_2 - \sigma_1}{z_2 - z_1}(z - z_1) \tag{4-5}$$

式中：z_1、z_2——计算 σ_1 和 σ_2 的点的深度；

　　　z——层间界面的深度。

有限元法可以较精确地计算单元中心的应力和应变，但在单元边缘会产生显著的误差。对于界面上不连续的径向应力和切向应力等值，可通过对界面同侧两个单元中心的力学响应值外推得到在相同一侧对应的力学响应值。例如，若 σ_1 和 σ_2 是界面下方（或上方）两个连续单元中心的应力，则界面下方（或上方）的应力也由式（4-5）进行线性外推得到，z_1 和 z_2 分别是计算 σ_1 和 σ_2 的点的深度。

在 MICHPAVE 程序中，使用以下方法获得改进后的层间力学响应：

（1）通过对层间以上两个单元及其以下两个单元中心的垂向应力进行三次内插得到层间界面处的垂向应力值。

（2）对于径向应力、切向应力、剪切应力以及垂向应变则通过对紧靠界面一侧单元中心的力学响应外推得到。若已知单元数量为四个，则采用三次外推法；若已知单元数量为三个，则采用二次外推法；若已知单元数量为两个，则采用线性外推法。

4.3.1.4 性能预测

MICHPAVE 程序非线性分析结果以及其他参数可被用作基于现场试验数据所获两个性能模型的输入（具体见文献[41]），从而可用于分析预测路面的疲劳寿命和车辙深度。

其中，修正后的疲劳寿命计算公式为：

$$\log(ESAL) = -2.544 + 0.154(TAC) + 0.069\,4(TB_{EQ}) - 2.799[\log(SD)] - \\ 0.261(AV) + 0.917[\log(MR_B)] + 0.000\,026\,9(MR_B) - \\ 1.096\,4[\log(TS)] + 1.173[\log(CS)] - 0.001(KV) + 0.064(ANG) \quad (4\text{-}6)$$

式中：$ESAL$——致疲劳寿命的 18-kip 等效单轴荷载作用次数；

AV——空隙率百分比（%），$AV=3\sim7$；

KV——275 ℉ 时动力黏度（cst）；

TAC——沥青层厚度（in）；

TB_{EQ}——基层等效厚度（in），等于基层实际厚度加上底基层的等效厚度，底基层等效厚度等于底基层实际厚度减去底基层模量与基层模量之比；

SD——表面挠度（in）；

MR_B——基层的回弹模量（psi）；

MR_{RB}——路基土的回弹模量（psi）；

TS——沥青层层底拉应变；

CS——沥青层底部压应变；

ANG——骨料棱角度，取值 4 表示 100%压碎材料（"100-percent crushed material"），取值 2 表示圆形河流沉积材料（"rounded river-deposited material"），取值 3 表示 50%压碎材料和砾石混合物（"50-percent mix of crushed and rounded aggregate"）。

修正后的车辙深度计算公式为：

$$\log(RD) = -1.6 + 0.067(AV) - 1.4[\log(TAC)] + 0.07(ATT) - \\ 0.000\,434(KV) + 0.15[\log(ESAL)] - 0.4[\log(MR_{RB})] - \\ 0.50[\log(MR_B)] + 0.1[\log(SD)] + 0.01[\log(CS)] - \\ 0.7[\log(TB_{EQ})] + 0.09\{\log[50 - (TAC + TB_{EQ})]\} \tag{4-7}$$

式中：RD——车辙深度（in）；

$ESAL$——车辙深度计算采用 18-kip 等效单轴荷载作用次数；

SD——路表挠度（in）；

ATT——年平均气温（℉）。

以上两个性能模型目前仅限于三层体系（沥青混凝土面层+基层+路基）以及四层体系（沥青混凝土面层+基层+底基层+路基）的分析，这是由于软件默认第一层为沥青混合料面层，当分析结构层数大于四层时，第一层的材料特性可能发生改变，导致程序计算结果产生误差。

影响疲劳寿命和车辙深度预测的影响因素包括路表挠度、结构层模量和厚度、沥青混合料空隙率、沥青层底拉应变、沥青层平均压应变、沥青运动黏度及年平均气温。MICHPAVE 程序只需输入年平均气温、沥青混合料空隙率百分比、运动黏度即可计算疲劳寿命和车辙深度等。具体见图 4-41。

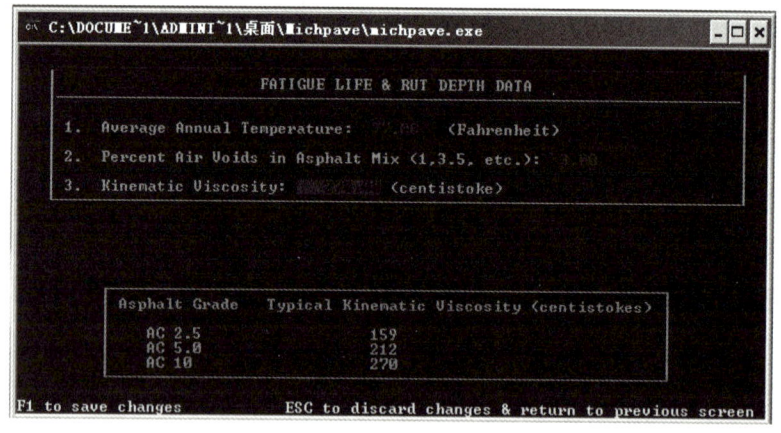

图 4-41　性能预测相关数据

4.3.2　计算求解

4.3.2.1　回弹模量

1. 初始回弹模量计算

MICHPAVE 程序采用迭代法求解非线性弹性问题。在进行迭代求解之前，应先确定将非线性层的初始回弹模量作为迭代的初始值。对于沥青类线性材料，其回弹模量为定值；对于细粒土、粒料等非线性材料，回弹模量具有应力依赖性，其值随应力变化而变化，故初始回弹模量需谨慎确定。MICHPAVE 程序假设均布荷载从荷载边缘处开始，以 2∶1 的斜率沿深度方向扩散。根据此假设，将荷载引起的应力，加上自重应力代入本构模型中，则可计算出非线性层的初始回弹模量。荷载扩散模型如图 4-42 所示。

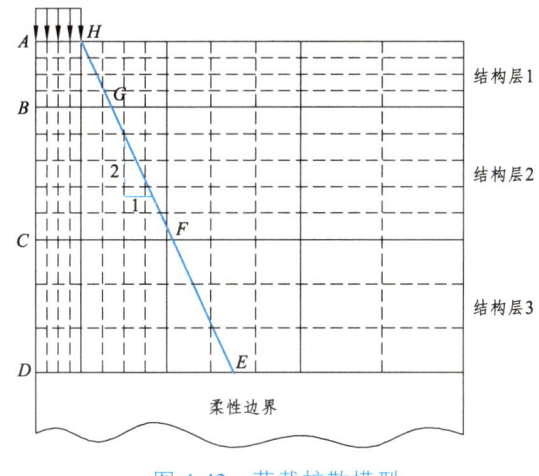

图 4-42　荷载扩散模型

2. 等效回弹模量计算

MICHPAVE 程序可获得非线性层的等效回弹模量，其值等于荷载扩散范围内，每个结构层中各单元的回弹模量之和除以单元总数量（包含不完整的单元）。如图 4-42，结构层 1 为沥青层，其回弹模量不变；结构层 2、3 分别为粒料层和细粒土，其等效回弹模量分别为区域 *BGFC*、*CFED* 所围成的封闭区域内各单元回弹模量的平均值。

若使用其他软件进行线性分析，可代入 MICHPAVE 计算所得的等效回弹模量进行求解，从而更加真实地反映结构层的非线性力学特性。

4.3.2.2　应力修正

MICHPAVE 在每次迭代中采用线性分析，根据 Mohr-Coulomb 破坏准则修正每个单元的应力状态。若在迭代过程中，非线性层中的单元违反了 Mohr-Coulomb 破坏准则，则主应力将被修正，回弹模量由修正后的应力确定，反复迭代直至所有单元的弹性模量收敛于一定限值。在每次迭代结束后，非线性层材料的主应力不超过由 Mohr-Coulomb 包络线确定的材料强度值，且用竖向应力 σ_v 确定最大主应力、最小主应力 $\sigma_{1,\max}$、$\sigma_{3,\min}$ 的值，其计算公式如下：

$$\left. \begin{aligned} \sigma_{1,\max} &= \sigma_v \tan^2\left(45+\frac{\varphi}{2}\right) + 2c\tan\left(45+\frac{\varphi}{2}\right) \\ \sigma_{3,\min} &= \sigma_v \tan^2\left(45-\frac{\varphi}{2}\right) - 2c\tan\left(45-\frac{\varphi}{2}\right) \end{aligned} \right\} \quad (4\text{-}8)$$

式中：σ_v——竖向应力，其值等于该点处自重应力与荷载应力之和；

c、φ——材料的黏聚力、内摩擦角。

每一次迭代结束后的应力值应在最大、最小应力值的限制范围内，同时最大主应力 σ_1 还应小于 σ_1'。

$$\sigma_1' = \sigma_3 \tan^2\left(45+\frac{\varphi}{2}\right) + 2c\tan\left(45+\frac{\varphi}{2}\right) \quad (4\text{-}9)$$

修正过程如图 4-43 所示，注意应力状态被修正的单元处于塑性状态，在保持恒定的弹性力学响应的同时，会出现较大的永久变形。

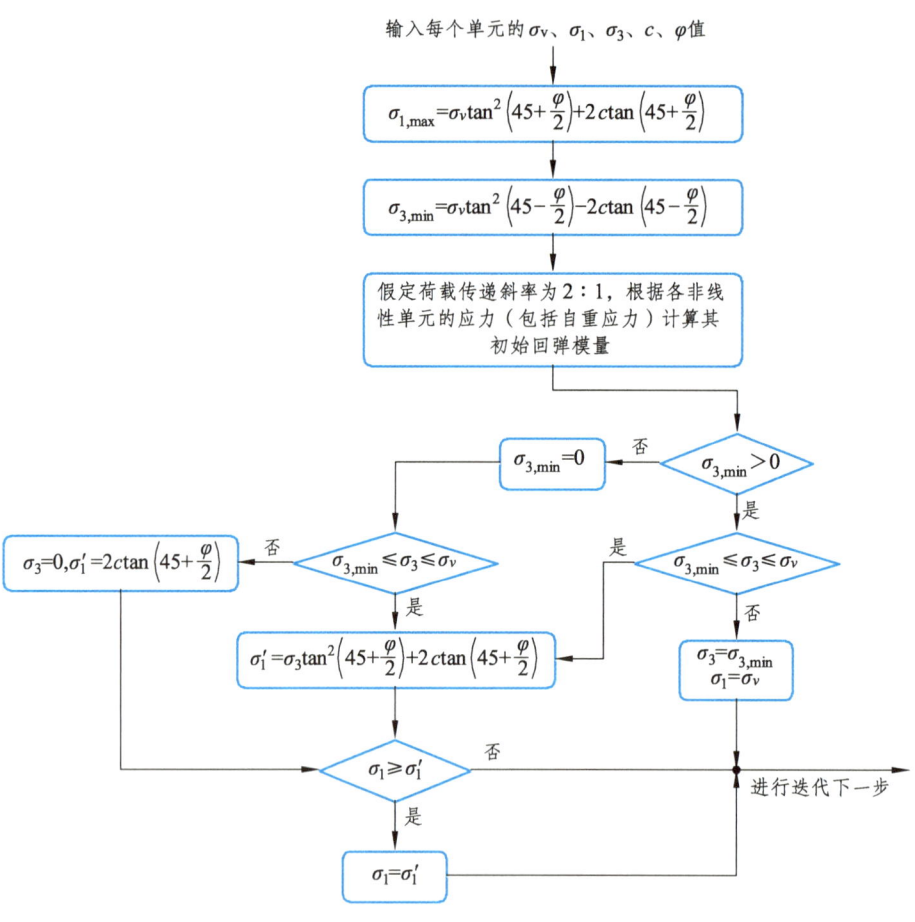

图 4-43　应力修正流程图

4.3.2.3　迭代求解与收敛过程

MICHPAVE 程序通过以下步骤进行非线性分析：

（1）程序假定路表荷载以 2∶1 传递斜率扩散（深度方向每增加 2 cm，径向增加 1 cm），将荷载引起的附加应力与自重应力代入本构模型中，计算各非线性单元的初始回弹模量作为迭代的初始值。

（2）代入初始回弹模量进行线性分析，计算应力值。
（3）使用 Mohr-Coulomb 破坏准则进行应力修正。
（4）将修正的应力代入本构模型，重新计算单元的弹性模量。
（5）通过计算相对误差来检验弹性模量的收敛性，误差表达式为：

$$\varepsilon = \frac{\sum (M_{r,i} - M_{r,i-1})^2}{\sum M_{r,i-1}^2}$$ （4-10）

式中：$M_{r,i}$——当前计算模量；
　　　$M_{r,i-1}$——上一次迭代结束时的模量。
（6）重复步骤（2）到（5），直到回弹模量相对误差小于 0.001，迭代结束。
（7）计算指定位置处的位移、应变和应力，估算路面的疲劳寿命和车辙深度。

4.3.3 程序结果输出

MICHPAVE 在分析结束后会自动生成两个数据文件，分别为数据输入文件（后缀为 DAT）和数据输出文件（后缀为 OUT），可通过记事本、写字板等文本编辑器打开，查看输入的数据及分析结果。以 4.2.4 节为例，文件夹中会生成如图 4-44 所示"I-96.DAT"及"I-96.OUT"两个文件，下面对这两个文件予以详细解读。

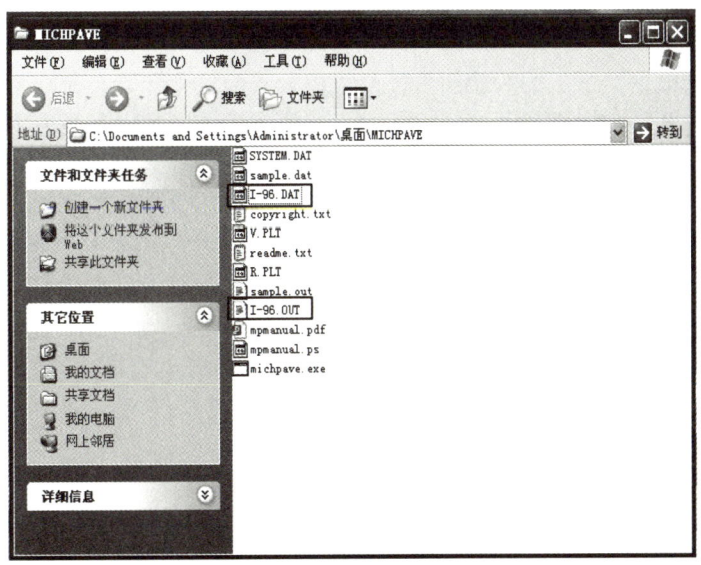

图 4-44　输入输出文件

4.3.3.1 数据输入文件解读

选择"I-96.DAT"文件，采用记事本打开，出现如图 4-45 所示界面。输入文件中包含了前处理过程中的所有输入数据，具体含义在图 4-45 中给出。

文件中大部分数据由用户输入，模型垂向深度、径向宽度未经用户输入，程序直接自动设定。需注意输入文件最末行21、13这两个数据系程序自动生成，可暂不过多关注。

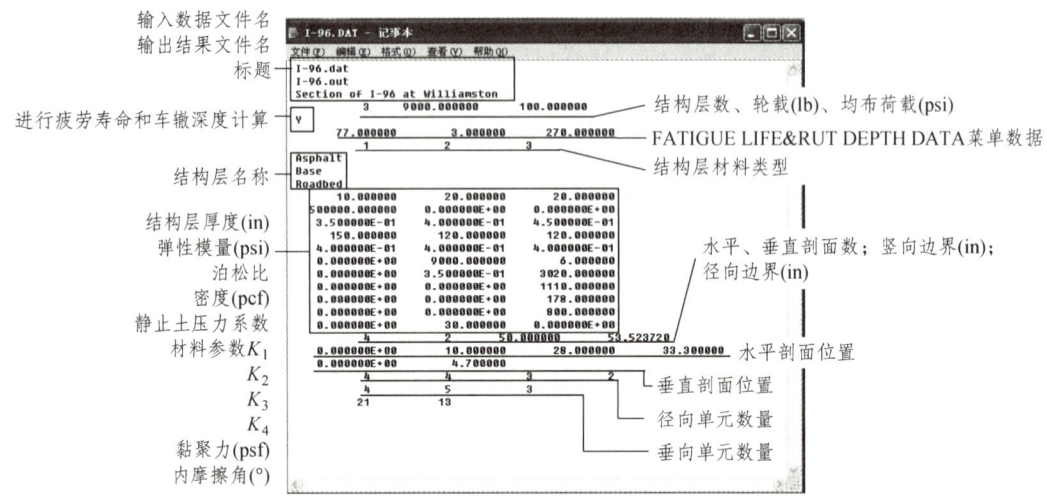

图 4-45　输入文件解读

4.3.3.2　输出文件解读

输出文件由4部分组成，包括输入参数、计算剖面力学响应结果、技术信息、性能预测与关键力学响应。

第一部分：输入参数，具体见图4-46。这部分包括了用户使用程序时输入的所有参数值。其中初始数据菜单下的荷载圆半径是根据输入的轮载和均布荷载集度值推算得到的结果，其余各菜单下的具体数值与运行程序时输入的参数相同，此处不再一一赘述。

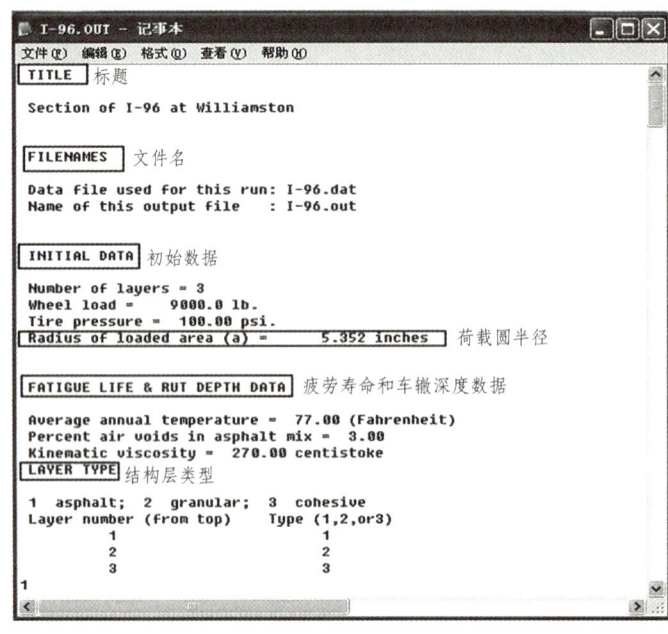

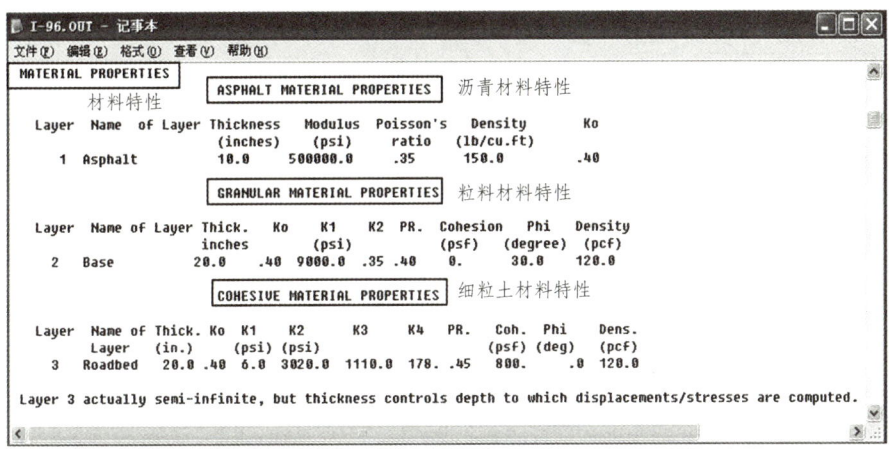

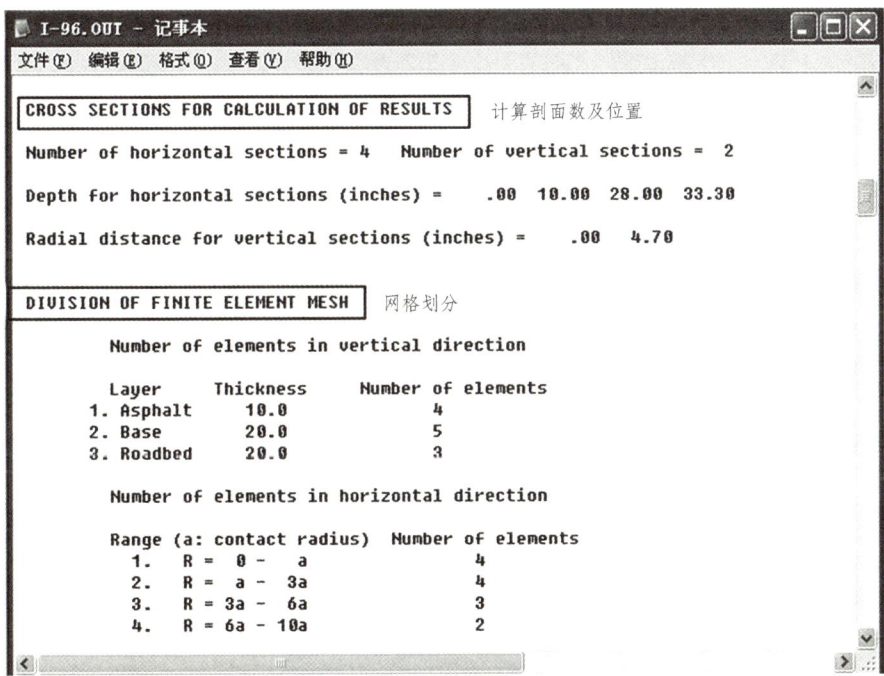

图 4-46　输出文件第一部分

第二部分：计算剖面力学响应结果。程序分别给出了水平剖面、垂直剖面在不同深度位置及径向位置处的力学响应，包括位移、应力、应变等信息，各指标含义如图 4-47 中标注所示。MICHPAVE 中输出的应力、应变值拉为正，压为负，位移则以沿道路深度方向为负。

4.2.4 节算例中水平剖面和垂直剖面划分数量分别为 4、2，图 4-47~图 4-52 为计算剖面位置各个计算点的力学响应。

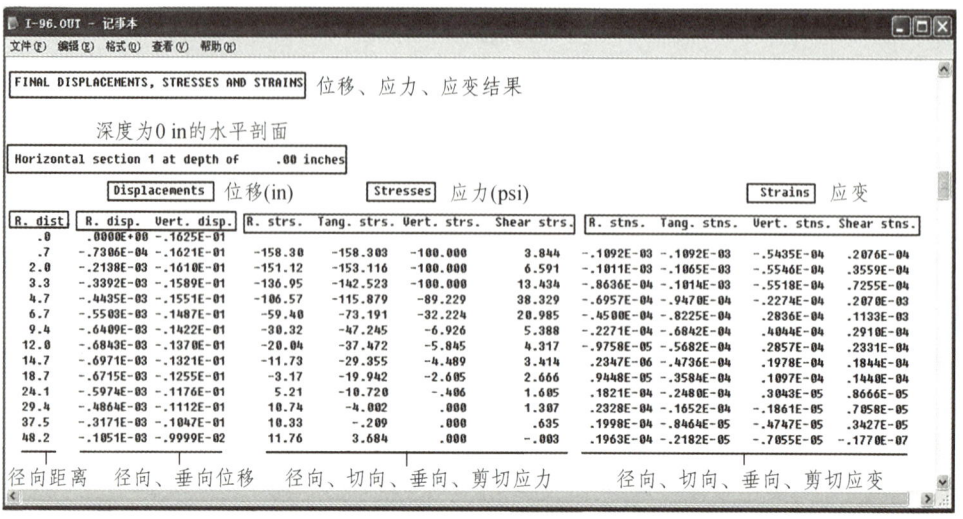

图 4-47 水平剖面 1 的力学响应（深度=0 in）

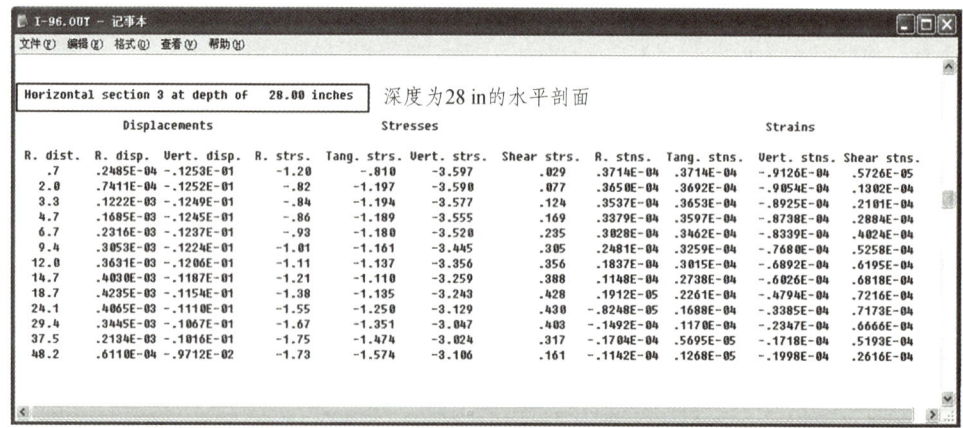

图 4-48 水平剖面 2 的力学响应（深度=10 in）

图 4-49 水平剖面 3 的力学响应（深度=28 in）

I-96.OUT - 记事本

文件(F) 编辑(E) 格式(O) 查看(V) 帮助(H)

Horizontal section 4 at depth of 33.30 inches 深度为33.3 in的水平剖面

	Displacements		Stresses				Strains			
R. dist.	R. disp.	Vert. disp.	R. strs.	Tang. strs.	Vert. strs.	Shear strs.	R. stns.	Tang. stns.	Vert. stns.	Shear stns.
.7	.2029E-04	-.1204E-01	-1.57	-1.573	-3.688	.016	.3032E-04	.3032E-04	-.9282E-04	.6298E-05
2.0	.6050E-04	-.1203E-01	-1.58	-1.577	-3.687	.039	.2978E-04	.3014E-04	-.9219E-04	.1547E-04
3.3	.9980E-04	-.1201E-01	-1.58	-1.576	-3.679	.063	.2896E-04	.2983E-04	-.9094E-04	.2496E-04
4.7	.1376E-03	-.1199E-01	-1.59	-1.578	-3.670	.088	.2761E-04	.2939E-04	-.8908E-04	.3451E-04
6.7	.1891E-03	-.1193E-01	-1.61	-1.589	-3.658	.124	.2465E-04	.2826E-04	-.8516E-04	.4859E-04
9.4	.2490E-03	-.1182E-01	-1.63	-1.596	-3.626	.166	.2011E-04	.2658E-04	-.7877E-04	.6493E-04
12.0	.2957E-03	-.1169E-01	-1.65	-1.603	-3.586	.201	.1478E-04	.2455E-04	-.7109E-04	.7820E-04
14.7	.3273E-03	-.1154E-01	-1.68	-1.611	-3.541	.228	.8852E-05	.2224E-04	-.6248E-04	.8811E-04
18.7	.3393E-03	-.1128E-01	-1.74	-1.644	-3.491	.258	.7335E-07	.1811E-04	-.4979E-04	.9879E-04
24.1	.3138E-03	-.1092E-01	-1.79	-1.673	-3.418	.277	-.9606E-05	.1303E-04	-.3474E-04	.1044E-03
29.4	.2454E-03	-.1055E-01	-1.85	-1.716	-3.382	.279	-.1597E-04	.8335E-05	-.2412E-04	.1042E-03
37.5	.1184E-03	-.1006E-01	-1.89	-1.789	-3.410	.240	-.1574E-04	.3159E-05	-.2078E-04	.8866E-04
48.2	.1705E-04	-.9560E-02	-1.90	-1.879	-3.554	.137	-.3186E-05	.3540E-06	-.3375E-04	.5092E-04

图 4-50　水平剖面 4 的力学响应（深度=33.3 in）

I-96.OUT - 记事本

文件(F) 编辑(E) 格式(O) 查看(V) 帮助(H)

Vertical section 1 at radial distance of .00 inches 径向距离为0 in的垂直剖面

深度(in)	Displacements 位移(in) 径向、垂向位移		Stresses 应力(psi) 径向、切向、垂向、剪切应力				Strains 应力 径向、切向、垂向、剪切应变			
Depth	R. disp.	Vert. disp.	R. strs.	Tang. strs.	Vert. strs.	Shear strs.	R. stns.	Tang. stns.	Vert. stns.	Shear stn.
.0	.0000E+00	-.1625E-01	-144.38	-144.38	-100.00	.00	-.1092E-03	-.1092E-03	.1316E-04	.0000E+00
-1.3	.0000E+00	-.1618E-01	-94.66	-94.66	-93.21	.00	-.5783E-04	-.5783E-04	-.5375E-04	.0000E+00
-3.8	.0000E+00	-.1598E-01	-27.62	-27.62	-70.74	.00	.1355E-04	.1355E-04	-.1023E-03	.0000E+00
-6.3	.0000E+00	-.1573E-01	15.58	15.58	-38.04	.00	.4678E-04	.4678E-04	-.9711E-04	.0000E+00
-8.8	.0000E+00	-.1548E-01	58.13	58.13	-14.77	.00	.8577E-04	.8577E-04	-.1098E-03	.0000E+00
-10.0	.0000E+00	-.1534E-01	86.43	86.43	-9.21	.00	.1115E-03	.1115E-03	-.1453E-03	.0000E+00
-10.0	.0000E+00	-.1534E-01	-2.21	-.59	-9.21	.00	.1115E-03	.1115E-03	-.2920E-03	.0000E+00
-12.0	.0000E+00	-.1485E-01	-1.92	-.68	-5.74	.00	.9383E-04	.9383E-04	-.2450E-03	.0000E+00
-16.0	.0000E+00	-.1401E-01	-1.53	-.83	-4.59	.00	.6519E-04	.6519E-04	-.1753E-03	.0000E+00
-20.0	.0000E+00	-.1339E-01	-1.34	-.91	-4.00	.00	.4783E-04	.4783E-04	-.1311E-03	.0000E+00
-24.0	.0000E+00	-.1292E-01	-1.24	-.91	-3.70	.00	.3862E-04	.3862E-04	-.1038E-03	.0000E+00
-28.0	.0000E+00	-.1253E-01	-1.20	-.82	-3.60	.00	.3714E-04	.3714E-04	-.9148E-04	.0000E+00
-30.0	.0000E+00	-.1235E-01	-1.20	-.73	-3.61	.00	.3842E-04	.3842E-04	-.9034E-04	.0000E+00
-30.0	.0000E+00	-.1235E-01	-1.46	-1.46	-3.61	.00	.3842E-04	.3842E-04	-.1112E-03	.0000E+00
-33.3	.0000E+00	-.1204E-01	-1.58	-1.58	-3.70	.00	.3024E-04	.3024E-04	-.9299E-04	.0000E+00
-40.0	.0000E+00	-.1151E-01	-1.78	-1.78	-3.97	.00	.1744E-04	.1744E-04	-.6539E-04	.0000E+00
-46.7	.0000E+00	-.1113E-01	-1.91	-1.91	-4.25	.00	.1127E-04	.1127E-04	-.4964E-04	.0000E+00
-50.0	.0000E+00	-.1096E-01	-1.97	-1.97	-4.39	.00	.9710E-05	.9710E-05	-.4176E-04	.0000E+00

图 4-51　垂直剖面 1 的力学响应（径向距离=0 in）

I-96.OUT - 记事本

文件(F) 编辑(E) 格式(O) 查看(V) 帮助(H)

Vertical section 2 at radial distance of 4.70 inches 径向距离为4.7 in的垂直剖面

	Displacements		Stresses				Strains			
Depth	R. disp.	Vert. disp.	R. strs.	Tang. strs.	Vert. strs.	Shear strs.	R. stns.	Tang. stns.	Vert. stns.	Shear stn.
.0	-.4447E-03	-.1550E-01	-100.55	-112.09	-100.00	.00	-.6957E-04	-.9461E-04	.5398E-05	.2067E-03
-1.3	-.2410E-03	-.1548E-01	-69.17	-70.85	-60.06	-27.32	-.4671E-04	-.5127E-04	-.2195E-04	.1476E-03
-3.8	.3744E-04	-.1539E-01	-24.09	-17.96	-38.68	-29.58	-.8593E-05	.7966E-05	-.4746E-04	.1598E-03
-6.3	.1775E-03	-.1526E-01	8.90	14.67	-21.08	-22.28	.2218E-04	.3777E-04	-.5788E-04	.1203E-03
-8.8	.3547E-03	-.1508E-01	43.62	50.03	-8.66	-10.32	.5814E-04	.7546E-04	-.8178E-04	.5575E-04
-10.0	.4664E-03	-.1498E-01	65.96	75.93	-6.09	-5.82	.7859E-04	.9923E-04	-.1077E-03	.4326E-04
-10.0	.4664E-03	-.1498E-01	-1.39	-1.41	-6.09	-5.82	.7859E-04	.9923E-04	-.2400E-03	.1665E-03
-12.0	.3987E-03	-.1456E-01	-.91	-1.72	-4.97	-.88	.6944E-04	.8484E-04	-.2088E-03	.1413E-03
-16.0	.2865E-03	-.1383E-01	-.95	-1.45	-4.27	-.56	.5332E-04	.6095E-04	-.1583E-03	.9199E-04
-20.0	.2144E-03	-.1327E-01	-1.34	-.92	-3.85	-.33	.4157E-04	.4561E-04	-.1222E-03	.6393E-04
-24.0	.1750E-03	-.1283E-01	-.96	-1.22	-3.62	-.27	.3465E-04	.3723E-04	-.9846E-04	.4518E-04
-28.0	.1690E-03	-.1245E-01	-.86	-1.19	-3.56	-.17	.3379E-04	.3596E-04	-.8735E-04	.2883E-04
-30.0	.1751E-03	-.1228E-01	-1.26	-.70	-3.58	-.13	.3506E-04	.3725E-04	-.8664E-04	.2562E-04
-30.0	.1751E-03	-.1228E-01	-1.49	-1.48	-3.58	-.13	.3506E-04	.3725E-04	-.1070E-03	.3982E-04
-33.3	.1377E-03	-.1198E-01	-1.59	-1.58	-3.68	-.09	.2753E-04	.2931E-04	-.8905E-04	.3449E-04
-40.0	.7960E-04	-.1148E-01	-1.78	-1.78	-3.95	-.05	.1611E-04	.1694E-04	-.6318E-04	.2092E-04
-46.7	.5204E-04	-.1110E-01	-1.95	-1.95	-4.29	-.05	.1062E-04	.1107E-04	-.5058E-04	.1846E-04
-50.0	.4530E-04	-.1093E-01	-2.03	-2.03	-4.47	-.04	.9022E-05	.9638E-05	-.4428E-04	.2352E-04

图 4-52　垂直剖面 2 的力学响应（径向距离=4.7 in）

根据四节点矩形单元特性，MICHPAVE 程序认为单元中心位置处的位移、应力、应变最为精确，故程序输出计算剖面位置处各个单元中心的力学响应。在计算水平剖面的力学响应时，只给出了深度为 0 in 处荷载中心的位移量，并未给出其余水平剖面荷载中心处的力学响应。

在计算垂直剖面的力学响应时，层间界面处分别给出了界面上方和下方的力学响应。由于界面上下结构层的材料不同，在界面处的力学响应可能是不连续的，因此存在数值上的差异。根据输出结果可知，两者位移相同，应力、应变值存在差异。程序给出的力学响应结果将为后续问题的深入分析、结果可视化处理等提供依据。

第三部分：技术信息，包括与有限元网格划分（单元数、节点数、网格示意图）、迭代收敛、回弹模量等相关的信息。具体如图 4-53 所示。

柔性边界的弹性模量数值等于边界正上方有限单元的平均模量，泊松比与最下层路基土相同。文本中输出的非线性层的等效回弹模量可用于其他软件进行线性分析，其值等于荷载扩散范围内，每个结构层各单元的回弹模量之和除以单元总数量（包含不完整的单元）。在前述实例中，粒料层荷载扩散范围内包含 42 个单元，粒料层的等效回弹模量等于这 42 个单元的模量之和除以 42，细粒土层的等效回弹模量计算方法与之类似。

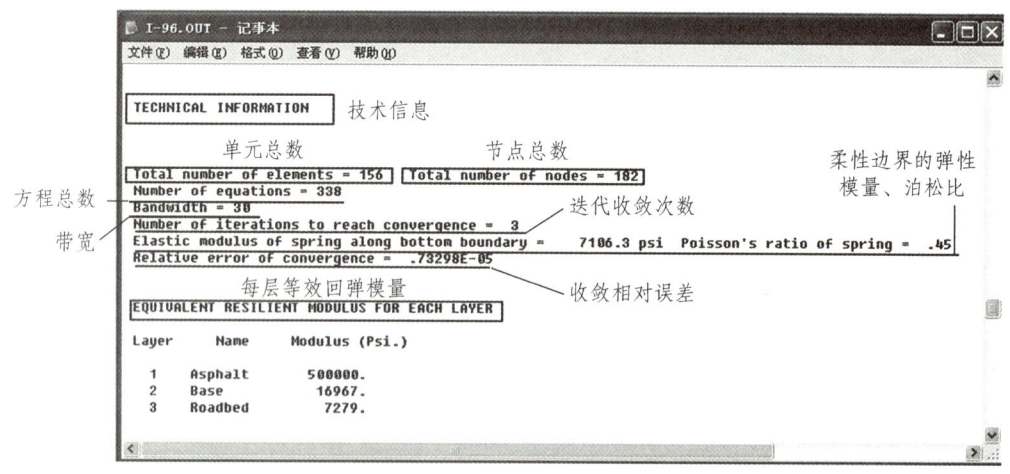

图 4-53　技术信息

有限元单元编号按照从左至右、从上至下的顺序进行排列。前述实例中，有限元模型共包含 156 个单元、182 个节点，生成的有限元网格如图 4-54 所示。

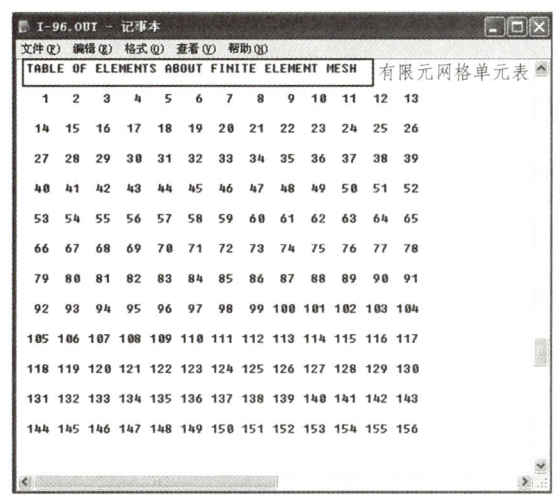

图 4-54　有限元网格

图 4-55 给出了迭代结束后，各个单元的回弹模量。由图 4-55 可知，沥青层的弹性模量与程序输入时相同；粒料层和细粒土层各单元的回弹模量存在一定差异。对于粒料层，回弹模量随着深度和径向距离增大而减小，这是由于体积应力随深度和径向距离的增大而减小，根据粒料材料的特性，回弹模量随之减小；对于土基层，回弹模量随着径向距离增大而增大，这是由于偏应力（$\sigma_1-\sigma_3$）随径向距离的增大而减小，根据细粒土材料的特性，回弹模量随之变化。利用输出的各个单元的回弹模量对程序输出的等效回弹模量进行验证，发现两者数值上略有差异，但误差在可控范围内。这可能由于输出结果保留的小数位数与程序计算时不同。

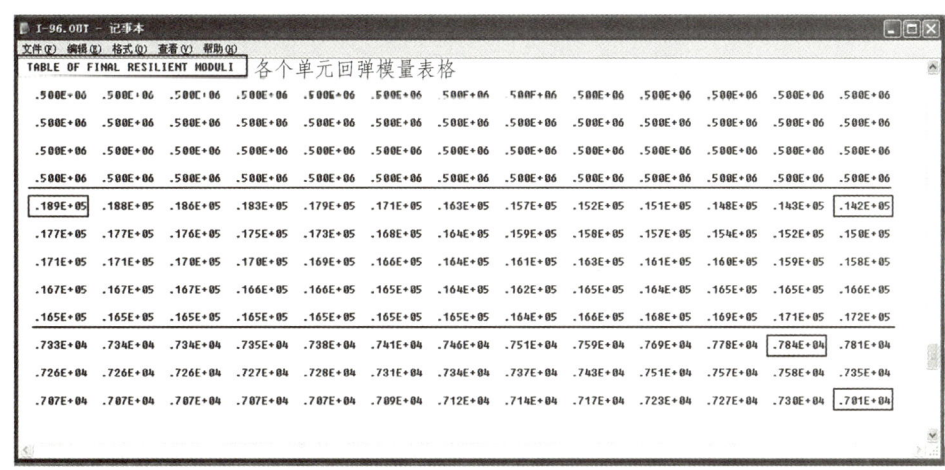

图 4-55　最终回弹模量

图 4-56 给出了迭代末发生 Mohr-Coulomb 破坏或受拉破坏的单元，0 表示未破坏，1 表示破坏。由图 4-56 可知，仅粒料层中的单元发生破坏，且破坏集中分布于轮载作用附近。

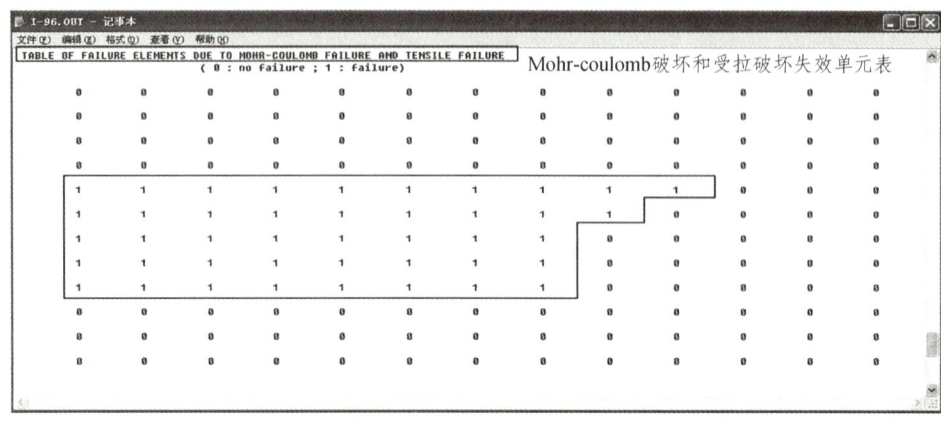

图 4-56 Mohr-Coulomb 破坏和受拉破坏的单元表

第四部分：性能预测及关键力学响应。输出与疲劳寿命与车辙深度预测相关的数据（包括沥青路面疲劳寿命、路面预期车辙总深度以及沥青面层、基层、土基预期的车辙深度）以及关键力学响应（包括沥青层底最大拉应变、沥青层平均压应变、土基顶部最大压应变）。

在前述实例中，并未重新输入与疲劳寿命和车辙深度计算预测相关的数据，故输出值与计算步骤中第四步的值相同。图 4-57 中输出的设计总结与程序运行后输出的关键信息（图 4-23）相同。

图 4-57 底部提示需对路面进行热致开裂分析。若估计疲劳开裂的重复作用次数大于 2 000 万次，那么开裂很可能是由于热裂而不是疲劳造成的，2 000 万次的作用次数将持续 15~20 年的时间。本例中荷载疲劳开裂重复作用次数为 12 030 万次，因此应考虑沥青热致开裂的影响。

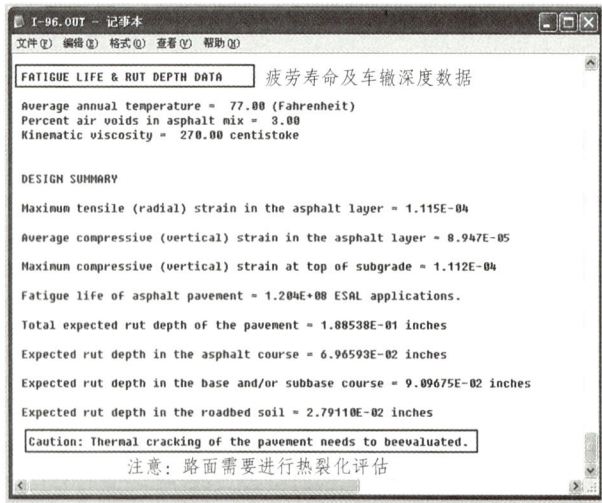

图 4-57 性能预测及关键数据

以上为输出文件的全部内容。

4.3.4　MFPDS（MICHPAVE Windows 版本）的改进

MFPDS（Michigan Flexible Pavement Design System）软件在 MICHPAVE（Version 1.2 for DOS）的基础上进行了部分优化改进，其 Windows 运行界面更加简洁，计算出的力学响应更加精准，软件界面如图 4-58 所示。软件中输入数据时可根据用户需要，选择使用英制单位或国际制单位。为与本书前文一致，下述介绍中仍使用英制单位。下面将对该软件的改进进行简要阐述。

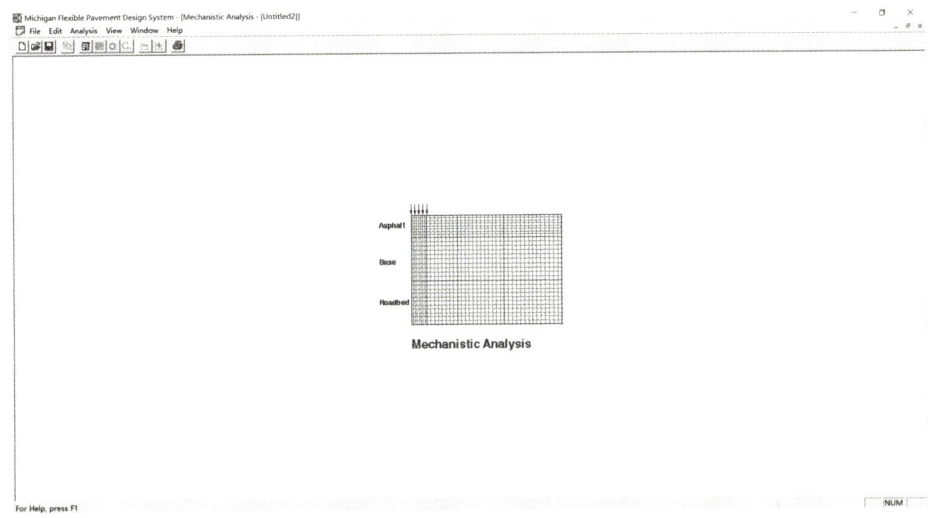

图 4-58　MFPDS 软件界面

1. 疲劳寿命和车辙深度

在开展疲劳寿命和车辙深度预测时，MFPDS 采用了不同的性能预测模型，与 MICHPAVE 相比，去掉了沥青混合料的空隙率百分比这一参数，增加了容许车辙深度（0.1~2 in）及容许疲劳损伤（1%~98%）。具体见图 4-59，计算公式如下：

疲劳寿命预测公式：

$$\ln(N) = -3.454\ln(SD) + 0.018FT - 0.223(\varepsilon_t) + 3.477\ln(H_{AC}) - 3.52\ln(KV) + 0.053\ln(E_{AC}) - 1.027\ln(E_{BS}) - 1.515\ln(E_{SG}) + 32.156 \quad (4-11)$$

式中：N——等效标准轴载的当量作用轴次；

　　　SD——路表弯沉（in）；

　　　FT——允许的疲劳裂缝长度占现场总长度的百分比；

　　　ε_t——沥青层层底拉应变（10^{-3}）；

　　　H_{AC}——沥青层厚度（in）；

KV——沥青运动黏度（cst）；
E_{AC}——沥青层回弹模量（psi）；
E_{BS}——基层回弹模量（psi）；
E_{SG}——路基回弹模量（psi）。

车辙深度预测公式：

$$RD = \left[-0.016H_{AC} + 0.033\ln(SD) + 0.011T_{annual} - 0.01\ln(KV) \right] \times$$
$$\left[-2.703 + 0.657(\varepsilon_{v,base})^{0.097} + 0.271(\varepsilon_{v,SG})^{0.883} + 0.258\ln(N) - 0.034\ln\left(\frac{E_{AC}}{E_{SG}}\right) \right]$$

（4-12）

式中：T_{annual}——平均年气温（有效范围40~50 ℉）；
$\varepsilon_{v,base}$——基层顶部竖向压应变（10^{-3}）；
$\varepsilon_{v,SG}$——路基顶部竖向压应变（10^{-3}）。

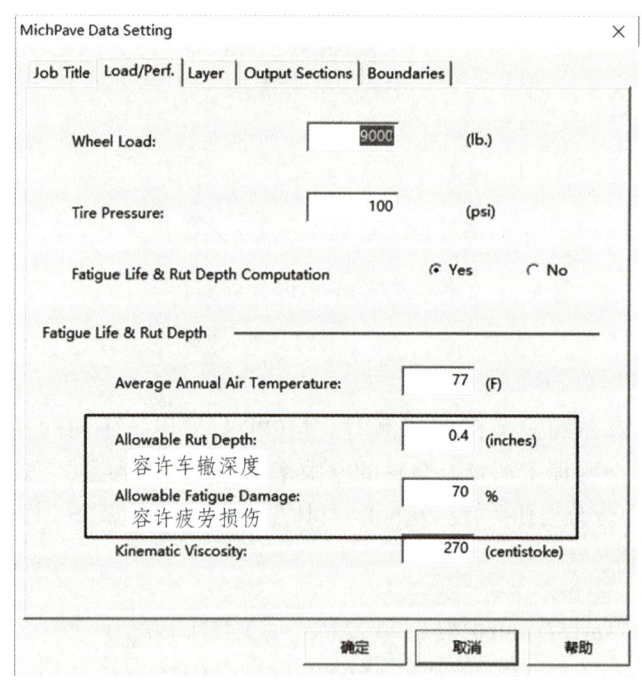

图4-59 疲劳寿命和车辙深度预测参数

2. 结构层及材料参数

在"Layer"界面输入结构层数及每一结构层的材料参数，容许最大结构层数为6层，与 DOS 版本一致。点击"Change"按钮修改结构层数，系统将提示若改变结构层数，所有数据将恢复默认值，则需重新设置材料参数。具体见图4-60。

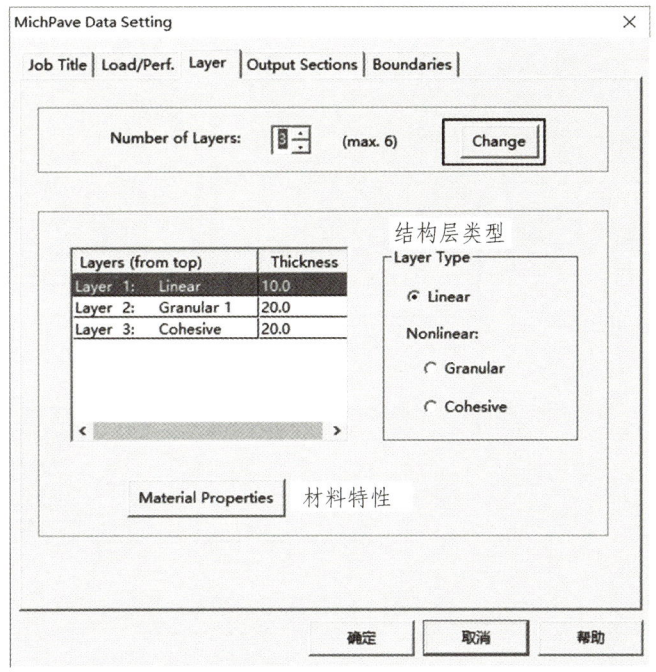

图 4-60　结构层及材料参数

在输入每层材料参数时，首先要在右侧"Layer Type"菜单下选择结构层类型，分为线性和非线性两类，其中非线性材料包括粒料和黏性土两类。材料类型的分类与 DOS 版本相同。

对于沥青类线性材料，在"Layer Type"菜单中选择"Linear"选项，双击左侧表格中对应的结构层或选中该层单击"Material Properties"按钮修改相应材料参数。MFPDS 中线性层（AC 层）细分为表层、找平层和基层。如图 4-61 所示，对于上述实例，只采用沥青面层，故将其他层厚设置为 0。

对于粒料和细粒土等非线性材料，在"Layer Type"菜单"Nonlinear"选项中选择相应的材料类型，输入材料参数的方式与线性层相同。对于粒料类材料，MFPDS 软件中除 $K\text{-}\theta$ 模型外，新增 $K\text{-}\sigma_3$ 模型，其计算公式为：

$$M_R = K_1 \sigma_3^{K_2} \tag{4-13}$$

式中：K_1、K_2——材料参数；
　　　σ_3——围压应力。

用户可根据实际情况选择对应的材料模型，如图 4-62 所示。

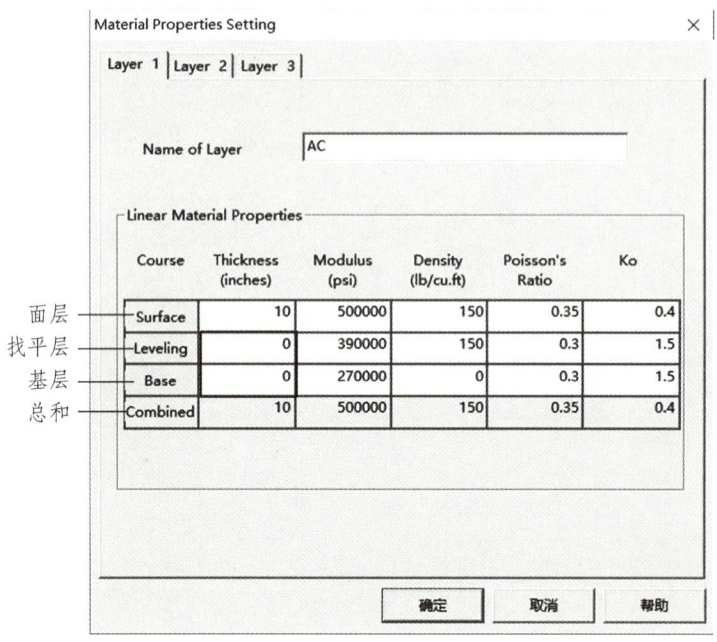

图 4-61　线性层材料参数

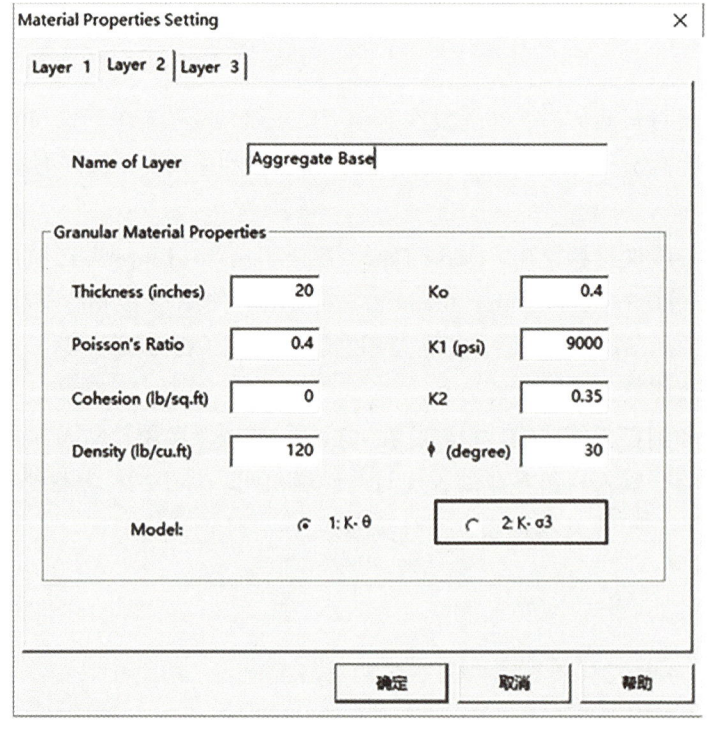

图 4-62　粒料层材料参数

3. 指定计算剖面

与 DOS 版本相同，计算的力学响应按用户指定截面输出。默认情况下，MFPDS 指定一个水平截面（路表）和一个垂直截面（轮载中心线）输出结果。如图 4-63 所示，输入完水平剖面数后，在"Modify Depth"后输入每个水平剖面的深度。对于层间结合处，需在原深度的基础上加减 0.01 in，否则程序将提示出错。

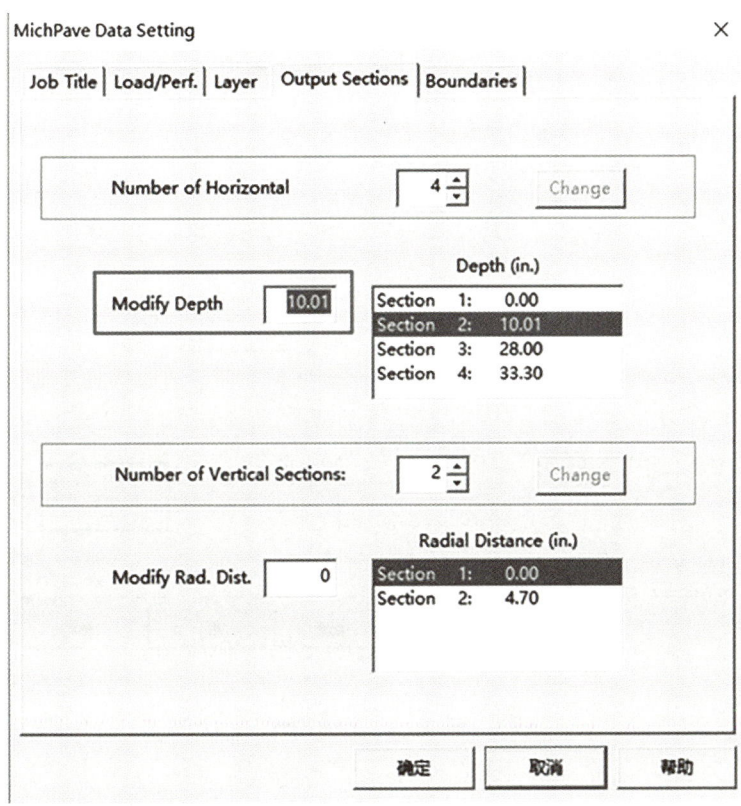

图 4-63　指定计算剖面位置

4. 边界条件

与 DOS 版本相比，MFPDS 有限元模型考虑的范围设置得更宽，从而提高了计算精度。DOS 版本径向边界范围为 $10a$（a 为荷载圆半径），MFPDS 将径向宽度增加至 $40a$，用户可根据实际情况将模型径向宽度设置为 $15a\sim40a$，只需在"Location of Lateral Boundary"处选择 15~40 之间合适的数值设置其径向边界位置，如图 4-64 所示。

与 DOS 版本相同，MFPDS 模型右侧仍为径向约束，但在其底部，用户可根据实际情况选择使用柔性边界（默认）或者刚性边界。柔性边界应设置于路表下方至少 50 in

处。当存在浅基岩或坚硬层时，应使用刚性边界，用户需在"Data for Rigid Layer"中指定刚性层的模量和泊松比。若点击"Default"按钮，所有数据将设置为默认值（径向宽度为 $10a$，底部为柔性边界）。

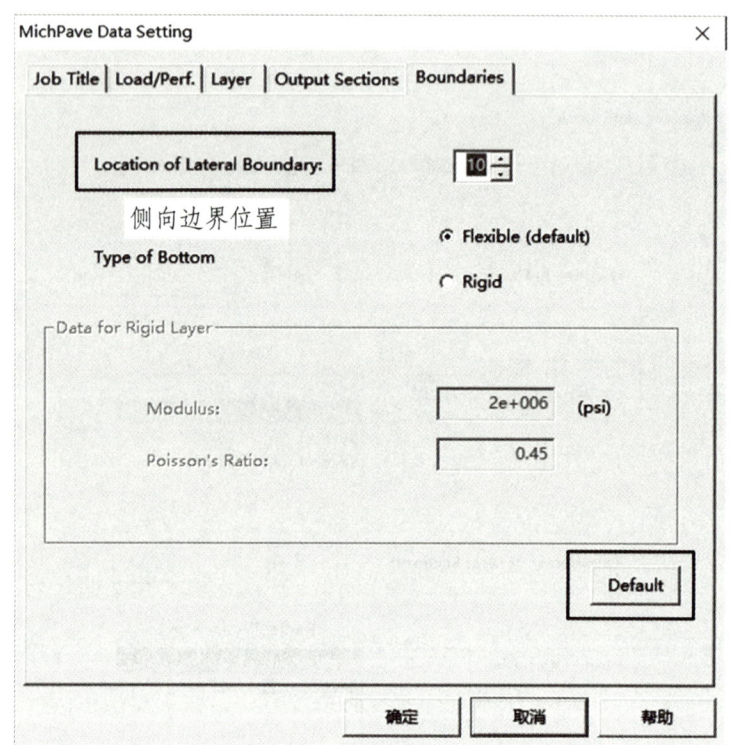

图 4-64　边界条件

5. 网格剖分

MFPDS 可将有限元网格剖分得更加细密，以提高计算精度。与 DOS 版本相同，软件将有限元模型径向宽度划分为 4 部分，但最后一部分的宽度予以增加，即 $0~a$、$a~3a$、$3a~6a$、$6a~$右侧边界（a 为荷载圆半径），每部分中的网格径向等宽。垂直方向网格剖分同样与结构层厚度有关，每个结构层中网格垂直厚度相同。

网格剖分需按照长宽比小于 1∶4 的原则划分，宜按照系统默认生成，如图 4-65 所示。点击"Default"按钮，程序按默认网格划分，点击"OK"生成网格。若无需生成网格，则点击"Cancel"按钮。生成的网格如图 4-66 所示。

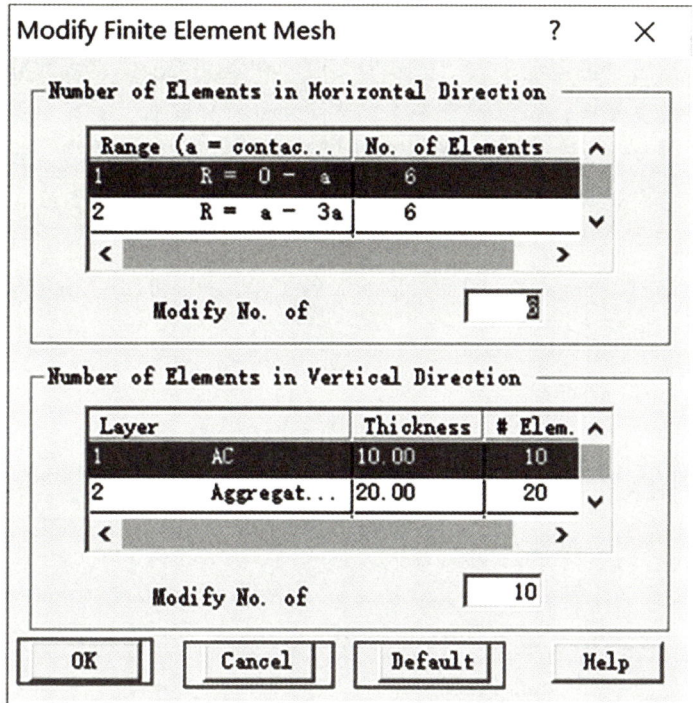

图 4-65 网格剖分

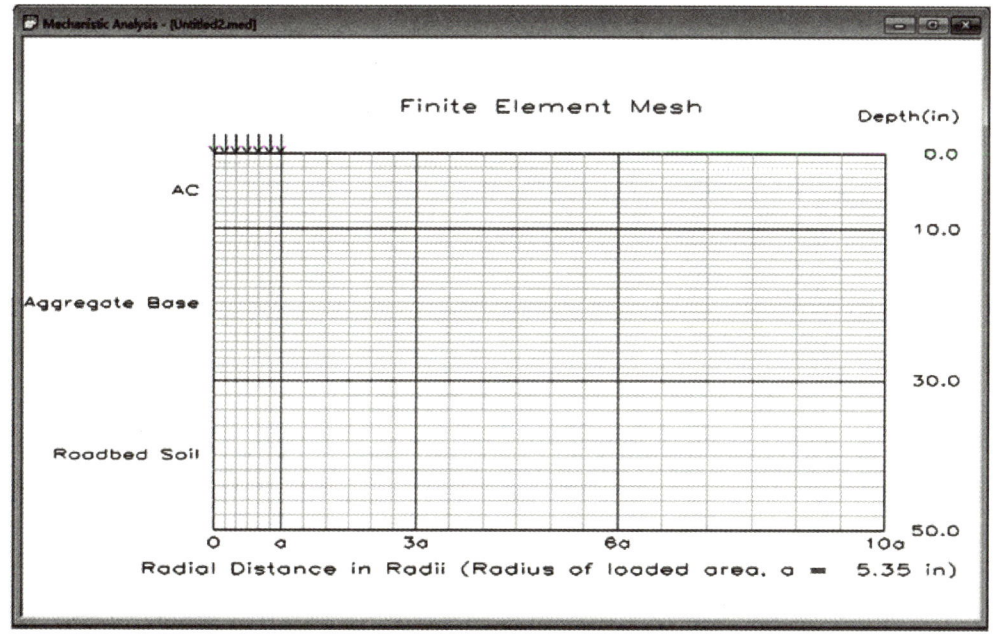

图 4-66 有限元网格

6. 运行结果

程序成功运行后，将自动生成结果输出文档。在 MFPDS 中，线性分析只执行一次迭代，但对于非线性分析，通常需要 3~4 次迭代。分析完成后，将显示迭代时间、性能预测相关数据，以及由沥青层最大拉应变、基层和路基顶部的压应变、容许车辙深度、疲劳寿命组成的结果摘要。如图 4-67 所示，本次非线性迭代次数 2 次，迭代总时间为 1 s。

分析结束后，根据用户需要，同样可以绘制各个指定剖面的力学响应结果图，与 DOS 版本类似，在此不再赘述。

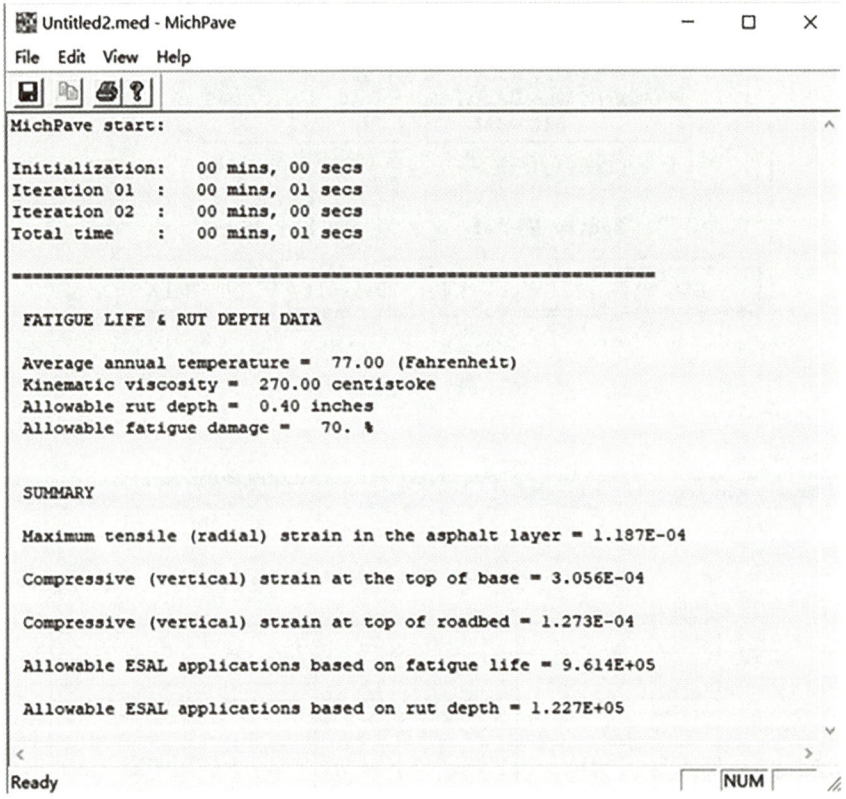

图 4-67　结果摘要

4.3.5　建议进一步阅读的文献

可通过访问 https://www.egr.msu.edu/~harichan/software/mfpds.shtml 下载 MICHPAVE 软件安装包，包括 MICHPAVE（Version 1.2 for DOS）、MFPDS 等。

建议读者进一步阅读以下文献：

[1] HARICHANDRAN R S, GILBERT Y BALADI. MICHPAVE User's Manual (Version 1.2 for DOS)[Z].Michigan: Michigan State University, 2000.

[2] BALADI G Y. Fatigue life and permanent deformation characteristics of asphalt concrete mixes[J]. Transportation Research Record, 1989(1227): 75-86.

[3] HARICHANDRAN R S, BALADI G Y, YEH M S. Development of a computer program for design of pavement systems consisting of layers of bound and unbound materials[R]. Michigan: Michigan Department of Transportation, 1989.

[4] HARICHANDRAN R S, YEH M S. Flexible boundary in finite element analysis of pavements[J]. Transportation Research Record, 1989(1207): 50-60.

[5] HARICHANDRAN R S, YEH M S, BALADI G Y. MICH-PAVE: A nonlinear finite element program for the analysis of flexible pavements[J]. Transportation Research Record, 1990(1286): 123-131.

[6] RAAD L, FIGUEROA J L. Load response of transportation support system[J]. Journal of Transportation Engineering, 1980(106): 111-128.

[7] YEH M S. Nonlinear finite element analysis of flexible pavements[D]. Michigan：Michigan State University, 1989.

[8] ANDERSON J C. Techniques for improvement of the axisymmetric finite element model used in MICHPAVE[D]. Michigan: Michigan State University, 1996.

其中文献[1]为该软件开发者所发布的用户手册；文献[2]~[8]系软件开发者团队撰写、发表的一些相关论文，涉及 MICHPAVE 程序介绍、柔性边界、传递函数等。

至于 MICHAPVE 程序的一些实际应用，读者可参考本书末"主要参考文献"之文献[24]、[27]、[32]、[34]、[37]、[38]等。

第5章 基于三维有限元的 EverStressFE 软件电算技术

5.1 EverStressFE 程序简介

EverStressFE 程序是一款集高效三维有限元求解器、高度图形化的用户界面、多项路面结构力学响应结果可视化为一体的沥青路面结构分析专用软件，于 2009 年由美国缅因大学（University of Maine）研发，旨在服务华盛顿州交通部（Washington State Department of Transportation），同时也提供给世界各地有相关需求的用户使用。程序中用于模型建立的高度交互式图形用户界面采用 Visual Basic 编制，有限元代码采用 Object-Oriented（面向对象技术）的 C++编写，图形化结果产生借助于 DPlot Jr 实现。EverStressFE 主要用于分析各种轮轴组合及非均布荷载作用下柔性路面系统的力学行为，具有专业性强、建模简便、运算耗时短、可靠度高等特点，非常适合科研人员和设计师进行柔性路面仿真计算及力学分析。

该程序克服了传统的路面结构分析软件无法考虑复杂的轮载作用形式、混合边界条件、三维效果的反映，以及大型通用有限元软件难以学习和有效地使用、三维建模费时、提取输出结果相对困难等缺陷。

5.2 EverStressFE 程序入门

5.2.1 程序安装

双击软件包安装程序（图 5-1），打开后根据安装向导进行安装（图 5-2）。

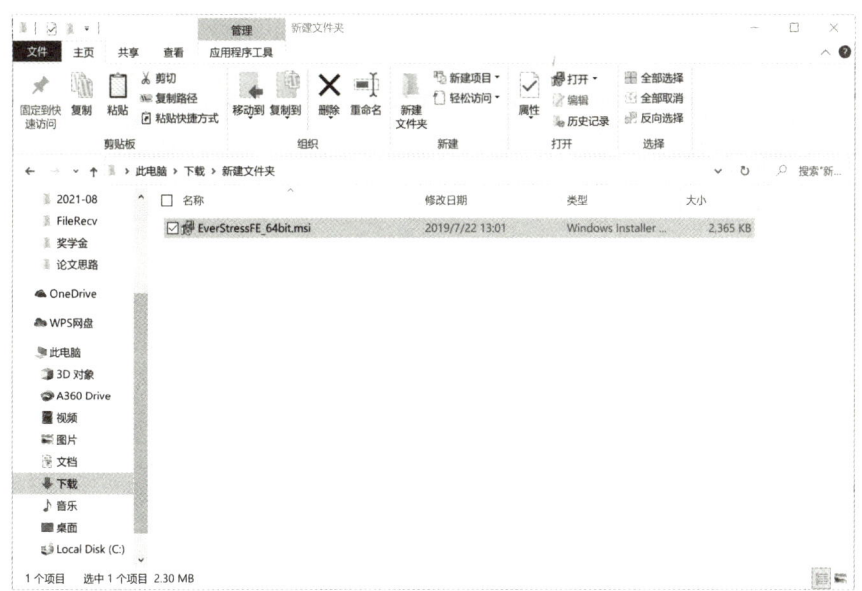

图 5-1　EverStressFE 程序安装包

图 5-2　EverStressFE 程序安装向导

点击"Next"继续，出现如图 5-3 所示对话框。图中"Folder"为程序默认安装路径，用户可点击右侧"Browse"更改安装路径。确定安装路径后点击"Next"则出现如图 5-4 所示界面，提示用户准备进入安装，点击"Next"进入安装。

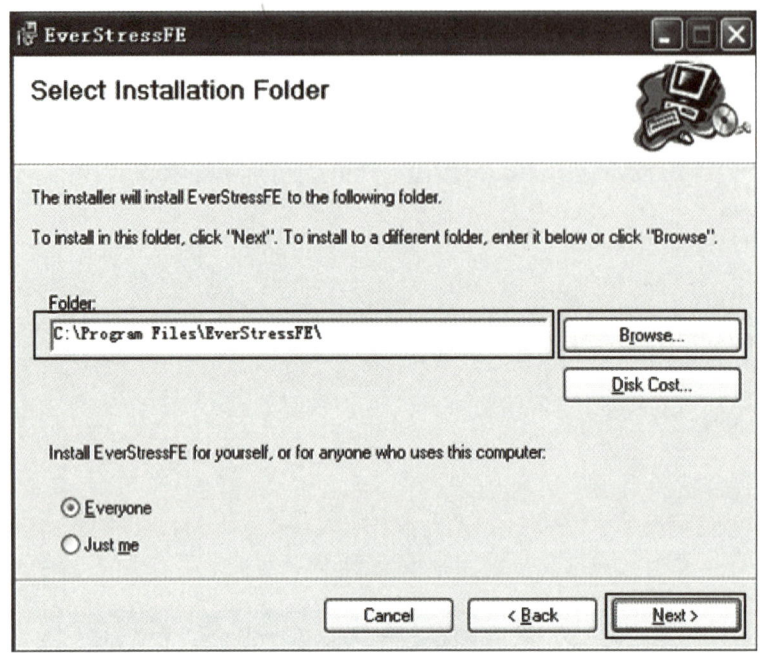

图 5-3　确定安装路径

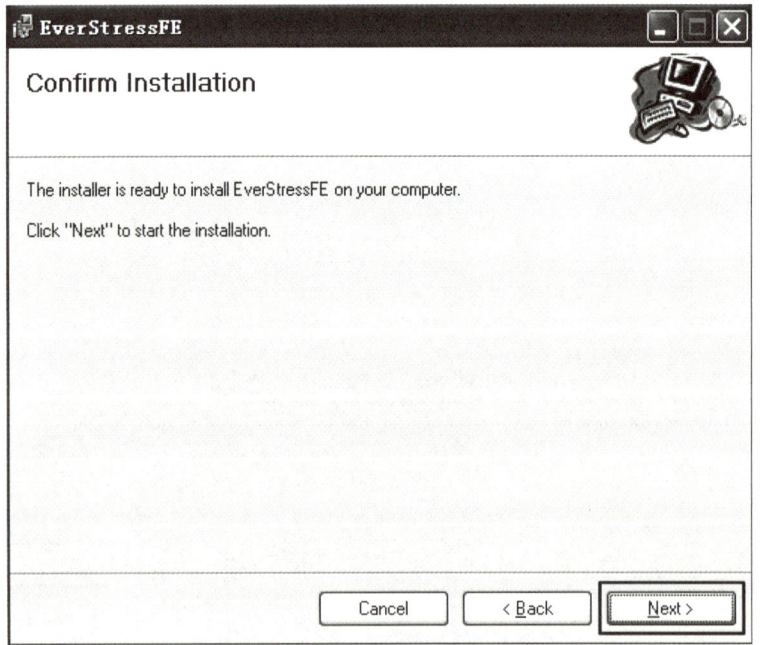

图 5-4　安装提示

如图 5-5 所示开始安装。

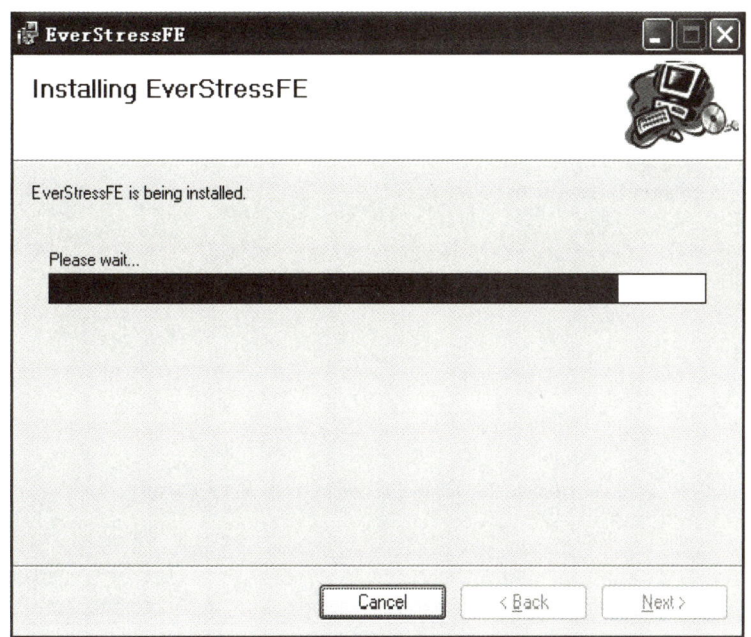

图 5-5　开始安装

如图 5-6 所示，安装完成后，安装向导会提示用户重启计算机以保证程序正常运行，点击"Next"继续。

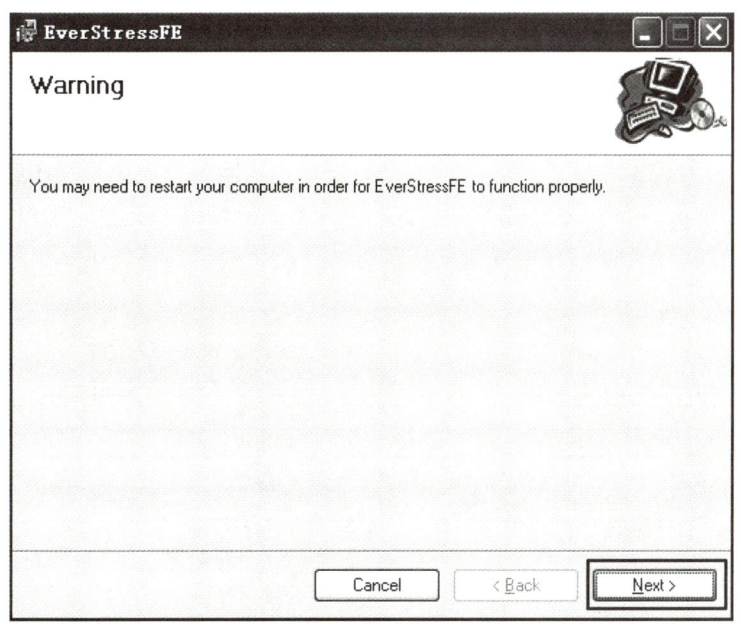

图 5-6　重启计算机提醒

出现如图 5-7 所示对话框即表明安装完成，点击图中"Close"即可关闭安装向导。程序安装完成后会生成一个位于桌面的程序启动快捷方式（图 5-8），便于用户使用。

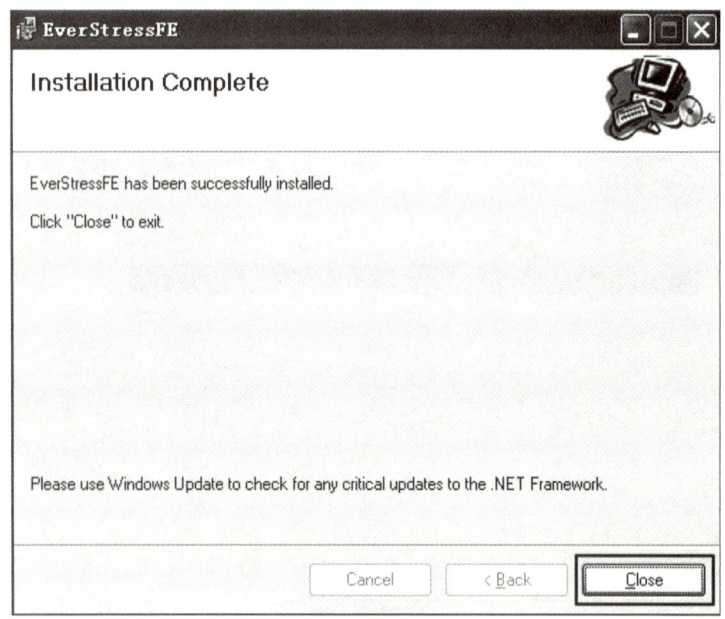

图 5-7 安装完成

图 5-8 程序打开快捷方式

根据上述安装路径打开程序安装后的文件夹目录（图 5-9），其中"EverSress2.exe"为可执行程序，上述安装后生成的位于桌面的快捷方式即为该可执行程序的快捷方式；"EverSressFE Help. chm"为该程序的帮助文件，便于指导用户学习；"DPLOTJR. EXE"为图像信息输出程序，详细介绍见后文；其他文件使用较少，可暂不予以过多关注。

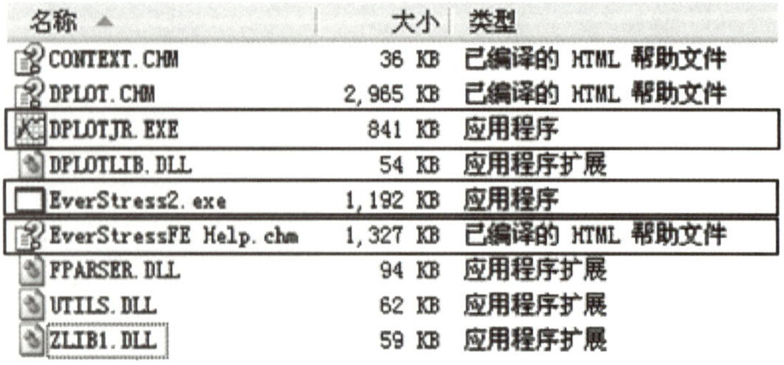

图 5-9 EverStressFE 程序文件夹目录

双击安装文件夹内的"EverSress2.exe"或上述安装完成后于桌面所生成的快捷方式，打开 EverSressFE 程序，即可开始使用，如图 5-10 所示。

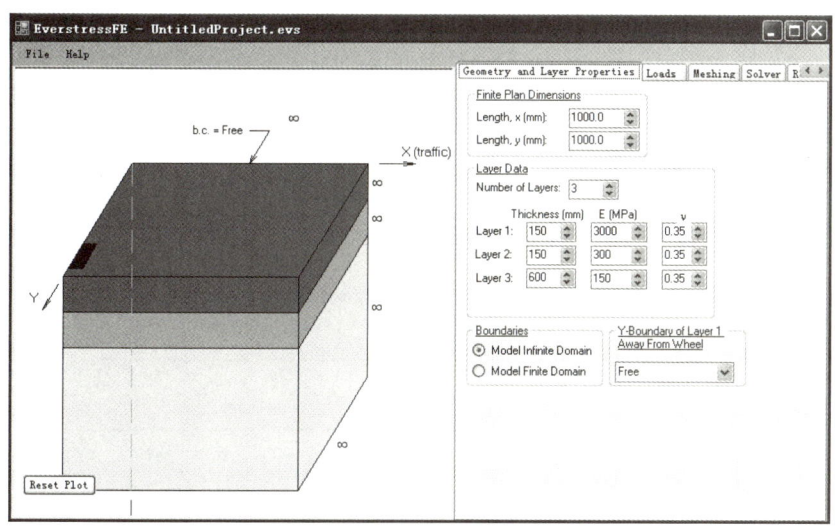

图 5-10　EverStressFE 程序界面

此外，程序还会在系统 C 盘生成名为"EverStressFE_Projects"的文件夹，打开如图 5-11 所示。该文件夹为程序的数据库，程序中的计算文件（.evs）及荷载文件（.node）均默认保存至该文件夹中，包括程序中三个例题以及一个非均布荷载的.node 文件，可供用户参考使用。

图 5-11　EverStressFE 程序数据库

5.2.2 算例应用

5.2.2.1 问题描述

现选取 EverSressFE 帮助文档（即程序安装后文件夹内的 EverStressFE Help.chm 文件）所附例题为案例，详细描述程序运用的基本流程。该例题亦可从图 5-10 所示程序界面"Help-Tutorial"中查询。

如图 5-12 所示为承受双轴双轮荷载作用下的三层沥青路面结构，荷载为垂直圆形均布荷载，轮胎接地压强为 690 kPa，单轮荷载大小为 20 kN，轮距为 350 mm，轴距为 600 mm。结构层 1 厚度为 100 mm，弹性模量为 3 000 MPa，泊松比为 0.4；结构层 2 厚度为

300 mm，弹性模量为 300 MPa，泊松比为 0.35；结构层 3 弹性模量为 100 MPa，泊松比为 0.3；各结构层之间存在部分层间滑动，结构层 1 与结构层 2、结构层 2 与结构层 3 之间的界面劲度分别为 1 N/mm^3、2 N/mm^3。

现需求解该路面结构在双轴双轮荷载作用下的力学响应。

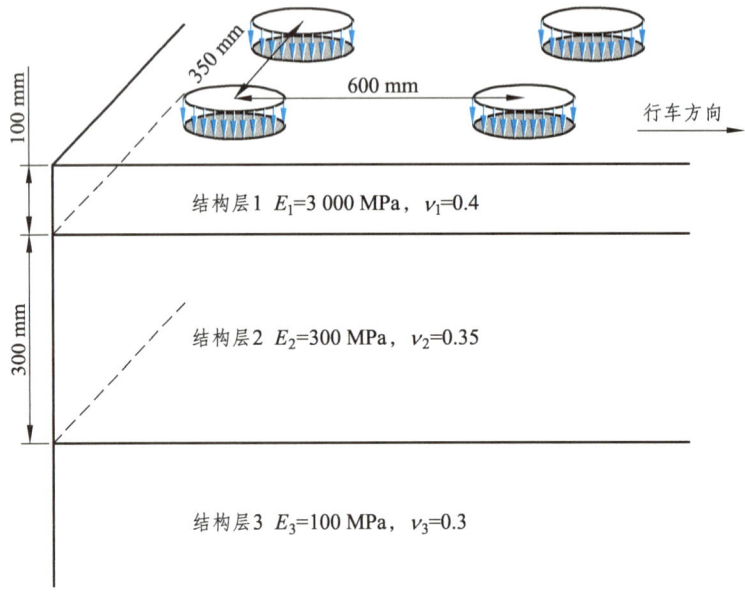

图 5-12　路面结构示意图

5.2.2.2　前处理

第一步：输入几何尺寸和结构层参数

打开 EverStressFE，程序界面如图 5-13 所示。

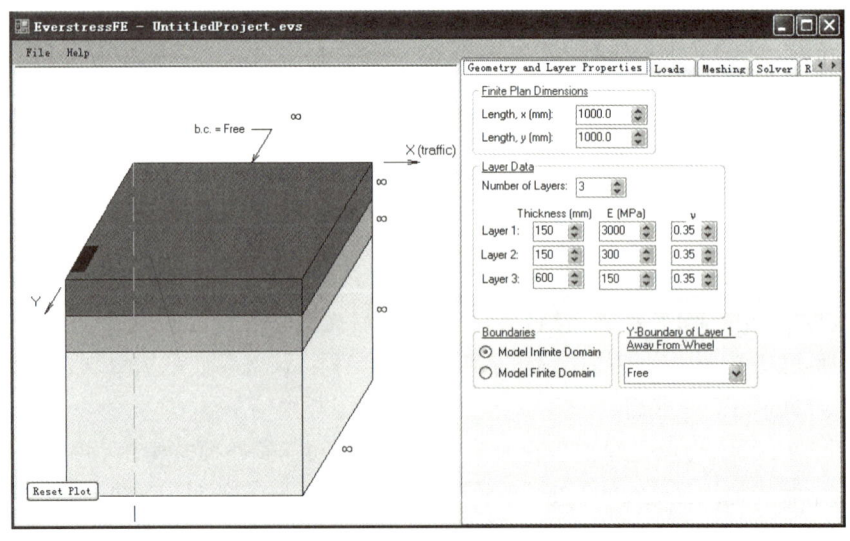

图 5-13　EverStressFE 程序主界面

在该界面中可直接输入相应数据。EverStressFE 程序基于有限元法而研发，故需先将路面结构抽象为沿任意方向均有一定尺寸的力学模型。基于对称性，该程序选取 1/4 的力学模型进行计算，其有限域平面尺寸选取默认的 1 000 mm×1 000 mm（$X×Y$）。路面模型的结构层数保留默认的 3 层，从上至下分别为结构层 1、结构层 2 和结构层 3。第 1 至 3 层的厚度分别设置为 100 mm、300 mm、和 1 000 mm（注意，第 3 层其实是空间半无限体，这里设定为有限厚度 1 000 mm）；弹性模量 E 分别设置为 3 000 MPa、300 MPa、100 MPa；泊松比分别设置为 0.4、0.35、0.35。本例将有限元模型底部和远离荷载垂直于 X 轴的平面的边界条件设置为无限边界，且结构层 1 在远离轮载方向 $Y=0$ 的平面的边界条件也设定为无限边界，程序输入窗口如图 5-14 所示。

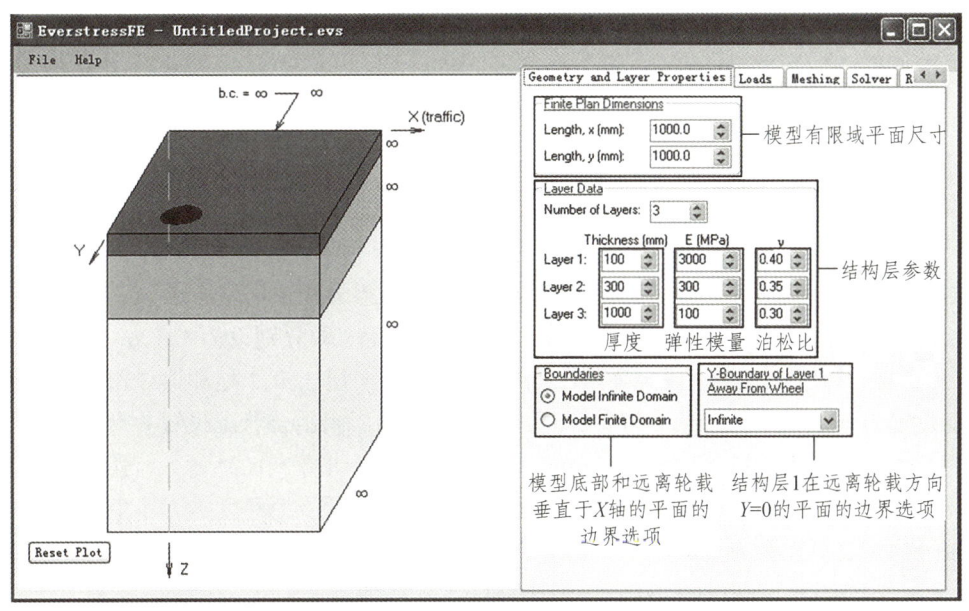

图 5-14 几何尺寸和结构层参数输入界面

第二步：输入荷载参数

接下来进行荷载参数的设定，点击界面右侧上方的"Loads"。由上述所知，EverStressFE 程序仅选取了 1/4 的力学模型进行计算，故其作用荷载也取 1/4。根据已知荷载条件，轮轴组合为双轴双轮组，轮胎路面接触类型为圆形均布荷载，选择为圆形荷载后非均布荷载选项被锁定，无法输入。保留默认的轮胎压力值 690 kPa，将单轮荷载大小设置为 20 kN，此时程序会自动计算出荷载的接触半径，无需用户输入。双轮中心间距和双轴间距分别设置为 350 mm、600 mm，程序输入窗口如图 5-15 所示。

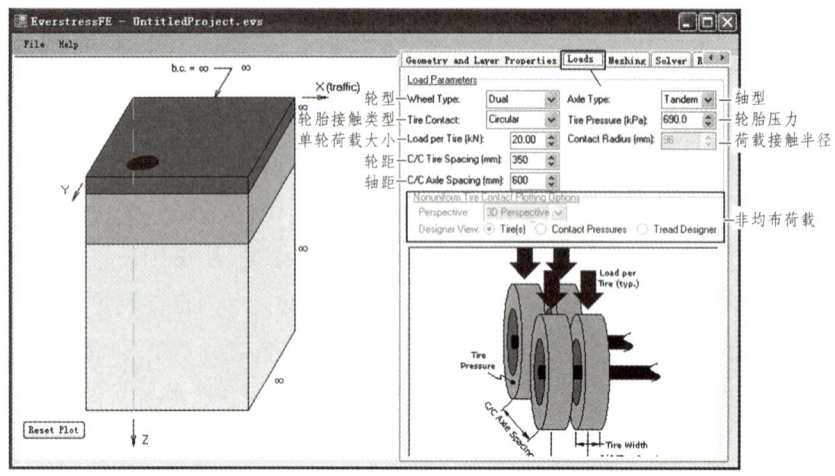

图 5-15 荷载参数输入界面

第三步：剖分有限元网格

点击界面右侧上方的"Meshing"，进入剖分有限元网格界面。EverSressFE 程序提供两种网格剖分类型供用户选择，分别为网格局部加密（Locally Refined）、简单网格划分（Simple Gird）。本例选择网格局部加密（Locally Refined），用户可以自由修改加密区域的大小，并直接动态实时显示在左侧图形中。在本例中将单元加密区域平面尺寸设置为（X=448 mm，Y=323 mm）。基于上述设置，对细分、粗分两个区域中沿 X、Y 方向的单元数进行合理的调整，将细分区域沿 X、Y 方向的单元个数分别设为 12、6，粗分区域沿 X、Y 方向的单元个数分别设为 4、4；沿 Z 轴方向第 1 层、第 2 层和第 3 层的单元个数分别设置为 6、4、8。将层 1 与层 2、层 2 与层 3 的层间结合状况设置为部分滑动，其界面劲度分别设为 1 N/mm^3 和 2 N/mm^3，程序输入窗口如图 5-16 所示。待用户设定完成上述参数后，程序会自行计算出该有限元模型的总节点数及总单元数，本例中总节点数为 13 104、总单元数为 2 610。

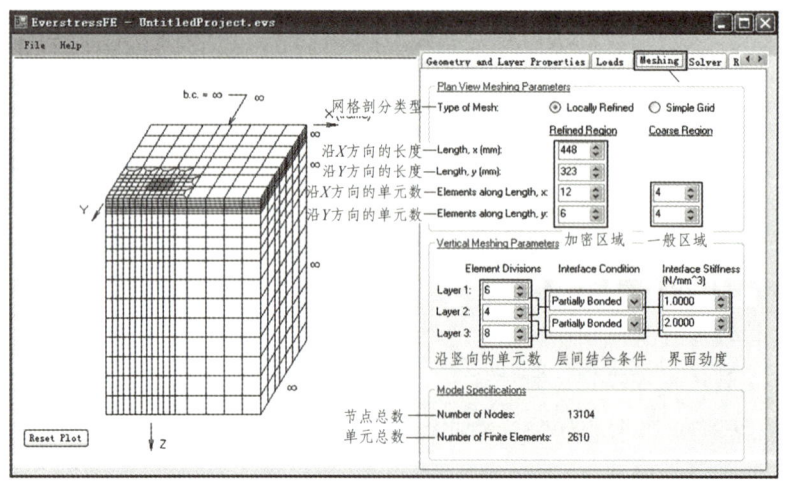

图 5-16 网格剖分输入

5.2.2.3 计算求解

完成前处理后，可对模型进行求解，点击界面右侧上方的"Solver"，如图 5-17 所示。需要注意界面上程序将预估给出计算所需的内存，以 MB 计。为求解本例，计算机应至少需要 158 MB 的内存空间。在点击"Solver"按钮前，应注意提示框下方的警告："Pressing the 'Solve' button will cause all results stored under the current project name(s) to be deleted. This program will be locked-out until the solver is complete."。

选中"Solve Current Model"并点击"Solve"按钮，程序会让用户对该文件进行保存，如图 5-18 所示，其默认保存文件夹为系统 C 盘中的"EverStressFE_Projects"，用户亦可修改为其他文件夹，本例命名为"Example1.evs"。点击"保存（S）"后，系统将弹出求解器命令窗口，如图 5-19 所示。待命令窗口自动关闭时，则计算完成。

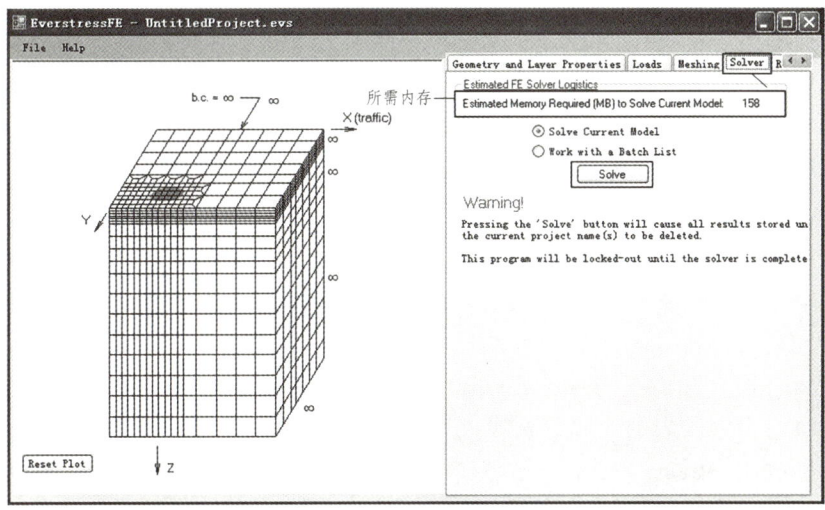

图 5-17　计算界面

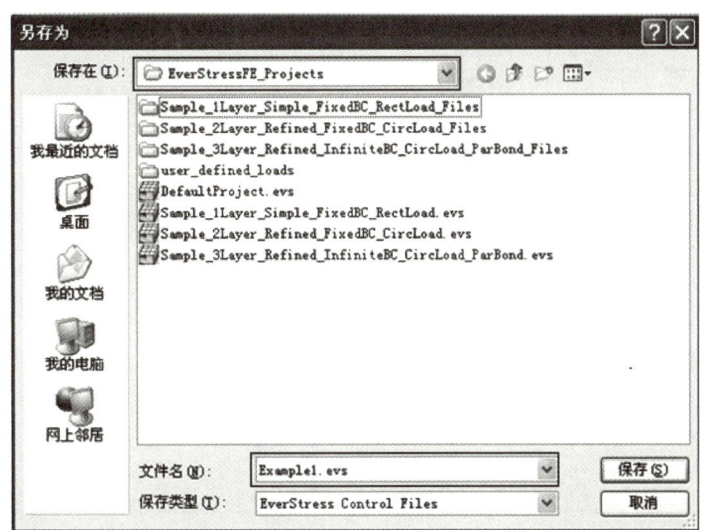

图 5-18　项目保存

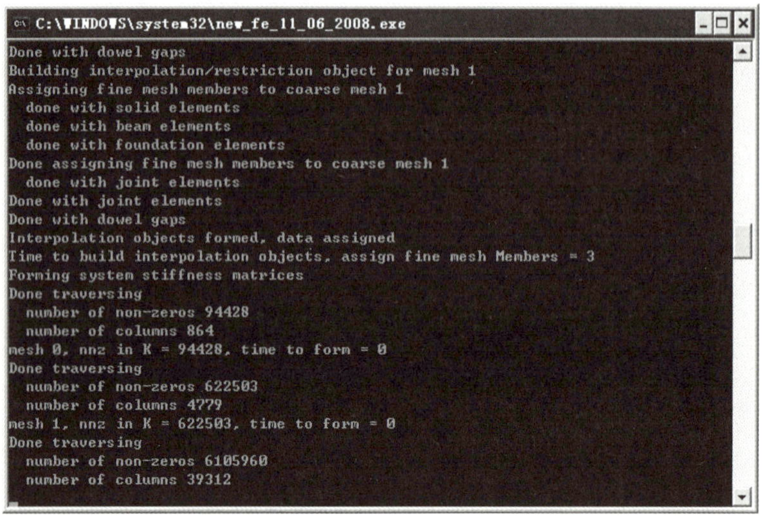

图 5-19　求解器命令窗口计算过程

5.2.2.4　输出结果

EverStressFE 程序具有十分强大的后处理功能供用户使用。计算完成后，点击界面右侧上方"Results"进入输出结果展示。程序拥有三种输出形式，下面予以详细描述。

第一种为力学响应沿深度的曲线分布图，选中"Standrad 2D Plot through Depth"按钮，用户可在"Parameter"选项处选择拟输出的力学响应，点击选项栏可选择正应变（Normal Strain）、剪应变（Shear Strain）、位移（Displacement），如图 5-20、图 5-21 所示。然后通过设定（X，Y）坐标选择该分布图的路表位置（即平面点位）。此处以输出正应变（Normal Strain）为例，选择路表起点为（0，1 000），则界面左方将显示三向正应变沿深度的二维分布图。

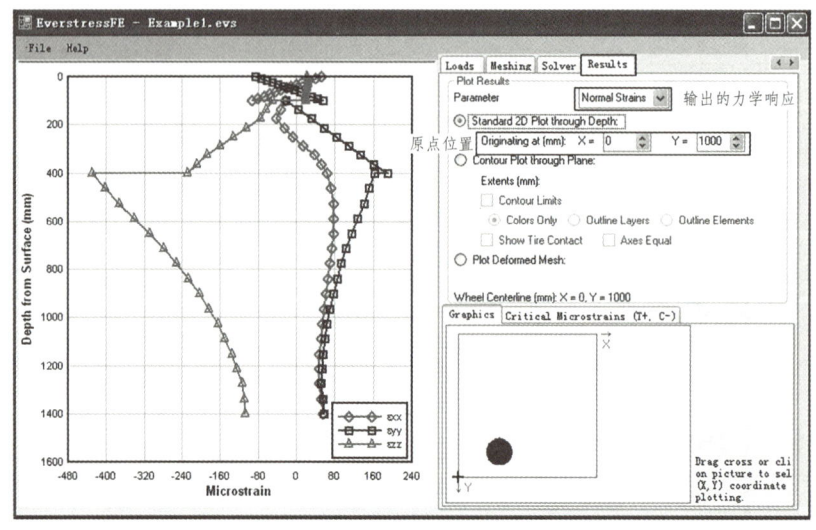

图 5-20　沿深度二维分布图

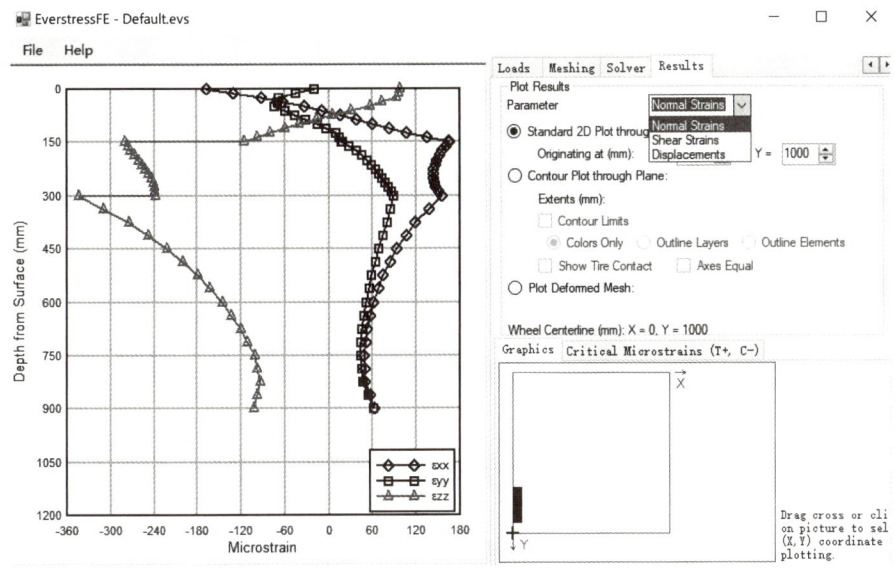

图 5-21 选择输出力学响应

第二种为力学响应等值线图,选中"Contour Plot through Plane"按钮,用户可在"Parameter"选项处选择拟输出的力学响应,点击选项栏可选择三向的正应变、剪应变及位移,如图 5-22、图 5-23 所示。用户还可点击"Contour Plot through Plane"后的选项栏选择所需输出的剖面类型,以及该剖面所处的位置和该剖面输出的范围,如图 5-24 所示。此处以输出 X 方向的正应变为例,并选择位于 $Y=1\ 000$ mm 的 X-Z 剖面,输出范围为 $X=[0, 548]$,$Z=[0, 432]$,界面左方为 X 方向正应变等值线图。

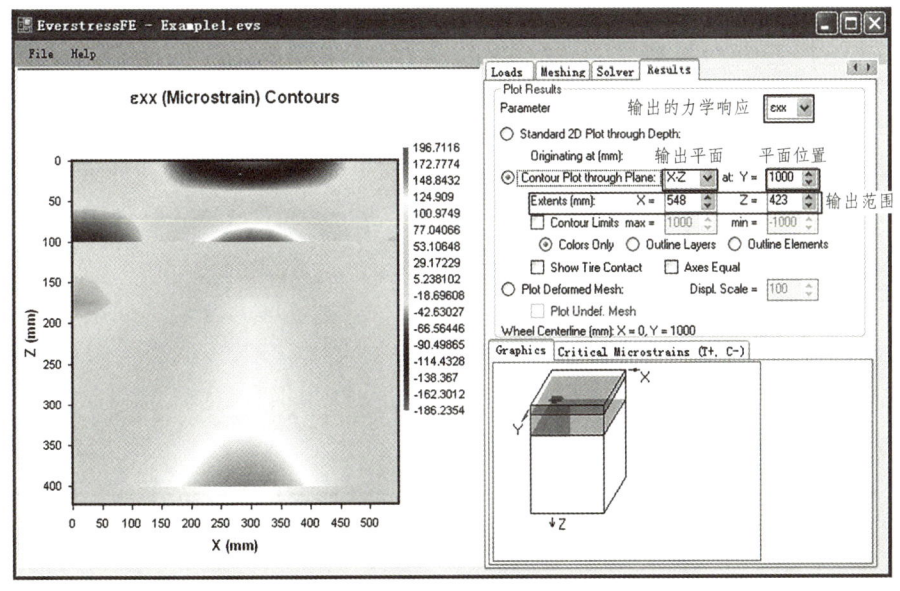

图 5-22 等值线图

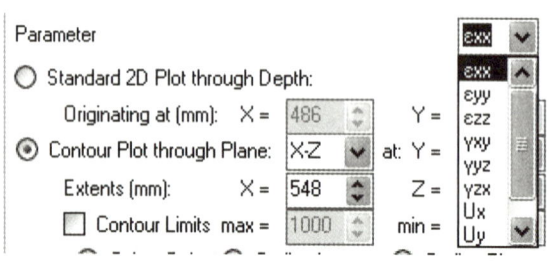

图 5-23 选择输出力学响应

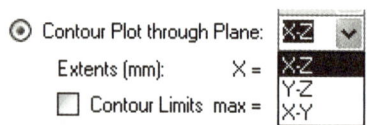

图 5-24 选择输出平面

第三种为变形图,选中"Plot Deformed Mesh"按钮即可输出,界面左方为该 1/4 模型在荷载作用下的变形图,注意此时放大因子被设定为 100。具体见图 5-25。

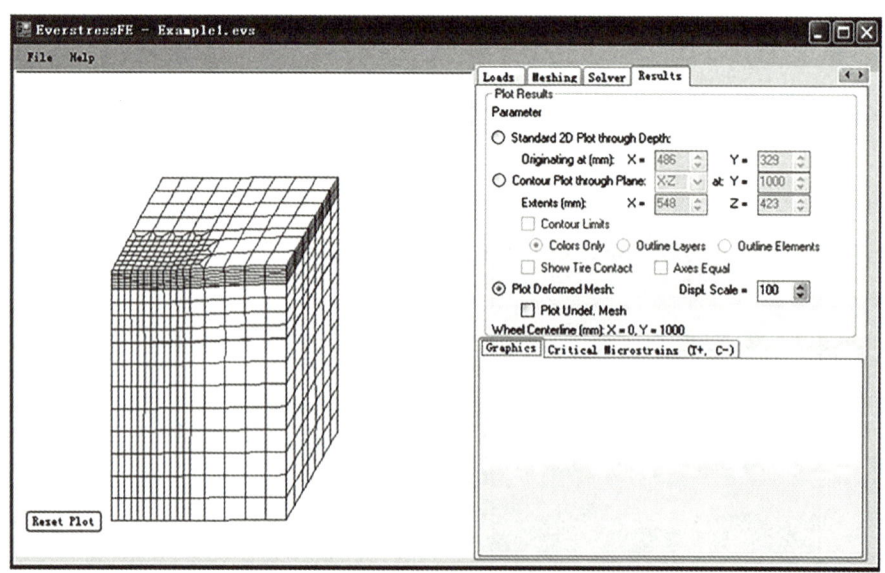

图 5-25 变形图

5.3 EverStressFE 程序进阶

5.3.1 前处理

5.3.1.1 几何尺寸与结构层参数

（1）EverStressFE 程序中路面结构可定义的层数有限，包括土基在内一共可定义为 2~4 层，即最多 4 层、最少 2 层，且从上至下依次连续编号。

（2）为减少计算机时，EverStressFE 程序需要基于对称性选取 1/4 结构进行分析。以双轴双轮荷载为例，在该荷载作用下的全结构力学模型如图 5-26 所示，选取其 1/4 结构开展计算，如图 5-26 中深色部分所示。

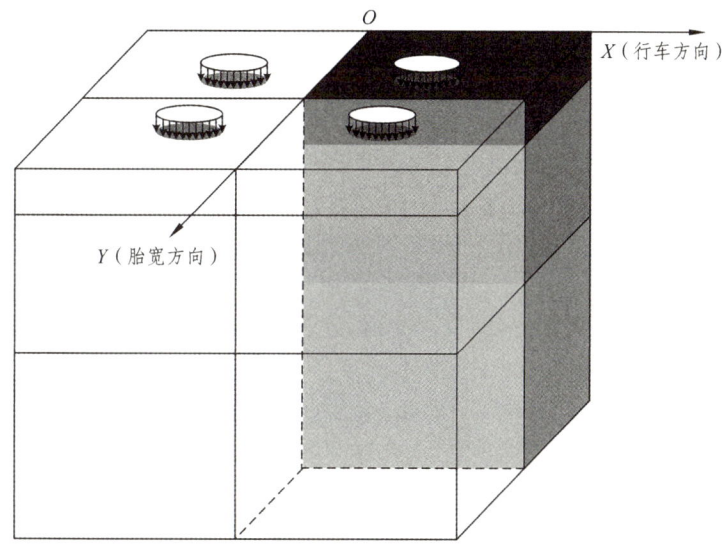

图 5-26　1/4 模型示意（双轴双轮荷载）

针对单轴单轮、单轴双轮、双轴单轮、双轴双轮，其计算模型如图 5-27 所示。

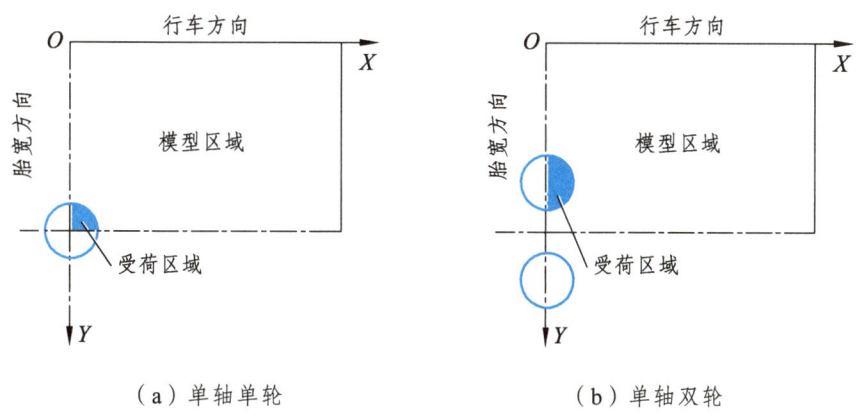

（a）单轴单轮　　　　　　　　　　（b）单轴双轮

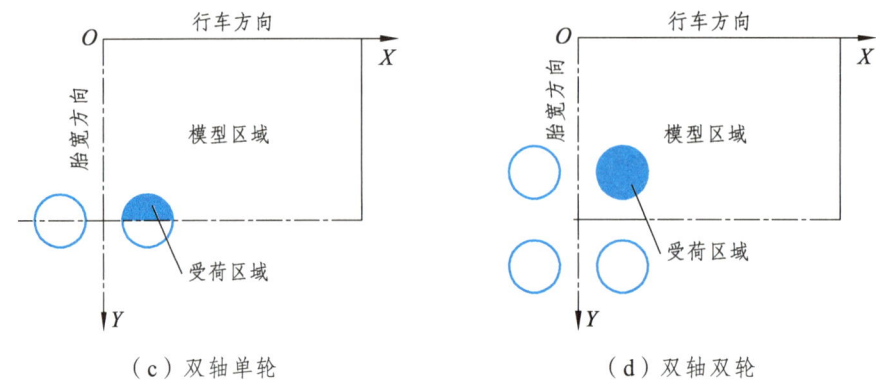

(c) 双轴单轮　　　　　　　　　　(d) 双轴双轮

图 5-27　EverStressFE 软件模型的 1/4 对称性（以圆形荷载为例）

（3）在 EverStressFE 程序中坐标体系如图 5-28 所示，行车方向为 X 轴，胎宽方向为 Y 轴，道路深度方向为 Z 轴，且该坐标体系是固定的，用户不可更改。

（4）用户所输入的模型有限域尺寸仅为所取结构 1/4 的大小，如图 5-28 所示，并非全结构模型的大小。

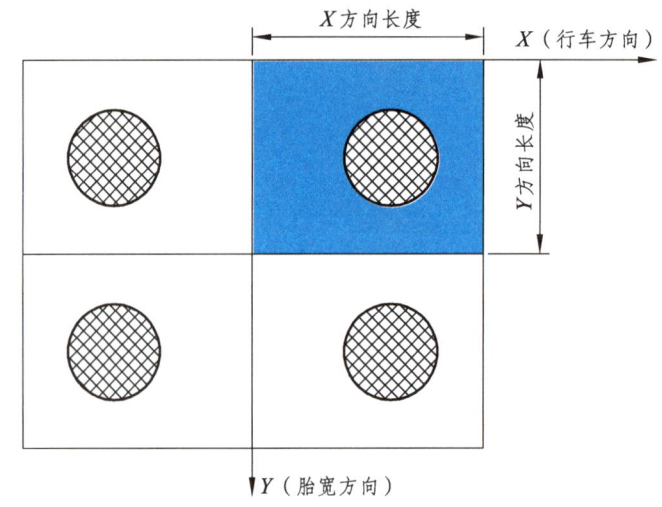

图 5-28　模型 X-Y 平面投影（以双轴双轮荷载为例）

（5）实际的路面结构各结构层沿水平方向无限延伸，最底层的路基应为半无限空间体，其沿三个方向均可无限延伸，但在有限元模型中需将其抽象为沿三个方向均为有限宽度。有限元模型的三向尺寸大小会影响计算精度及机时，在开展正式分析前，应由小至大逐渐增加 1/4 分析模型沿 X、Y、Z 轴三个方向的尺寸，进行多组试算，直至其解答趋近收敛，方可证明此时力学模型的尺寸大小合理。

（6）各结构层均视作为线弹性体，采用弹性模量 E 以及泊松比 ν 来予以表征其弹性性质。该程序仅能开展线弹性力学分析，但用户亦可结合等效回弹模量在 EverStressFE 程序中开展近似的非线性分析，与前述 BISAR 程序类似。

（7）因 EverStressFE 程序中各结构层均为线弹性体，其模量不受应力状态（含自重应力）的影响，为一恒定值，且程序计算的是荷载作用下路面结构所产生的附加应力，不考虑材料自重，故无需输入材料重度或密度。

（8）EverStressFE 程序内置有多种边界条件供选择，边界条件的不同设置会影响计算结果。在 EverStressFE 有限元模型中，其平行于 Z 轴，过 X 轴与 Y 轴的两平面均为对称面，路表为自由边界，其他面可被设置为多种边界条件。如图 5-29 中左侧 "Boundaries" 选项卡，其控制有限元模型底部和远离轮载垂直于 X 轴的平面的边界条件（图 5-30 所示网格阴影部分），可选择为无限域边界或有限域边界。其中无限域边界适用于道路建模，而有限域边界则更适用于实验室试验段建模，两者都是可能存在的实际复杂边界条件的理想化条件。

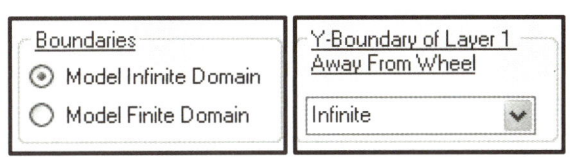

图 5-29　模型边界条件设置

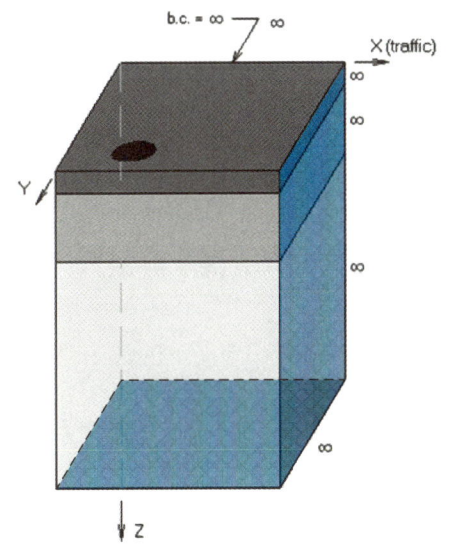

图 5-30　模型底部和远离轮载垂直于 X 轴的平面的边界

如果用户选择有限元模型底部和远离轮载垂直于 X 轴的平面为无限域边界条件，则图 5-29 中右侧 "Y-Boundary of Layer 1 Away From Wheel" 选项卡被激活，其控制结构层 1 在远离轮载方向 $Y=0$ 的平面的边界条件，如图 5-31 所示虚线阴影部分，可选择为自由边界或无限域边界。这允许用户模拟各种真实的路面边界条件。

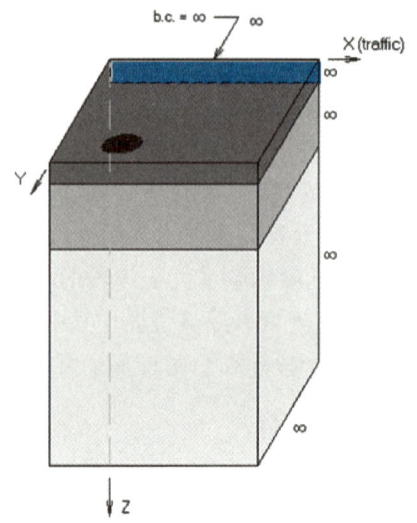

图 5-31　结构层 1 在远离轮载方向 $Y=0$ 的平面的边界

5.3.1.2　荷载参数

（1）该程序仅能模拟静态荷载，不能模拟动态荷载。

（2）在轮轴组合的设置环节中，轮载类型可以选择为单轮或双轮，车轴类型可以选择为单轴或双轴。因此该程序可模拟单轴单轮、单轴双轮、双轴单轮以及双轴双轮。

（3）EverStressFE 程序需根据对称性仅选取 1/4 力学模型进行分析，故荷载仅取 1/4 部分作用。图 5-32 均为双轴双轮荷载，其轮胎接地形状分别为圆形均布、矩形均布、非均布。从界面左方力学模型示意图中可以看出其作用荷载仅为 1/4 荷载，该图一并给出了作用荷载的形状、大小及位置。

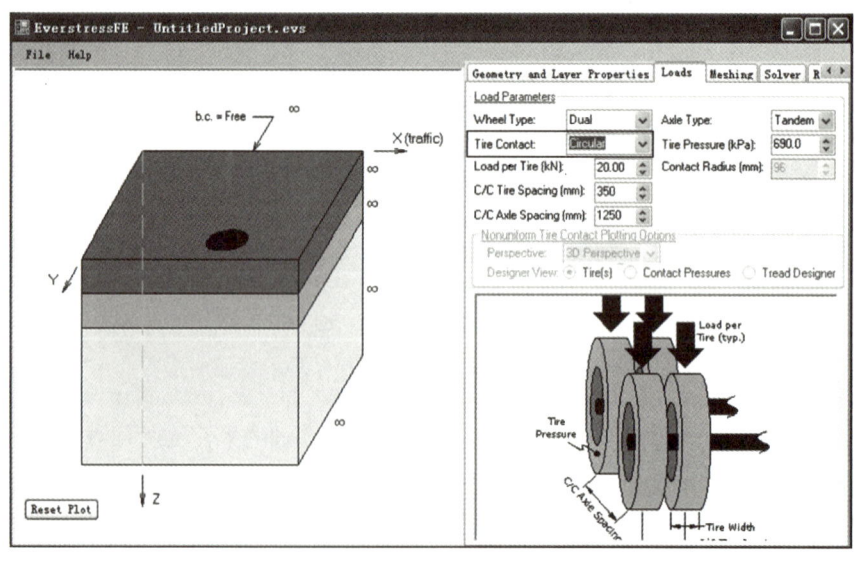

（a）圆形荷载

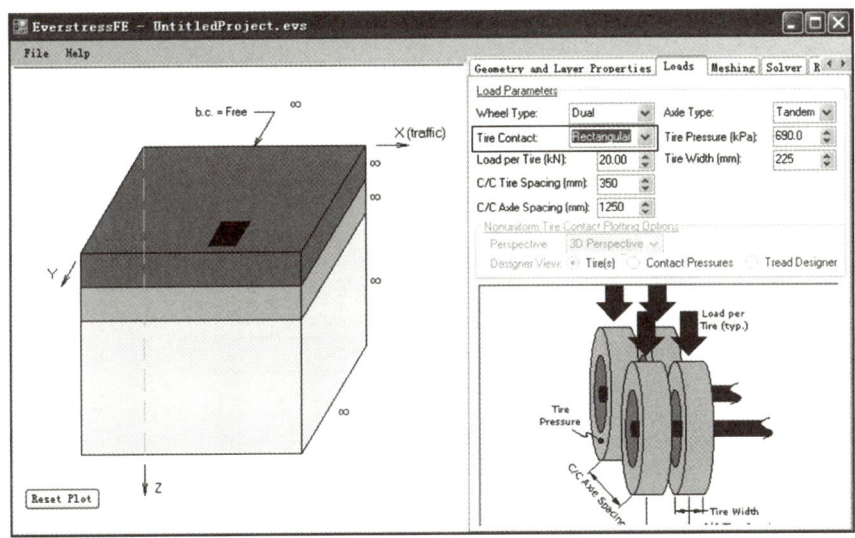

（b）矩形荷载

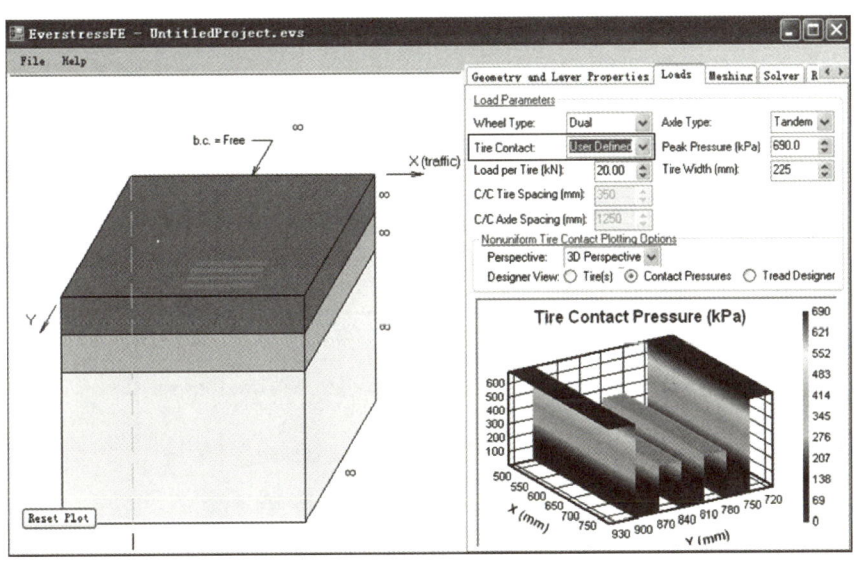

（c）非均布荷载

图 5-32 双轴双轮荷载参数界面

（4）当轮胎接地形状被设置为圆形时，用户无需输入荷载半径，程序会根据输入的荷载大小和胎压自行计算出荷载半径。而当轮胎接地形状被设置为矩形或非均布时，荷载的作用形状均为矩形，那么还需用户输入胎宽一值，程序才可计算出荷载作用矩形的长度，程序输入窗口如图 5-33 所示。

(a) 矩形荷载

(b) 非均布荷载

图 5-33　轮胎宽度输入界面

（5）EverStressFE 具有一个内置的胎面设计工具，允许用户生成更为真实的轮胎接地印痕（只针对走向花纹轮胎），从而模拟非均布轮载。必须将轮胎接地形状设置为用户自定义（User Defined）选项才能使用此功能，并激活胎面设计器，如图 5-34 所示。

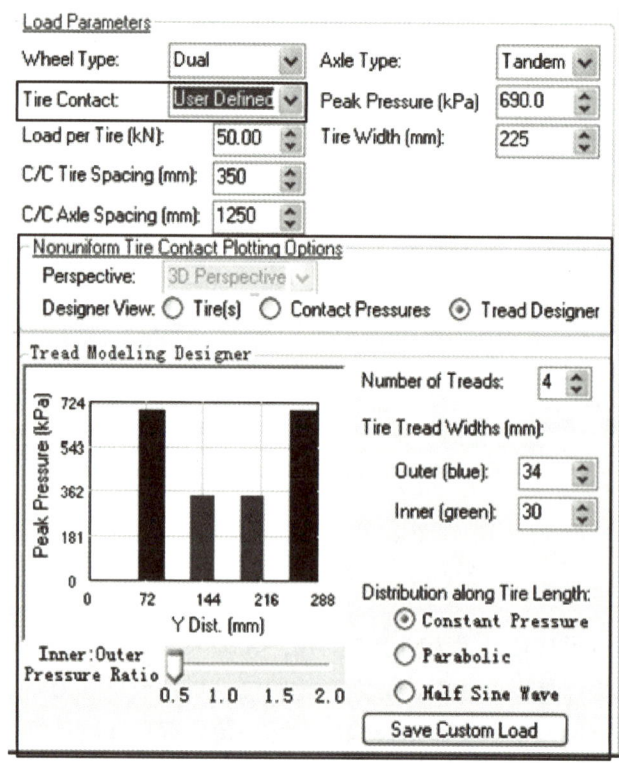

图 5-34　非均布荷载输入界面

沿胎面宽度方向，胎面花纹的数量可以设置为 4 或 5，并需要输入相应的宽度，以调整各花纹间距。由于在界面上方用户已确定了峰值压力（Peak Pressure），故该处只需要通过移动滑动条来确定不同花纹之间的接地压力比。沿胎面长度方向，可以选择均匀分布（Constant Pressure）、抛物线分布（Parabolic）以及半正弦波分布（Half Sine Wave）三种接地压力分布形式。上述参数设定在程序输入窗口中如图 5-35 所示。

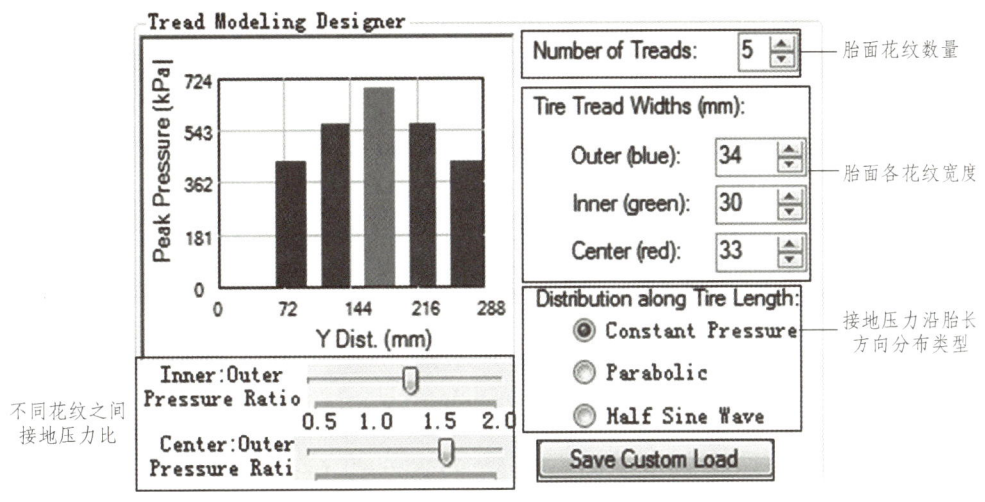

图 5-35　胎面设计

用户在完成上述所有参数设置后可点击上方"Contact Pressures"按钮预览其非均布接地压力分布形态。程序可提供两种分布图形：一种是平面图（Plan View），仅展示接地压力沿胎宽方向的分布，如图 5-36（a）所示；另一种是立体图（3D Perspective），可展示接地压力沿胎宽及胎长方向的分布，如图 5-36（b）所示。

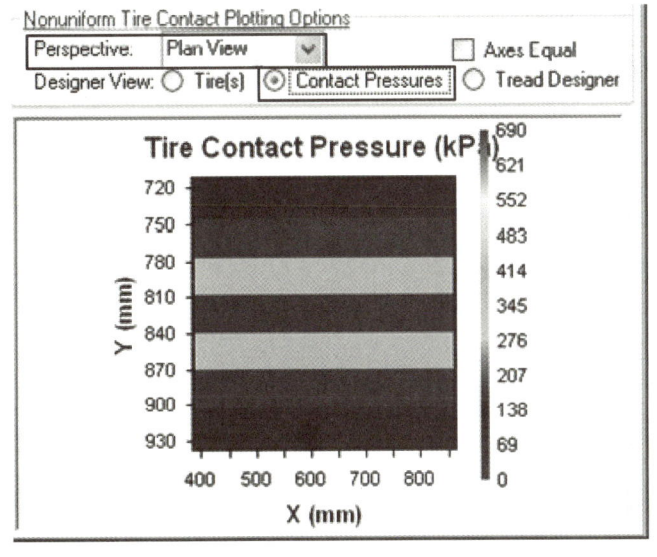

（a）平面图

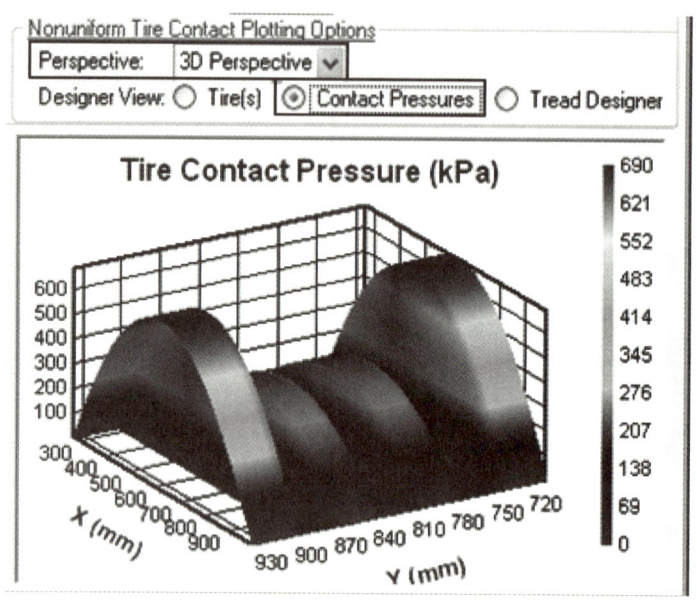

(b)立体图

图 5-36　接触压力分布

用户可点击"Save Custom Load"按钮将已设置好的胎面设计文件命名并存储，如图 5-37 所示，便于之后通过轮胎接地形状中加载自定义（Load Custom）选项时进行调用。此类文件扩展名为.node。

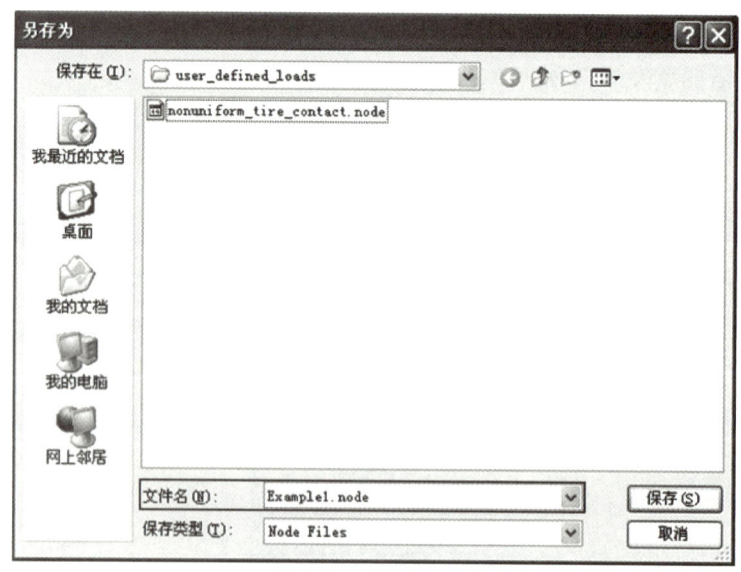

图 5-37　保存非均布荷载文件

（6）EverStressFE 允许用户编制轮载自定义文件来定义不能通过其胎面设计工具模

拟的非均布轮载。其基本思路是设计出离散空间上变化的应力（接地压力）分布，并生成对应（X, Y, p）坐标，创建接地压力分布列表。离散的应力分布点数目越多，模拟出的非均布轮载精度越高。

这些文件的格式相对简单，文件名后缀必须为.node，该文件格式为文本文件，可用记事本、写字板等文本编辑器打开查看或编辑。该文件的第一行包含 4 个值，彼此之间用空格或制表符分隔。其中，第一个值用于定义压力分布点总数，这也是该文件中随后行的数量；第二个值是维度，固定为 2；第三个值是属性的数量，固定为 3；第四个值是边界标记的数量，固定为 1。因此，包含 5 000 个压力点的文件第一行定义为：

5000 2 3 1

在该文件随后的各行必须包含 7 个值，第一个数值是压力点编号（从 1 开始），接下来的三个值分别表示该压力点的 X、Y、Z 坐标，单位为 mm，由于压力施加在路表，故 Z 坐标应始终为 0。后三个值分别为接地压力在 X、Y、Z 方向上的分量，单位为 MPa，由于程序仅可考虑垂向压力，故 X、Y 分量均始终为 0，只有 Z 分量发生变化。因此，包含 5 000 个压力点的文件定义为：

5000 2 3 1
1 100 1000 0 0 0 0.69
2 100 975 0 0 0 0.68
3 100 950 0 0 0 0.66
...
...
4999 500 550 0 0 0 0.36
5000 500 525 0 0 0 0.345

若.node 文件包含 4 949 个及以上数据点，就能足够精确地定义 EverStress FE 内生成的所有非均布轮载形式。

待用户完成.node 文件定义后，如图 5-38 所示在程序中将轮胎接地形状设置为"Load Custom"，随后程序会弹出如图 5-39 所示对话框，用户可在此处选择定义好的.node 文件，亦可调用之前用户保存的胎面设计文件。

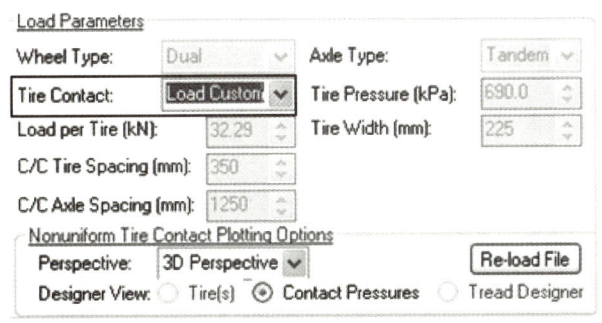

图 5-38　自定义荷载输入界面

图 5-39　选择荷载文件

5.3.1.3　网格剖分

（1）剖分网格时，程序界面左侧图形会随用户在右侧所设置的参数而实时发生变化，便于用户随时检查网格剖分是否合理。左侧图中左上方阴影部分表示荷载作用位置，如图 5-40 所示。

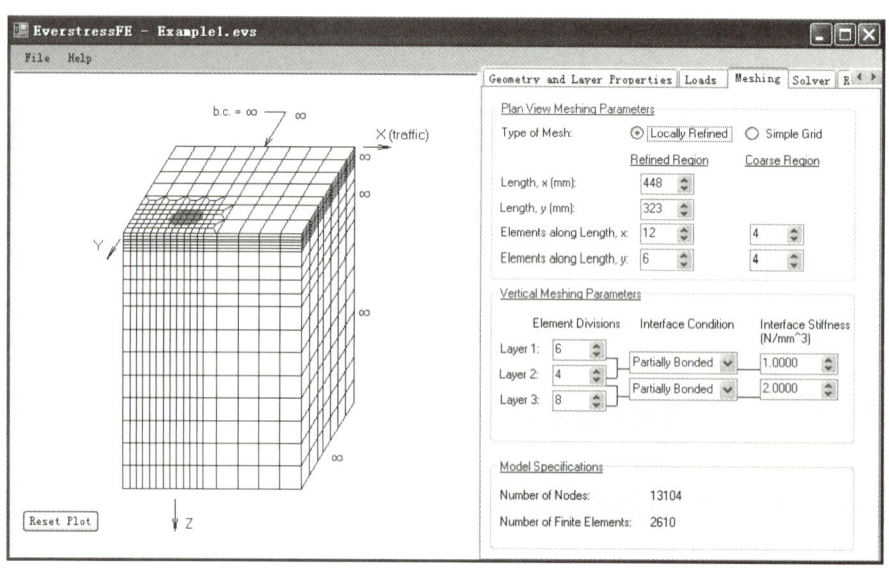

图 5-40　网格剖分输入界面

（2）EverSressFE 程序中沿垂直方向的网格剖分均为在各结构层内等分。而沿水平方向提供网格局部加密（Locally Refined）、简单网格划分（Simple Gird）两种网格剖分类型供用户选择，分别如图 5-41（a）、图 5-41（b）所示。通常为提高计算精度，在大应力梯度存在的区域（即靠近荷载的区域）应当细化网格，故此区域应选择网格局部加密（Locally Refined）剖分类型。但对于精度要求较低的一般力学分析，则可采用等距划分的简单网格划分（Simple Gird）剖分类型。

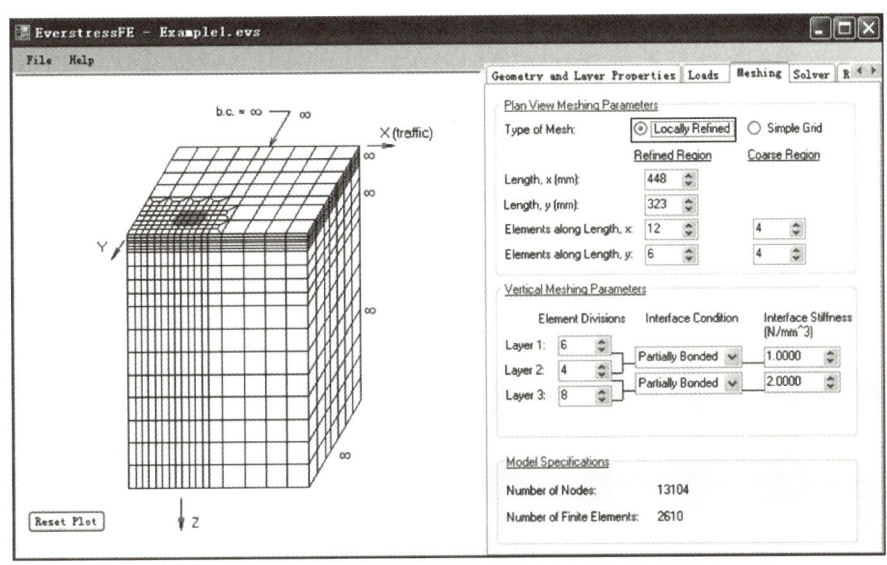

（a）网格局部加密（Locally Refined）

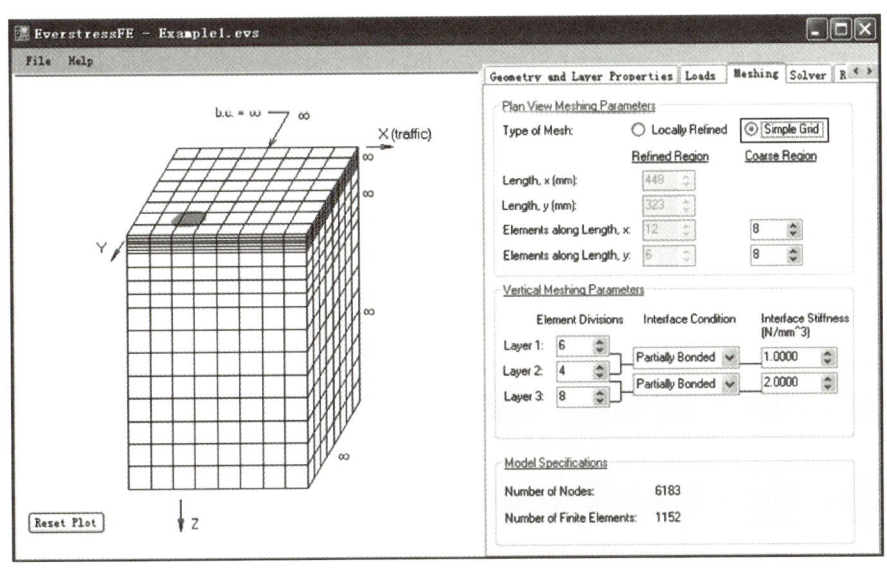

（b）简单网格划分（Simple Gird）

图 5-41　两种网格剖分类型

（3）EverStressFE 中的单元类型除前述采用无限域边界时边界处的无限单元外，还有 20 节点的标准单元、16 节点的界面单元两种类型，如图 5-42 所示。所有类型单元任意一条边上的中间节点均严格设置在该边的正中位置，且单元边缘总是最先接触并传递应力。各结构层被视为三维、线性弹性、各向同性的均质体，并采用 20 节点标准二次型有限单元进行离散化。为了保持不同类型单元的匹配度及通用性，所有单元均配置等参数四边形接触面，采用 8 积分点的高斯积分进行数值积分。而结构层之间的剪切应力是通过特殊处理的 16 节点界面单元来实现传递，为尽可能模拟剪切应力的零厚度传递，EverStressFE 将其厚度设置为 1 mm。不同于库仑（Coulomb）摩擦模型，该单元的本构关系独立于一般应力，以维持路面系统刚度方程的对称性，这对于 EverStressFE 中预条件共轭梯度法的实现非常关键。值得注意的是，界面单元仅用于层间完全连续或部分连续状态，而层间完全光滑时，两界面已脱黏，剪应力无法传递，故对于界面单元不再适用。

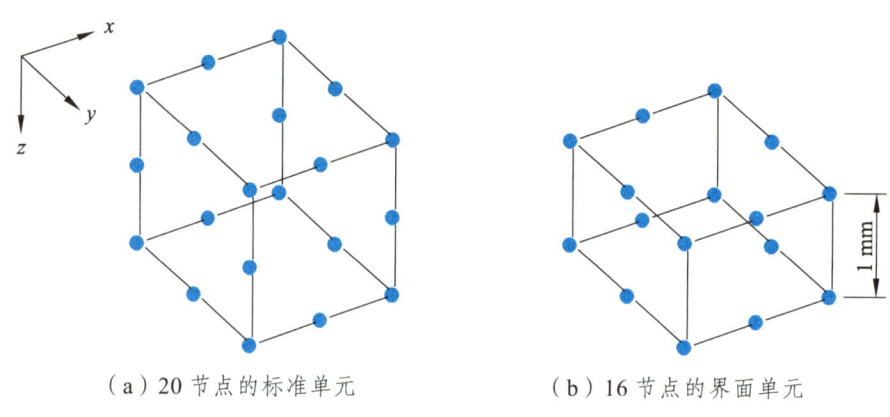

（a）20 节点的标准单元　　（b）16 节点的界面单元

图 5-42　EverStress FE 中的有限单元

EverStressFE 通过在层间界面设置经过特殊处理的 16 节点界面单元，可实现界面间剪切应力的传递。为表征这一力学行为，EverStressFE 引入界面劲度 IS（单位：N/mm^3）来描述路面结构层间界面结合状况。如式（5-1）所示，界面劲度 IS 的含义可表述为：界面单元顶部和底部剪切应力 τ（N/mm^2）与节点间 X 或 Y 方向的相对剪切位移 δ（mm）的比值。

$$IS = \frac{层间剪切应力\,\tau}{层间节点相对剪切位移\,\delta} \tag{5-1}$$

由式（5-1）可知，界面劲度 IS 越大，说明层间结合状况越好，即更趋近于完全连续状态；反之，则说明层间结合状况越差，越趋于滑动状态。当 IS 为 0、∞时，层间结合分别处于完全滑动、完全连续两个极端状态；当 IS 为中间值时，层间结合处于部分连续状态。

在 EverStressFE 中，用户通过直接输入层间界面的界面劲度 IS 来确定该界面的层间结合状况。如图 5-43 所示，当选择层间完全连续时，无需输入界面劲度 IS 值；反之，则可根据实际情况输入大于或等于 0 的 IS 值。值得注意的是，EverStressFE 至多可定义两个界面的结合状况，若路面系统为 4 层结构，第 3 层与第 4 层之间（即底基层-土基界面）默认为完全连续。

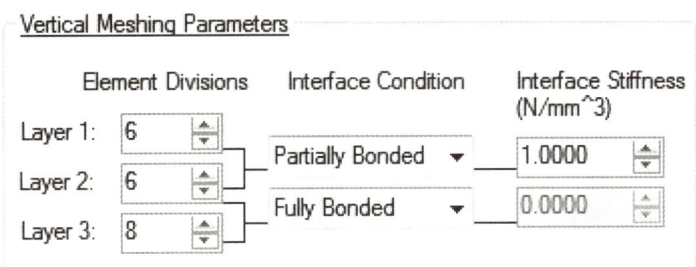

图 5-43　EverStressFE 层间结合状况的设置窗口

（4）有限元网格剖分会对计算精度和计算机时产生较大的影响，在开展正式的力学分析前，需对其分析模型沿 X、Y、Z 轴三个方向的尺寸大小以及网格剖分的合理性（如疏密分布、单元数量等）进行充分验证。

5.3.2　计算求解

5.3.2.1　程序批处理计算

EverStressFE 程序中可对多个文件进行批处理计算，点击图 5-44 "Solver" 界面中的 "Work with a Batch List" 即可实现，点击后如图 5-45 所示。

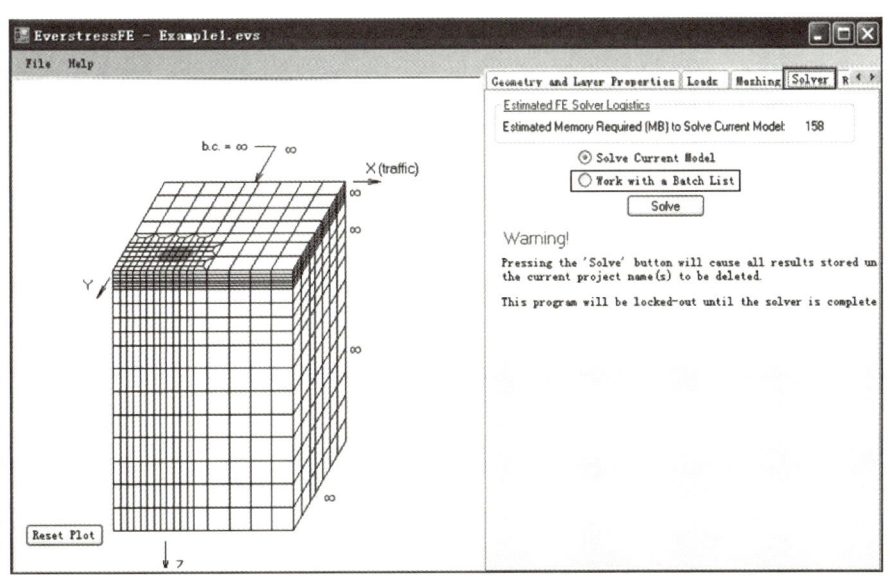

图 5-44　EverStressFE 程序 "Solver" 界面

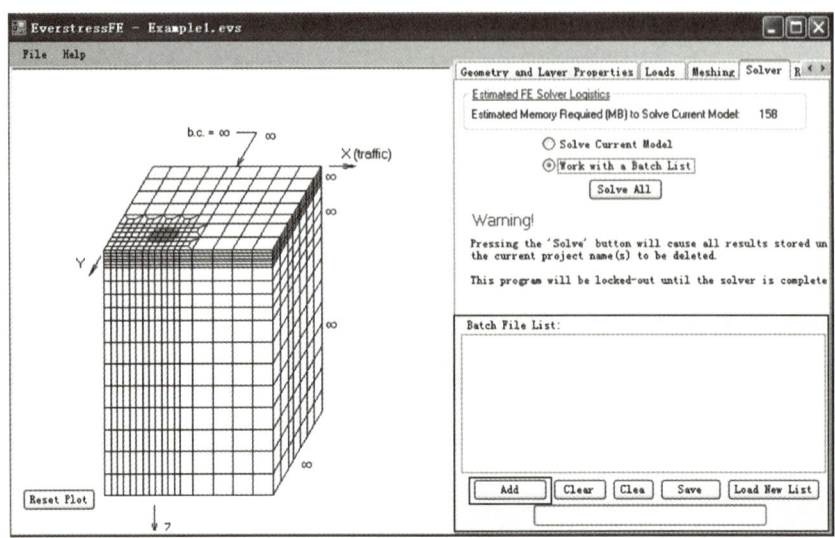

图 5-45 程序批处理计算列表

点击图 5-45 中的"Add"按钮，程序会弹出如图 5-46 所示选项框，用户在此选择需进行批处理计算的文件，此处以选择"Example1.evs"及"Example2.evs"为例。

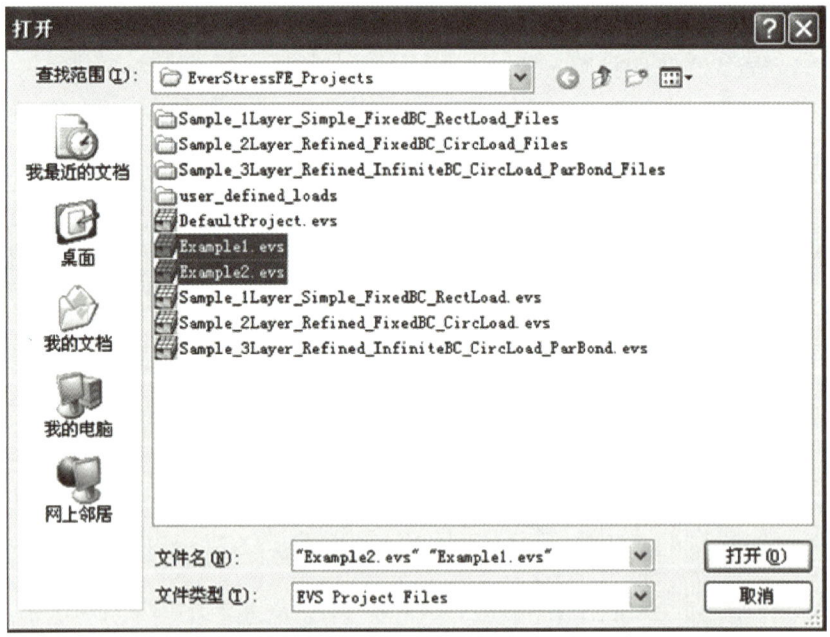

图 5-46 选中批处理计算文件

选中所需计算文件后，如图 5-47 所示，在"Batch File List"列表中会显示用户所选中的文件。用户还可点击下方的"Clear"删除列表所有文件；"Clea"删除选中文件；"Save"保存该批处理计算列表；"Load New List"加载新的批处理计算列表。确定好所有计算文件后点击上方"Solve All"即可开始依次计算列表中所有文件。此功能对大规模运算特别有帮助,用户可建好所有模型后,于空闲时间开展批处理计算,以提高工作效率。

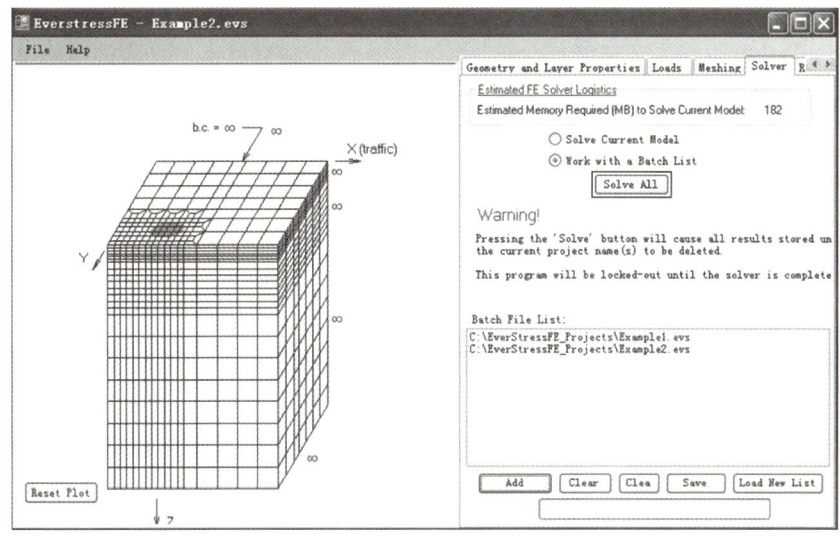

图 5-47　程序批处理计算

5.3.2.2 求解器命令窗口

在开始对用户定义的力学模型进行计算时,程序会首先弹出一个求解器命令窗口,如图 5-48 所示,在求解过程中,此命令窗口所显示的内容可能包含用户感兴趣的信息,用户也可将其最小化处理。

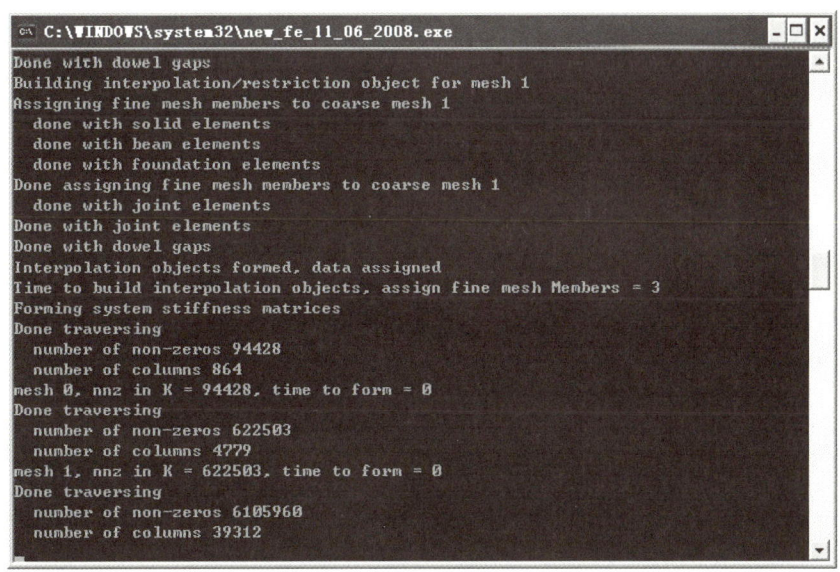

图 5-48　求解器命令窗口计算过程

5.3.3 后处理

5.3.3.1 沿深度二维分布图

在 Results 界面右下方的"Graphics"选项卡是一个交互式工具，可帮助确定力学响应沿深度二维分布图的原点位置（即路表平面位置）。图中黑色加号（＋）表示程序界面左侧二维分布图的原点所在位置，用户可选择此黑色加号移至新位置更改原点，也可以通过在数据框中输入坐标来更改原点，此时右下方"Graphics"选项卡中的黑色加号（＋）也会随着用户所输入的坐标实时变动，具体见图 5-49。

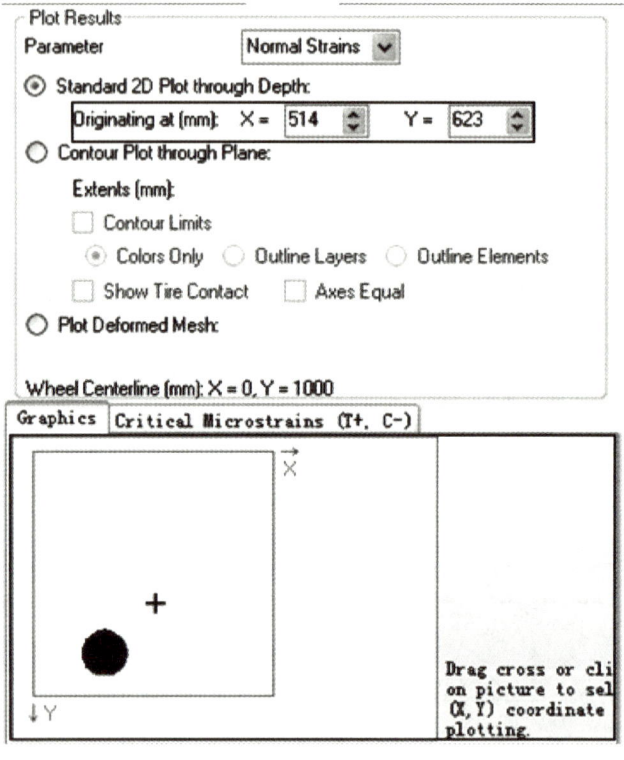

图 5-49　Graphics 选项卡

5.3.3.2 等值线图

在等值线图的选项中，程序界面右下方也有"Graphics"选项卡，其功能仅用于显示用户拟输出的剖面位置，不再具有交互功能。在"Graphics"选项卡的图形中，结构层用黑线勾勒，结构层界面用透明的灰色着色，以产生三维效果。轮胎接触面显示为透明蓝色，左侧输出的剖面则被涂抹为透明绿色以示意，如图 5-50 所示。

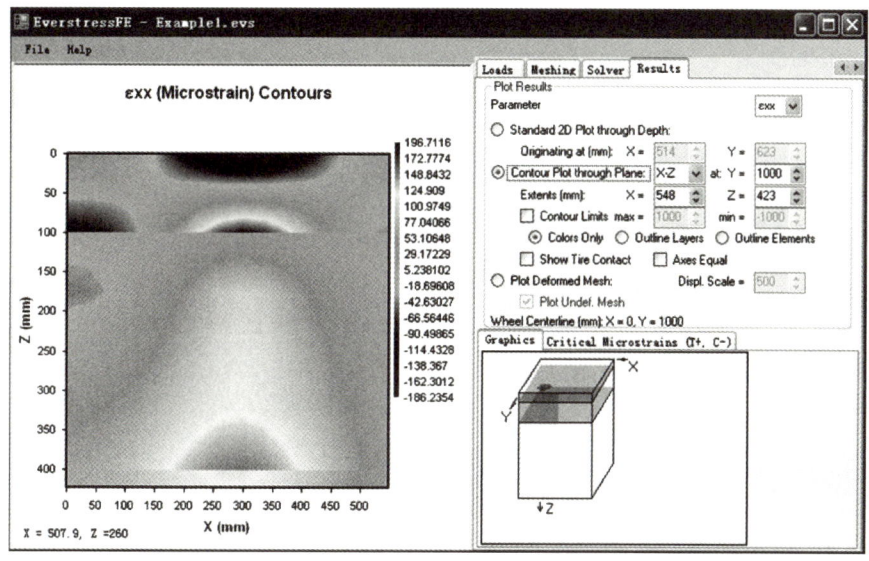

图 5-50　Graphics 选项卡

在该输出形式中，用户可以自行定义多个设置，以达到理想的输出效果，详细介绍如下：

（1）可以输出 9 种不同的力学响应，包括 3 个正应变、3 个剪应变、3 个分位移，如图 5-51 所示。

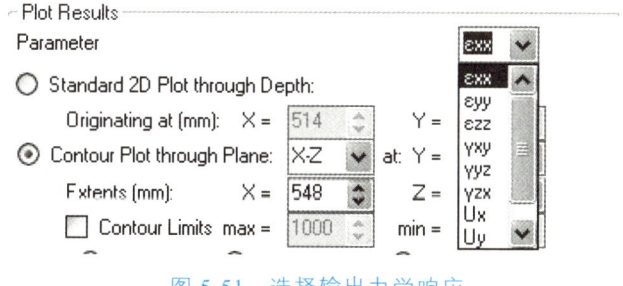

图 5-51　选择输出力学响应

（2）可以指定输出剖面类型及位置，包括 X-Z 剖面、Y-Z 剖面、X-Y 剖面。用户可通过选取不同的输出剖面类型及位置获取有限元模型中任意位置的力学响应，如图 5-52 所示。

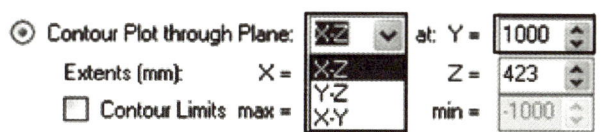

图 5-52　选择输出平面及其位置

（3）可以指定输出剖面的范围，但其各轴坐标均需从 0 开始。以输出 X-Z 平面为例，图 5-53（a）、图 5-53（b）输出的 X 方向的范围分别为[0，548]及[0，960]，单位为 mm。

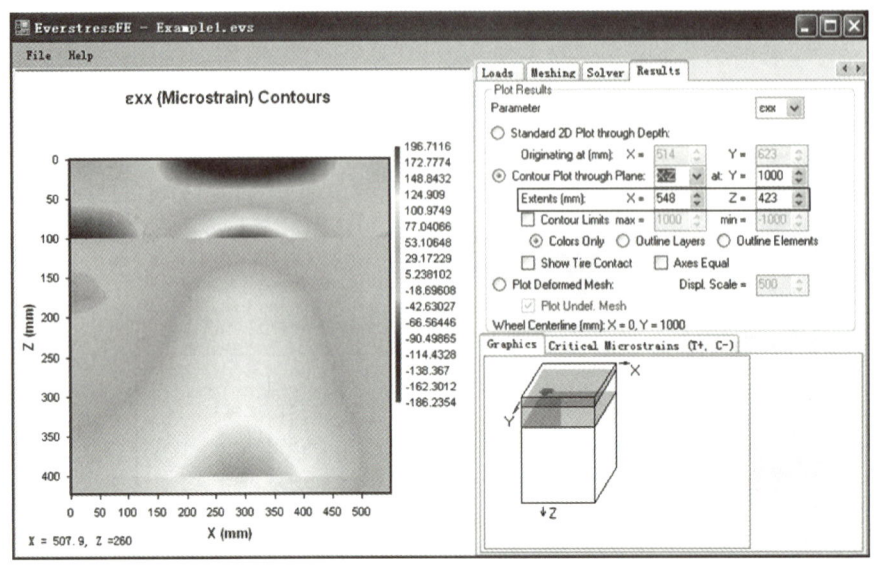

（a）输出平面 X 方向范围[0, 548]

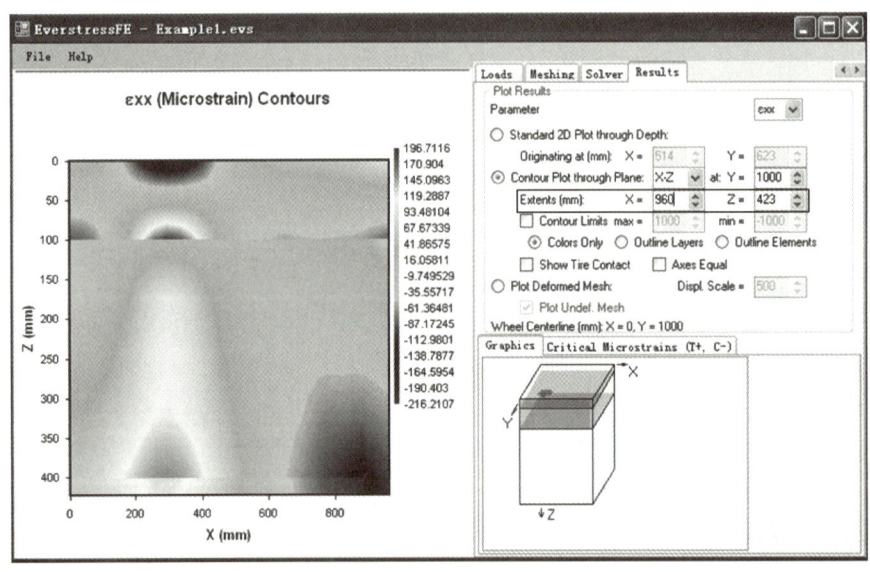

（b）输出平面 X 方向范围[0, 960]

图 5-53　剖面范围

（4）可以指定等值线颜色显示的限制。程序默认所计算有限元模型中的最大、最小力学响应作为等值线颜色显示上、下限，如图 5-54 所示。但用户可根据需求更改其上、下限，勾选"Contour Limits"选项，如将图 5-54 中的上限改为 100，下限改为-100，则左侧输出的图形会变为如图 5-55 所示。在更改后的等值线图中，将力学响应大于等于 100 的值视作为同一种颜色；同样，力学响应小于等于-100 的值也视作为同一种颜色。

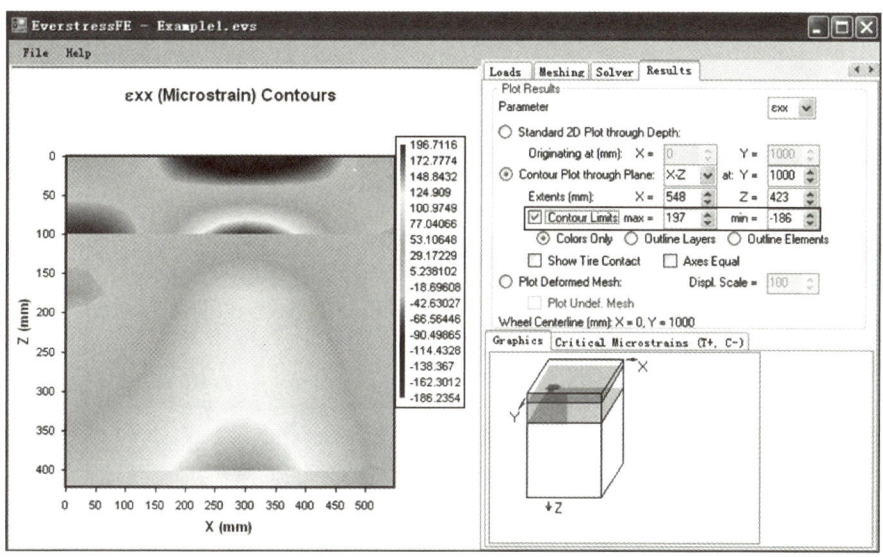

图 5-54　更改上、下限前等值线图

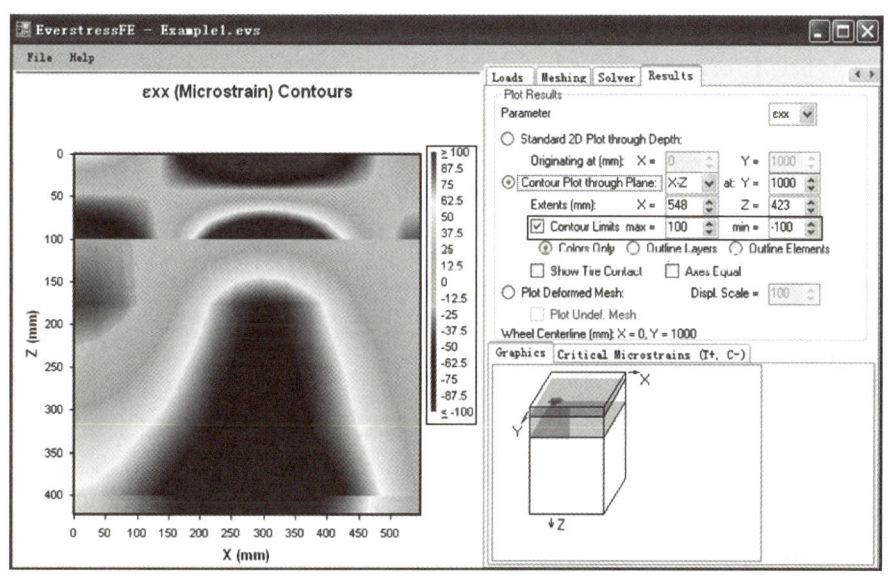

图 5-55　更改上、下限后等值线图

（5）可以选择仅查看等值线图（Colors Only）、绘制结构层（Outline Layers）、绘制单元网格（Outline Elements）三种输出形式，如图 5-56 所示。这大致可理解为多个图层的叠加。

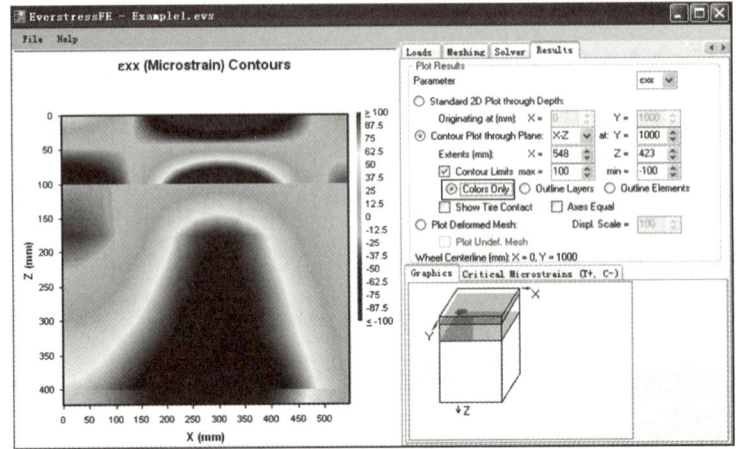

（a）仅查看等值线图（Colors Only）

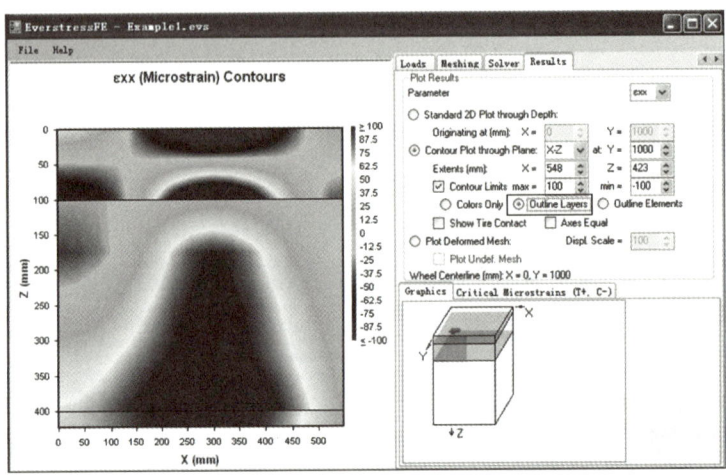

（b）绘制结构层（Outline Layers）

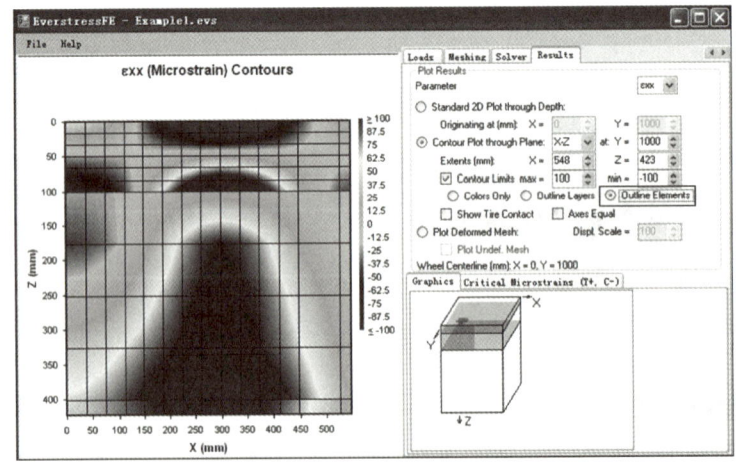

（c）绘制单元网格（Outline Elements）

图 5-56　等值线图多个图层的叠加

（6）可以选择在等值线上方显示轮胎接触区域，勾选"Show Tire Contact"选项即可，如图 5-57 所示。这样可细致地观察到荷载作用的具体位置。

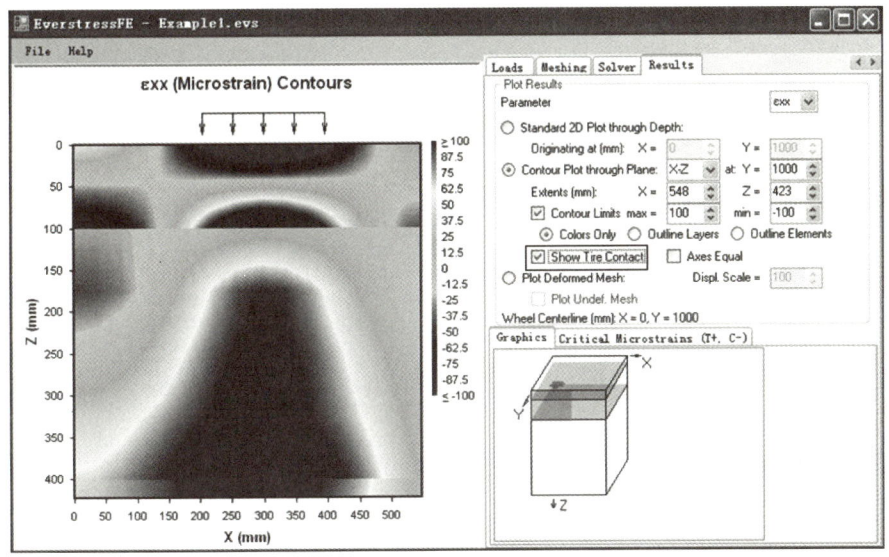

图 5-57　显示轮胎接触区域

（7）用户可以选择将等值线图坐标轴设置为相等（即轴视图），勾选"Axes Equal"选项即可，如图 5-58 所示。

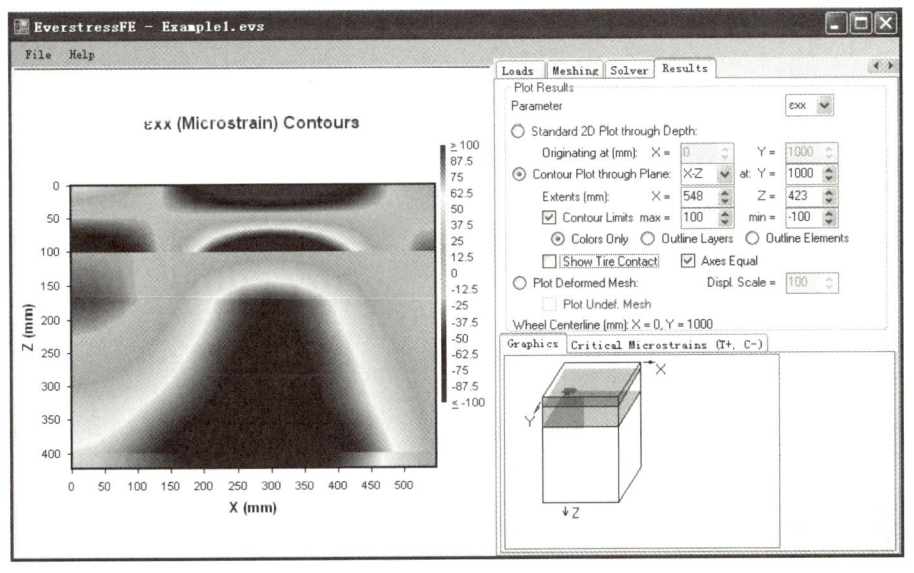

图 5-58　设置相等坐标轴

（8）用户可以将鼠标置于等值线图中任意位置，程序会在界面左下角即时输出该位置处的坐标以及力学响应值的大小，如图 5-59 所示。

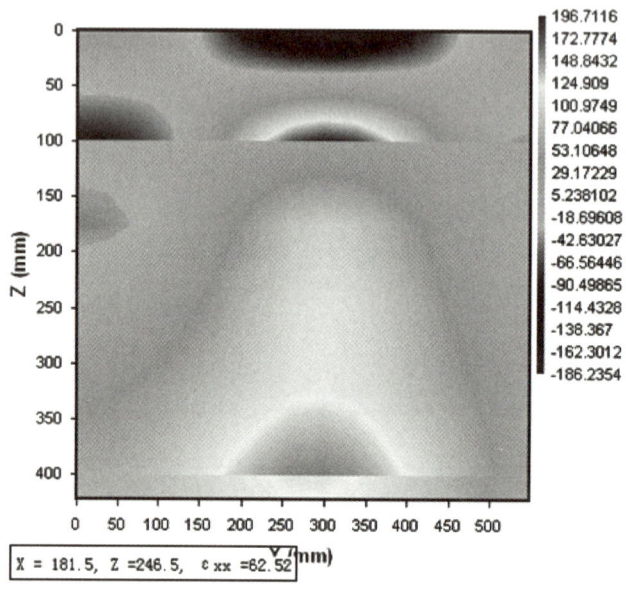

图 5-59　即时输出

（9）在进行力学响应分析时，用户若需输出位于层间界面上的力学响应，可在"Results"中选择等值线图输出形式，定义 X-Y 平面为输出平面且将 Z 坐标定义为层间界面的深度，如图 5-60 所示，在界面右侧会生成新的选项卡，用户进行 top/bot 上下切换可分别查看界面上下层的力学响应。

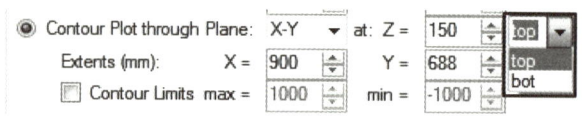

图 5-60　EverStressFE 层间界面力学响应的上下切换窗口

5.3.3.3　变形图

因路面结构在荷载作用下的变形值较小，在图中不便直观体现，故可通过更改程序界面中的比例因子（Displ. Scale）来放大变形值，使得图形更加直观。程序中默认比例因子为 100，图 5-61 所示变形图的比例因子分别为 100 和 500，随着比例因子的增大，图形更能直观地反映有限元模型的变形状态。

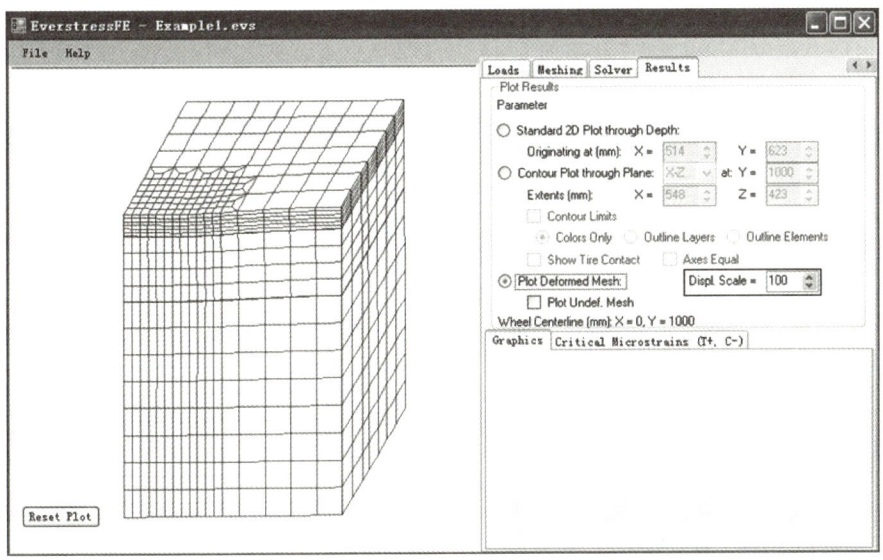

（a）比例因子 100

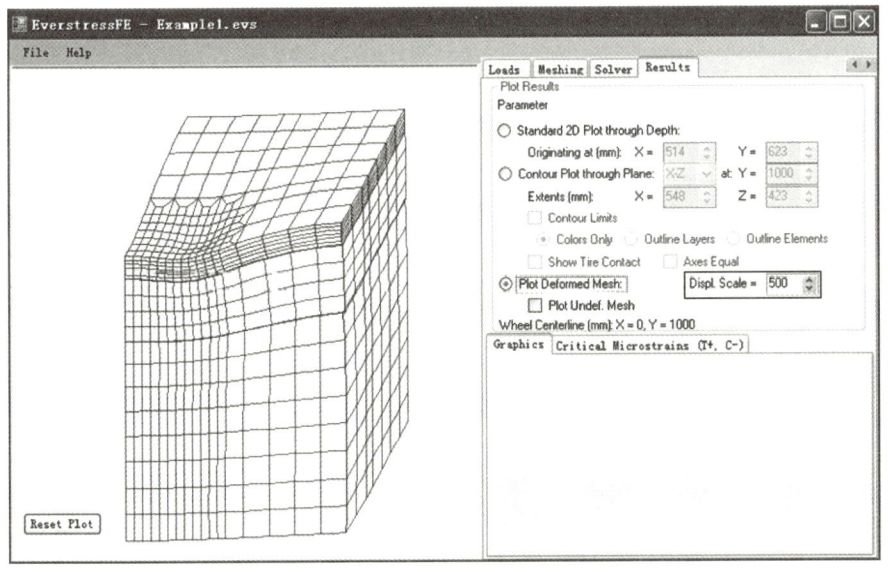

（b）比例因子 500

图 5-61　不同的变形放大因子

此外，用户还可以使用界面中"Plot Undef. Mesh"选项，以透明的灰色部分显示未变形的网格，如图 5-62 所示，可供用户直接比较有限元模型变形发生前后的特征。

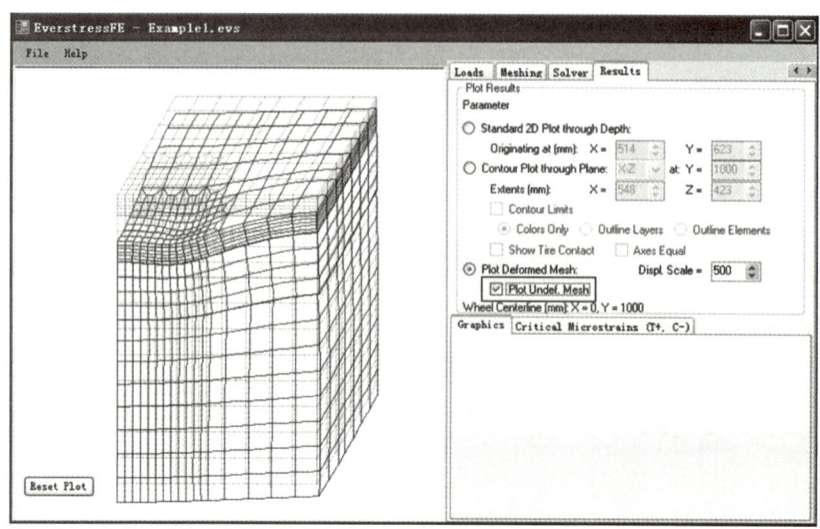

图 5-62　显示未变形的网格

5.3.3.4 Critical Microstrains 选项卡

在程序界面右下方"Critical Microstrains"选项卡中提供了该有限元模型中的重要力学响应，如图 5-63 所示，分别为轴对称线处结构层 1 的最大水平应变及平均垂向应变（Max. Horz. /Avg. Vert. Strains in Layer 1）、结构层 2 的平均垂向应变（Avg. Vert. Strain in Layer 2）、距结构层 3 顶面 0 mm 处及 150 mm 处的垂向应变（Vert. Stains at 0 mm/150 mm into Layer 3），对于仅需获取上述重要力学响应的用户可直接查看该选项卡。其中，拉应变为正，压应变为负。

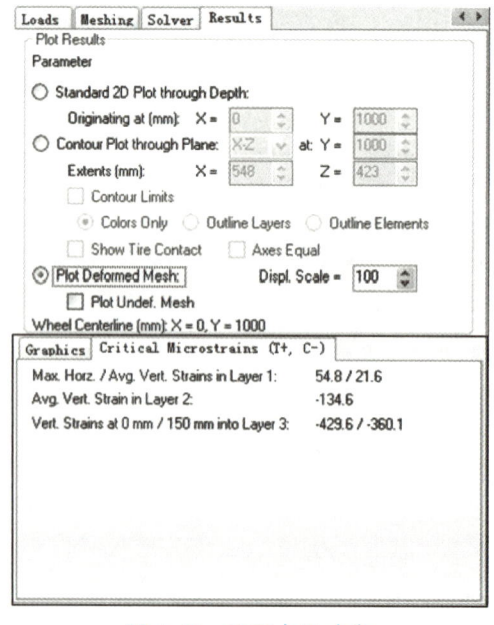

图 5-63　重要力学响应

5.3.3.5 数据的文本格式提取

上述 3 种输出形式表明 EverStressFE 程序已具备十分优秀的后处理功能，可供大部分用户使用。但对于部分用户，上述三种输出形式可能无法满足需求，主要在于这些力学响应均直接以图形形式显示，用户无法或者不便进行后续的再加工处理。此时就需要获取有限元模型中力学响应的文本数据，以供用户提取用于其他第三方软件绘制所需要的图形，或对文本数据进行进一步处理。下面详细予以阐述。

在提取文本数据前，用户需先打开 EverStressFE 程序主界面，点击界面右侧上方"Results"，选择等值线图输出形式（Contour Plot through Plane），如图 5-64 所示。

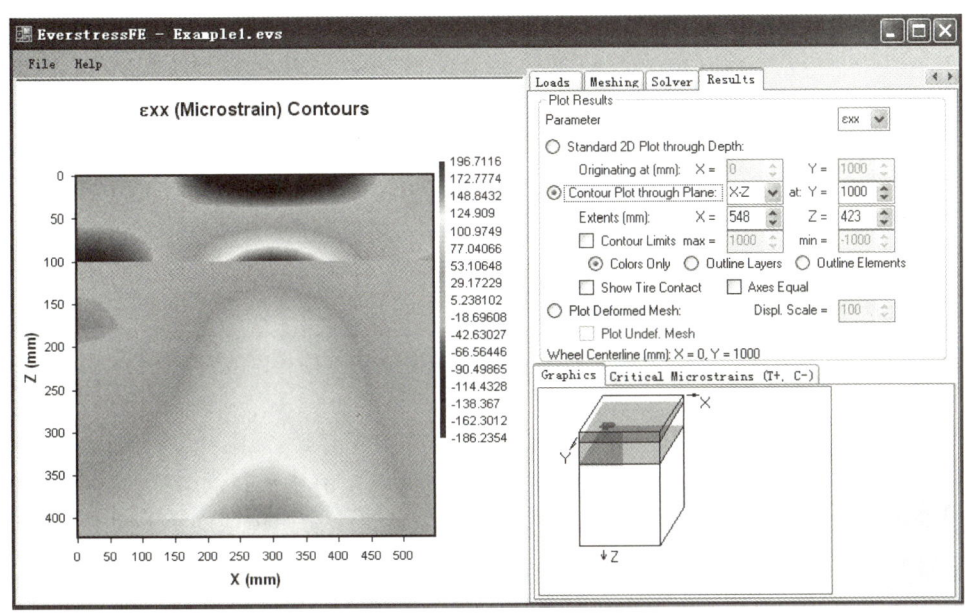

图 5-64 等值线图输出界面

然后，用户打开 EverStressFE 程序的安装文件目录，如图 5-65 所示，随后打开程序"DPLOTJR. EXE"，打开后如图 5-66 所示，该显示的等值线图即为用户之前在 EverStressFE 程序中输出的图形（图 5-64）。

图 5-65 程序文件夹目录

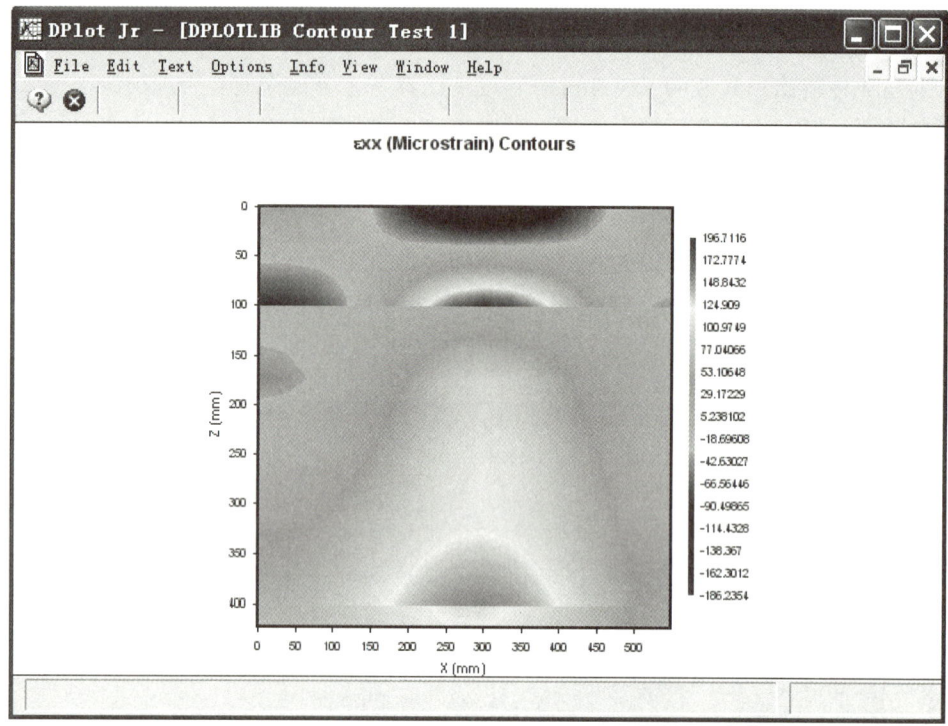

图 5-66　DPLOTJR 程序界面

随后,点击图 5-66 界面上方菜单栏中"Edit",选择"Copy",点击其中的"Data values",如图 5-67 所示,此时该等值线图中的文本数据已复制至剪切板,供用户粘贴至 EXCEL 等软件内使用。其文本分为三列,从左至右第一列为等值线图横坐标(本例为 X 坐标),第二列为等值线图纵坐标(本例为 Z 坐标),第三列为该坐标处的力学响应值(本例为 X 向微应变)。以图 5-66 中的等值线图为例,数据"0　25　13.2027"为该等值线图提取出来的文本数据,表示 $X=0$ mm,$Z=25$ mm 处 X 方向的正应变为 13.2027×10^{-6}。

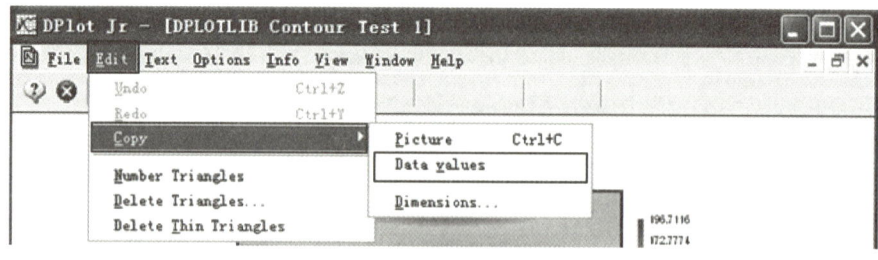

图 5-67　复制文本数据

使用 DPlot Jr 导出 EverStressFE 程序中的结果文本数据后,再根据需求使用第三方软件(如 Origin、Sufer、SigmaPlot 等)对文本数据进行精细可视化后处理,从而实现计算结果由点到线、面的转换。

5.3.4 建议进一步阅读的文献

读者可访问网址：https://civil.umaine.edu/everstressfe-2/，通过发送电子邮件给该软件开发者 Bill Davids 教授获取 EverStressFE 软件。需注意必须使用 gmail 地址的电子信箱，且需在邮件信息中注明所在单位、预期用途等。

建议读者进一步阅读以下文献：

[1] WILLIAM G DAVIDS. EverStressFE1.0 Software for 3D Finite-Element Analysis of Flexible Pavement Structures[Z]. Orono：University of Maine，2009.

[2] WILLIAM G DAVIDS, JOSHUA D CLAPP. EverStressFE1.0 Software for 3D Finite-Element Analysis of Flexible Pavement Structures: Summary of Features and Capabilities[Z]. Orono：University of Maine，2009.

[3] XIN JIANG, CHENG ZENG, XIAOFENG GAO, et al. 3D FEM analysis of flexible base asphalt pavement structure under non-uniform tyre contact pressure[J]. International Journal of Pavement Engineering, 2019, 20(9): 999-1011.

[4] XIN JIANG, CHENG ZENG, KANG YAO, et al. Influence of bonding conditions on flexible base asphalt pavement under non-uniform vertical loads[J]. International Journal of Pavement Engineering，2021, 22(12): 1491-1503.

其中文献[1]、[2]以产品推介的形式，扼要介绍了 EverStressFE 的主要特征；文献[3]阐述了 EverStressFE 软件在垂直非均布荷载应力分析中的应用；文献[4]阐述了 EverStressFE 软件在沥青路面结构层间结合不良力学分析中的应用。

利用该程序开展其他一些应用性研究，读者还可参考本书末"主要参考文献"之文献[24]、[29]、[33]、[36]、[37]、[39]等。

第6章 基于三维连续有限层法的 3D-Move Analysis 软件电算技术

6.1 3D-Move Analysis 程序简介

3D-Move Analysis 程序是一款基于连续有限层法（continuum-based finite-layer approach）的沥青路面结构分析软件，由美国内华达大学雷诺分校（University of Nevada, Reno）开发，可考虑一些影响路面结构力学响应的重要因素，如移动荷载、任意形状的三维接触应力分布（包括法向应力和剪切应力）以及路面黏弹性材料特性。该程序有如下特点：① 连续有限层法将每一结构层视为一个连续体，采用傅里叶（Fourier）变换技法，可以处理复杂的路面荷载，如移动荷载和非均布荷载。② 通常情况下，路面是水平分层的，只需要在几个选定的位置处进行路面响应分析，故有限层法比有限元法的移动荷载模型计算效率更高。③ 由于该方法能够适应与速度相关的材料特性（黏弹性），所以是模拟沥青混凝土层性能和研究路面力学响应随车速变化的理想工具。对于动态分析问题可采用频域解，且可直接利用混合料的扫频试验数据进行分析。④ 程序包含路面性能分析模型，这些模型可用于进行多种重要的路面损伤分析。⑤ 可考虑特殊非公路车辆（如端卸卡车和叉车等）。

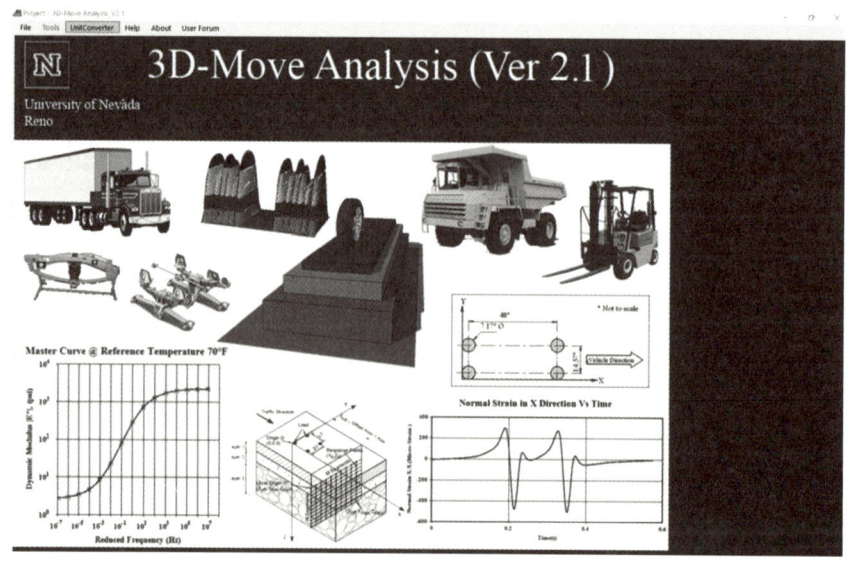

图 6-1 程序界面

需要说明的是，该程序提供了论坛网址 https://3d-move.forumotion.com/，可供全球用户或感兴趣者线上交流讨论。图 6-1 为程序界面。

6.2　3D-Move Analysis 程序入门

6.2.1　程序安装

程序安装目录如图 6-2 所示。其中"3D-Move_Analysis_V2.1.msi"为安装程序，选中该文件双击鼠标左键即可进入安装界面，如图 6-3 所示。

3D-Move_Analysis_V2.1.msi	2015/8/2 23:07	Windows Installer ...	86,992 KB
dotNetFx40_Full_setup.exe	2015/12/30 11:53	应用程序	869 KB
out (1).pdf	2015/8/2 23:22	WPS PDF 文档	19,182 KB
UNRReleases3DMoveAnalysis.pdf	2015/8/2 23:36	WPS PDF 文档	622 KB

图 6-2　程序安装目录

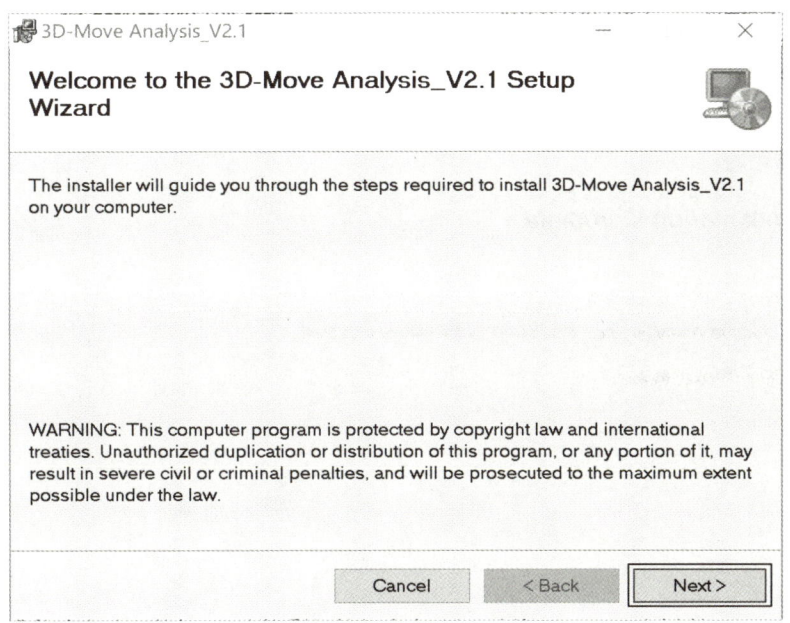

图 6-3　程序安装界面

点击"Next"进入安装，会出现如图 6-4 所示界面。程序默认安装路径为 C:\Program Files (x86)\UNR\3D-Move Analysis_V2.1，用户可点击"Browse"更改安装路径，也可直接使用默认路径，确定后点击右下角"Next"开始安装。

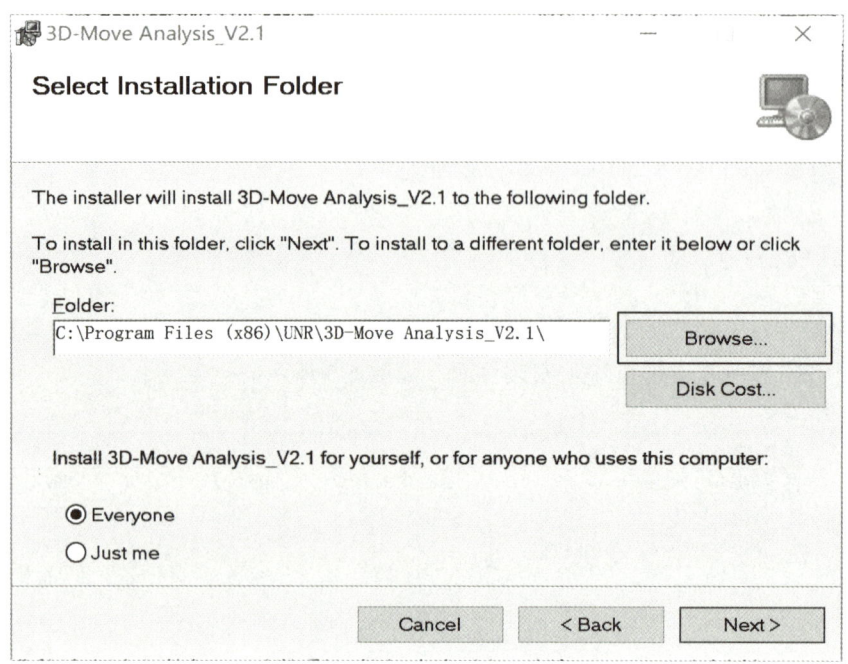

图 6-4　确定安装路径

出现如图 6-5 所示对话框后点击"Close"即安装完成，桌面上会生成打开程序的快捷方式。

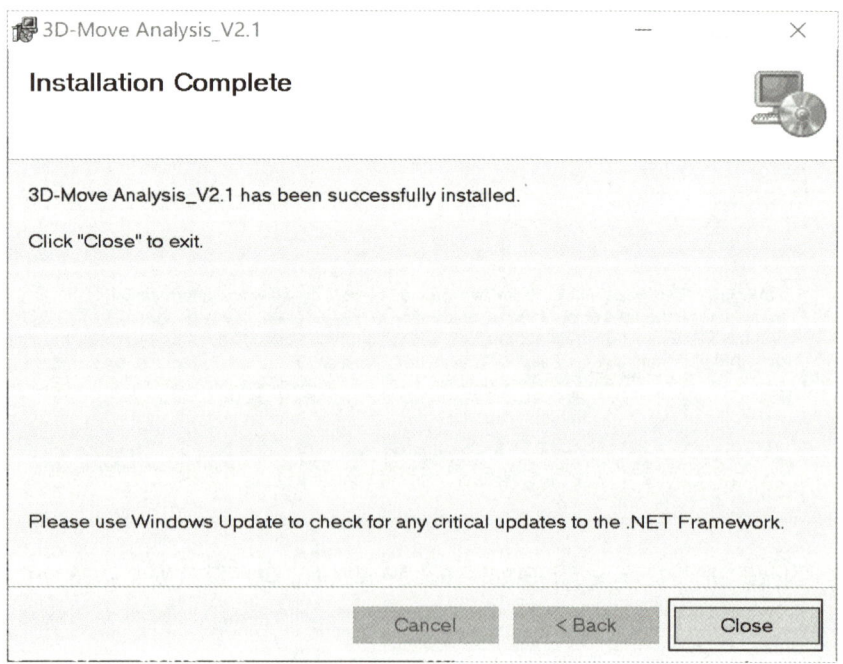

图 6-5　程序安装完成

根据上述安装路径打开程序安装后的文件夹目录如图 6-6 所示，其中"3D-Move_V2"为可执行程序。点击进入"Resources"文件夹则可找到该程序的帮助文件，如图 6-7 所示，便于用户学习及使用；其他文件使用较少，故暂不详细展开介绍。

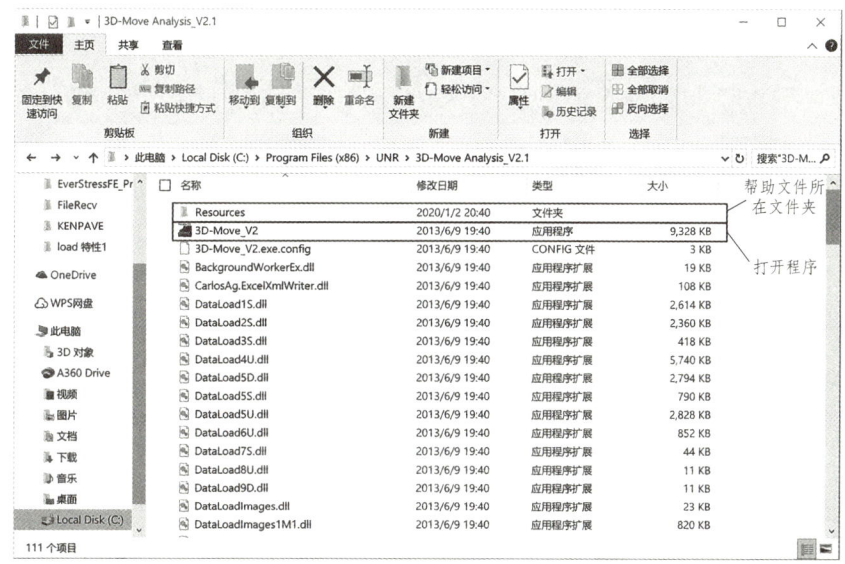

图 6-6　程序安装后的文件夹目录

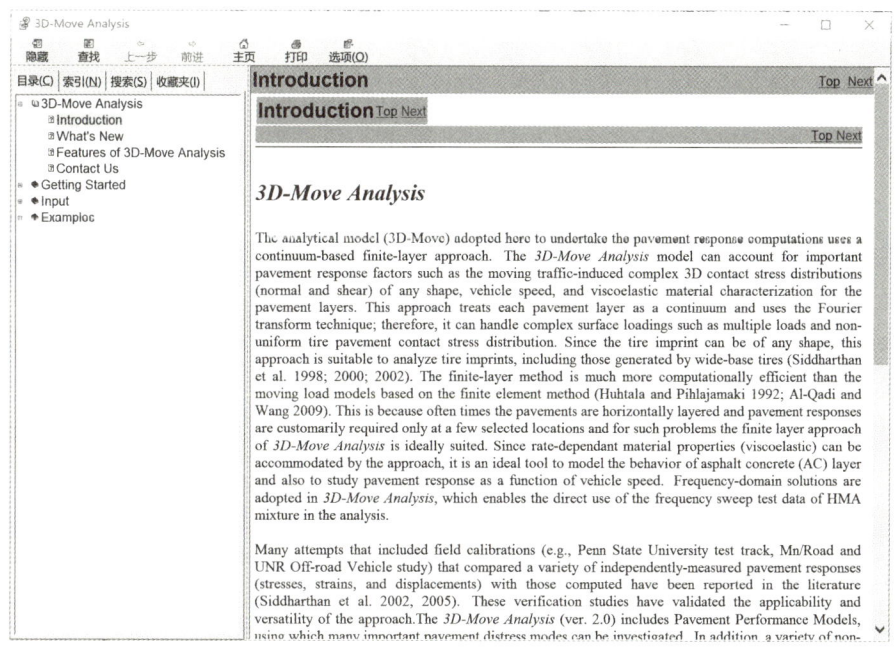

图 6-7　程序帮助文件

双击安装文件夹内的"3D-Move_V2"或上述安装完成后在桌面所生成的快捷方式，打开 3D-Move Analysis 程序，如图 6-8 所示，即可开始使用。

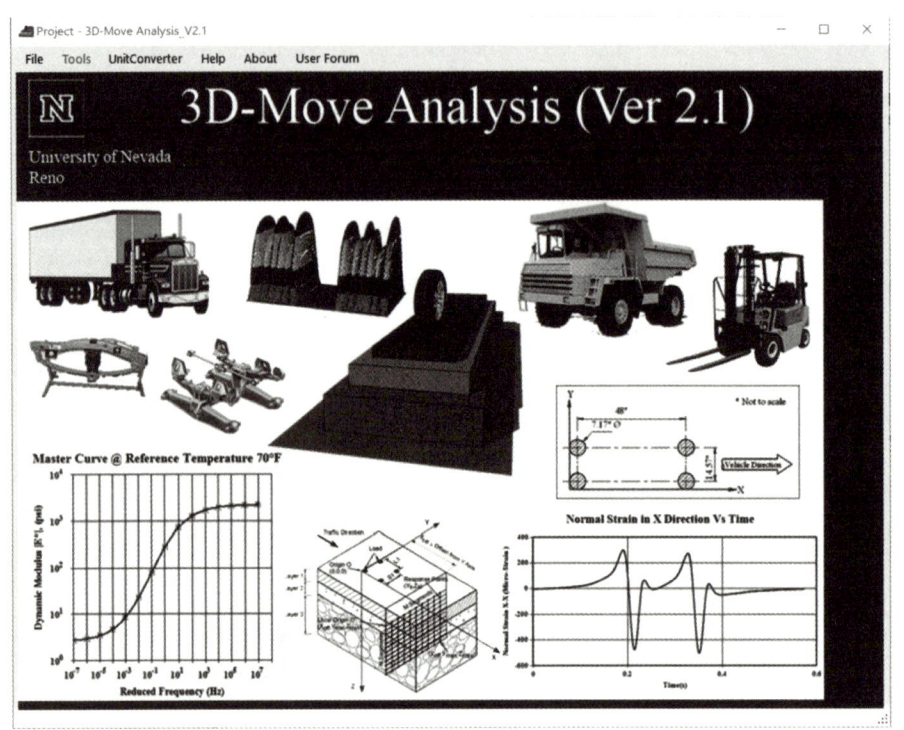

图 6-8　程序启动界面

6.2.2 算例应用

6.2.2.1 问题描述

现选取 3D-Move Analysis（Ver2.1）帮助文档中例题 D 为算例，详细描述程序使用的过程。该例题详见 Help-Help Topics 下的 Examples-Example D（NCHRP1-37A Model）。

如图 6-9 所示为一组双轴双轮荷载作用下的四层层状体系，荷载为垂直均布荷载，无水平荷载作用，荷载作用面积半径为 3.59 in，单轮荷载大小为 5 060 lb，轮距为 14.6 in，轴距为 48 in。结构层 1（沥青层）厚度为 4 in，视为黏弹性材料，泊松比为 0.35；结构层 2（基层 A-1-a）厚度为 5 in，弹性模量为 40 000 psi，泊松比为 0.40；结构层 3（底基层 A-1-b）厚度为 6 in，弹性模量为 30 000 psi，泊松比为 0.42；结构层 4（路基 A-2-4）为半无限空间体，弹性模量为 20 000 psi，泊松比为 0.45；地下水深度为 450 in，基岩深度为 600 in。车速为 50 mph，现运用 3D-Move Analysis 软件对该结构进行动态分析，并基于 NCHRP 1-37A 模型开展性能分析，有关参数如表 6-1～表 6-7 所列。

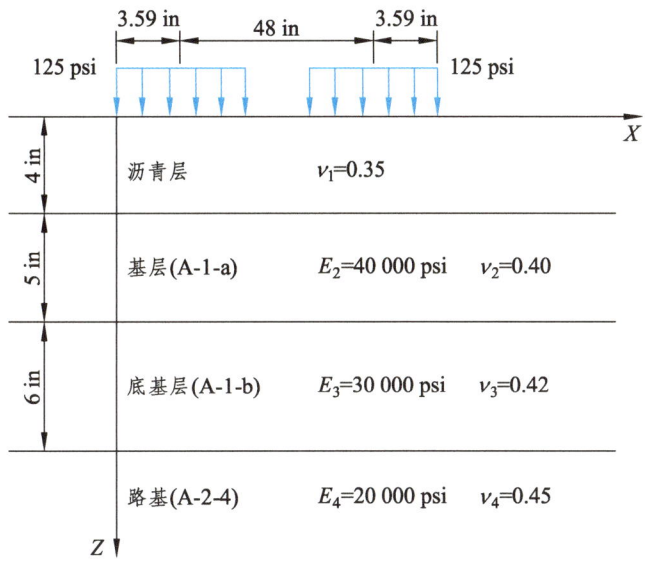

(a) 路面结构纵剖面

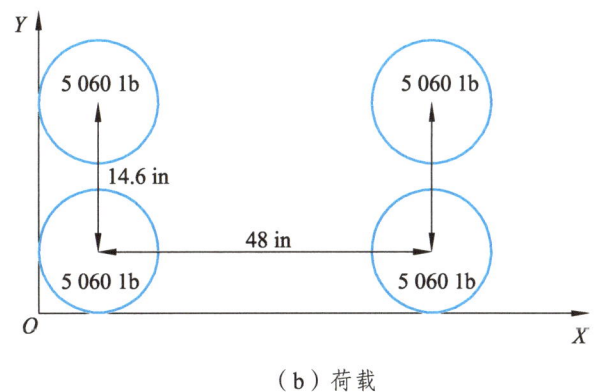

(b) 荷载

图 6-9 双轴双轮荷载作用下的四层层状体系

表 6-1 路面结构参数

结构层	厚度/in	材料属性				
		弹性模量/psi	泊松比	阻尼比/%	温度/°F	重度/(lb/in³)
沥青层	4.0	—	0.35	—	90	0.085
基层(A-1-a)	5.0	40 000	0.40	5	—	0.075
底基层(A-1-b)	6.0	30 000	0.42	5	—	0.070
路基(A-2-4)	0.0	20 000	0.45	5	—	0.065

表 6-2　沥青混合料动态模量及相位角试验数据

温度/℉	动态模量$|E^*|$/psi					
	0.1 Hz	0.5 Hz	1 Hz	5 Hz	10 Hz	25 Hz
40	434 100	633 550	731 500	982 050	1 094 000	1 245 000
70	78 750	147 950	187 550	325 700	402 800	521 300
100	17 200	31 250	40 700	81 150	107 700	157 350
130	8 100	11 550	13 700	24 350	32 050	47 450

温度/℉	相位角/(°)					
	0.1 Hz	0.5 Hz	1 Hz	5 Hz	10 Hz	25 Hz
40	24.53	20.7	19.11	15.49	14.07	12.46
70	34.79	33.64	33.13	29.85	28.28	25.93
100	30.32	32.95	34.35	35.6	36.16	35.8
130	21.76	25.55	27.9	31.72	33.67	36.02

表 6-3　动态剪切流变仪（DSR）数据

温度/℉	复数剪切模量G^*/psi	相位角/(°)
136.4	0.905 0	61.75
147.2	0.515 6	62.50
158.0	0.303 1	63.65

表 6-4　交通信息

参数	数值
季节/时期的持续时间/月	12
设计轴单向平均日重复次数	200
设计轴占设计车道的百分比/%	100
设计轴增长率/%	0
设计年限/年	20

表6-5 NCHRP 1-37A 模型破坏标准

破坏形式	限制值	可靠度/%
沥青层自上而下开裂/(ft/mile)	2 000	90
沥青层自下而上开裂/%	25	90
沥青层车辙/in	0.25	90
基层车辙/in	0.30	90
底基层车辙/in	0.25	90
路基车辙/in	0.20	90

表6-6 非黏结材料的破坏类型及其回归系数

破坏类型	参数	数值	
		k_{s1}	β_{s1}
基层车辙	回归系数	1.35	1.00
底基层车辙		1	1.00
路基车辙		1.673	1.00

表6-7 沥青层破坏类型及其回归系数

破坏	参数	数值					
沥青层自上而下开裂	空隙率(V_a)/%	4.5					
	有效黏合剂体积占比(V_{be})/%	7.6					
	回归系数	k_{f1}	k_{f2}	k_{f3}	β_{f1}	β_{f2}	β_{f3}
		0.007 566	3.949 2	1.281	1.0	1.0	1.0
	传递函数系数	C1	C2	C3	B1	B2	B3	B4
		7.0	3.5	1 000	7	3.5	1 000	10.56
沥青层自下而上开裂	空隙率(V_a)/%	4.5					
	有效黏合剂体积占比(V_{be})/%	7.6					
	回归系数	k_{f1}	k_{f2}	k_{f3}	β_{f1}	β_{f2}	β_{f3}
		1.0	3.949 2	1.281	1.0	1.0	1.0
	传递函数系数	C1	C2	C3	B1	B2	B3	B4
		1.0	1.0	6 000	1	1	6 000	0.016 7
沥青层车辙	回归系数	k_{r1}	k_{r2}	k_{r3}	β_{r1}	β_{r2}	β_{r3}
		−3.354 12	1.560 6	0.479 1	1.0	1.0	1.0

6.2.2.2 计算步骤

第一步：新建项目

打开 3D-Move Analysis 程序，程序主界面如图 6-10 所示。

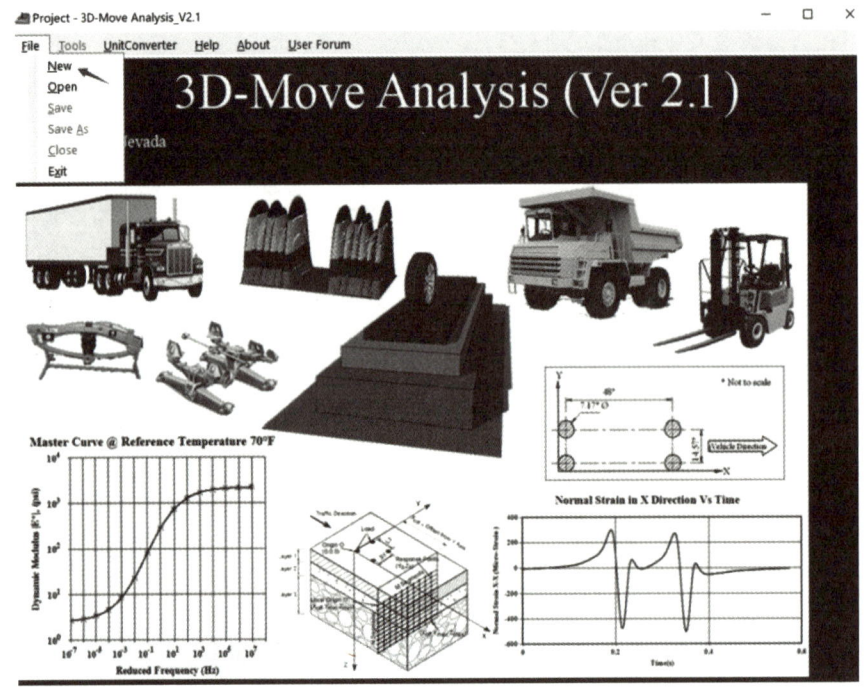

图 6-10　程序主界面

根据图 6-10 点击"File"菜单中的"New"新建项目，出现如图 6-11 所示界面，点击"Browse"可选择文件储存路径，进入程序前处理阶段，如图 6-12 所示。在图 6-12 "Tools"处可选取单位制，本例采用英制单位，点击"Help"可打开帮助文件。

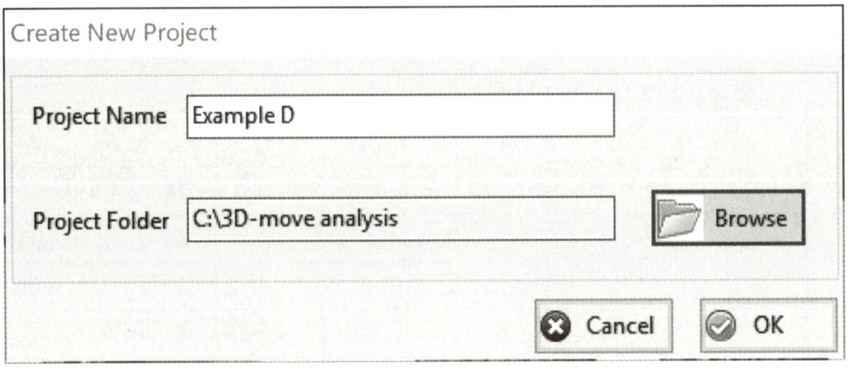

图 6-11　定义项目名称及存放文件夹

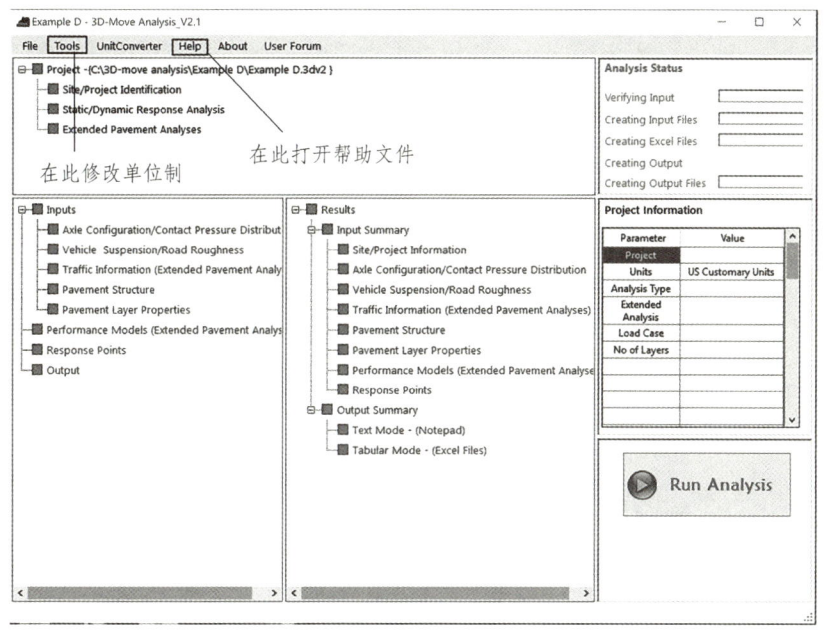

图 6-12　程序操作主界面

第二步：输入项目标识

点击图 6-12 程序操作界面左上方 "Site/Project Identification" 输入项目详细信息，如图 6-13 所示。

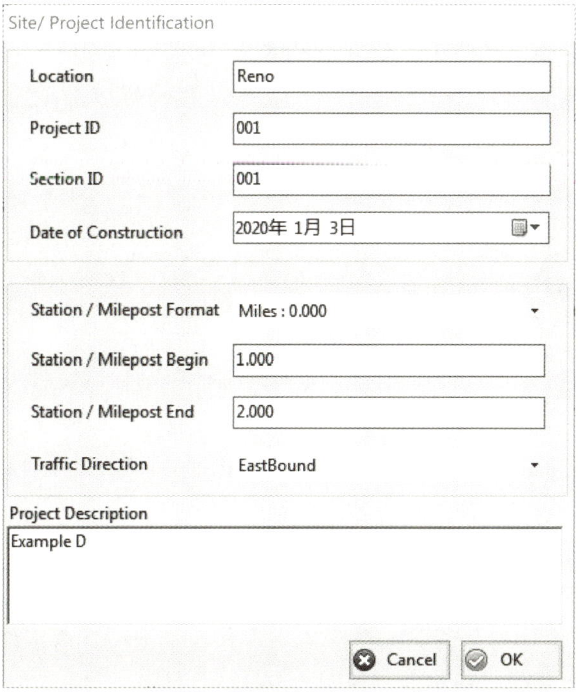

图 6-13　Site/Project Identification

第三步：确定分析类型

点击图 6-12 程序操作界面左上方"Static/Dynamic Analysis"确定分析类型，该程序默认为静态分析，由于本例题为动态分析，点击"Dynamic Analysis"选项并输入车速 50 mph。输入界面如图 6-14 所示。

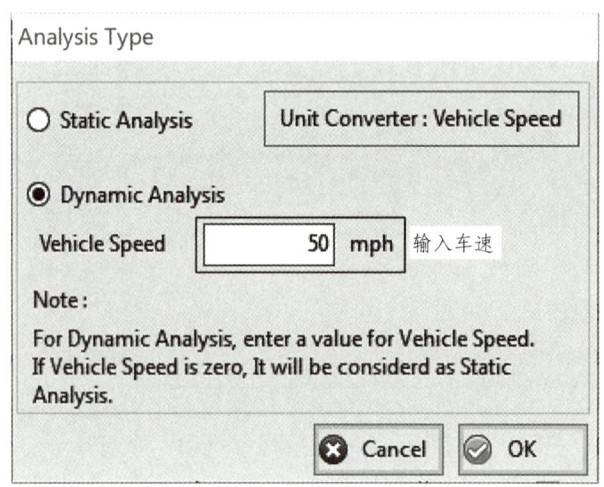

图 6-14　确定分析类型

第四步：选择扩展路面分析

点击图 6-12 程序操作界面左上方"Extended Pavement Analyses"选项，勾选"Pavement Performance Analysis"，激活程序的性能分析功能，如图 6-15 所示。

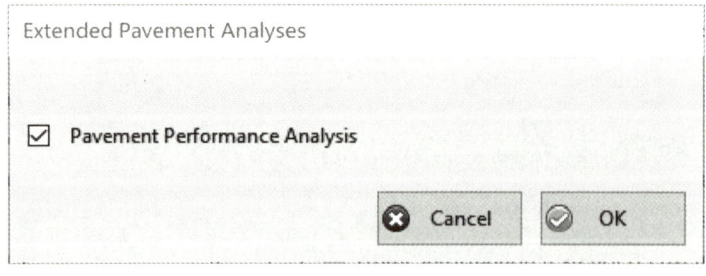

图 6-15　选择路面性能分析

第五步：输入荷载参数

打开图 6-12 程序操作界面左上方的"Axle Configuration/Contact Pressure Distribution"选项，出现荷载情况选择框，一共有 6 个选项，由于该例题荷载为均布荷载，所以选择选项 B 进行荷载输入，如图 6-16 所示。

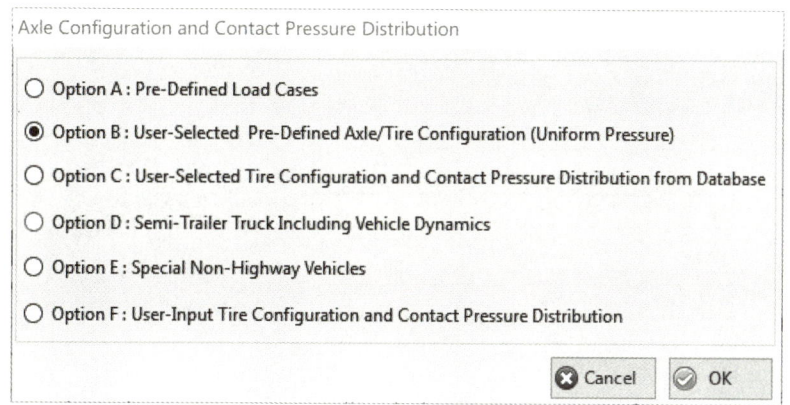

图 6-16　选择荷载类型

该例题为双轴双轮圆形荷载,轴距为 48 in,轮距为 14.6 in,轮压为 125 psi,轮载为 5 060 lb,输入结果如图 6-17 所示。

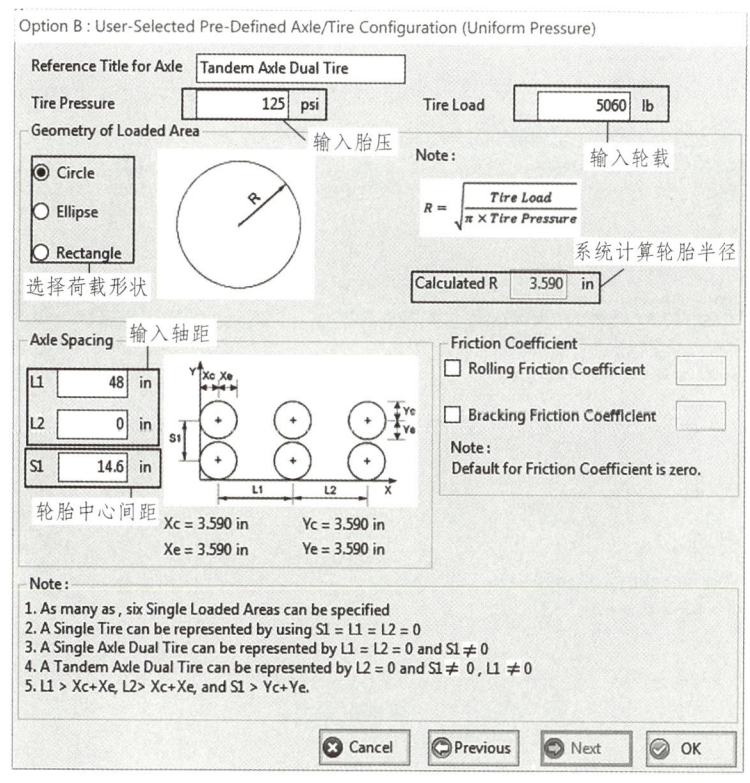

图 6-17　输入荷载参数

第六步:输入动载系数

该例题包含车辆的动态分析,在图 6-12 程序操作界面左下方点击"Vehicle Suspension/Road Roughness"选项,输入动载系数(DLC),如图 6-18 所示。

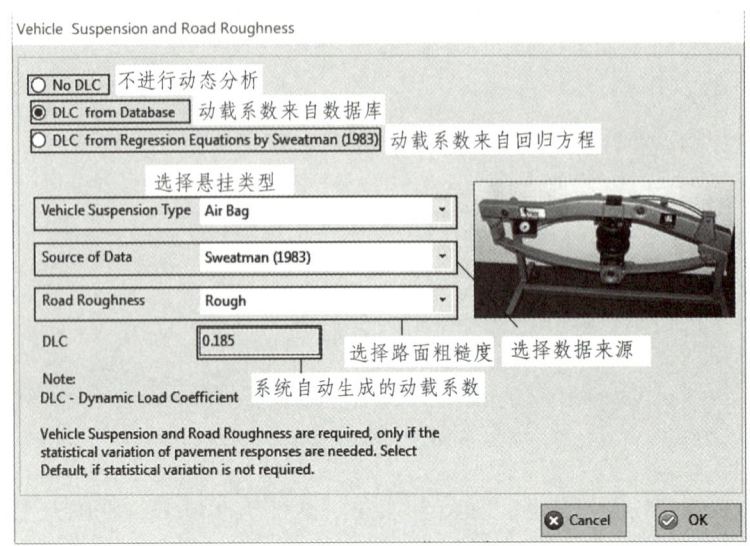

图 6-18 输入动载系数

第七步：输入道路交通信息

根据表 6-4，点击图 6-12 程序操作界面左下方"Traffic Information(Extended Pavement Analysis)"选项进行交通信息参数输入，如图 6-19 所示。

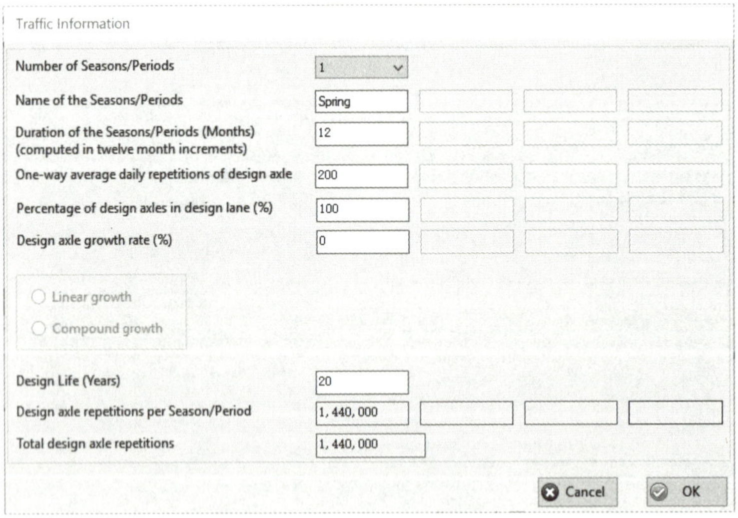

图 6-19 输入交通信息

第八步：建立路面结构

点击图 6-12 程序操作界面左下方"Pavement Structure"进行路面结构的建立，如图 6-20 所示，点击"Add"将结构层数增至四层，从上至下依次选择结构层类型：Asphalt（沥青层）、Base（基层）、Subbase（底基层）、Subgrade（路基），并从上到下依次输入各结构层厚度 4 in、5 in、6 in。输入结果如图 6-20 所示。因最下一层路基视为半无限体，其厚度输入 0。

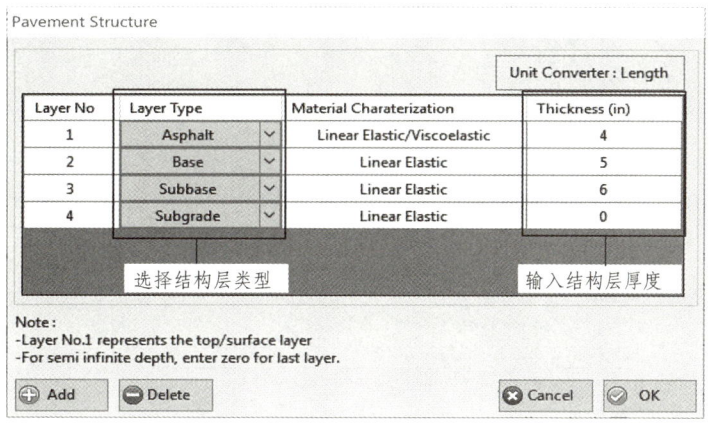

图 6-20　建立路面结构

路面结构建立后，主界面的"Pavement Layer Properties"栏下会生成所建结构层菜单，如图 6-21 所示。

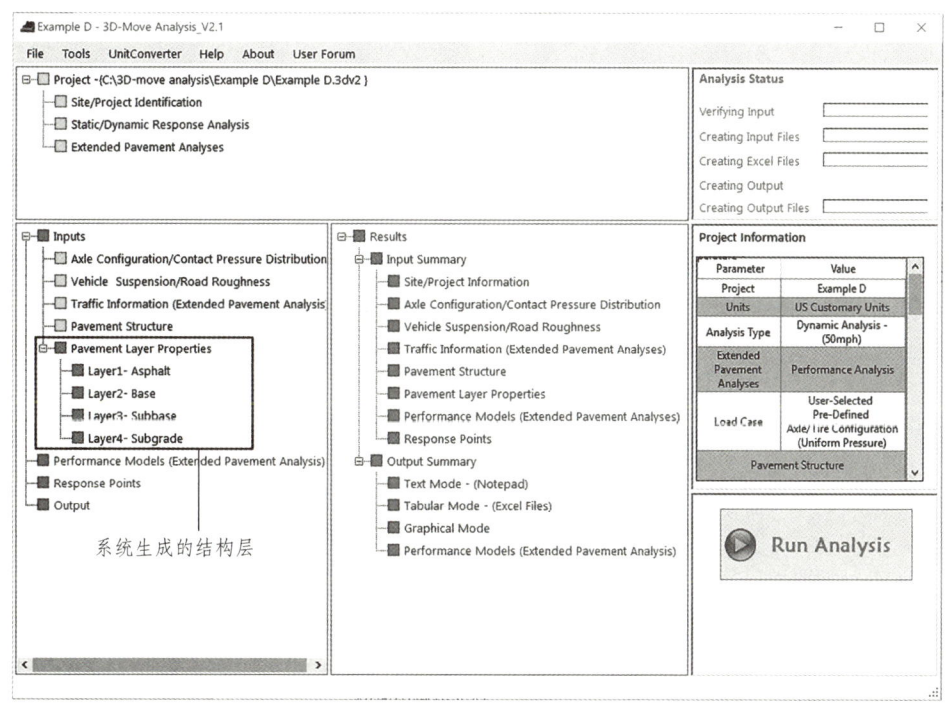

图 6-21　系统生成路面结构层菜单

第九步：输入路面结构层参数

（1）第一层：沥青层。

点击主界面"Layer1 - Asphalt"选项打开窗口以便输入第一层相关参数，由于该层为黏弹性材料，点击"Viscoelastic Materials"中的"Laboratory Data"进行实验数据的输入，选择"Symmetrical Sigmoidal Function"，将窗口中的"Dynamic Modulus, |E*|"

的参考温度改为 70 °F，温度数目改为 4，频率数目改为 6，并将表 6-2 的数据一一对应输入，输入结果如图 6-22 所示。

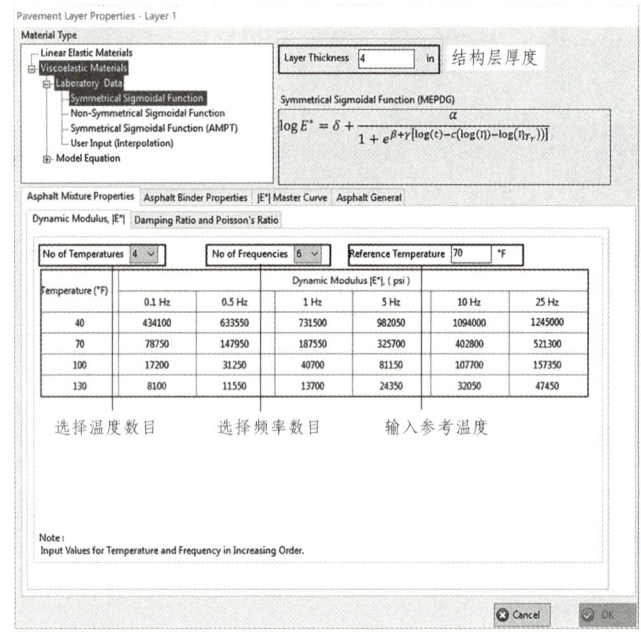

图 6-22　输入动态模量

点击"Damping Ratio and Poission's Ratio"进行阻尼比与泊松比的输入。按照本算例要求，选择"Damping Ratio from Dynamic Modulus Data"，按照表 6-2 输入相位角，选择"Constant Poission's Ratio"，输入泊松比为 0.35。输入结果如图 6-23 所示。

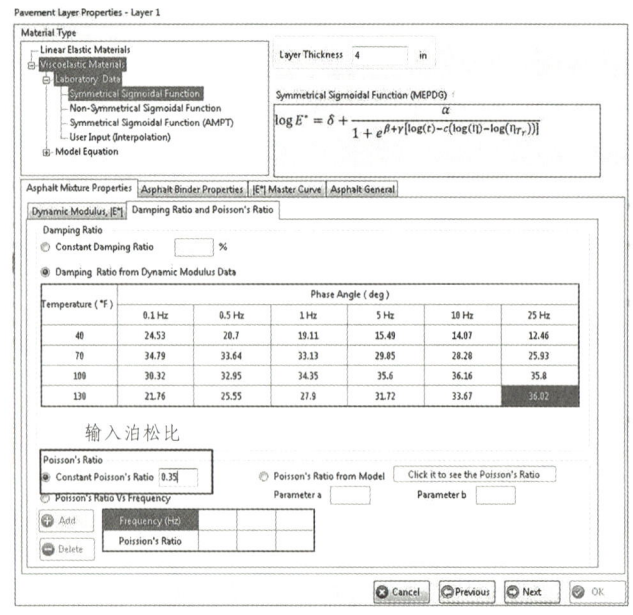

图 6-23　输入相位角与泊松比

点击"Asphalt Binder Properties"进行沥青结合料参数的输入，根据表 6-3 输入数据，输入后沥青结合料参数关系图会自动生成，结果如图 6-24 所示。

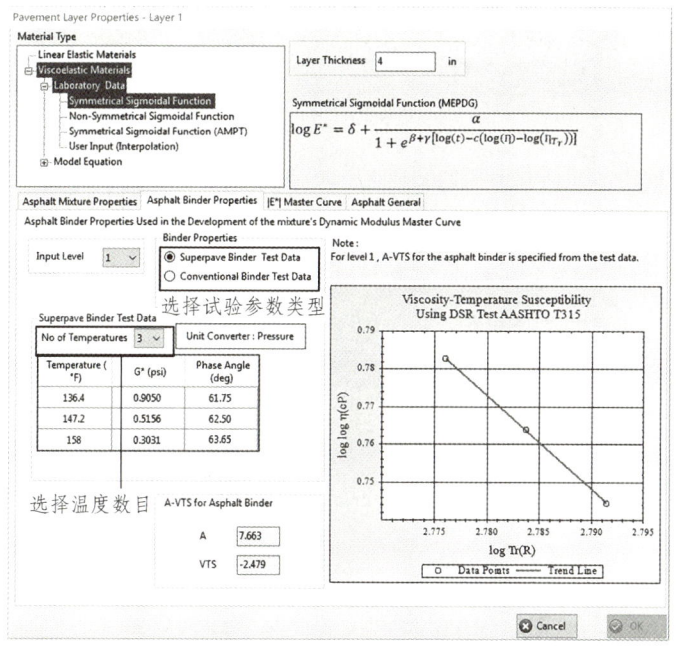

图 6-24　输入沥青结合料参数

点击"|E*| Master Curve"，查看相应动态模量数据和沥青结合料性能的主曲线，并点击 "Update Graph" 生成在 70 ℉时的动态模量曲线。结果如图 6-25 所示。

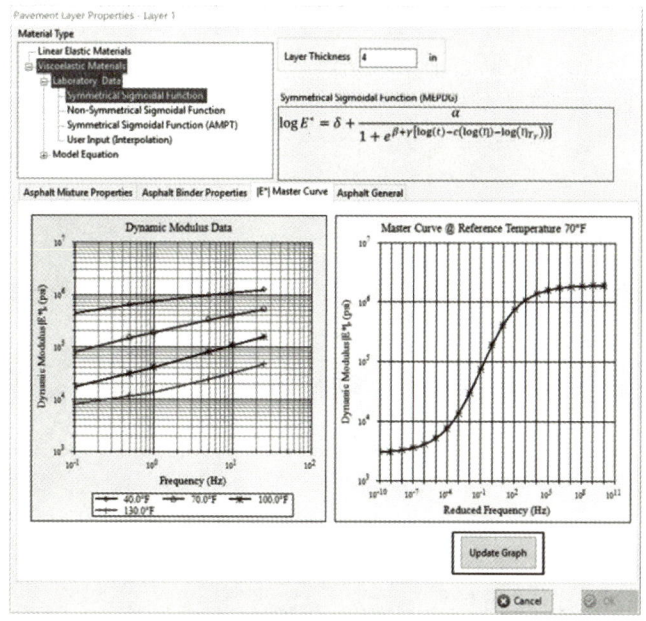

图 6-25　主曲线

点击"Asphalt General"可以查看各温度的 E^* 曲线。在"Analysis Temperature"中输入目标分析温度 90 ℉，在"Unit Weight"中输入 0.085 lb/in³，生成图形如图 6-26 所示。

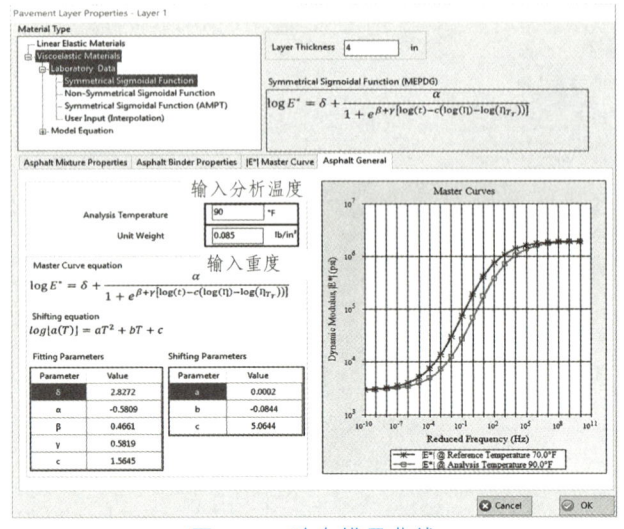

图 6-26　动态模量曲线

（2）第二、三、四层。

分别打开第二、三、四层菜单，根据表 6-1 输入各层数据。

第二层厚度为 5 in，材料类型选 A-1-a，弹性模量为 40 000 psi，泊松比为 0.40，阻尼比为 5%，重度为 0.075 lb/in³，地下水深度为 450 in。输入结果如图 6-27 所示。

第三层厚度为 6 in，材料类型选 A-1-b，弹性模量为 30 000 psi，泊松比为 0.42，阻尼比为 5%，重度为 0.070 lb/in³，地下水深度为 450 in。输入结果如图 6-27 所示。

第三层厚度为 0 in，材料类型选 A-2-4，弹性模量为 20 000 psi，泊松比为 0.45，阻尼比为 5%，重度为 0.065 lb/in³，地下水深度为 450 in，基岩深度为 600 in。输入结果如图 6-27 所示。

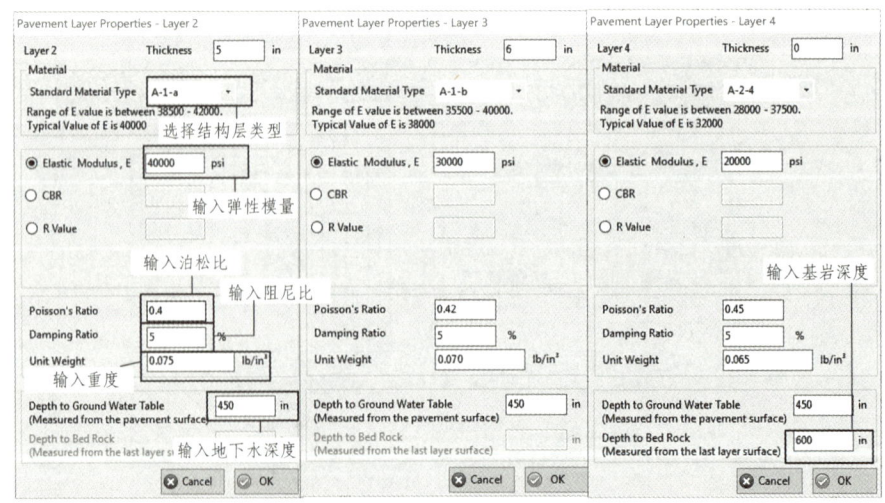

图 6-27　输入第二、三、四层参数

第十步：路面性能分析

选用 NCHRP 1-37A 模型进行性能分析。在主界面中点击"Performance Models (Extended Pavement Analysis)"选项，选择 NCHRP 1-37A 模型，根据表 6-5 输入参数，如图 6-28 所示。

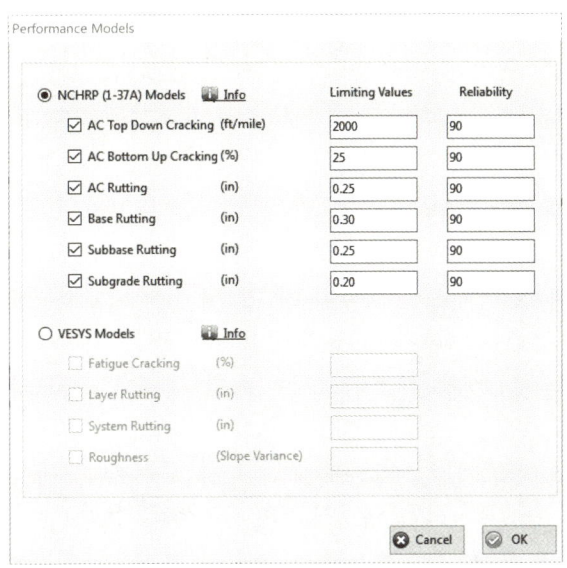

图 6-28　输入 NCHRP 1-37A 模型破坏标准

点击"OK"按钮后，弹出关于 NCHRP 1-37A 模型参数的对话框，根据表 6-6、表 6-7 输入参数，结果如图 6-29 所示。

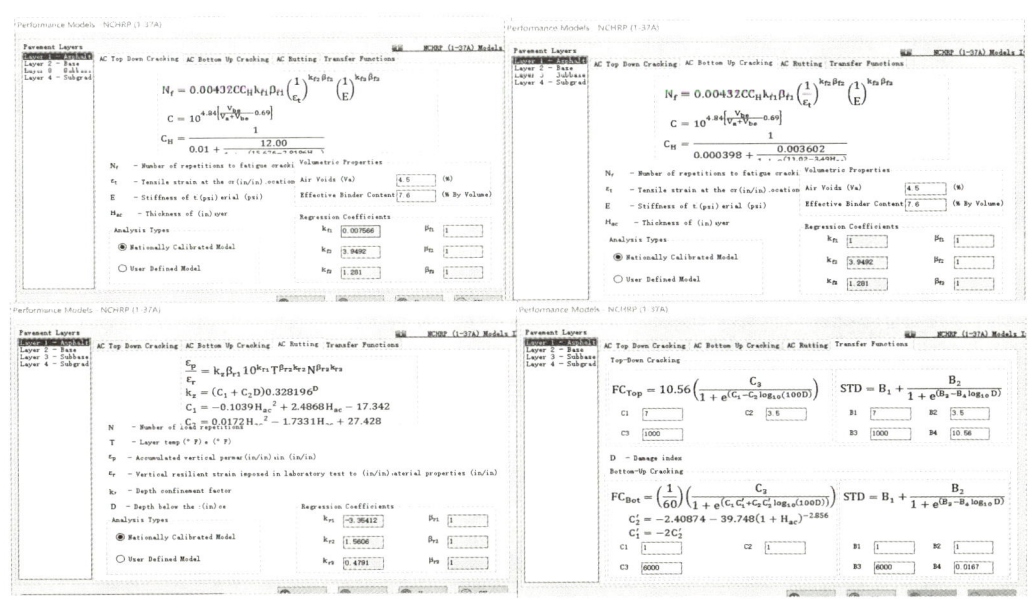

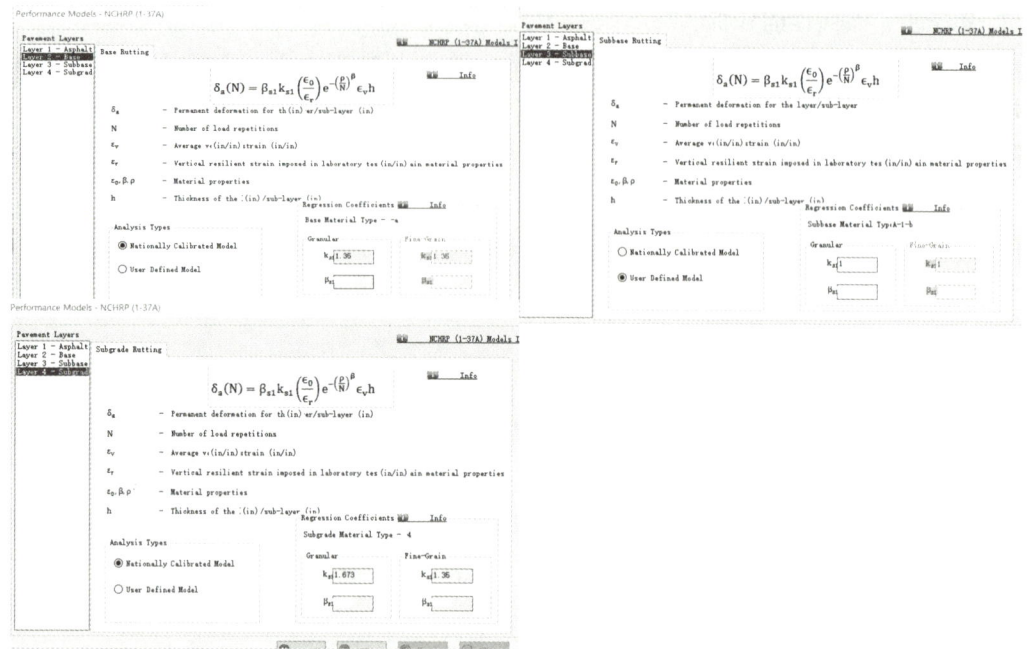

图 6-29　输入 NCHRP 1-37A 模型参数

第十一步：输入响应点

在 3D-Move Analysis 程序中，系统会自动产生一些响应点，用户也可以自行输入需要的点位，点位如图 6-30 所示。

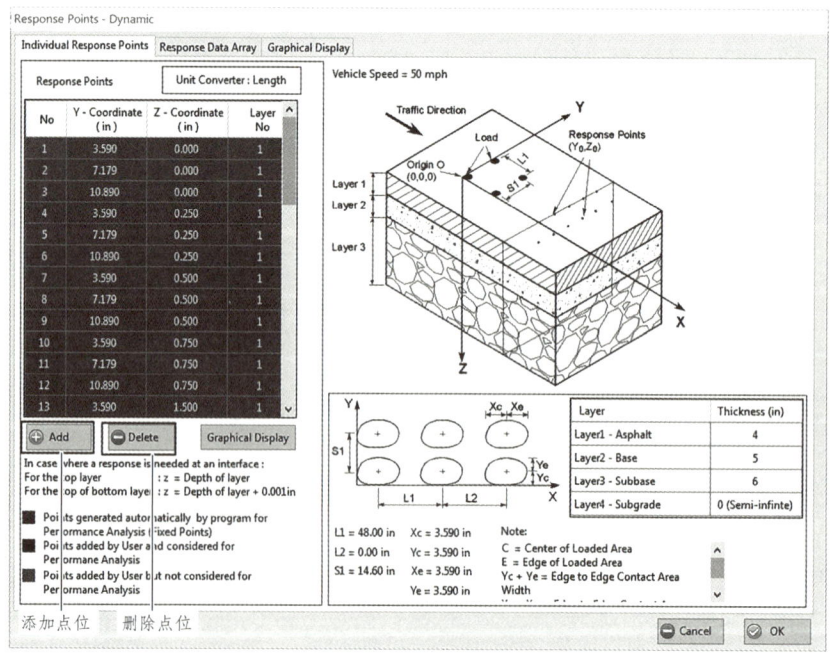

图 6-30　响应点点位

3D-Move Analysis 程序可将上述点位可视化，如图 6-31 所示。

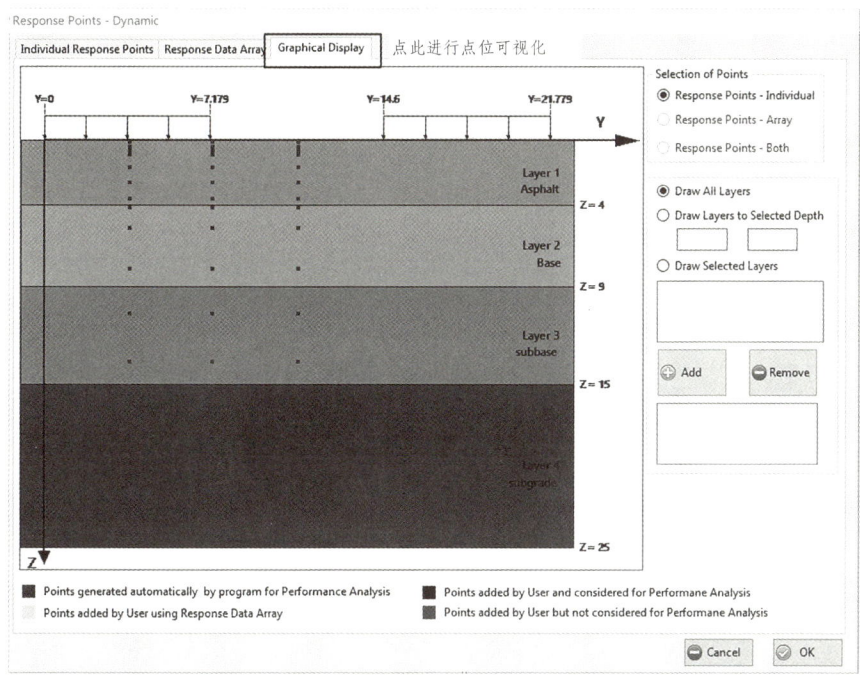

图 6-31　响应点点位可视化

第十二步：运行程序

全部数据输入完毕之后，主界面如图 6-32 所示。点击"Run Analysis"进行运算。

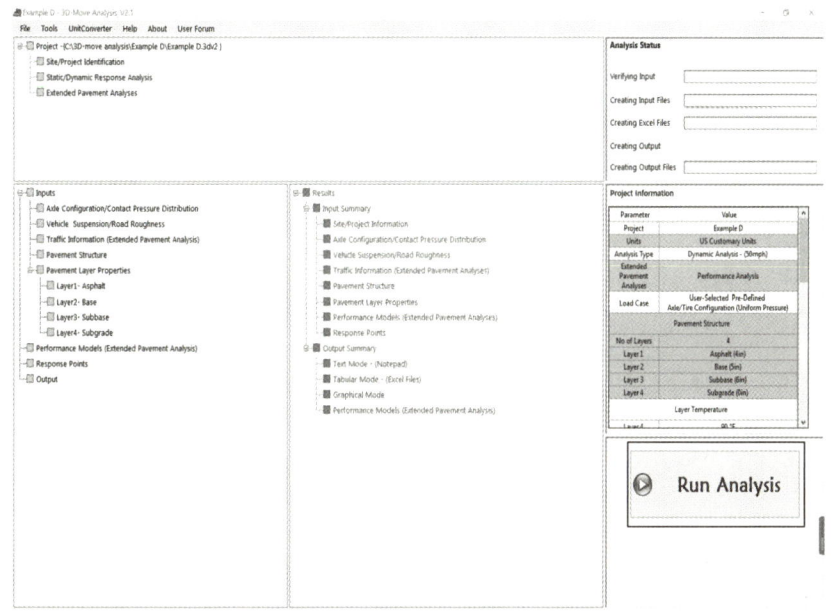

图 6-32　全部数据输入完毕

运算进行界面如图 6-33 所示。

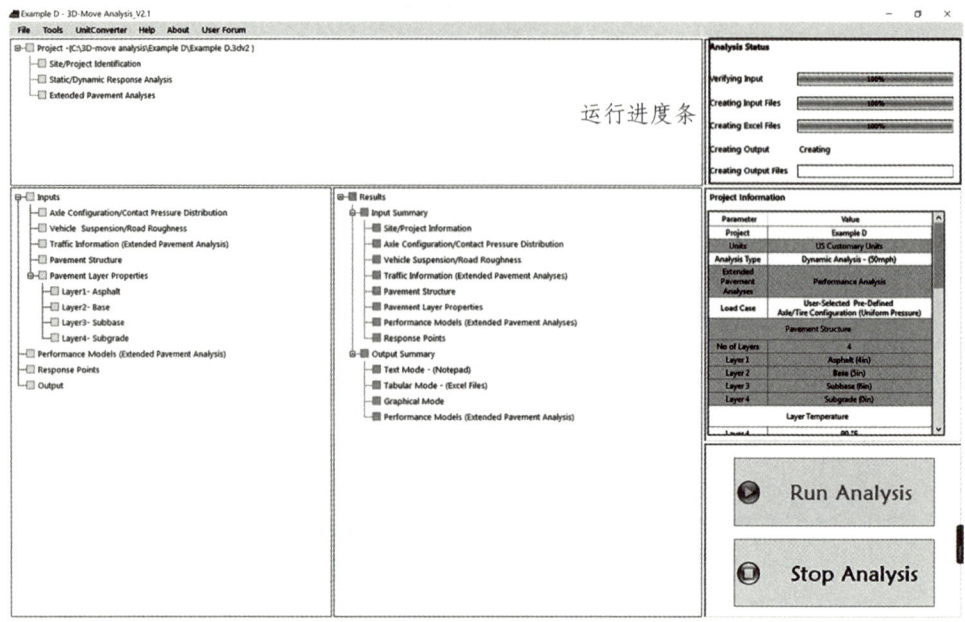

图 6-33　运算进行中

运算完成后主界面如图 6-34 所示。

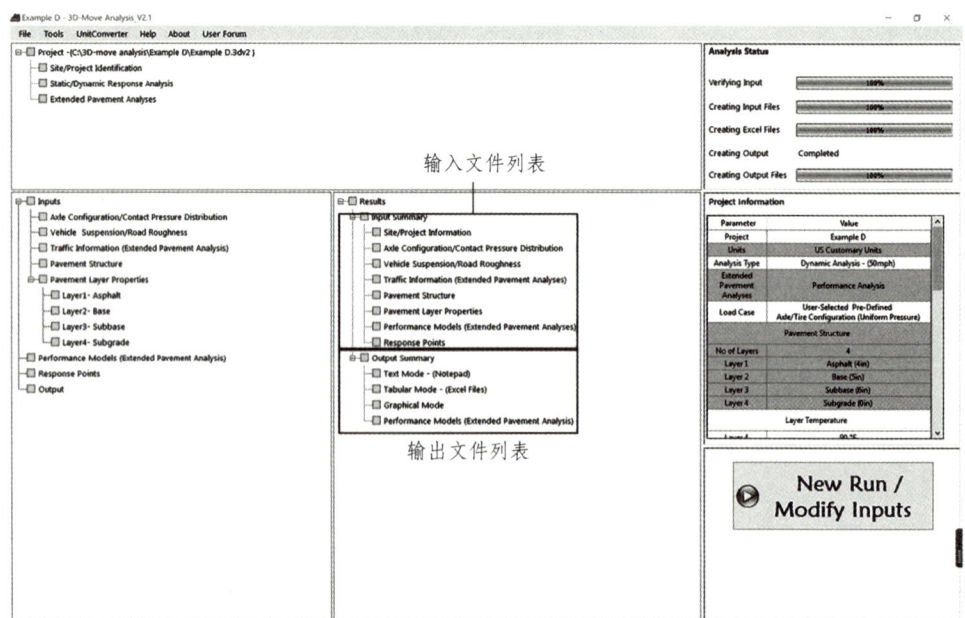

图 6-34　运算结束

第十三步：查看输入文件

完成计算后，3D-Move Analysis 将以 Microsoft Excel 的形式生成全面的输入和输出摘要文件。点击"Input Summary"中的选项可查看输入文件，如图 6-35 所示。

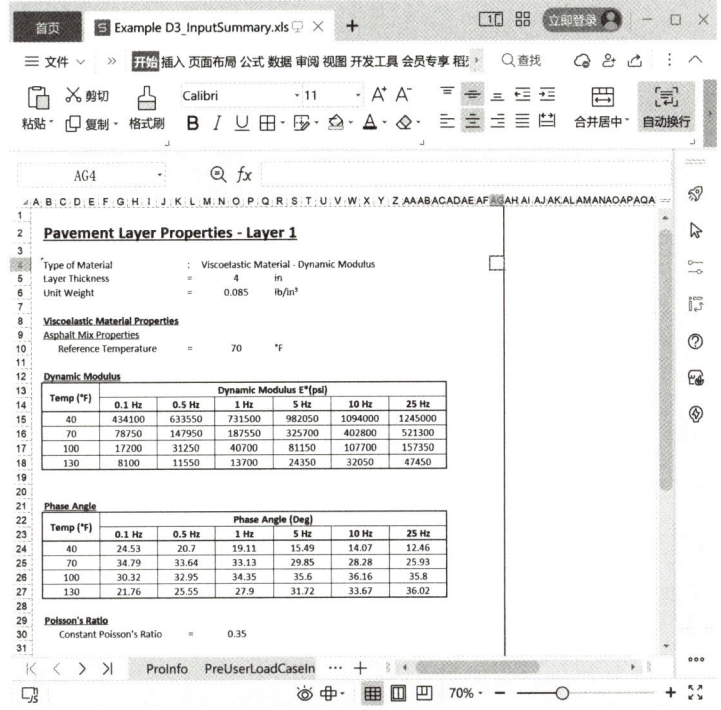

图 6-35　以 Excel 形式展现的输入文件

或者打开该例题所在文件夹，在"temp"文件夹中可找到输入文件，如图 6-36 所示。

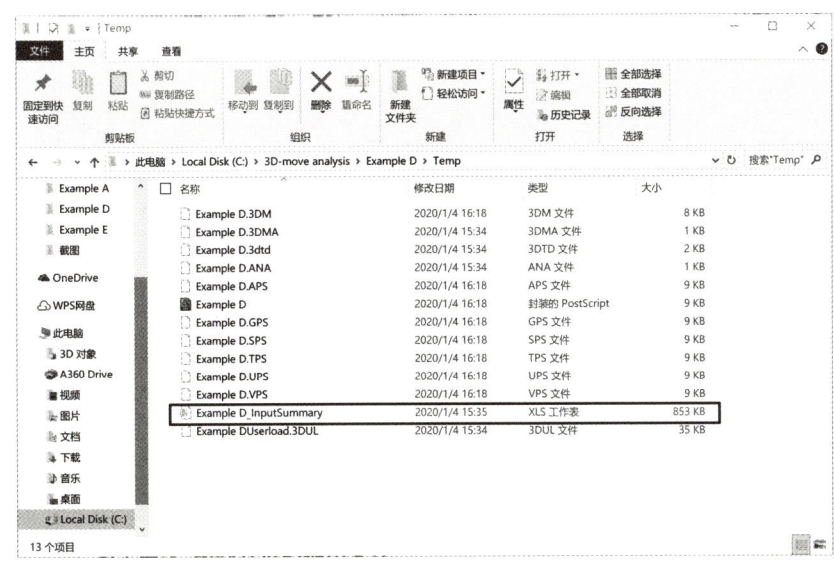

图 6-36　文件夹中的输入文件

第十四步：查看动态分析输出文件

对于动态分析，输出文件有三种形式：文本模式、表格模式（Excel 文件）和图形模式。

点击"Output Summary"中的"Text Mode"选项可以查看动态分析输出文件的文本模式，通过点击对应的按钮，能够得到相应的文本结果，如图 6-37 所示。

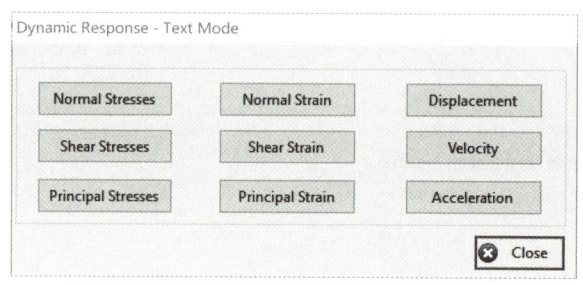

图 6-37　文本模式的响应输出

点击"Output Summary"中的"Tabular Mode"选项可以查看动态分析输出文件的表格模式，通过点击对应的按钮，能够得到相应的 Excel 表格文件，如图 6-38 所示。

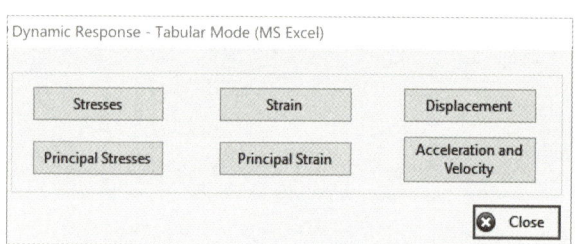

图 6-38　表格模式的响应输出

打开例题所在文件夹中的"OutputFiles"文件夹可找到输出文件，如图 6-39 所示。

图 6-39　文件夹中的输出文件

点击"Output Summary"中的"Graphical Mode"选项可以查看动态分析输出文件的图形模式，通过选择相应点的编号或者位置，以及不同的力学响应类型可以得到该点的响应关系图，如点 1 的 x 向正应力随时间变化关系图如图 6-40 所示。

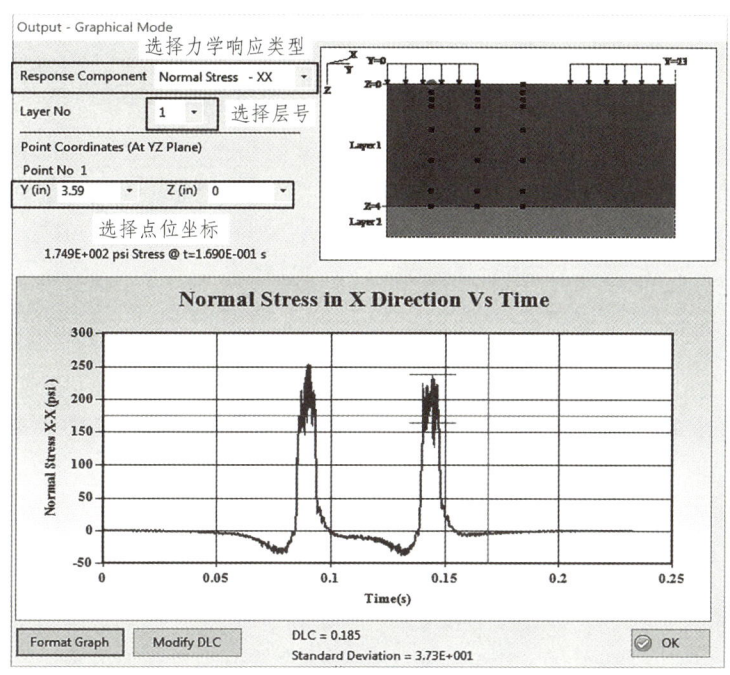

图 6-40　图形模式的响应输出

第十五步：查看性能分析输出文件

点击"Performance Models"可以得到各结构层以及总的性能分析结果。如图 6-41 所示。

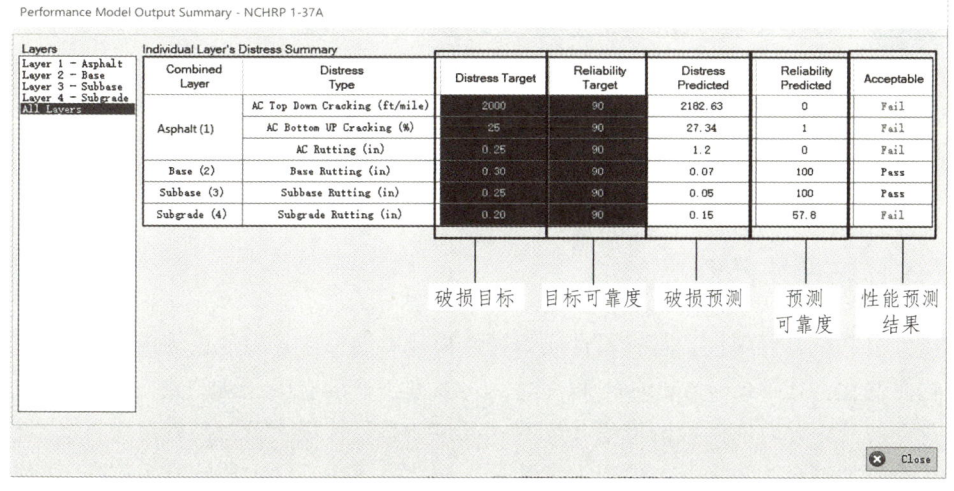

（a）总的性能分析结果

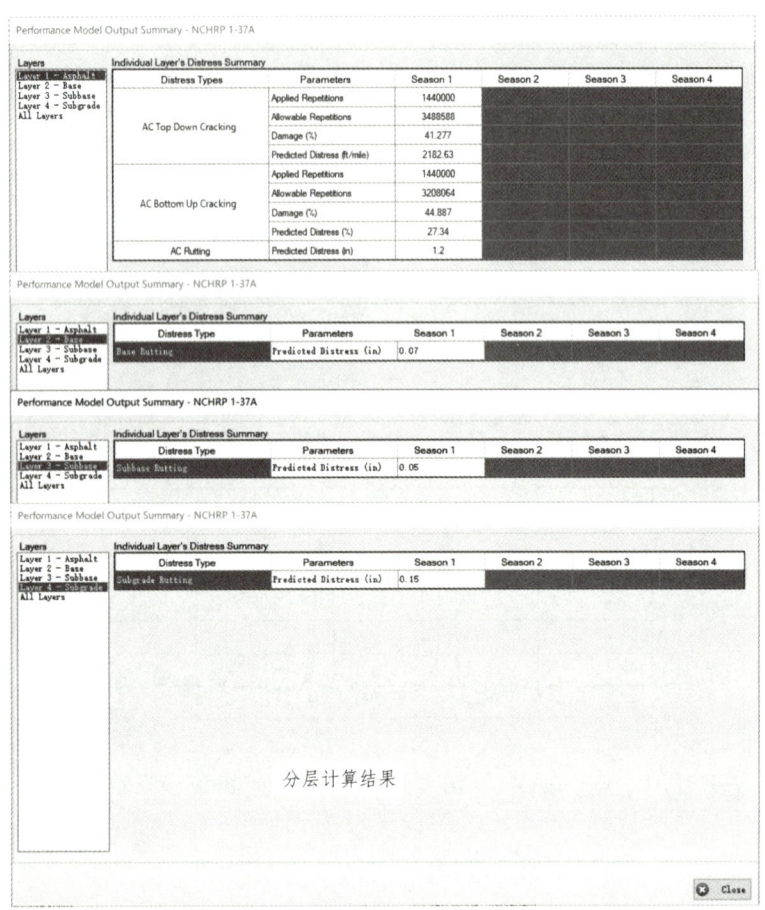

（b）各结构层性能分析结果

图 6-41　性能分析输出

6.3　3D-Move Analysis 程序进阶

上文针对具体算例描述了 3D-Move Analysis 程序的整个应用过程，本节将详细介绍 3D-Move Analysis 程序的进阶使用，主要就黏弹性分析、荷载库、性能分析、响应点位这四方面开展讨论。

6.3.1　黏弹性分析

沥青材料具有黏弹性，其材料性质如弹性模量、泊松比、阻尼比等随温度、行车速度变化而变化。3D-Move Analysis 程序作为一款基于连续有限层法的路面分析软件，通过将荷载展开为含时间函数的傅里叶级数，可在动态分析模式下对沥青层进行黏弹性分析，从而更加符合工程实际。值得注意的是，与有限元法不同，连续有限层法不能在每层结构的内部进行再划分，每个结构层的材料参数不能随着空间的改变而改变，因此

3D-Move Analysis 不能进行非线性分析。

6.3.1.1 动载系数 DLC 的确定

由于实际移动荷载随车辆移动时刻发生变化,3D-Move Analysis 程序引入动载系数 DLC（Dynamic Load Coefficient）来体现移动荷载对路面响应的扰动,如式（6-1）,路面响应计算公式如式（6-2）。

$$DLC = \frac{\tilde{P}(x)}{\overline{P}(x)} \tag{6-1}$$

式中：$\tilde{P}(x)$——扰动荷载；

$\overline{P}(x)$——平均荷载。

$$\varepsilon(t_0) = \overline{\varepsilon}(t_0) + \overline{\varepsilon}(t_0) \times DLC \tag{6-2}$$

式中：$\varepsilon(t_0)$——t_0 时刻的路面响应；

$\overline{\varepsilon}(t_0)$——$t_0$ 时刻路面响应平均值。

荷载扰动的影响因素包括路面粗糙度、车速、车轴类型和车辆悬挂系统,对此 3D-Move Anlysis 程序设定了数据库和回归方程两种方式确定 DLC。

1. 通过数据库确定 DLC

3D-Move Anlysis 程序中含有按车辆悬挂类型、路面粗糙度分类的 DLC 数据库。车辆悬架系统包含 Air Bag、Four Spring（Leaf Spring）、Rubber Spring Walking Beam、Dynalastic 四种类型,该选项的数据来源包括 Woodrooffe and LeBlanc 1986、LeBlanc and Woodrooffe 1995 以及 Sweatman 1983。路面粗糙度包括 Smooth、Average、Rough 3 种类型。选定各种参数后,系统会根据之前设定的行车速度自动生成一个动载系数,如图 6-42 所示。

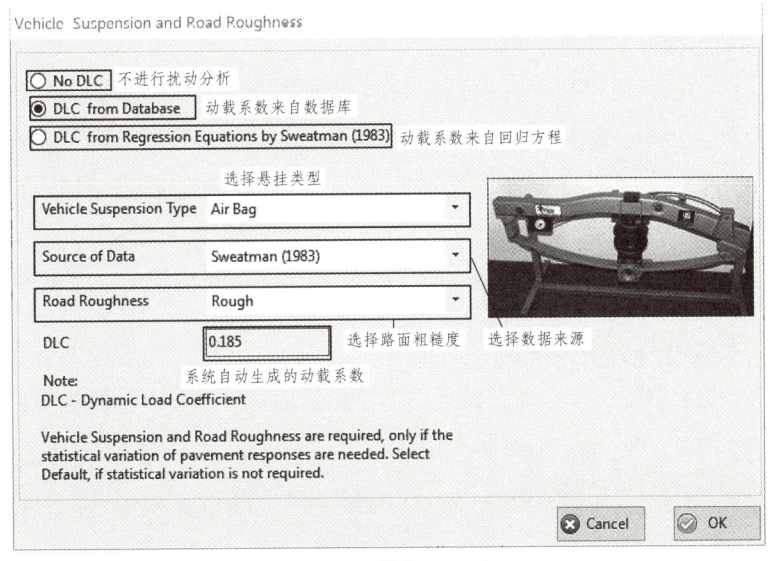

图 6-42　通过数据库确定 DLC

2. 通过 Sweatman（1983）回归方程确定 DLC

该方法将通过选择车轴类型、车辆悬架类型和路面粗糙度确定回归方程式从而计算 DLC。该方法包含两种车轴类型（Tandem Drive Axle、Tandem Trailer Axle），共 9 组回归方程式，输入界面如图 6-43 所示。

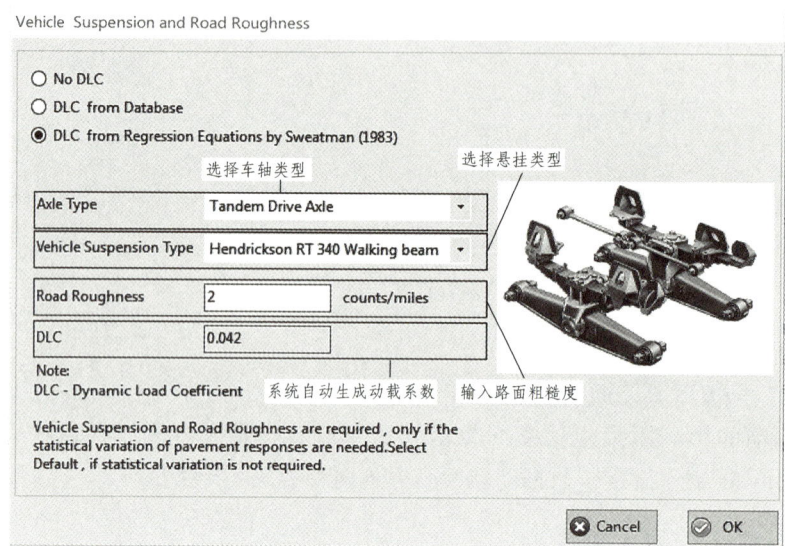

图 6-43　通过回归方程（Sweatman，1983）确定 DLC

6.3.1.2 沥青材料主要参数的确定

1. 沥青混合料动态模量 |E^*|、阻尼比以及泊松比的确定

激活动态分析功能和确定动载系数 DLC 后，沥青层的黏弹性分析还需确定动态模量 |E^*|、阻尼比以及泊松比。可以用三种不同的方式输入：

（1）通过动态模量实验室数据确定。

沥青材料的动态模量可以根据实验室数据来确定。实验数据包括三种：基于式（6-3）的 S 函数即对称 Sigmoidal 函数（Symmetrical Sigmoidal Function），即式（6-4）；非对称 Sigmoida 函数（Non-Symmetrical Sigmoidal Function），即式（6-5）；以及 AMPT 模式下的对称 Sigmoidal 函数[Symmetrical Sigmoidal Function(AMPT)]，如式（6-6）所示。

$$\log E^* = \delta + \frac{\alpha}{1+e^{\beta+\gamma \log(t_r)}} \tag{6-3}$$

式中：E^*——沥青材料的动态模量（psi）；

α，δ——拟合参数，δ 为动态模量的最小值，$\delta+\alpha$ 为动态模量的最大值（psi）；

β，γ——Sigmoidal 函数的形状参数；

t_r——参考温度下的加载时间。

$$\log E^* = \delta + \frac{\alpha}{1+e^{\beta+\gamma\left\{\log(t)-c\left[\log(\eta)-\log(\eta_{T_r})\right]\right\}}} \tag{6-4}$$

$$\log|E^*| = \delta + \frac{\alpha}{[1+\lambda e^{\beta+\gamma(\log\omega)}]^{1/\lambda}} \quad (6\text{-}5)$$

$$\log|E^*| = \delta + \frac{Max-\delta}{1+e^{\beta+\gamma\left[\log f - \frac{\Delta E_a}{19.147}\left(\frac{1}{T}-\frac{1}{T_r}\right)\right]}} \quad (6\text{-}6)$$

该种模式下，沥青材料的阻尼比可通过两种方式确定：① 输入常量；② 根据实验数据的相位角确定。

沥青材料的泊松比可以通过三种方式确定：① 输入常量；② 通过公式模型确定，如式（6-7）所示；③ 根据荷载频率输入泊松比。

$$\mu_{ac} = 0.15 + \frac{0.35}{1+e^{(a+bE_{ac})}} \quad (6\text{-}7)$$

式中：μ_{ac}——特定温度下沥青混合料的泊松比；

E_{ac}——特定温度下沥青混合料的弹性模量（psi）；

a,b——常量，通常情况下 $a = -1.63$，$b = 3.84 \times 10^{-6}$。

沥青材料动态模量的输入界面如图6-44所示，阻尼比与泊松比的输入界面如图6-45所示。

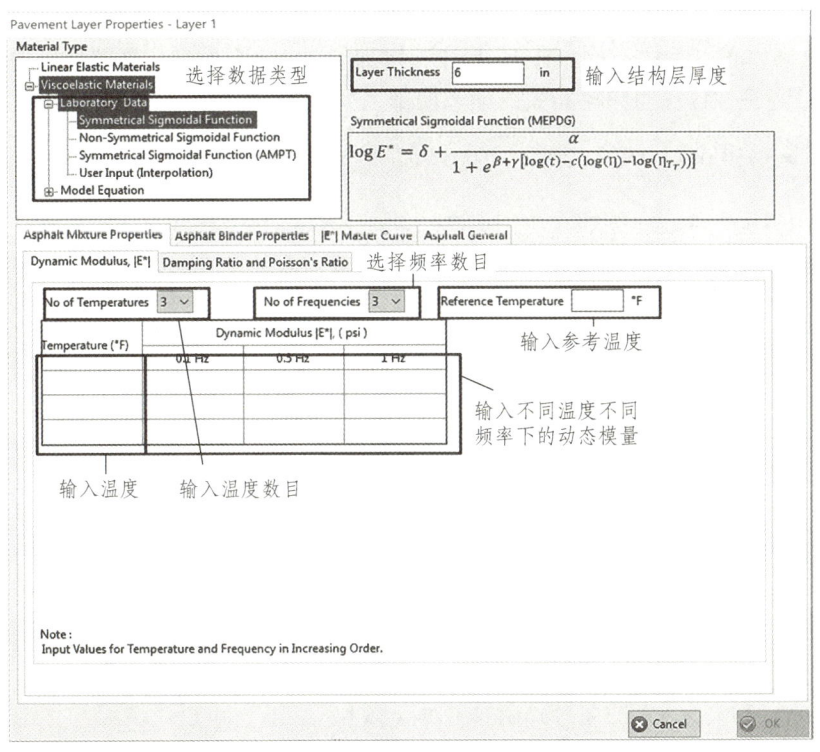

图 6-44 动态模量输入界面

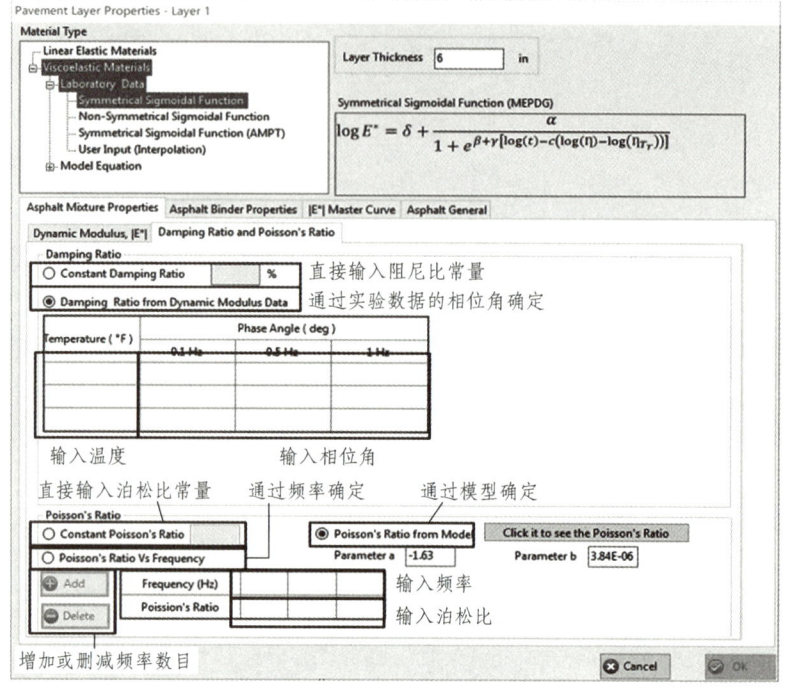

图 6-45　阻尼比与泊松比输入界面

（2）通过 Witczak 模型确定。

Ver2.1 版本的 3D-Move Analysis 程序，增加了 Witczak 模型，原理是根据混合料的级配和黏结料特性计算与频率相关的动态模量，如式（6-8）所示。

$$\log E^* = 3.750\,063 + 0.029\,32\rho_{200} - 0.001\,767(\rho_{200})^2 -$$
$$0.002\,841\rho_4 - 0.058\,97V_a - 0.802\,208\left(\frac{V_{\text{beff}}}{V_{\text{beff}} + V_a}\right) +$$
$$\frac{3.871\,977 - 0.002\,1\rho_4 + 0.003\,958\rho_{38} - 0.000\,017(\rho_{38})^2 + 0.005\,470\rho_{34}}{1 + e^{[-0.603\,313 - 0.313\,351\log(f) - 0.393\,532\log(\eta)]}} \quad (6\text{-}8)$$

式中：E^*——动态模量（psi）；

　　　η——沥青黏度（10^6 Poise）；

　　　f——加载频率（Hz）；

　　　V_a——空隙率（%）；

　　　V_{beff}——有效沥青黏合剂体积含量（%）；

　　　ρ_{34}——3/4 英寸筛上的累计筛余百分率（%）；

　　　ρ_{38}——3/8 英寸筛上的累计筛余百分率（%）；

　　　ρ_4——4 号筛上的累计筛余百分率（%）；

　　　ρ_{200}——200 号筛上的累计筛余百分率（%）。

该方法下的阻尼比仅可输入常数。泊松比确定方法有两种：即输入常数和通过模型公式确定，其公式见式（6-7）。输入界面如图 6-46 所示。

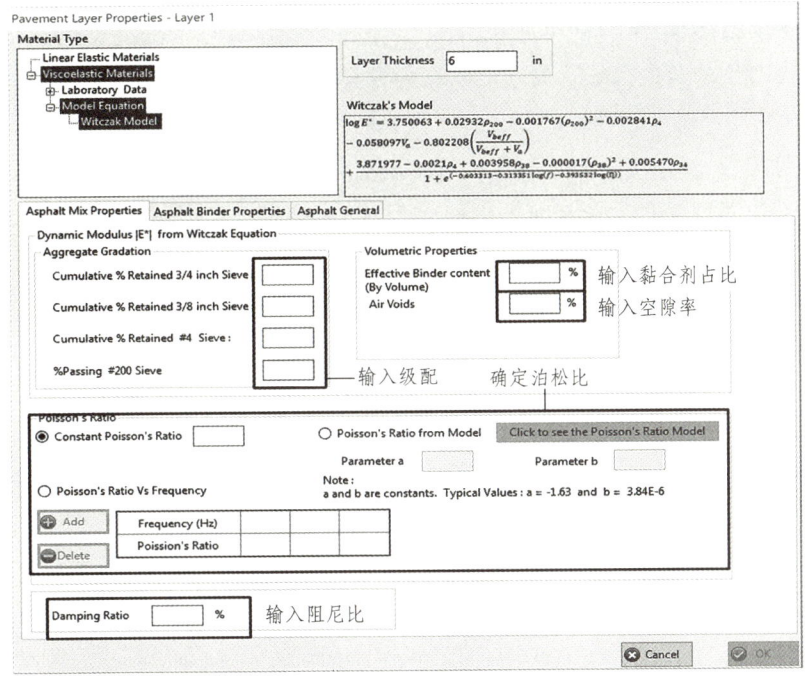

图 6-46　通过 Witczack 模型输入动态模量、泊松比和阻尼比

（3）用户自定义。

用户可以通过输入沥青层的温度、荷载频率、动态模量、阻尼比、泊松比自行定义，如图 6-47 所示。

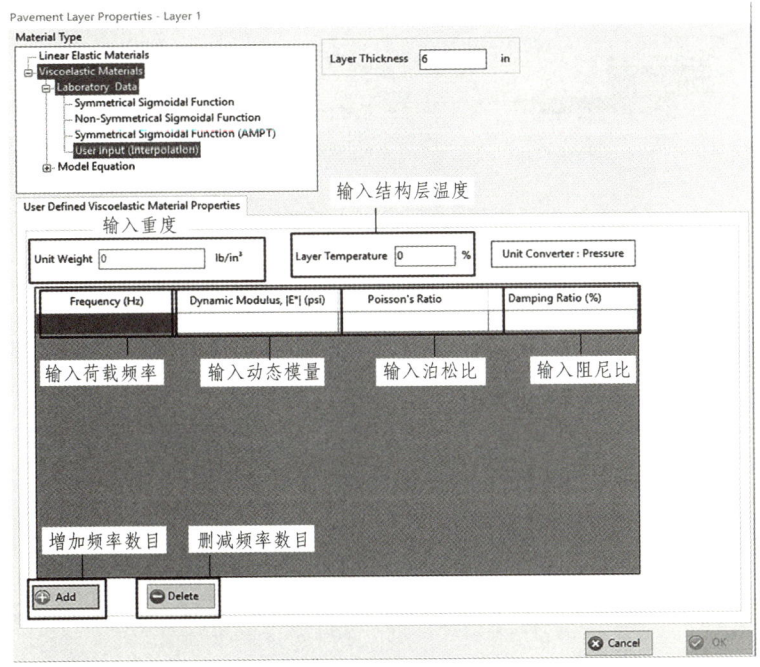

图 6-47　用户自定义输入

2. 沥青黏结剂黏度的确定

在除 AMPT 的其他模式下要确定沥青混合料的动态模量，还需确定沥青的黏结性能即沥青的黏结剂黏度 η，黏度 η 与温度的关系如式（6-9）。

$$\log(\log\eta) = A + VTS \log T_R \quad (6\text{-}9)$$

式中：η——黏结剂黏度（cP）；

T_R——温度（℃）；

A, VTS——回归参数。

A 与 VTS 的确定有以下三种方式：

（1）通过实验数据确定。

3D-Move Analysis 程序中包含两种实验数据：超级路面黏合剂实验数据、常规黏合剂实验数据。

① 超级路面黏合剂实验。

该方法下需要根据动态剪切流变仪试验得出的黏合剂剪切模量（G^*）、相位角（δ）和温度来估算 A 和 VTS，在每个温度下用式（6-9）计算黏度。操作界面如图 6-48 所示。

$$\eta = \frac{G^*}{10}\left(\frac{1}{\sin\delta}\right)^{4.8628} \quad (6\text{-}10)$$

式中：G^*——黏合剂剪切模量（Pa）；

η——黏结剂黏度（cP）；

δ——相位角。

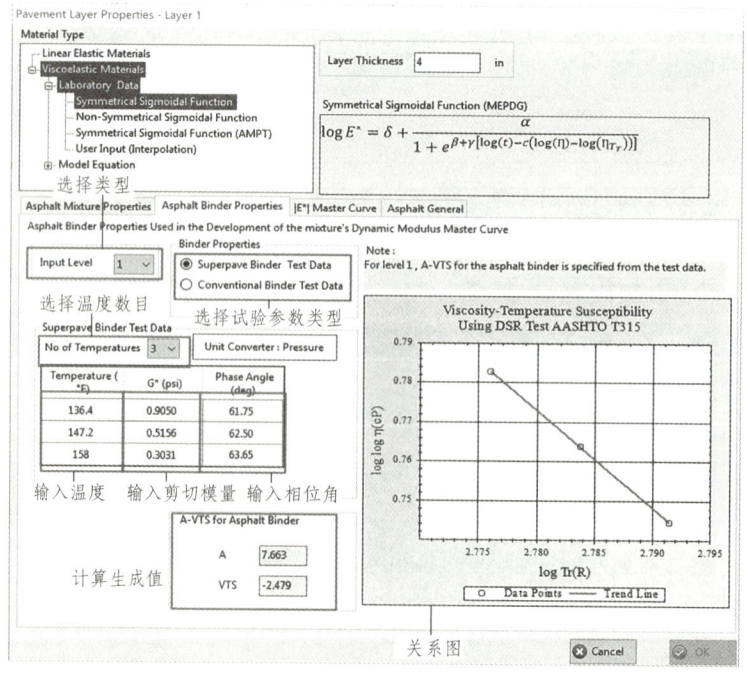

图 6-48 超级黏合剂参数输入

② 常规黏合剂试验。

在这种情况下,使用常规黏合剂测试数据来计算 A 和 VTS 值。图 6-49 显示了估算黏度的常规黏合剂试验和换算方法。利用式（6-11）将针入度数据转换为黏度。

$$\log \eta = 10.501\ 2 - 2.260\ 1\log(pen) + 0.003\ 89\log(pen)^2 \tag{6-11}$$

式中：η——黏合剂黏度（Poise）;

pen——针入度（0.1 mm），荷重 100 g，贯入时间 5 s。

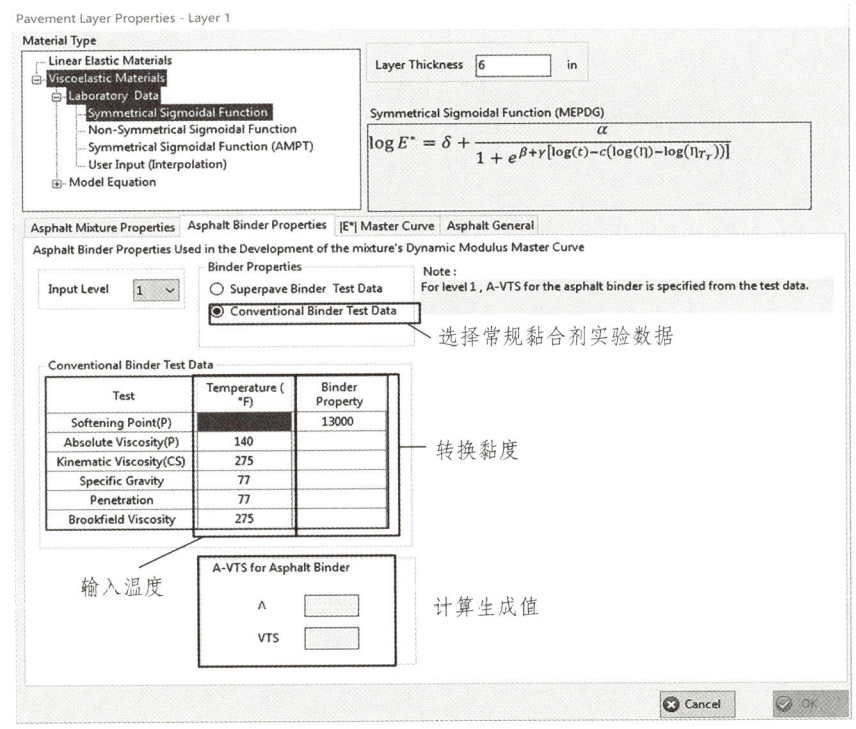

图 6-49　常规黏合剂参数输入

（2）通过选择沥青指标确定。

如果无可用测试数据,用户可以选择该选项,该选项有三种方法可用于计算 A 和 VTS 值：① 超级路面黏合剂等级，该方法需选择最高和最低温度；② 常规沥青混凝土等级；③ 常规针入度。具体如图 6-50 所示。

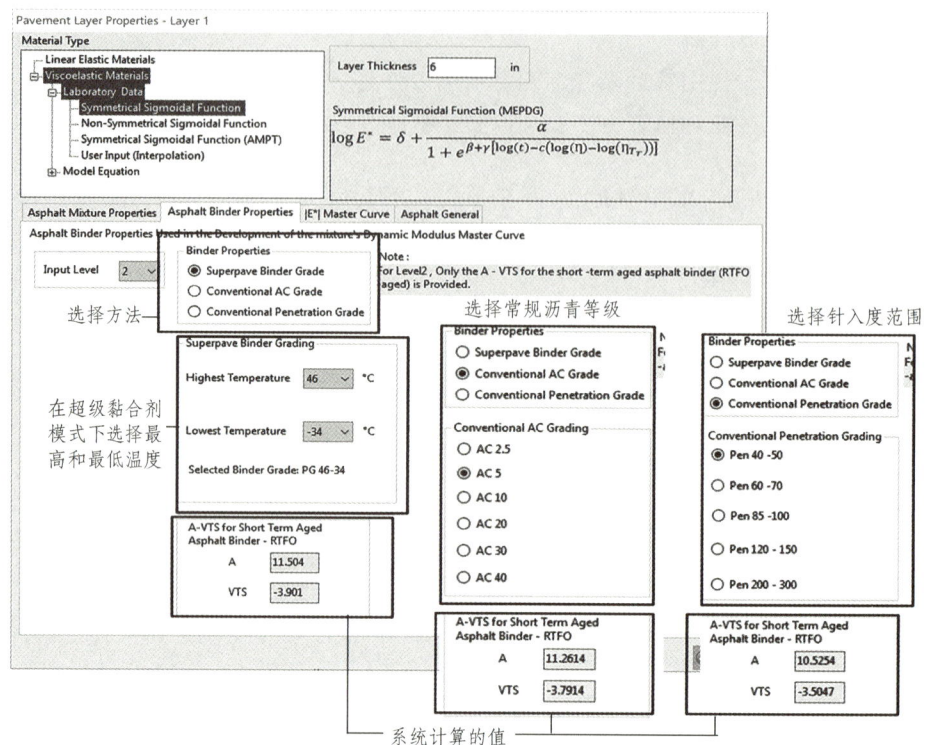

图 6-50　通过选择沥青指标确定 A、VTS

（3）用户自定义输入。

用户可以在该选项中直接输入 A 和 VTS 数值，如图 6-51 所示。

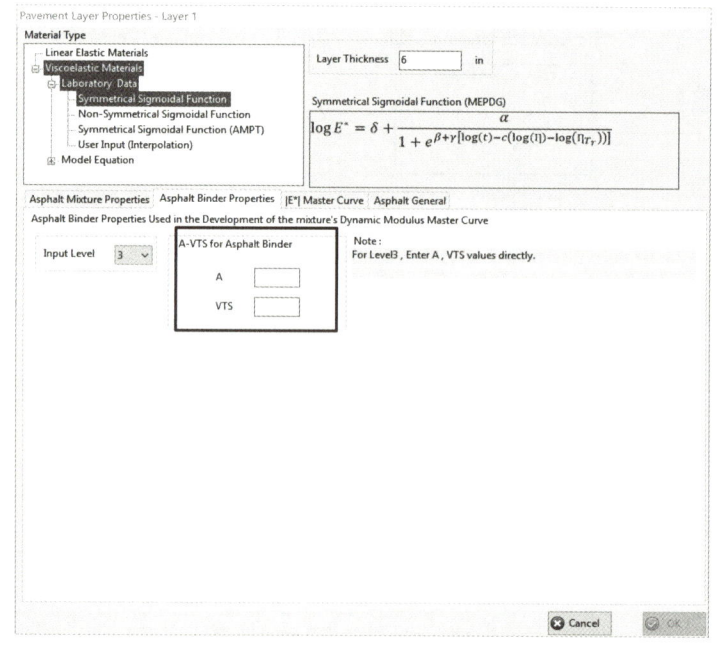

图 6-51　直接输入 A、VTS 值

3. 主曲线图形的生成

全部参数输入完毕后，3D-Move Analysis 可以生成不同温度下的动态模量主曲线，该操作在入门部分应用实例中已经展示，故不再赘述。

6.3.2 荷载库

可考虑复杂的路面接触应力分布是 3D-Move Analysis 程序的突出特点之一。3D-Move Analysis 程序基于荷载的傅里叶级数，通过叠加原理将所有单个谐波响应的代数和作为路面响应。表面荷载在 x 方向和 y 方向上被建为二维周期函数，分为总共 $M \times N$ 份，转换公式如式（6-12）。

$$q(x,y) = \mathrm{Re}\left(\sum_{n=1}^{N}\sum_{m=1}^{M} A_{mn} \mathrm{e}^{i\alpha_n x} \mathrm{e}^{i\beta_m y}\right)$$

$$A_{mn} = \frac{1}{N \times M} \sum_{j=1}^{N}\sum_{k=1}^{M} q(j,k) \mathrm{e}^{\frac{-2\pi i(j-1)(n-1)}{N}} \mathrm{e}^{\frac{-2\pi i(k-1)(m-1)}{M}}$$

$$\alpha_n = \frac{2\pi(n-1)}{N \times \Delta x}$$

$$\beta_m = \frac{2\pi(m-1)}{M \times \Delta y}$$

（6-12）

式中：$q(x, y)$——经过转换后在自然坐标 (x, y) 处的荷载；

$q(j, k)$——分单元后在坐标 (j, k) 处的表面荷载；

m，n——分单元后表面荷载所在坐标；

Δx，Δy——x，y 方向的采样间隔。

移动荷载下的公式如式（6-13）所示。

$$q(x,y,t) = \mathrm{Re}\left(\sum_{n=1}^{N}\sum_{m=1}^{M} A_{mn} \mathrm{e}^{i\alpha_n(x-ct)} \mathrm{e}^{i\beta_m y}\right) \quad （6-13）$$

式中：c——移动速度。

根据以上原理，3D-Move Analysis 程序可以进行任意形状荷载的输入，同时，为了更方便使用者输入荷载，程序拥有大规模的荷载库并且可以考虑特殊的非公路车辆。程序共设有 6 种不同的荷载输入形式，下面进行详细介绍。

1. 选项 A：预定义荷载（均布/非均布荷载）

该方案包括 9 种荷载工况，它们代表了大多数广泛使用的现场工况。用户不能修改任何荷载工况下的轴配置和接触压力分布。工况 1~7 为均布荷载，工况 8 和 9 为非均布荷载，具体情况如图 6-52 所示。

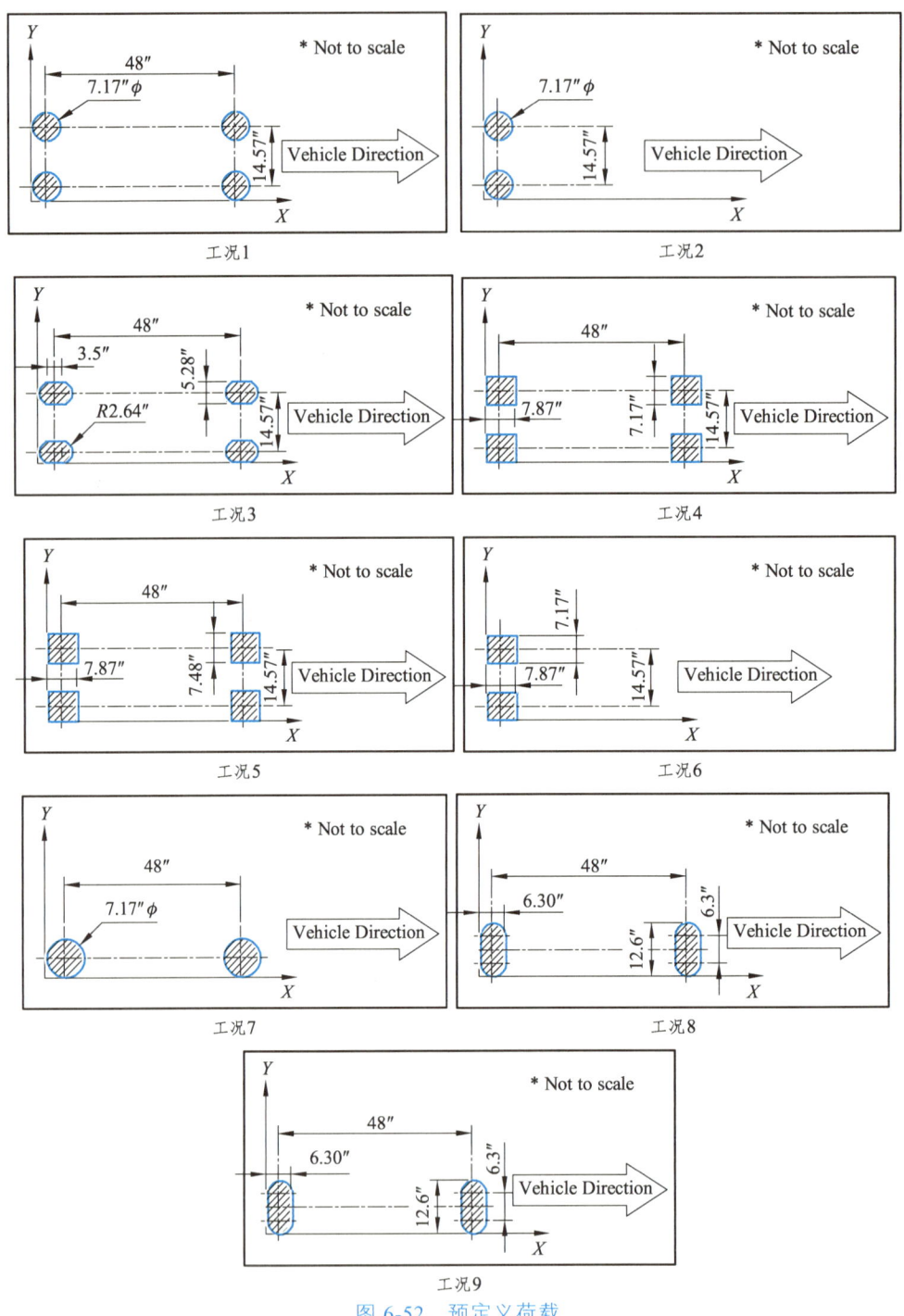

图 6-52 预定义荷载

2. 选项 B：用户选择预定义轴/轮胎配置（均布荷载）

选择此选项用户可以指定轴配置和三种类型的接触压力分布（圆、椭圆或矩形）。界面如图 6-53 所示。

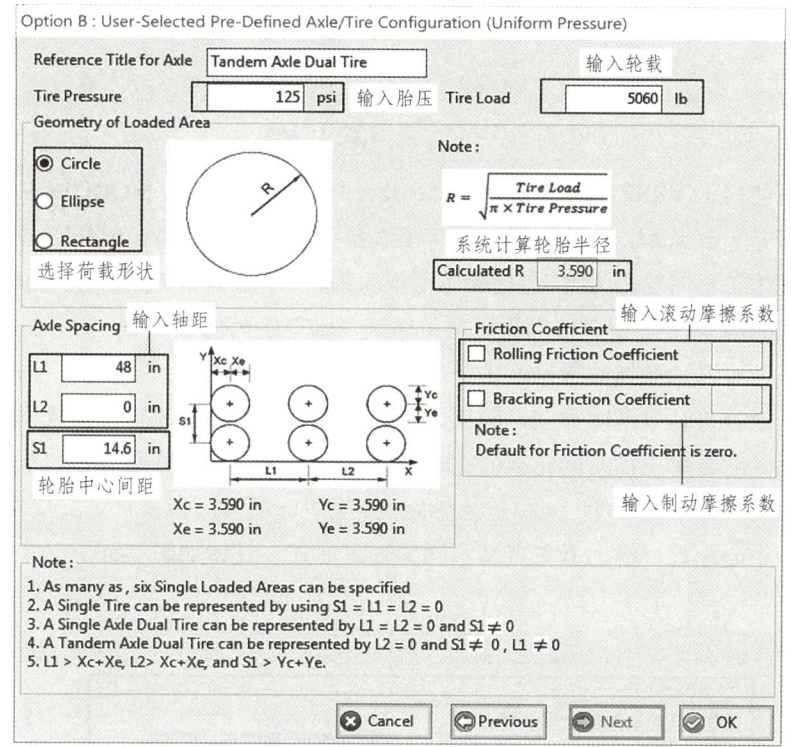

图 6-53　荷载参数的输入

三种不同形状的具体情况如图 6-54 所示。应注意在矩形情况下需输入矩形长宽比系统才能计算出参数 a、b。

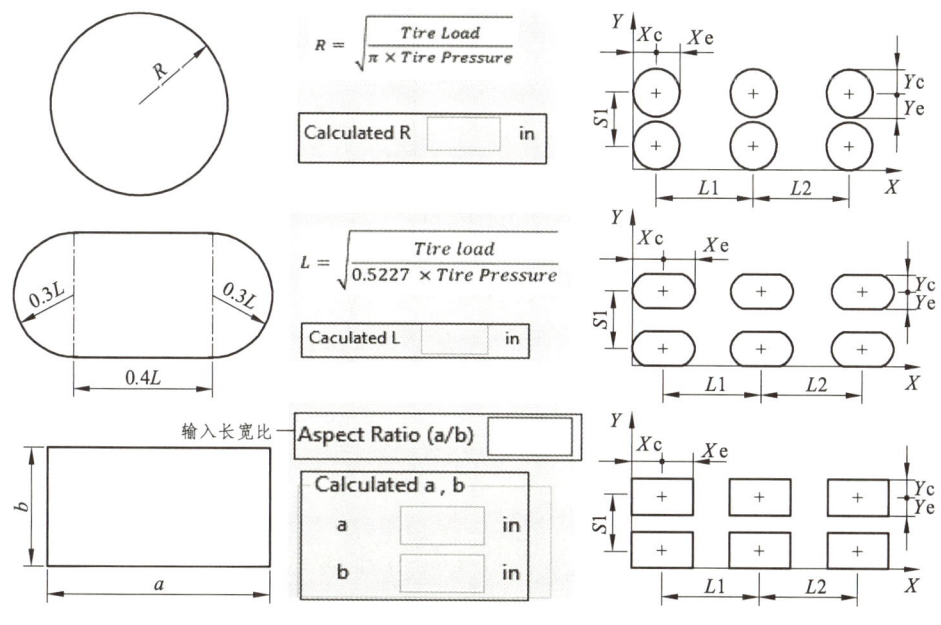

图 6-54　不同荷载形状下需输入的参数

该选项还可以自己设定滚动摩擦系数和制动摩擦系数，若用户不设置则摩擦系数默认值为 0。

3. 选项 C：用户从数据库中选择轮胎参数和接触应力（非均匀荷载）

该选项使用了 VRSPTA（de Beer and Fisher 1997）和 Kistler MODULUS （Sime and Ashmore 1999）数据库，这些数据库包含了大量单个轮胎的测量接触压力分布。两个数据库中都考虑了不同轮胎类型，包括胎压范围为 220~1 000 kPa 和轮胎载荷范围为 26~106 kN 的单胎和宽基轮胎。用户可以指定从单胎到三轴双胎的胎轴配置。对于指定的轴配置和轮胎负载，可以从选择的数据库中分配接触压力。步骤如下：第一步，选择荷载数据库与荷载，通过选择数据库类型、胎压、速度、轮载大小确定非均布荷载分布形式。该程序还可输入荷载库中没有的轮载值，通过线性插值法得到计算所需非均布荷载，具体输入过程如图 6-55 所示；第二步，输入轴距及轮胎中心距离，最多可定义双轮三轴荷载，轴距、轮胎中心距均可输入 0 来定义不同的轴载形式，具体如图 6-56 所示。

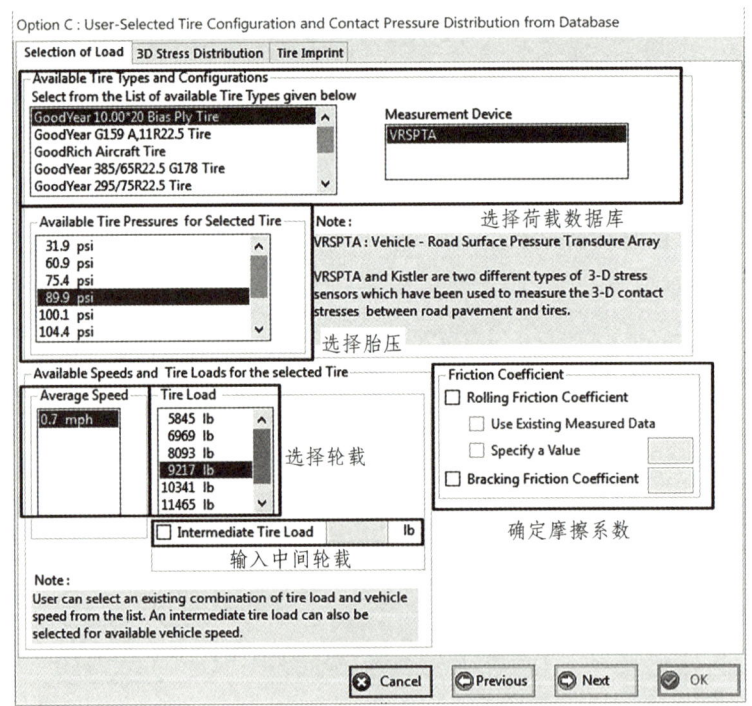

图 6-55　选择荷载类型

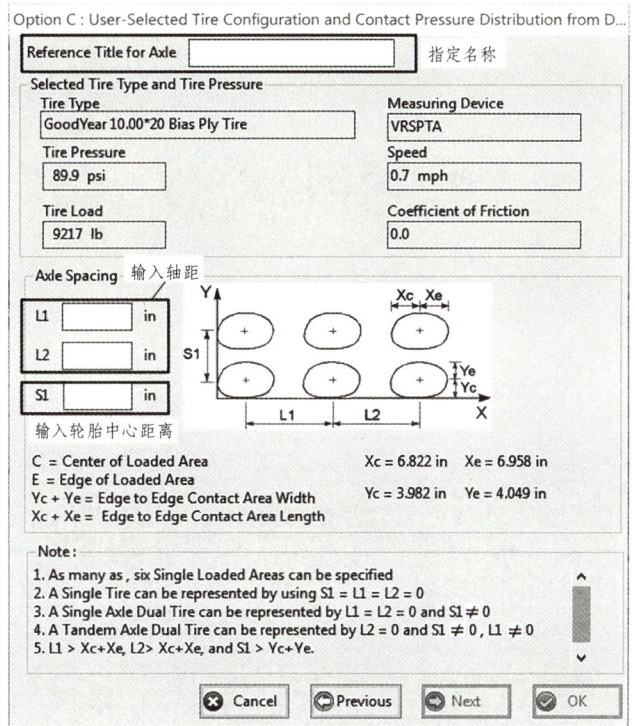

图 6-56　输入轴距及轮胎中心距

由于轮胎印记和相关接触应力分布是选择性能分析响应点的主要因素，因此对这些数据进行可视化非常重要。用户在该选项中可以直观地看到所选轮胎的三维接触应力图和接触应力等值线图以及加载条件（如轮胎载荷、压力和车速），如图 6-57、图 6-58 所示。

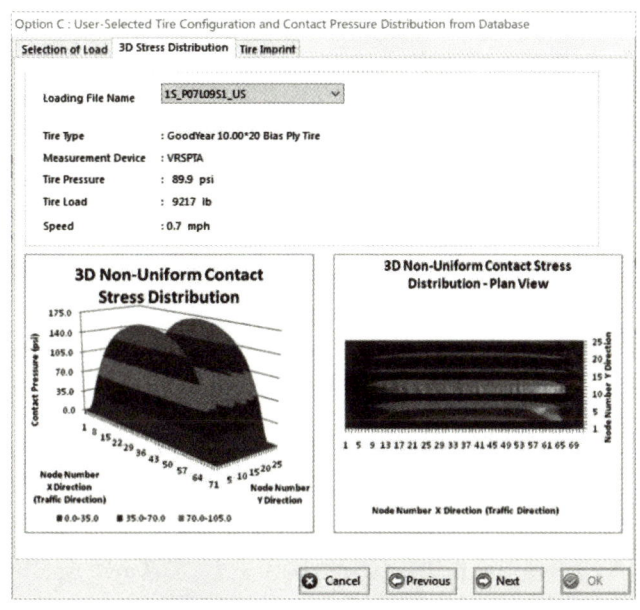

图 6-57　非均布荷载单轮三维可视图

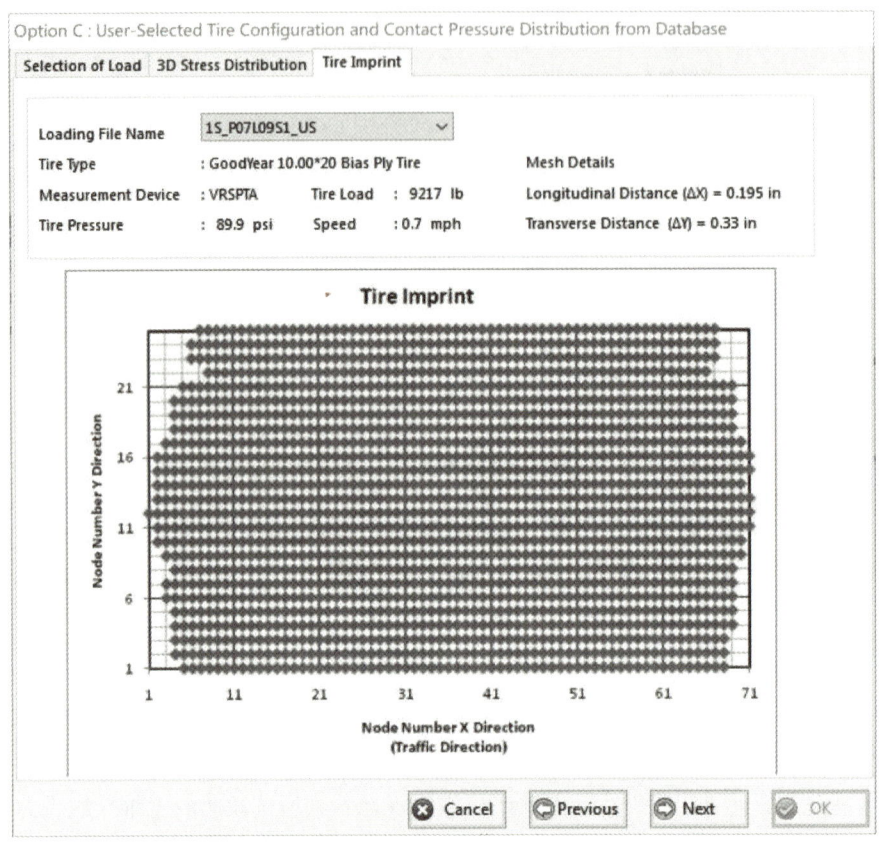

图 6-58 非均布荷载单轮轮胎胎印

4. 选项 D：含动态分析的半挂式汽车列车荷载（均布/非均布荷载）

与常规的两轴车辆相比，半挂汽车列车自身构造特殊，在其制动过程中，荷载的传递将同时依赖于加速度变化率和半挂车的制动力，路面结构所受荷载更复杂，3D-Move Analysis 程序增加了包含动态分析的半挂式汽车列车的荷载库，即荷载分布选项中的 D 选项。

由于制动使车辆减速，荷载将转移到车辆前部轮胎，由此产生的轴负载可能高于或低于初始静态负载，具体取决于轴的位置。一旦计算出半挂车车轴之间的荷载分布，就可以指定接触压力分布（均匀或非均匀）。该选项的操作步骤如下：第一步，先输入半挂牵引车各参数；第二步，选择是否进行制动分析，若需进行制动分析，则输入制动分析所需参数；第三步，选择轮胎荷载分布并输入参数。荷载分布可以选择均布或者非均布，均布荷载的输入同选项 B，非均布荷载的输入来自 3D-Move Analysis 程序自带的荷载库。具体操作如图 6-59、图 6-60 所示。

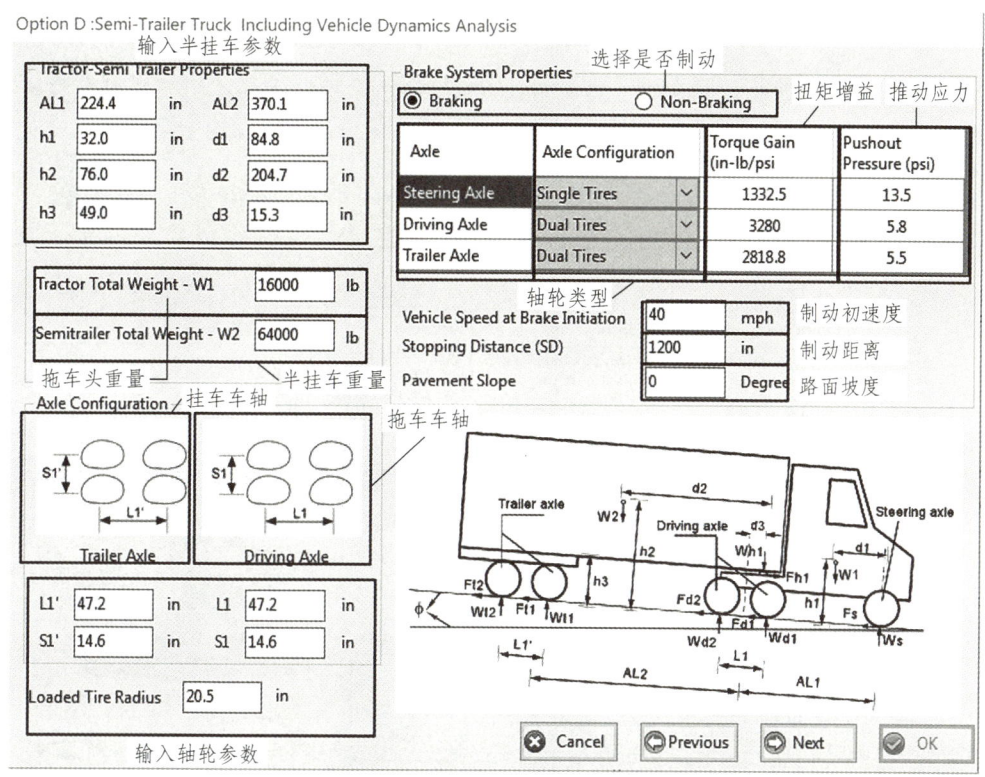

图 6-59　半挂车荷载输入界面

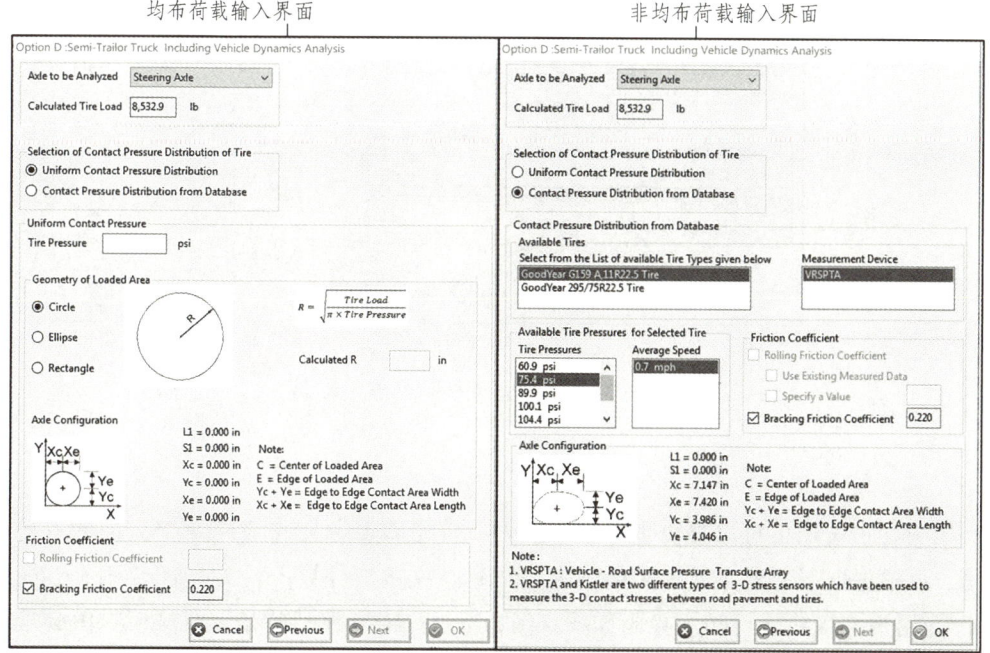

图 6-60　轮胎-接地应力输入界面

245

5. 选项 E：特殊非公路车辆荷载（均布荷载）

该选项包括两种非公路车辆（即端卸卡车和叉车），每一种非公路车辆都有许多不同的制造商，用户可以从制造商规格数据库中选择适当的轴配置和轮胎荷载。该选项只包含均布荷载。选择界面如图 6-61 所示。

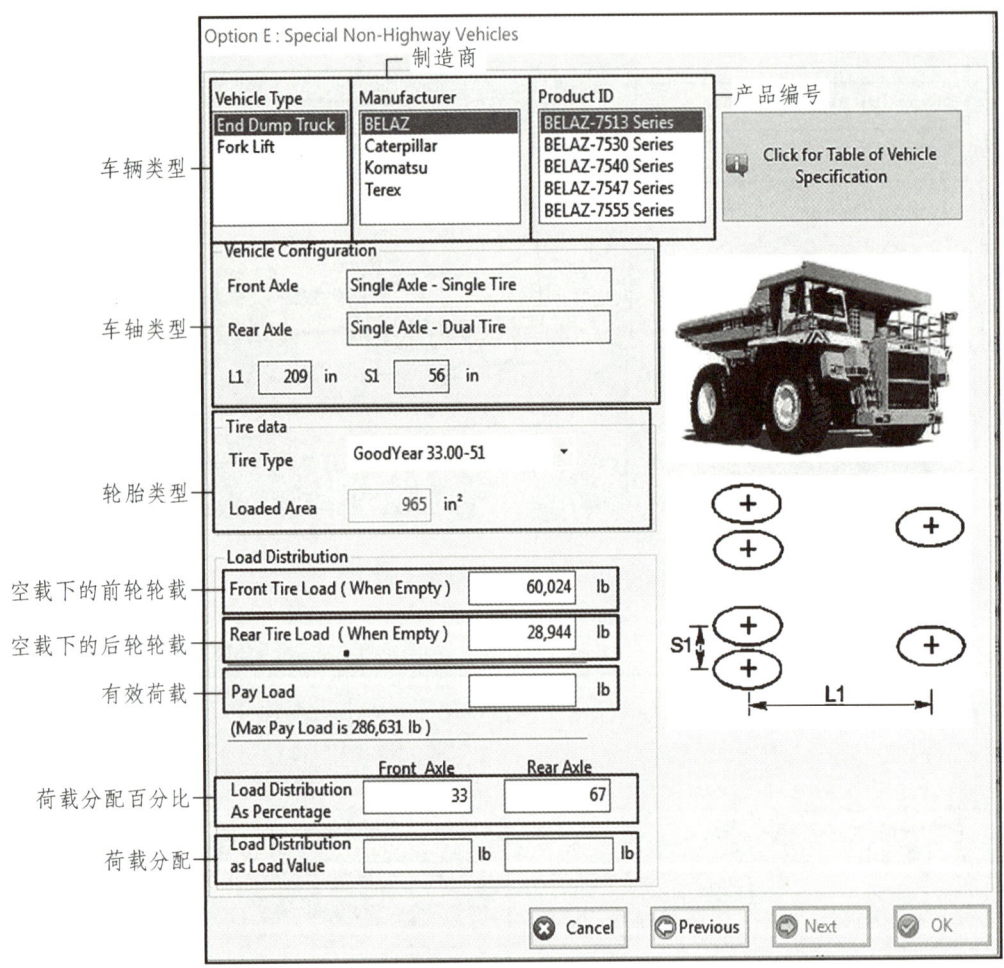

图 6-61　特殊非公路车辆荷载输入界面

6. 选项 F：用户输入接触应力（均布/非均布荷载）

用户在该选项中可以自由定义接触应力，首先需要定义 X 方向及 Y 方向的单元格长度，再根据以下两种方式定义接触应力：① 从文本文件导入，文本形式如图 6-63 所示；② 用户直接输入，输入界面如图 6-62 所示。需要注意的是，M 和 N 值必须为正整数。

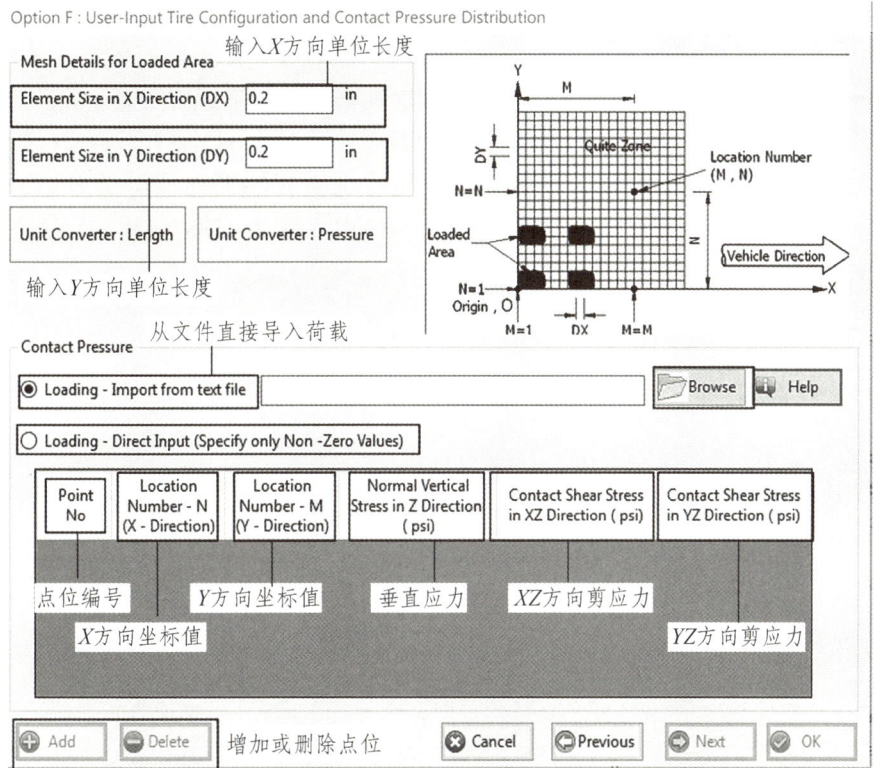

图 6-62　自定义荷载输入界面

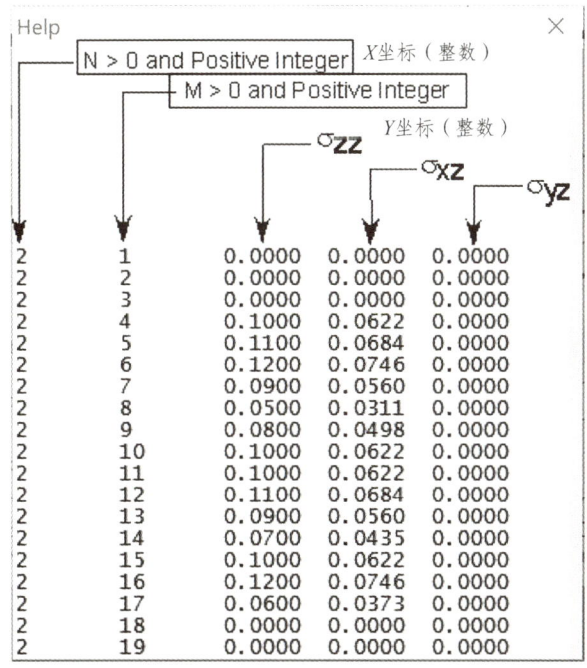

图 6-63　自定义荷载文本形式

6.3.3 性能分析

3D-Move Analysis 程序通过力学经验性能预测模型进行路面的性能分析，包含两个主要步骤：第一步，使用线弹性或黏弹性材料特性的模型计算路面力学响应；第二步，基于实验数据模型将计算的路面力学响应与现场实际路面性能相关联。3D-Move Analysis_V2.1 包含两种路面性能预测模型：NCHRP1-37A 和 VESYS 模型，这些模型可进行开裂和车辙破坏预测。

6.3.3.1 操作步骤

3D-Move Analysis 程序进行路面性能分析的操作步骤如下：

1. 激活"Extended Pavement Analyses"选项

要开展性能分析，首先要激活"Extended Pavement Analyses"（展开性能分析）选项，才能进行后续的输入，如图 6-64 所示。

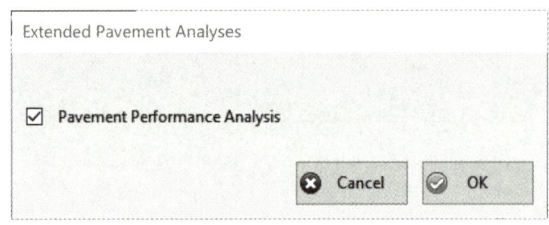

图 6-64 激活性能分析

2. 输入交通信息

3D-Move Analysis 软件允许用户根据估计交通量，允许一年中有多个季节或时段，并允许用户为每个选定季节指定每个参数的变化，如图 6-65 所示。

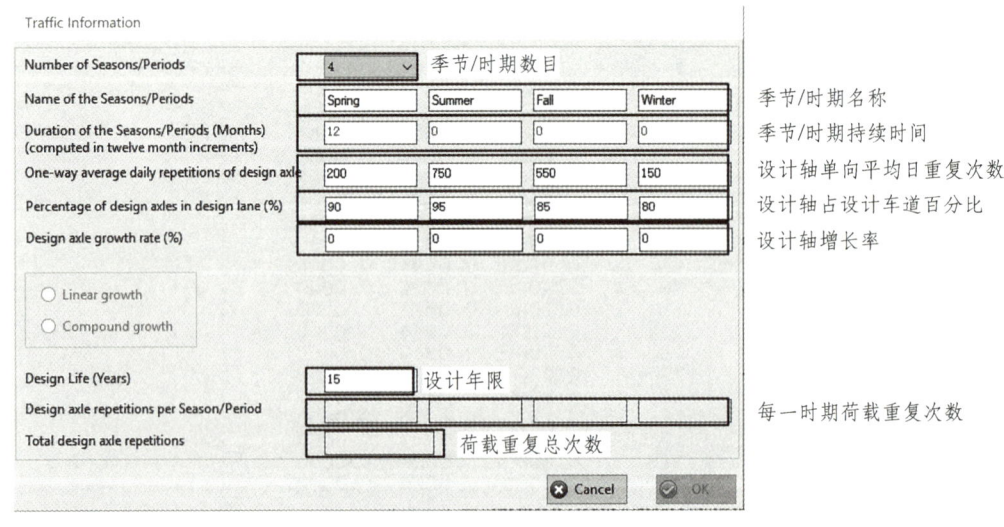

图 6-65 输入交通信息

3. 选择性能分析模型

点击主菜单中的"Performance Models"选择路面性能分析模型，可勾选需要进行分析的选项，如图 6-66 所示。

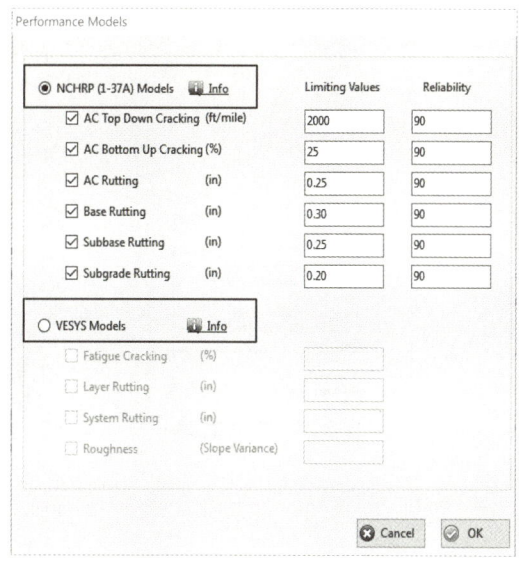

图 6-66　选择性能分析模型

4. 自动生成分析点位

程序会自动生成一些响应点以进行性能分析，这些响应点显示为绿色，用户无法删除这些响应点，如图 6-67 所示。

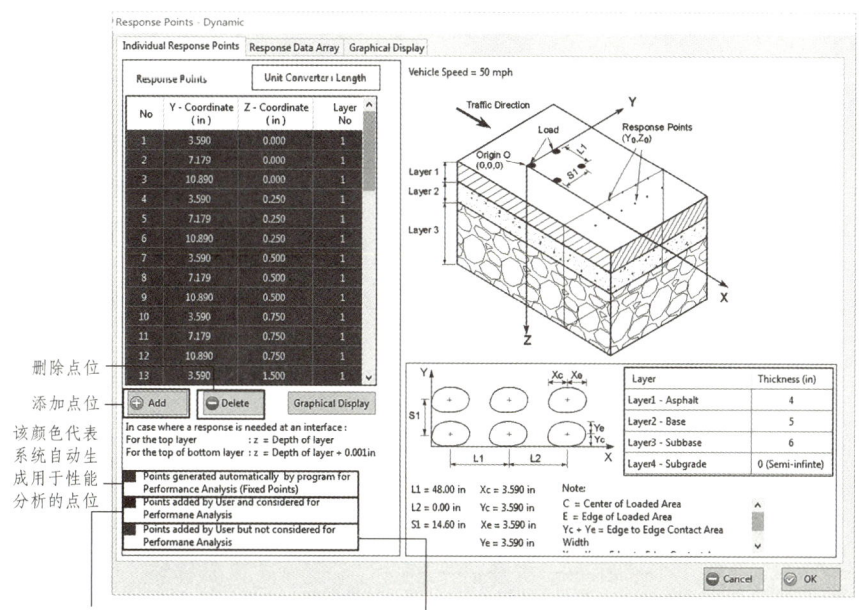

图 6-67　程序自动生成的分析点位

5. 输出性能分析结果

在程序计算结束后,可以点击输出文件中的"Performance Models(Extended Pavement Analyses)"查看性能分析结果,如图 6-68 所示。

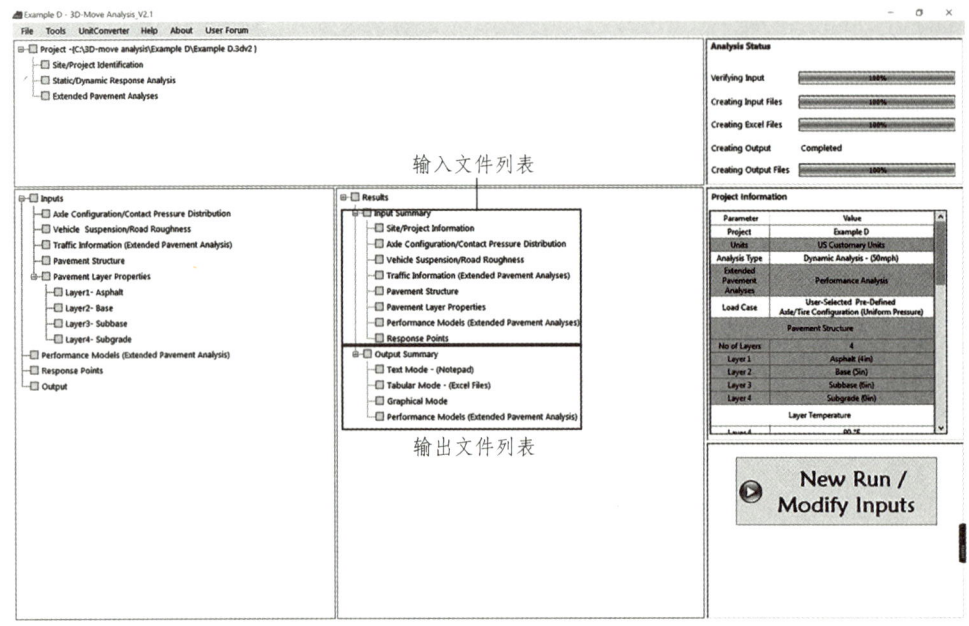

图 6-68 输出性能分析结果

6.3.3.2 性能分析模型介绍

下面对 NCHRP1-37A 和 VESYS 模型进行详细介绍。

1. NCHRP1-37A 模型

NCHRP1-37A 模型包含 6 种破坏模式分析:沥青混凝土自上而下开裂、沥青混凝土自下而上开裂、沥青混凝土车辙深度分析、基层车辙深度分析、底基层车辙深度分析和路基车辙深度分析。

(1)沥青层开裂与车辙深度。

沥青混凝土自上而下开裂分析的输入界面如图 6-69 所示,公式如式(6-14)所示。

$$N_f = 0.004\,32 CC_H k_{f1} \beta_{f1} \left(\frac{1}{\varepsilon_t}\right)^{k_{f2}\beta_{f2}} \left(\frac{1}{E}\right)^{k_{f2}\beta_{f2}}$$

$$C = 10^{4.84\left[\frac{V_{be}}{V_a+V_{be}}-0.69\right]}$$

$$C_H = \frac{1}{0.01 + \dfrac{12.00}{1+e^{(15.676-2.818\,6 H_{ac})}}}$$

(6-14)

式中：N_f——疲劳开裂循环次数；
  ε_t——临界位置的拉伸应变；
  E——材料刚度（psi）；
  H_{ac}——沥青混凝土层厚度（in）。

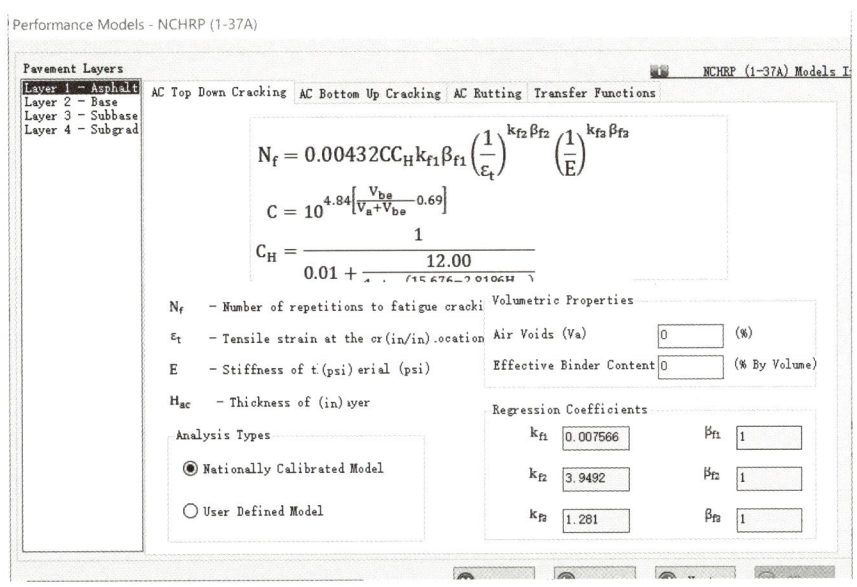

图 6-69　沥青混凝土开裂分析输入界面

沥青混凝土自下而上开裂分析的输入界面类似图 6-69，但系数 C_H 的计算有所不同。传递函数如式（6-15），输入界面如图 6-70 所示。

$$FC_{Top} = 10.56 \left(\frac{C_3}{1+e^{[C_1 - C_2 \log_{10}(100D)]}} \right)$$

$$FC_{Bot} = \left(\frac{1}{60}\right)\left(\frac{C_3}{1+e^{[C_1'C_1 + C_2 C_2' \log_{10}(100D)]}} \right)$$

$$C_2' = -2.40874 - 39.748(1+H_{ac})^{-2.856} \qquad (6-15)$$

$$C_1' = -2C_2'$$

$$STD = B_1 + \frac{B_2}{1+e^{(B_3 - B_4 \log_{10} D)}}$$

式中：D——损伤指数；
  H_{ac}——结构层厚度（in）。

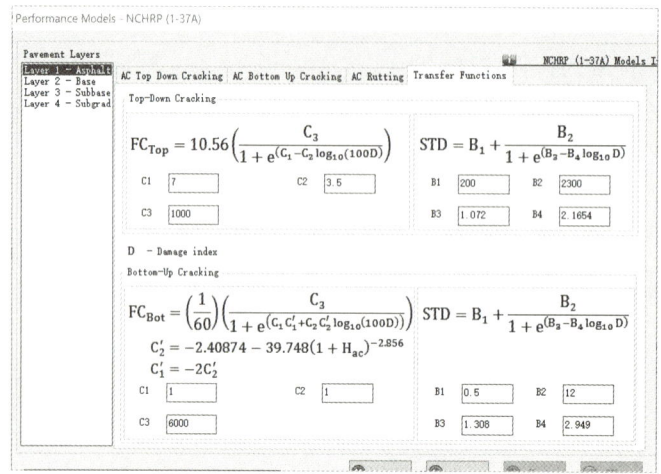

图 6-70　传递函数输入界面

沥青混凝土的车辙深度分析计算公式如式（6-16）所示，输入界面如图 6-71 所示。

$$\frac{\varepsilon_p}{\varepsilon_r} = k_z \beta_{r1} 10^{k_{r1}} T^{\beta_{r2} k_{r2}} N^{\beta_{r2} k_{r2}}$$

$$k_z = (C_1 + C_2 D) 0.328\,196^D \quad (6\text{-}16)$$

$$C_1 = -0.103\,9 H_{ac}^2 + 2.486\,8 H_{ac} - 17.342$$

$$C_2 = 0.017\,2 H_{ac}^2 - 1.733\,1 H_{ac} + 27.428$$

式中：N——荷载重复次数；

T——结构层温度（℉）；

ε_p——总垂直永久应变；

ε_r——实验中所测得的弹性垂直应变；

k_z——深度限制因子；

D——距地表深度（in）。

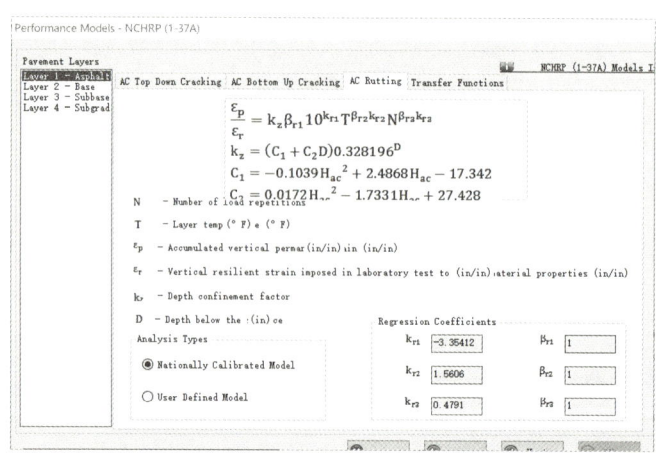

图 6-71　沥青混凝土车辙分析输入界面

（2）基层、底基层和路基车辙深度分析。

基层、底基层和路基车辙计算公式相同，如式（6-17）所示，输入界面如图6-72所示。

$$\delta_a(N) = \beta_{s1} k_{s1} \left(\frac{\varepsilon_0}{\varepsilon_r}\right) e^{-\left(\frac{\rho}{N}\right)^\beta} \varepsilon_v h \tag{6-17}$$

式中：δ_a——结构层永久变形（in）；

N——荷载重复次数；

ε_v——平均垂直应变；

ε_r——实验中所测得的弹性垂直应变；

ε_0，β，ρ——材料属性；

h——结构层厚度（in）。

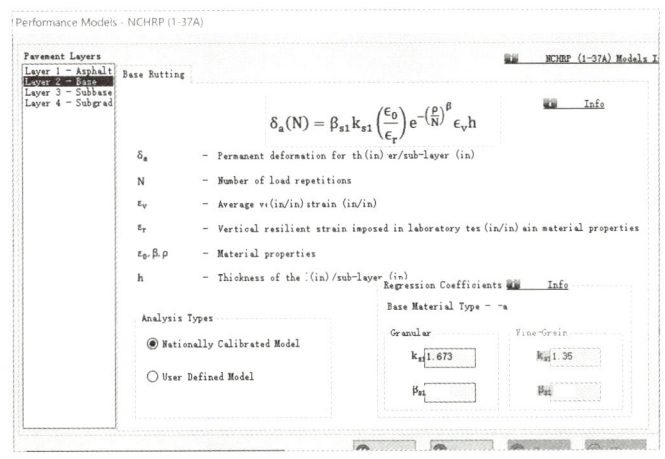

图6-72　基层、底基层、路基车辙分析输入界面

（3）输出结果。

NCHRP1-37A模型的输出结果在前文的例题中有详细介绍，故不作赘述。

2. VESYS 模型

VESYS模型假设在界面处完全剪切，并且材料层是不可压缩的。在3D-Move Analysis（ver.21）程序中包含四种破坏分析模式：疲劳破坏分析、结构层车辙深度分析、系统车辙深度分析以及粗糙度分析。

（1）沥青层性能分析。

在VESYS模型下，沥青层包含四种分析模式，即疲劳破坏分析、结构层车辙深度分析、系统车辙深度分析以及粗糙度分析。

疲劳破坏函数如式（6-18）所示，输入界面如图6-73所示。

$$N_q = k_1 \varepsilon^{-k_2} \tag{6-18}$$

式中：N_q——疲劳循环次数；

ε——最大拉应变。

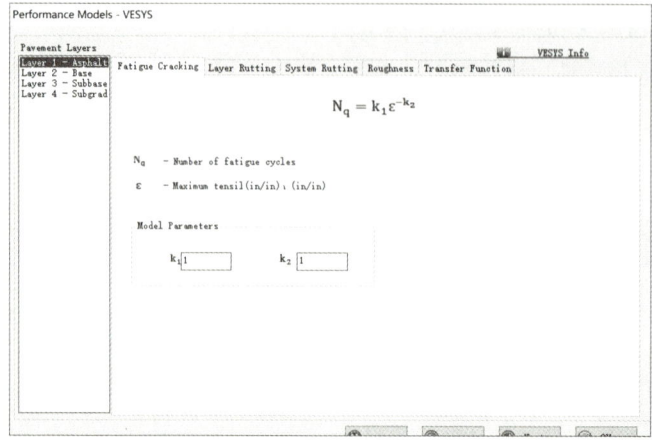

图 6-73　疲劳破坏函数输入界面

疲劳破坏传递函数公式如式（6-19）所示，输入界面如图 6-74 所示。

$$FC_{\text{fat}} = \left(\frac{1}{60}\right)\left(\frac{C_3}{1+e^{\left[C_1 C_1' + C_2 C_2' \log_{10}(100D)\right]}}\right)$$

$$C_2' = -2.40874 - 39.748(1+H_{\text{ac}})^{-2.856}$$

$$C_1' = -2C_2'$$

$$STD = B_1 + \frac{B_2}{1+e^{(B_3 - B_4 \log_{10} D)}}$$

（6-19）

式中：D——损伤指数；

H_{ac}——结构层厚度（in）。

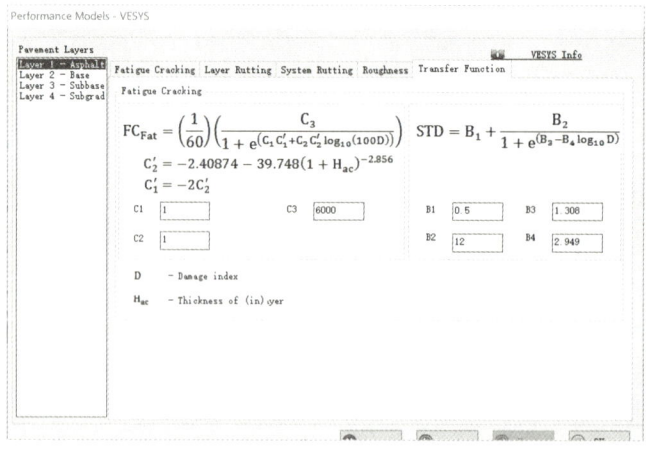

图 6-74　疲劳破坏传递函数输入界面

沥青结构层车辙深度计算分析公式如式（6-20）所示，输入界面如图 6-75 所示。

$$R_D = \sum_{i=1}^{n-1}\int_{N_1}^{N_2}(U_i^+ - U_i^-)\mu_i N^{-\alpha_i}$$

（6-20）

式中：R_D——车辙深度（in）；

N——荷载重复次数；

U_i^+——轴组引起的有限层第 i 层顶部挠度（in）；

U_i^-——轴组引起的有限层第 i 层底部挠度（in）。

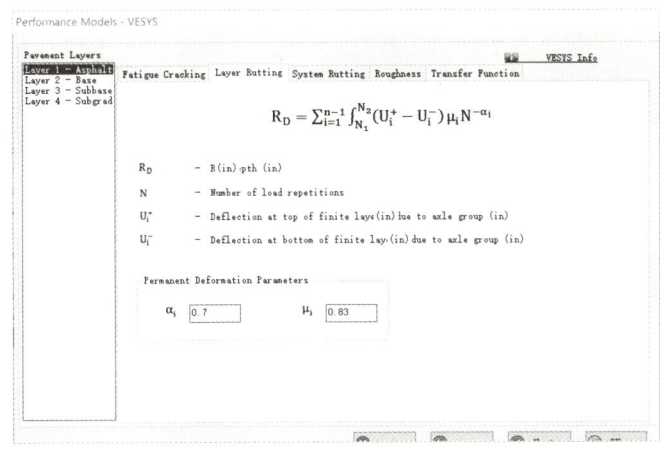

图 6-75　结构层车辙深度输入界面

系统车辙深度计算分析公式如式（6-21）所示，输入界面如图 6-76 所示。

$$R_D = He\frac{\mu_{sys}}{1-\alpha_{sys}}N^{1-\alpha_{sys}} \qquad (6\text{-}21)$$

式中：R_D——车辙深度（in）；

H——沥青结构层厚度（in）；

N——荷载重复次数；

e——永久变形。

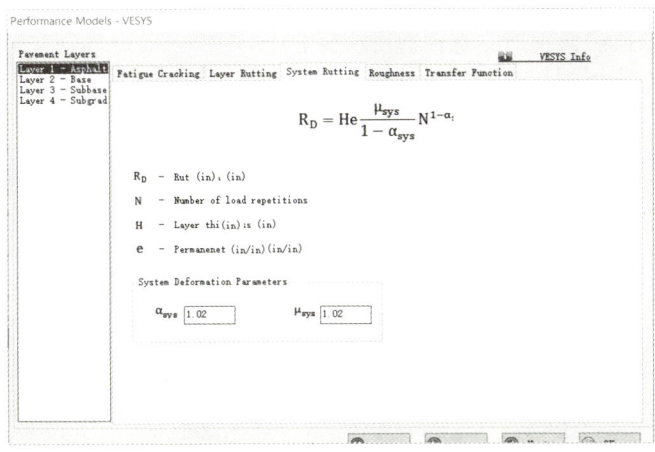

图 6-76　系统车辙输入界面

粗糙度分析公式如式（6-22）所示，输入界面如图 6-77 所示。

$$SV = \frac{2B}{C} Var(\eta) E(R_D)^2 \qquad (6-22)$$

式中：SV——行车方向的路表坡度变化；
　　　$Var(\eta)$——表示路面材料性质变化的随机变量；
　　　B，C——确定路面相关性的路面系统特性；
　　　$E(R_D)$——车辙深度平均值（in）。

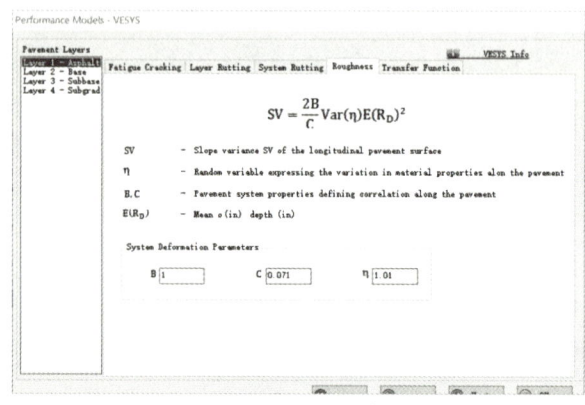

图 6-77　粗糙度分析输入界面

（2）基层、底基层和路基车辙深度分析。

基层、底基层的车辙深度分析的公式和输入界面与沥青层车辙分析相同，可以参照前文。路基车辙深度分析公式如式（6-23）所示，输入界面如图 6-78 所示。

$$R_D = \int_{N_1}^{N_2} U_{sg}^+ \frac{e_t}{e_s} \mu_{sg} N^{-\alpha_{sg}} \qquad (6-23)$$

式中：R_D——车辙深度（in）；
　　　N——荷载重复次数；
　　　e_t——车轴荷载组引起的路基顶部应变；
　　　e_s——单轴荷载作用下路基顶部的应变；
　　　U_{sg}^+——单轴荷载作用下路基顶部挠度。

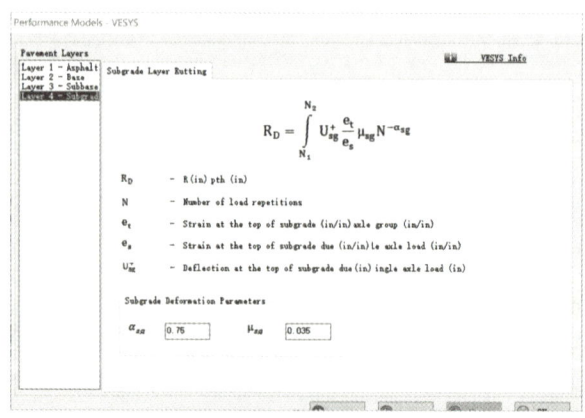

图 6-78　路基车辙深度分析输入界面

(3)输出结果。

完成运行后,程序将输出在 VESYS 模型计算下的各层和各层的破损汇总结果,如图 6-79 所示。

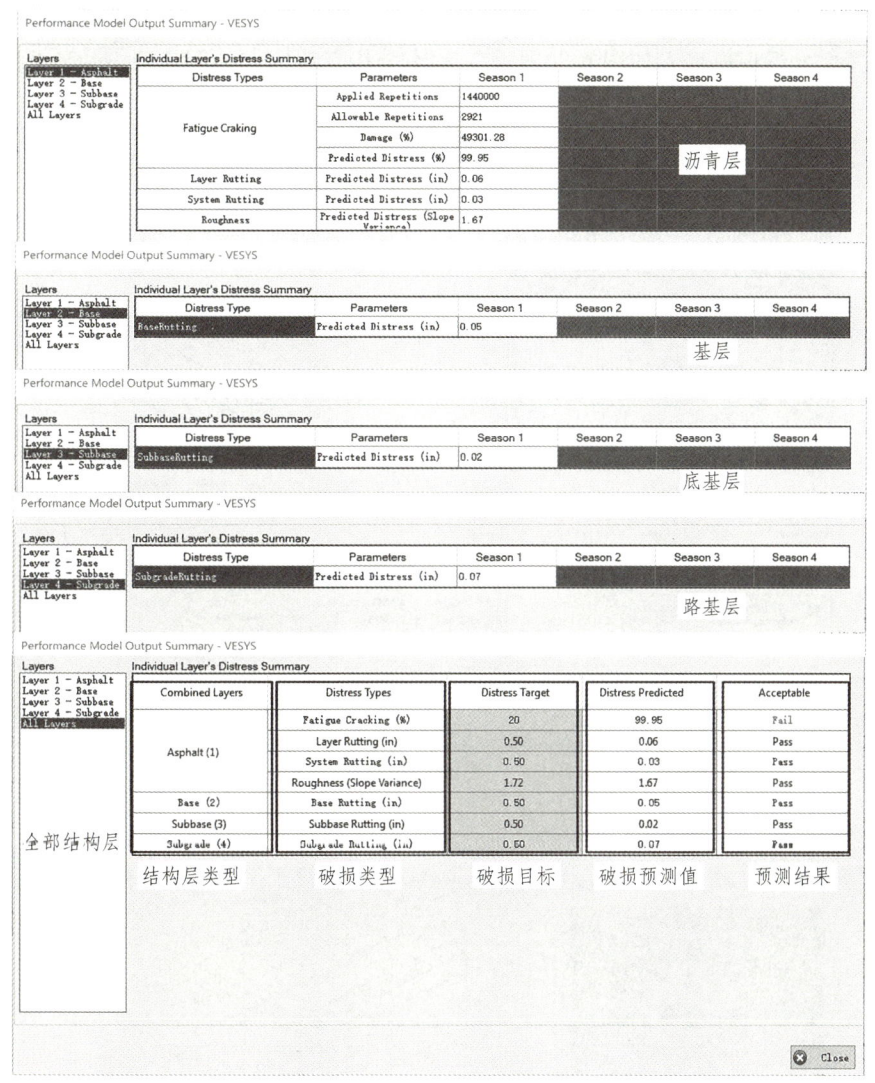

图 6-79　VESYS 模型性能分析结果

6.3.4 计算点位

6.3.4.1 计算点位的输入

在 3D-Move Analysis 程序中,计算点的输入十分重要,当前版本该程序包含两种输入方式:①按照独立点位形式输入;②按照数列形式输入。下面详细介绍这两种输入方式。

1. 独立点位

在该选项下，要确定一点的位置，静态分析需要输入 X、Y、Z 坐标；而动态分析由于行车方向（X）位置不能确定，只需输入 Y、Z 坐标。在 3D-Move Analysis 程序的性能分析模型中，会自动生成一组不可删除的点位用于性能分析，用户可以自行添加和删除点位。静态分析点位输入如图 6-80 所示，动态分析点位输入如图 6-81 所示。

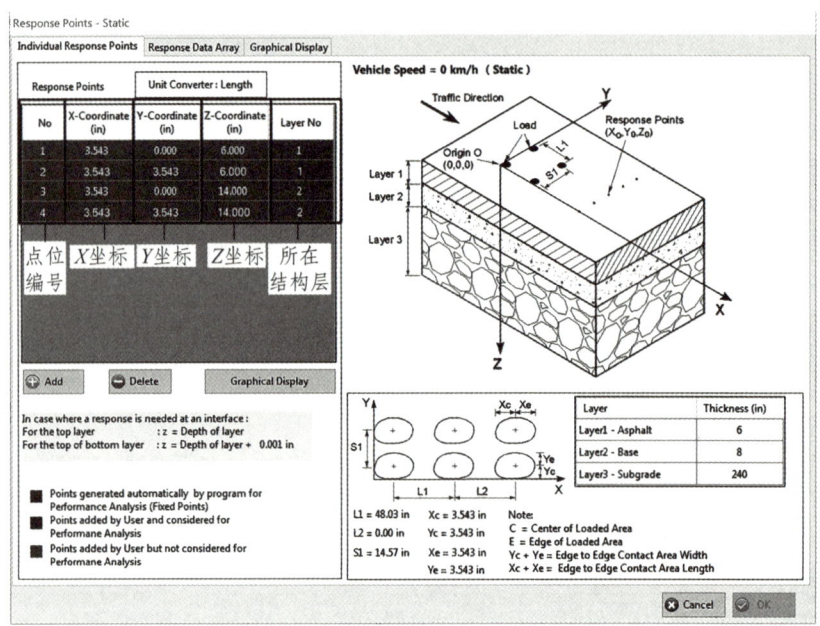

图 6-80　静态分析计算点位输入界面

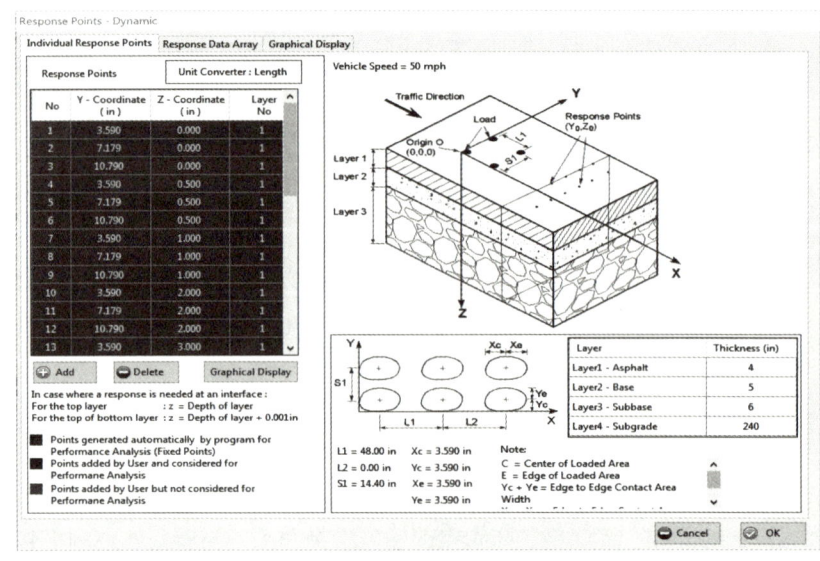

图 6-81　动态分析计算点位输入界面

2. 数列形式

这是定义计算点的另一种方法。在该选项，计算点由一组水平线和垂直线形成的矩形网格点组成。用户可以通过确定矩形网格总长度和总宽度以及各自的网格数目来确定计算点，可以自行添加不同的数列。在静态分析情况下，用户需确定网格行车方向（X）的位置，而动态分析时则不用，如图 6-82、图 6-83 所示。

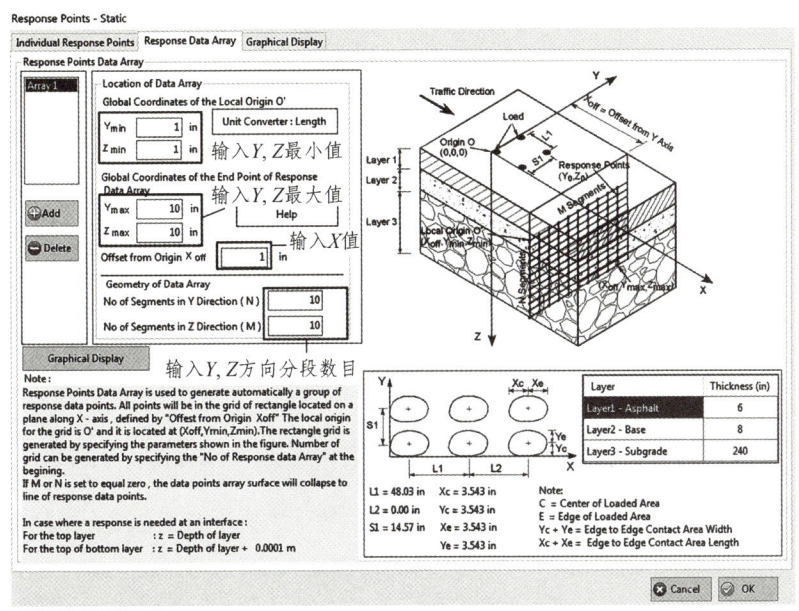

图 6-82　静态分析数列形式计算点位输入界面

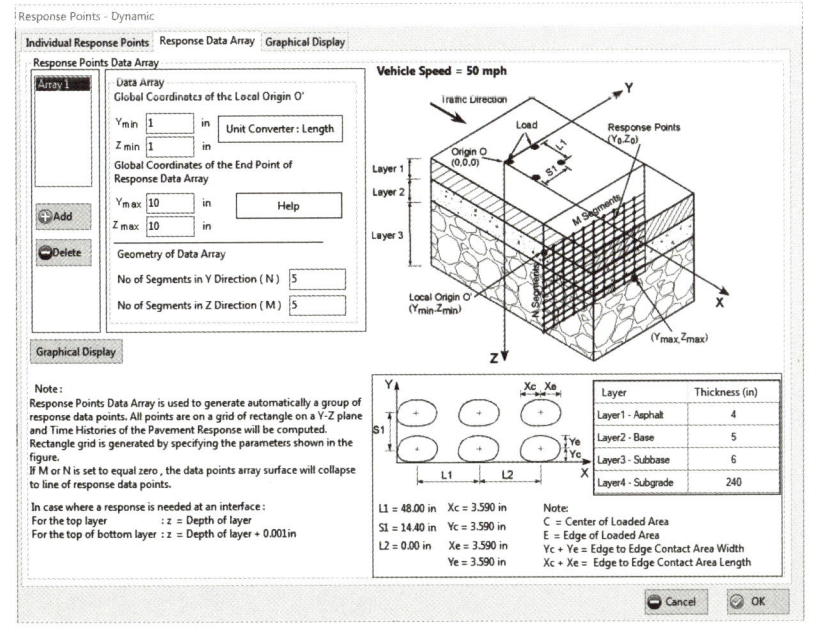

图 6-83　动态分析数列形式计算点位输入界面

6.3.4.2 计算点位可视化

该版本的 3D-Move Analysis 程序可以生成带有计算点的路面结构图，不同类型的结构层有不同颜色，静态分析时可以选择 X-Z 或 Y-Z 平面进行显示，动态分析只能通过 Y-Z 平面显示。点位可以用三种方式进行显示：① 通过选择点位类型显示；② 通过选择平面显示（仅静态分析）；③ 通过选择深度和结构层显示。静态分析和动态分析的显示界面如图 6-84、图 6-85 所示。

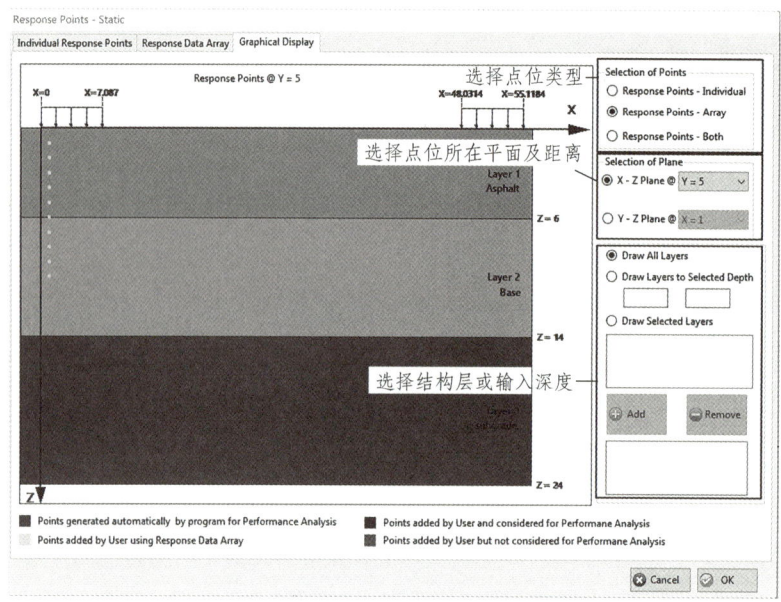

图 6-84　静态分析时的点位可视化

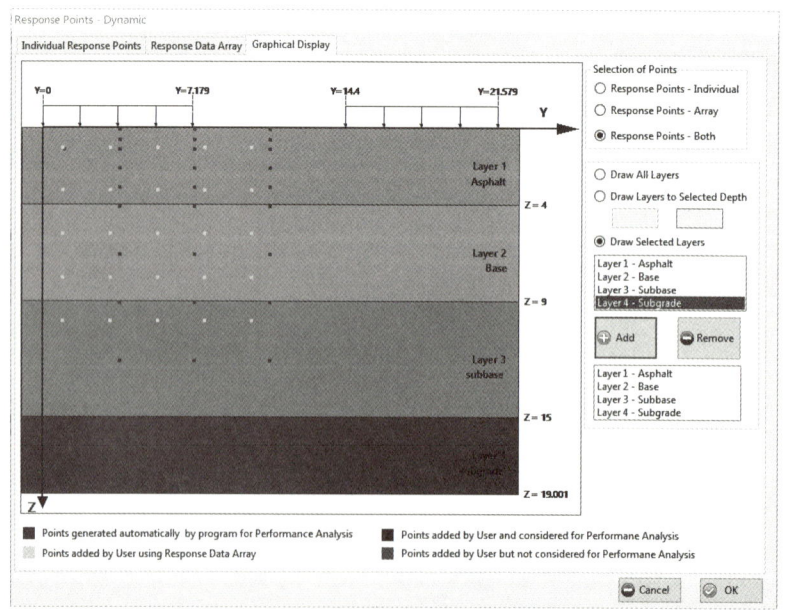

图 6-85　动态分析时的点位可视化

6.3.5 建议进一步阅读的文献

3D-Move Analysis 软件可通过访问 Asphalt Research Consortium 的网站 http://www.arc.unr.edu/software.html 下载，同时读者可访问 3D-Move Discussion Group 论坛 https://3d-move.forumotion.com/，参与交流讨论。

建议读者进一步阅读以下文献：

[1]NITHARSAN, R. Development of windows-based version of the 3D-Move analysis software for pavement response analysis [D]. Reno: University of Nevada, 2011.

[2]ZIA ZAFIR, RAJ SIDDHARTHAN, PETER E SEBAALY. Dynamic pavement-strain histories from moving traffic load [J]. Journal of Transportation Engineering, 1994, 120(5): 821-842.

[3]RAJ V SIDDHARTHAN, NADARAJA KRISHNAMENON, PETER E SEBAALY. Finite-layer approach to pavement response evaluation [J]. Transportation Research Record, 1999(1709): 43-49.

[4] RAJ V SIDDHARTHAN, JIAN YAO, PETER E SEBAALY. Pavement strain from moving dynamic 3D load distribution[J]. Journal of Transportation Engineering, 1998, 124(6): 557-566.

[5] RAJ V SIDDHARTHAN, N KRISHNAMENON, MOHEY EL-MOUSLY, et al. Investigation of tire contact stress distributions on pavement response[J]. Journal of Transportation Engineering, 2002, 128(2): 136-144.

[6] RAJ V SIDDHARTHAN, N KRISHNAMENON, MOHEY EL-MOUSLY, et al. Validation of a pavement response model using full-scale field tests[J]. International Journal of Pavement Engineering, 2002, 3(2): 85-93.

[7] RAJ V SIDDHARTHAN, PETER E SEBAALY, MAGDY EL-DESOUKY, et al. Heavy off-road vehicle tire-pavement interactions and response[J]. Journal of Transportation Engineering, 2005, 131(3): 239-247.

[8] ELIE Y HAJJ, RAJ SIDDHARTHAN, PETER E SEBAALY, et al. Hot-mix asphalt mixtures for Nevada's Intersections[J]. Transportation Research Record Journal of the Transportation Research Board, 2007, 2001(1): 73-83.

以上文献均系软件开发者团队就该软件原理算法、具体应用等撰写发表的系列相关论文。

3D-Move Analysis 程序的一些其他具体应用，读者还可参考本书末"主要参考文献"之[24]、[31]、[36]、[39]等。

第 7 章 沥青路面结构力学分析典型专业软件评析

7.1 概述

目前,沥青路面结构力学分析可基于弹性层状体系理论、轴对称有限元、三维有限元、三维连续有限层法等开展,随着电子计算机的飞速发展,基于这些理论、方法,涌现出了诸多路面结构力学分析专业软件可供选择。由于专业软件都设计得相对精巧,针对性强,因此就具体的工程问题而言,合理软件平台的确定至关重要。本书前文已分别介绍了 BISAR、MICHPAVE、EverStressFE 和 3D-Move Analysis 四款软件,下面针对这四款典型专业软件,从原理算法、具体实现等出发再作一全面横向比较,并针对某具体算例,进行相关讨论[24]。

7.2 四款典型专业软件比较

BISAR 3.0、MICHPAVE V1.2、EverStressFE V1.0 和 3D-Move Analysis V2.1 分别基于弹性层状体系理论、轴对称有限元法、三维有限元法和三维连续有限层法而研发,研发原理如图 7-1 所示。其中,三维连续有限层法视各结构层为连续体,假定表面载荷具有时间不变的配置并以恒定的速度移动,用离散傅里叶级数展开法将表面荷载分解成二维谐波分量,使用解析解来计算各结构层对每个谐波的响应,通过叠加原理用每个谐波分量的响应来评估整体响应。由于沥青路面各结构层水平分布,通常仅需分析若干关键点位的力学响应,因此相对于有限元法,该法无需剖分网格,同时在考虑移动轮载作用时计算效率更高。

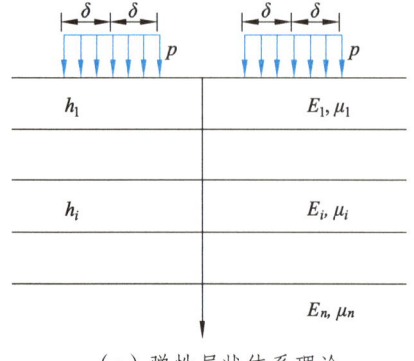

(a)弹性层状体系理论

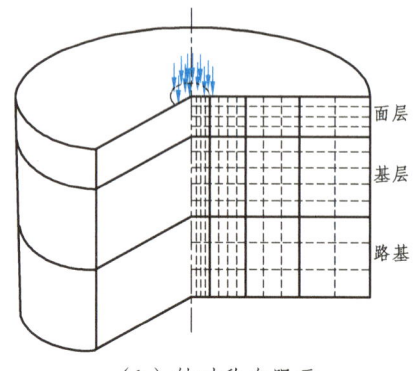

(b)轴对称有限元

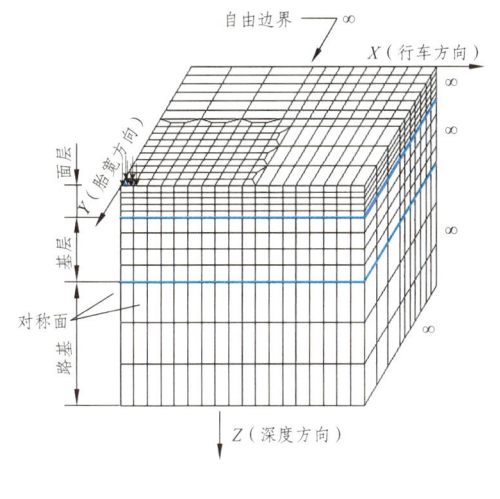
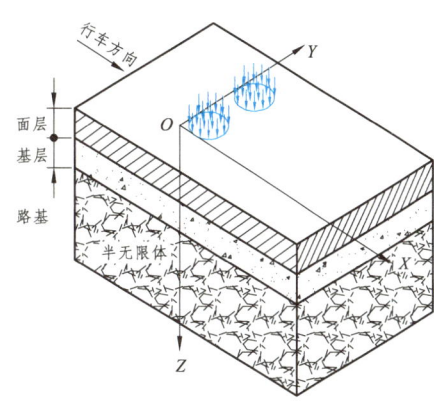

（c）三维有限元　　　　　　　　　　（d）三维连续有限层法

图 7-1　四款软件研发原理示意

显然，不同的研发原理将直接决定这四款软件的使用特点、适用场合等。下面将从模型的建立、求解和结果后处理等方面予以详细阐述，其中模型的建立涉及荷载、结构层、计算点位等，对于 MICHPAVE 和 EverStressFE，因采用有限元法，尚需确定计算范围、单元类型、网格剖分、边界条件等。

7.2.1　模型建立

7.2.1.1　荷　载

BISAR 软件既可考虑垂向力，亦可考虑水平力（水平力与 X 轴正向的夹角可自行指定），轮胎-路面接触面形状必须为圆形，最大轮载数量可多达 10 个，以模拟多轴、多轮组。圆形分布轮载的大小、分布半径、接触应力等三者中只有两者独立，可通过轮载与荷载圆半径、接触应力与轮载、接触应力与荷载圆半径等三种模式予以输入，而具体作用位置（即轴距、轮距等）则通过设定荷载圆圆心处的整体坐标而确定。该软件还专门设置了"Use Standard Dual Wheel"选项，如勾选该选项，软件将默认直接设置为 Shell 路面设计方法所使用的标准双轮荷载，即单圆荷载为 20 kN、接触圆半径为 10.5 cm，圆-圆的中心距为 31.5 cm。同时，软件还可通过"Retrieve"选项，抽调之前已保存的模型数据中的轮载信息。显然，BISAR 软件无法直接指定轮轴构型，如是单轴双轮组还是双轴双轮组，轴距、轮距如何等，需通过轮载个数、相对平面位置等实现。

MICHPAVE 软件基于轴对称有限元，因此仅能考虑单圆荷载，无法考虑更复杂的轮轴组合，只需输入轮载、接触应力即可，软件将自行通过必要计算给出接触圆半径。由于软件自动将轴对称圆柱坐标的原点设于圆形垂直均布轮载的圆心，因此无需设定轮载的作用位置。此外，该软件无法考虑水平力作用。

EverStressFE 软件可直接设定轮轴组合情况，包括轴数（单、双）、轮数（单、双）、轴距、轮距、单轮荷载大小、接触应力等。软件还可自行选择设定轮胎-路面接触面形状及尺寸，如圆形满布、矩形满布、用户自定义（考虑面积折减的矩形分布），还可加载特定格式的轮载数据文件（后缀名为.node）。该软件在轮载方面最大的特色是内嵌有胎面设计器（Tread Designer），可相当方便地设定胎面走向花纹的条数、各条走向花纹的宽度、在各走向花纹内分布力峰值及沿轮胎长度方向（行车方向）的分布形式（保持恒定、抛物线形还是半正弦波形等）。用户甚至可自行先行按一定格式编辑生成后缀为.node 的轮载数据文件，然后导入软件进行运算。

3D-Move Analysis 软件可通过六种方式定义荷载，分别是：九种预定义的荷载工况、用户可选的预定义轮轴构型（均布压力）、用户可选的轮胎配置和接触应力、包括车辆动力学的半挂车、特殊的非公路车辆（End Dump Truck and Fork Lift）及用户输入轮胎配置和接触应力分布。该软件荷载方面的突出特色是：内嵌了多种轮载数据库，同时因基于连续有限层法，可充分考虑轮胎-路面接触面形状、接触应力非均布、各种轮轴组合及动态荷载系数（DLC）等。

7.2.1.2 结构层

BISAR 最多可考虑 10 层，其中由上至下的最后一层（土基）视为半无限空间体，无需输入厚度，其他各层可单独指定厚度；各结构层均视为线弹性体，需输入弹性模量、泊松比。层间可设定为完全连续或者部分连续，如为部分连续，则需通过设定标准弹簧柔度或缩减弹簧柔度的具体数值描述层间部分连续状况。

MICHPAVE 最多可考虑 6 层，其中沥青面层只能看作线弹性体，粒状材料、黏性土可分别用 K-θ 模型、双线性模型描述其回弹模量的应力依赖性。直接视各结构层之间完全连续，不能考虑层间部分连续。最下一层为土基，其厚度推荐取为 6~12 in。

EverStressFE 软件最多可考虑 4 层，每层均视为线弹性体，需设定各层厚度、弹性模量和泊松比，其中最下一层土基的厚度宜通过一定的试算确定，以尽量避免边界条件的影响。在层间界面状况描述方面，该软件可在第 1 层与第 2 层之间、第 2 层与第 3 层之间设置为完全连续，或者部分连续，如是部分连续，软件将通过设定界面刚度或界面劲度（Interface Stiffness，单位：N/mm^3）反映层间结合状况。当为 4 层体系时，软件将默认第 3 层与第 4 层之间为完全连续。

3D-Move Analysis 最多可考虑 10 层，每层均视为线弹性体，各层需设定厚度、弹性模量、泊松比和材料重度（注：考虑移动荷载时方需输入重度），其中考虑移动荷载时沥青面层可视为率相关材料，即黏弹性材料。土基厚度设定数值为 0 时视为半无限空间体。直接视各结构层之间完全连续，不能考虑层间部分连续情况。

7.2.1.3 计算点位

BISAR 最多可指定 10 个计算点位，这些计算点位可通过输入整体坐标体系下的三维坐标而确定，针对恰好位于层间结合界面的点位，软件还需用户确定是上层底，还是下层顶；MICHPAVE 则需通过指定水平剖面和垂直剖面的方式实现计算点位的选择，至少需设定一个垂直剖面，即对称轴（荷载圆中心线）必须需指定；强烈建议水平剖面选择在径向单元中心以及层间界面处，垂直剖面也选择在各单元中心，对于层间界面，结果后处理时会分别给出某深度处界面以上、以下的具体数值。EverStressFE 在前处理阶段则完全不需要指定计算点位，对于层间界面，该软件可在结果后处理时加以选择，确定究竟是上层底还是下层顶。3D-Move Analysis 需输入空间坐标指定点位，点位个数不限，还可以通过在垂直于行车方向某横剖面上划分格栅点的方式确定欲开展计算的点位。对于处于层间界面的点位，计算上层层底时直接输入层深，下层顶输入层深+0.001 m。

7.2.1.4 其　他

MICHPAVE 基于轴对称有限元法，模型范围径向为荷载圆半径 a 的 10 倍，模型垂向最下一层（土基）厚度一般推荐取 6~12 in。在网格剖分方面，MICHPAVE 均采用四节点矩形单元，其中径向 10 倍荷载圆半径范围内被划分为 4 个区域，在每个区域内，所有单元的水平尺寸相同，软件默认 0~a、a~$3a$、$3a$~$6a$、$6a$~$10a$ 分别被等分为 4、4、3、2 个单元。垂向各结构层内所有单元的垂向尺寸相同，每层垂向依该层厚度确定垂向单元剖分数量，其中顶层（沥青面层）至少需剖分 4 个单元，其他各层至少需剖分 2 个单元，垂向最大单元总数不超过 24。边界条件方面，模型的左侧为对称轴，右侧 $10a$ 处设定为径向位移约束、垂向自由；底侧则引入了特别的柔性边界条件。

为减小计算机时、节约储存空间，EverStressFE 需考虑 1/4 对称性，针对单轴单轮、单轴双轮、双轴单轮、双轴双轮，其计算模型如图 7-2 所示。模型水平方向、深度方向的范围需通过一定的试算确定。采用 20 节点六面体单元予以离散，如考虑了层间部分连续，软件将引入特殊的 16 节点界面单元（厚度为 1 mm）。在网格剖分方面，可选简单网格或局部细化网格形式，如是简单网格，则针对平面，仅需确定轮胎宽度方向、行车方向的单元均分数量；如是局部细化方式，则先确定细化区域的位置、范围，然后在此区域内分别确定 X、Y 向单元均分数量，细划区域与粗划区域之间为渐变过渡区域。深度方向，依各结构层厚度分别确定等分单元的数量。模型边界方面，模型的左侧、前侧均为对称面，模型的后侧、右侧、底侧依模拟无限域还是有限域而确定，可实现有限元与无限元的耦合。

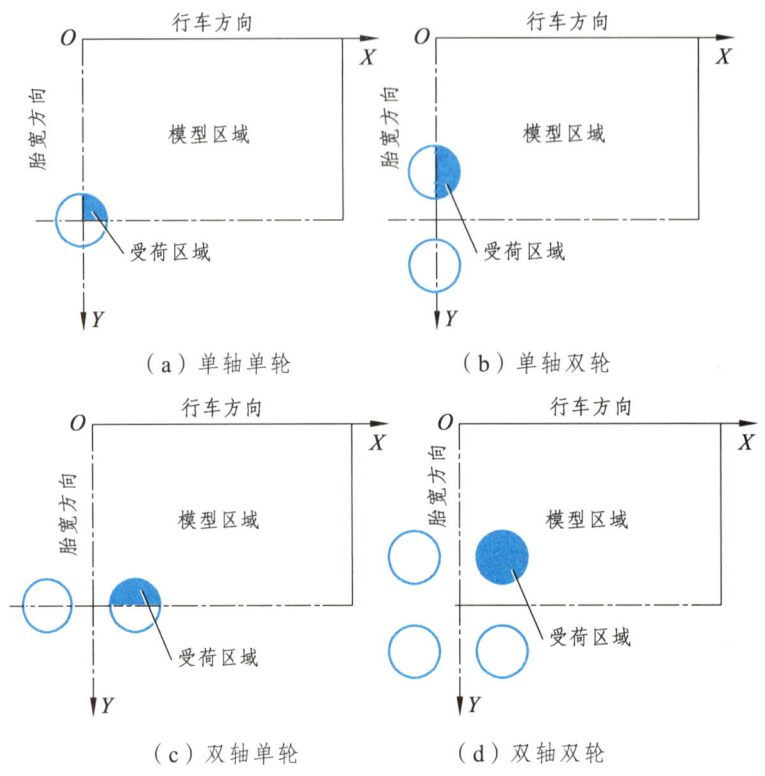

图 7-2　EverStressFE 软件模型的 1/4 对称性（以圆形荷载为例）

另外，3D-Move Analysis 含有英制、国际单位制两种单位制，使用上优越于仅采用国际单位制的 BISAR 和 EverStressFE，以及仅采用英制单位的 MICHPAVE。MICHPAVE、3D-Move Analysis 可直接应用于路面性能预测，不过前者仅含疲劳和车辙深度预测模型，且仅局限于由沥青混凝土（AC）面层+基层+土基组成的三层体系或由沥青混凝土（AC）面层+基层+底基层+土基组成的四层体系；后者预测模型相对更为丰富，配有 NCHRP 1-37A 和 VESYS 两个路面性能预测模型，其中 NCHRP 1-37A 包含沥青混凝土面层 Top down 开裂、Bottom up 开裂、车辙、基层车辙、底基层车辙、土基车辙等 6 种损伤模式，VESYS 包含疲劳开裂、结构层车辙、系统车辙、粗糙度等 4 种破坏模式。

7.2.2　模型求解

BISAR 模型建立好后，保存数据，点击"F5"或者菜单"Results-Calculate"，即可进行计算。

MICHPAVE 模型的求解由初始化、若干迭代（对于非线性材料）和形成结论等部分组成，达到非线性求解收敛所需的迭代次数由所分析路面断面的属性、轮载大小确定，更弱的断面需要更多的迭代次数以达到收敛。允许的最大迭代次数为 25，计算过程中初始化阶段和分析阶段所需时间等信息将显示在屏幕上。

对于 EverStressFE，当模型建好后，保存数据，选择"Solve Current Model"，点击"Solve"，即可求解，屏幕上将快速动态显示求解的过程。需要特别指出的是，通过选择"Work with Batch List"，软件可实现批量按序求解多个模型，这对于大规模平行运算无疑大有裨益。

3D-Move Analysis 模型建立好后可直接点击"Run Analysis"，软件界面的右上侧进度条显示计算进程。计算结束后"Run Analysis"会变成"New Run/Modify Inputs"，即可查看相关计算结果。

7.2.3 结果输出

BISAR 将通过 Block Report、Detailed Report 等形式展现计算成果，在 Block Report 方式中，一个系统的输入和输出都编辑在一页内，输出将给出每个计算点位的三个法向应力、三个法向应变和三个法向位移，而 Detailed Report 将以一页一个计算点位更详尽的信息给出计算成果。

MICHPAVE 的计算结果将以文本文件的形式存储于硬盘上，将给出最后的位移、应力和应变，包括：各水平剖面在径向各单元中心处，垂直剖面在垂向单元中心处、层间界面处的径向位移、垂向位移、径向应力、切向应力、垂向应力、剪切应力、径向应变、切向应变、垂向应变、剪切应变；技术信息包括总的单元数、节点数、方程数、带宽、达到平衡的迭代次数、沿着底部边界弹簧的弹性模量、弹簧的泊松比、收敛相对误差、每层等效回弹模量,有限元网格单元列表,各单元最后的回弹模量列表,因 Mohr-Coulomb 破坏和拉伸破坏的单元列表等；软件还将给出疲劳寿命和车辙深度数据等。

EverStressFE 的计算成果可以曲线图、等值线图和变形后网格图等展现。其中，曲线图需指定平面点位的坐标，软件将给出对应该点位垂直向下的三个法向应变、三个切向应变和三个位移分量沿深度的分布；等值线图将给出以上共 9 个力学响应在 X-Y 剖面、Y-Z 剖面、X-Z 剖面上的分布；变形后网格图将依据一定的位移比例，给出变形后的网格图。软件还给出了在对称轴上一些特殊点位的相关力学响应，从而便于运用这些力学响应开展性能预测。

3D-Move Analysis 的计算结果输出形式为文本和表格，计算移动荷载力学响应时还可给出时程曲线。其中，文本形式的输入和结果输出分别存储于 Temp 和 OutputFiles 文件中，每个计算点位三个法向的位移、应力、应变结果分别对应有相应的输出文件。

7.3 算例分析与讨论

MICHPAVE USER'S MANUAL （*Version* 1.2 *for DOS*）提供了一个运用 MICHPAVE 进行计算的算例，下面将以此为准对四款软件开展横向比较。该算例取单圆轮载 40.033 98 kN（9 000 lb），接触应力 689.476 kPa（100 psi），路面结构共 3 层，由上至下

依次为沥青面层、粒料基层和黏性土路基,其中沥青面层、粒料基层和黏性土路基分别视为线弹性模型、$K\text{-}\theta$ 模型和双线性模型。图 7-3 给出了该算例按英制单位计的路面各结构层厚度及材料参数,其中:K_0 为静止土压力系数,K_1、K_2、K_3、K_4 为材料回归系数,E 为弹性模量,μ 为泊松比,c 为黏聚力,φ 为内摩擦角,ρ 为密度。

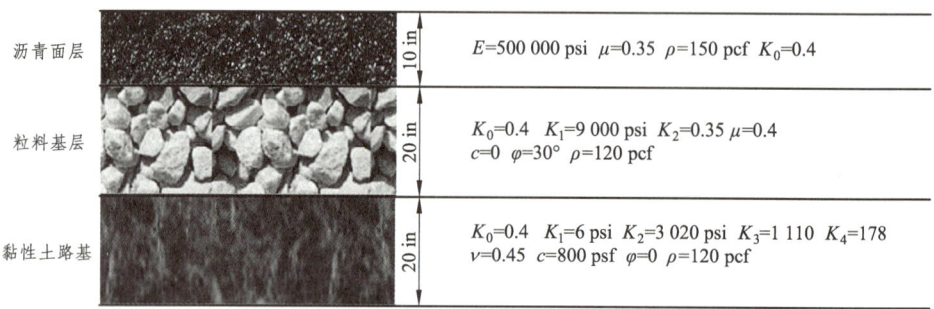

(1 in=25.4 mm,1 psi=6.89 kPa,1 psf=47.88 Pa,1 pcf=16.018 kg/m³)

图 7-3　路面各结构层厚度及材料参数

鉴于 3D-Move Analysis 的静态分析和 BISAR、EverStressFE 都只能将全部结构层视为线弹性体,为更好地开展横向平行比较,遵照 *MICHPAVE USER'S MANUAL*(*Version* 1.2 *for DOS*)所描述的等效回弹模量的计算方法,先通过 MICHPAVE 非线性分析得到粒料基层和黏性土路基的等效回弹模量,分别是 16 967 psi(117 MPa)、7 279 psi(50 MPa),然后将这些等效回弹模量作为弹性模量分别代入四款软件开展线弹性分析。MICHPAVE、EverStressFE、3D-Move Analysis 的分析模型见图 7-4。

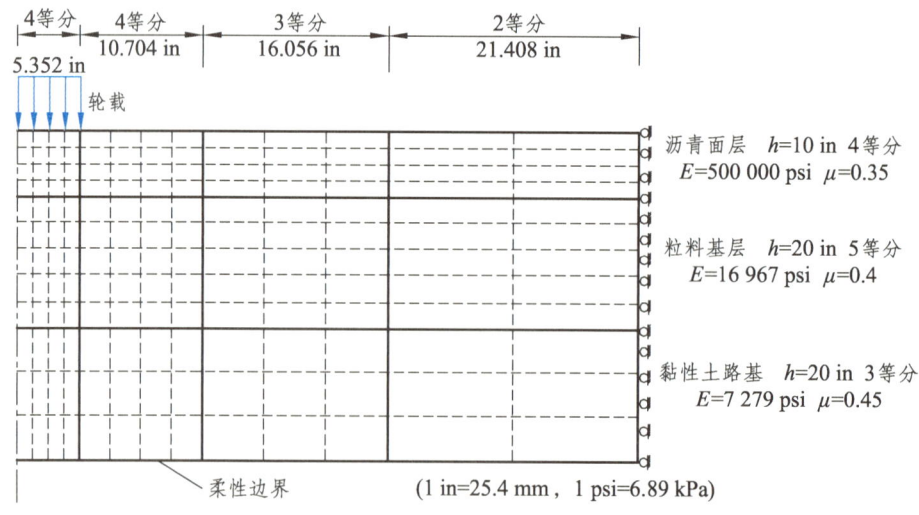

(a)MICHPAVE 分析模型

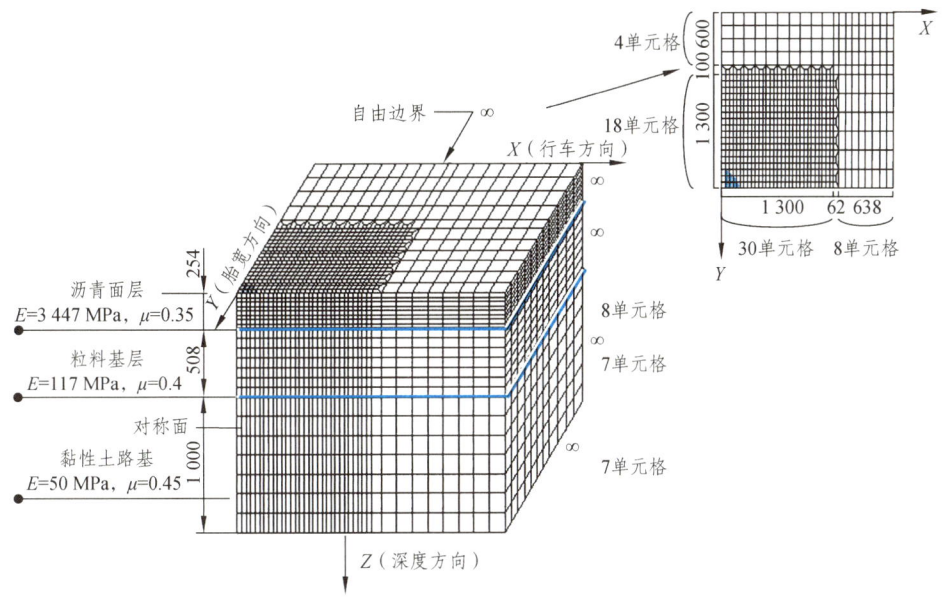

（b）EverStressFE 分析模型（尺寸单位：mm）

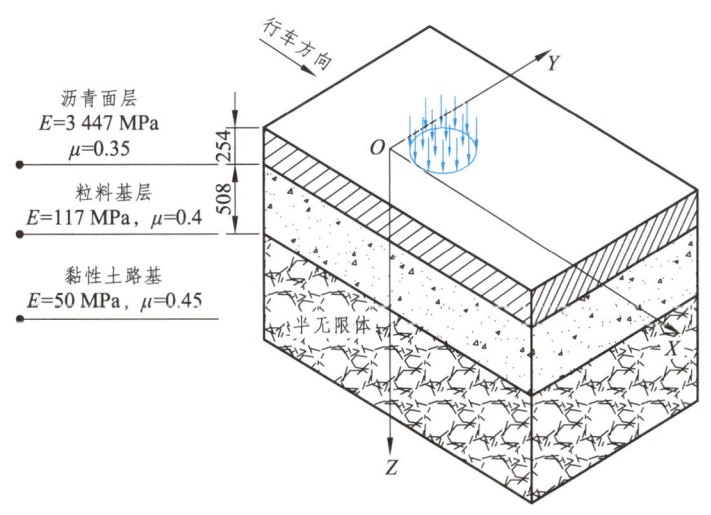

（c）3D-Move Analysis 分析模型（尺寸单位：mm）

图 7-4　数值分析模型

图 7-5（a）、（b）、（c）分别给出了沥青路表垂向位移、沥青面层底径向应变、土基顶面垂向应变等方面四款软件的分布情况比较。可见：在轮载和路面结构相同的前提下，四款软件计算结果的宏观规律相对较接近，路表垂直向下位移、路基顶面垂向应变均随距轮载中心距离的增大而减小，沥青面层底径向应变由拉应变调整为压应变。其中，BISAR、EverStressFE 和 3D-Move Analysis 的路表弯沉计算结果曲线近乎平行，EverStressFE 和 3D-Move Analysis 结果曲线几乎完全重合，径向距离小于 0.3 m 时 BISAR

和 MICHPAVE 结果相当接近，大于 0.3 m 后两者有所差异。沥青面层底径向应变的结果亦非常接近，MICHPAVE 所获结果小于其他三款软件计算结果，由拉应变调整为压应变的位置四者大致相同；随着距轮载中心的距离增大，除 MICHPAVE 之外，土基顶面所表现的垂向压应变均呈非线性减小，BISAR 和 3D-Move Analysis 结果曲线非常接近。当然，四款软件具体结果有所差异，可能是因有限元模型的计算范围、单元类型及网格剖分、边界条件及单位制换算、数值积分误差等所致。

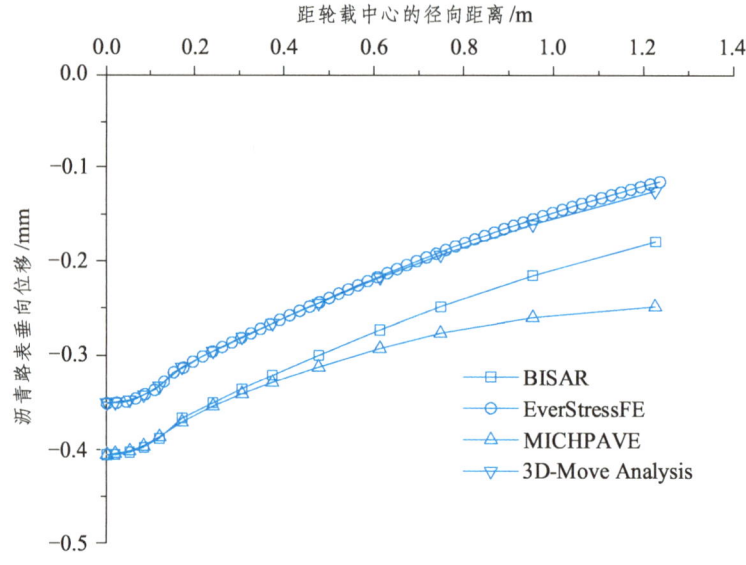

（a）沥青路表垂向位移

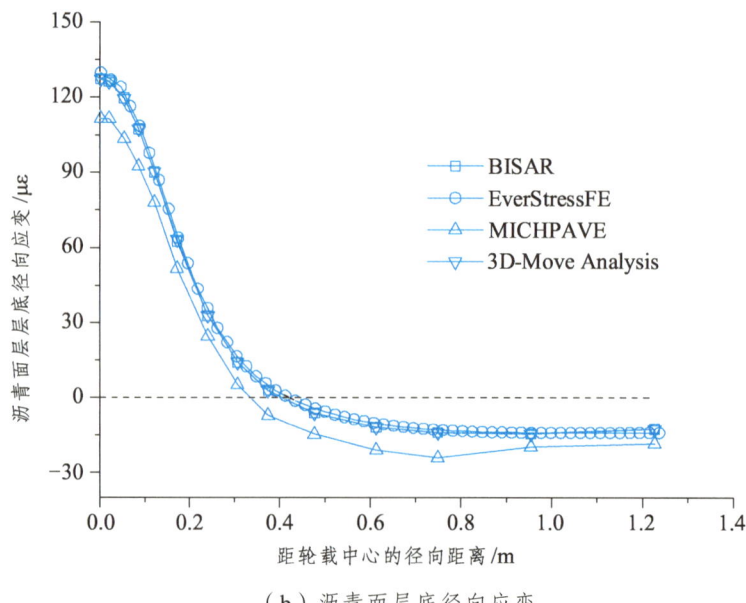

（b）沥青面层底径向应变

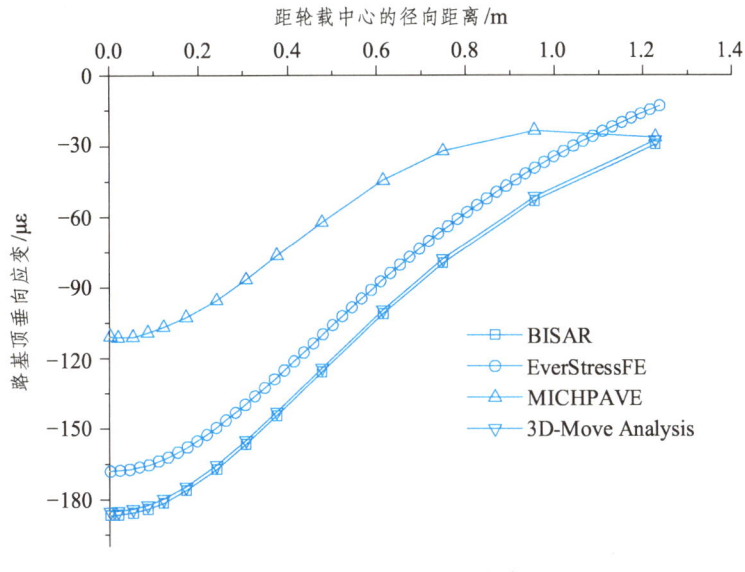

（c）路基顶面垂向应变

图 7-5 力学响应比较

总之，四款软件计算所获力学响应分布趋势总体相同、具体数值比较接近，在开展沥青路面结构力学分析时，这几款典型软件无疑都是非常优秀、可供选择的计算工具。用户需仔细斟酌各款软件应用时的前提、假设，根据实际问题需要，有针对性地选取电算软件以增强软件应用可信度、提高工作效率。

7.4 一些进一步的体会

（1）目前可用于沥青路面结构分析的电算软件众多，通过开展类似本章的横向比较，可较好地捋清各电算软件的特色、不足，从而直接指导实际工作中有针对性地选择合适的电算程序。读者亦可开展同一软件的纵向比较，从而感受其发展历程、演变缘由等。

（2）开展具体算例比较时，考虑到各电算程序彼此不尽相同，故只可选取各程序共性之处开展电算结果的比较，如本章算例均视为理想线弹性（BISAR 和 EverStressFE 只能开展线弹性分析）、仅受单圆垂直均布荷载的作用（MICHPAVE 仅可用于轴对称分析）等。

（3）本章算例选自 *MICHPAVE USER'S MANUAL*，一定程度上可保证 MICHPAVE 有限元网格剖分、边界条件、荷载条件与 *MICHPAVE USER'S MANUAL* 中完全一致，同时取该程序非线性分析所获等效回弹模量作为线弹性分析的弹性模量。

第8章 基于 BISAR 软件的沥青路面结构层次组合方案比选

8.1 概 述

依托四川省成德南高速公路工程建设，选取土基条件相同、纵坡较小的直线路段，于 K170+018~K170+918 段分别铺筑了半刚性基层、倒装式和组合式 3 种代表性沥青路面结构试验段各 300 m，路面结构总厚度均为 68 cm，路面结构各结构层材料和厚度如图 8-1 所示。通过预埋传感器，获得了车辆匀速移动轮载作用下的力学响应。本章基于此试验段实体工程，从基于 BISAR 软件的弹性层状体系理论静力学分析角度，讨论在路面结构总厚度相同的条件下，3 种典型沥青路面结构受轮载作用的力学响应，明确其各自受力特性，从而为沥青路面结构组合优化设计提供参考[22]。

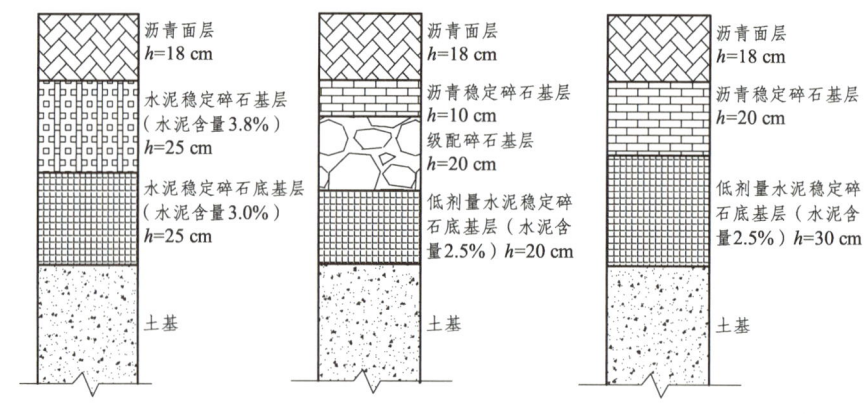

（a）半刚性基层沥青路面　（b）倒装式沥青路面　（c）组合式沥青路面

图 8-1　三种沥青路面结构

8.2 计算模型建立及验证

选用弹性层状体系理论软件 BISAR3.0，建立与试验段结构一致的分析模型，各路面结构层弹性模量 E、泊松比 μ 如表 8-1 所示，其中沥青面层弹性模量为《公路沥青路面设计规范》（JTG D50—2006）所列试验温度 20 ℃条件下抗压回弹模量推荐值，水泥含量对水泥稳定碎石层模量的影响规律参考文献[42]所开展的工作，土基弹性模量及各结构层泊松比则依经验取值。因为新建沥青路面，且试验段精心施工，可视各结构层层间完全连续。轮载形式采用标准轴载 BZZ-100，即轮轴组合为单轴双轮组 100 kN，单轮传压面当量圆直径 d=21.3 cm，轮胎接地压强 p=0.7 MPa，双轮中心距 l=1.5d=31.95 cm。以路表双轮轮隙中心为坐标原点，X、Y、Z 方向分别为行车方向、道路横断面方向、道路深度方向。

表 8-1　结构层材料参数

结构层	弹性模量 E/MPa	泊松比 μ
沥青面层	1 400	0.3
水泥稳定碎石基层（水泥含量 3.8%）	1 500	0.2
水泥稳定碎石底基层（水泥含量 3.0%）	1 400	0.2
水泥稳定碎石底基层（水泥含量 2.5%）	1 400	0.2
级配碎石基层	400	0.35
沥青稳定碎石基层	1 100	0.3
土基	45	0.4

图 8-2 给出了试验段建成后所得现场贝克曼梁路表静态弯沉测试值和 BISAR 模型相同点位路表弯沉计算值的对比，其中贝克曼梁弯沉测试取保证系数为 2.0 的代表弯沉值。贝克曼梁实测弯沉值和 BISAR 计算弯沉值的规律基本一致，都随着测点到轮隙中心纵向距离的增加而呈非线性减小，且排序依次为倒装式沥青路面>组合式沥青路面>半刚性基层沥青路面。计算值与实测值数量上有所差异，可能由以下原因所致：贝克曼梁弯沉实测于 2012 年 12 月 14 日，路表温度偏低（13~15 ℃），路面各结构层模量偏大；贝克曼梁弯沉测试所用车辆后轴虽为 10 t 的单轴双轮组，但双轮中心距为 34 cm，大于 BZZ-100 双轮中心距，双轮之间的弯沉叠加效应实测值比计算值要小，加之 BISAR 模型和现场实测自身各有误差，从而导致弯沉实测值小于计算值。但从总体看，计算模型具有较高的可靠性，其计算结果能够满足分析需要，为后续进一步讨论奠定了良好基础。同时，因计算值大于实测值，将使后续的计算分析趋于保守和安全。

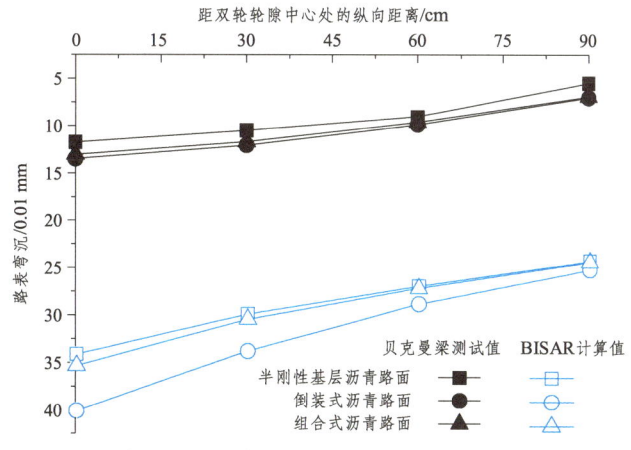

图 8-2　路表弯沉贝克曼梁实测值与 BISAR 计算值对比

8.3 主要力学响应比较与讨论

8.3.1 路表弯沉

图 8-3 给出了三种路面结构路表弯沉盆的空间分布形态。三者总体上较为相似，均在轮载作用区域呈现出两个紧邻的盆状凹陷，凹陷的内侧部分重叠。

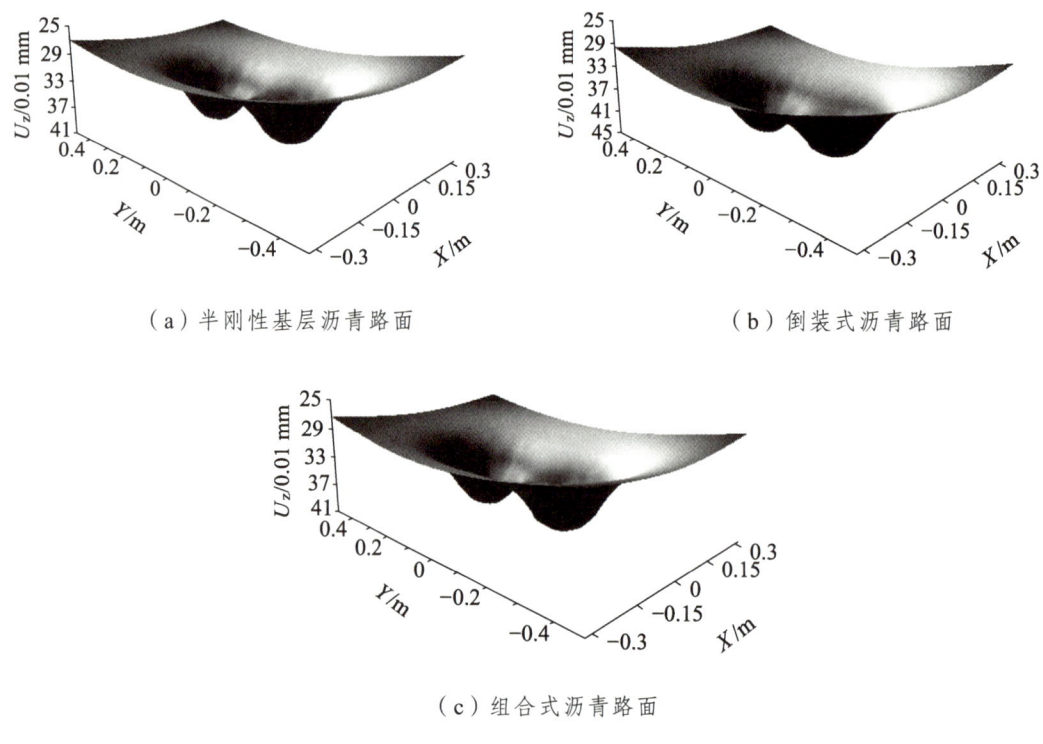

（a）半刚性基层沥青路面　　　　　　　（b）倒装式沥青路面

（c）组合式沥青路面

图 8-3　沥青路面路表弯沉

取 $X=0$ 处路表弯沉值 U_z 进行具体比较，具体见图 8-4。路表弯沉都沿着道路横向，以轮隙中心向两侧对称呈 W 形分布，最大值出现在单圆荷载中心处，随着与单圆荷载中心处横向距离的增加，弯沉值显著减小。弯沉值整体排序为倒装式沥青路面>组合式沥青路面>半刚性基层沥青路面，三者路表弯沉最大值（单位：0.01 mm）分别为 43.9、39.5 和 38.3，半刚性基层沥青路面与组合式沥青路面弯沉值接近，说明两者整体刚度相近，而倒装式沥青路面结构整体刚度明显小于另外两种路面结构。

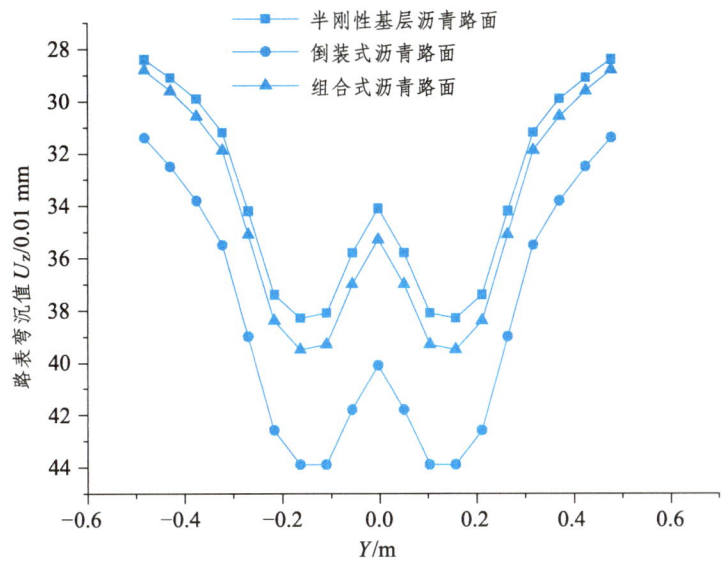

图 8-4　$X=0$ 处沥青路面路表弯沉

8.3.2 面层层底拉应变

图 8-5、图 8-6 分别给出了面层层底 X 方向、Y 方向应变 E_{xx}、E_{yy} 的空间分布形态，其中应变值视正值为拉、负值为压，余下同。两者分别在荷载作用区域近似呈马鞍形、双峰形，其中 E_{xx} 拉应变分布范围较广，E_{yy} 拉应变集中分布于荷载作用位置。

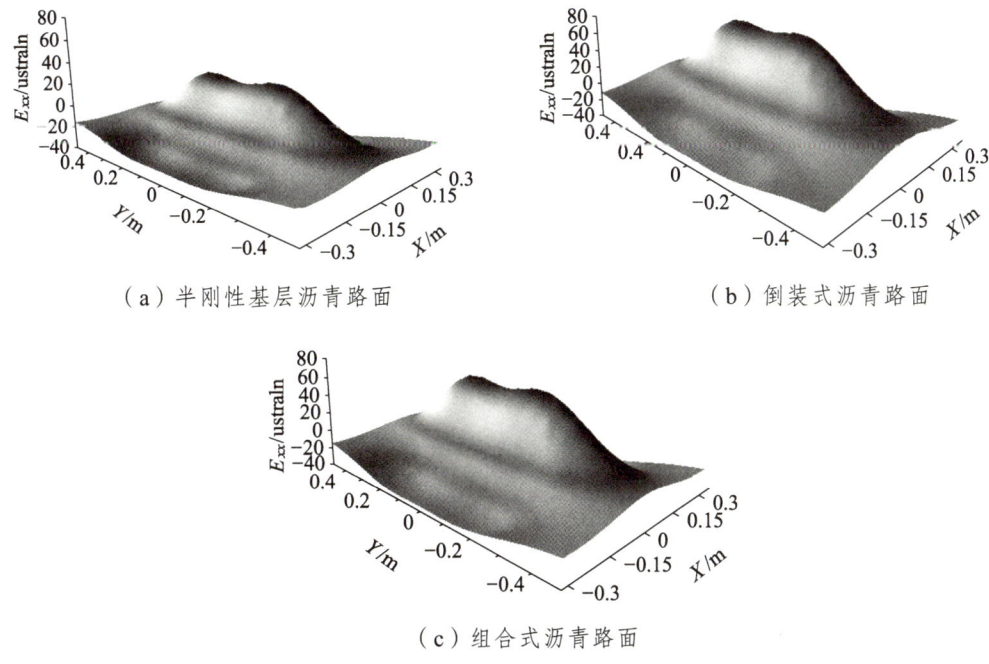

图 8-5　面层层底 X 方向应变 E_{xx}

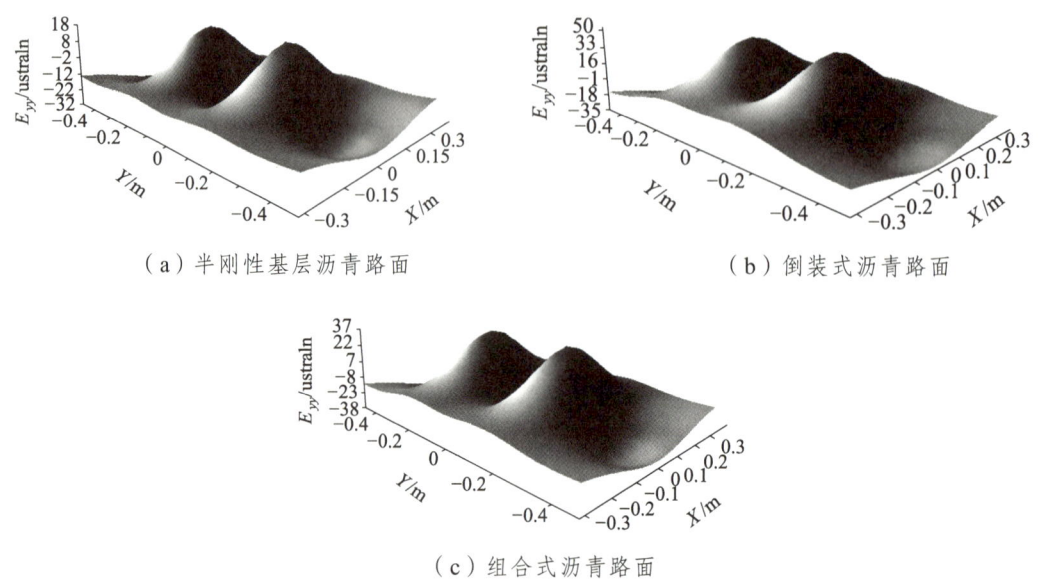

(a）半刚性基层沥青路面　　　　　　（b）倒装式沥青路面

(c）组合式沥青路面

图 8-6　面层层底 Y 方向应变 E_{yy}

分别取 $X=0$ 处 E_{xx} 和 E_{yy} 进行具体比较，如图 8-7 所示。三种结构面层层底应变都沿着道路横向，以轮隙中心向两侧呈 M 形对称分布，其中 E_{xx} 分布较平缓。E_{xx}、E_{yy} 最大值分别出现在单圆荷载中心内侧二分之一半径处（即 $Y=\pm 0.106\,5$ m）、单圆荷载中心处，前者双轮内侧拉应变重叠效应更明显。倒装式沥青路面面层层底 X 方向、Y 方向拉应变峰值，分别为组合式沥青路面和半刚性基层沥青路面的 1.24 倍、1.30 倍和 2.37 倍、2.67 倍，且半刚性基层沥青路面拉应变分布范围明显小于另外两种路面结构，说明其在减少沥青面层本身疲劳开裂方面有较大的力学优势。三种结构 X 方向拉应变值都显著大于 Y 方向，X 方向拉应变分布范围更广、影响更大，沥青路面更易产生横向疲劳开裂。

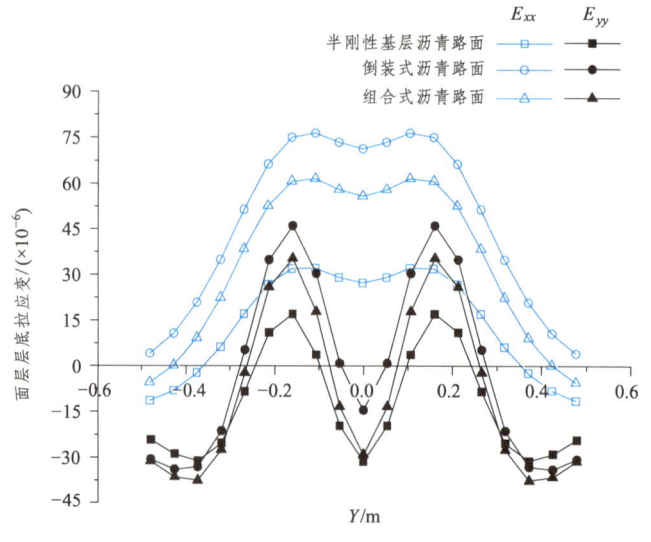

图 8-7　$X=0$ 处沥青路面面层层底应变

8.3.3 土基顶面压应变

图 8-8 给出了三种结构土基顶面竖向应变的空间分布形态。三者宏观上较为相似，整个土基顶面都表现为压应变，大致呈道路深度方向的盆状凹陷对称分布。

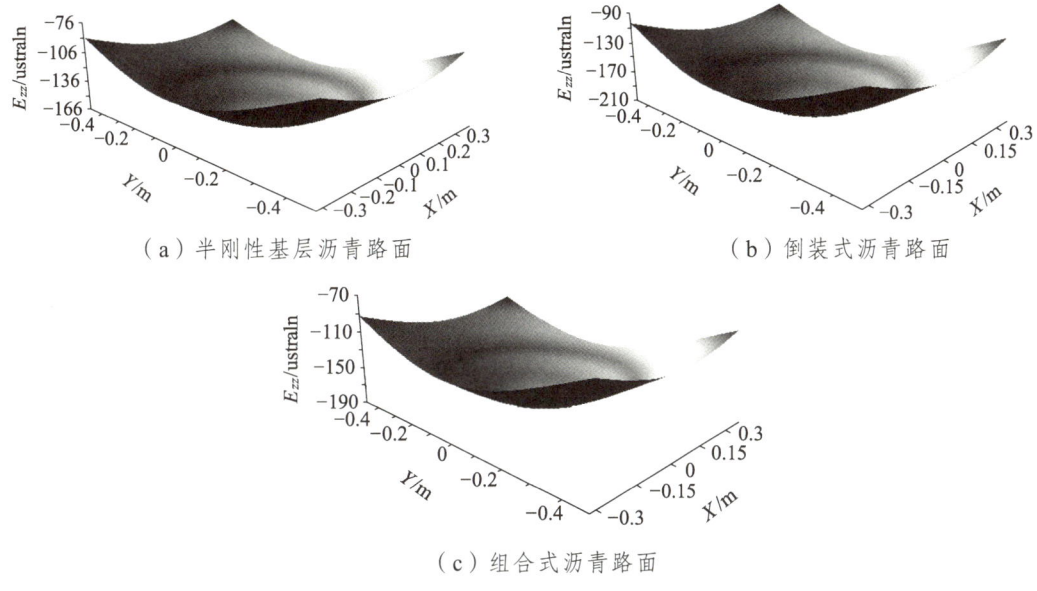

(a) 半刚性基层沥青路面　　(b) 倒装式沥青路面

(c) 组合式沥青路面

图 8-8　土基顶面竖向应变

取 $X=0$ 处土基顶面压应变 E_{zz} 进行具体比较，如图 8-9 所示。因轮载应力的扩散，土基顶面压应变在荷载作用区域和轮隙区域并无突变，即未出现双轮作用下类似面层层底拉应变分布的双峰状，压应变峰值出现在轮隙中心处。E_{zz} 整体排序为倒装式沥青路面>组合式沥青路面>半刚性基层沥青路面，后两者压应变值相对接近。前者压应变峰值分别为后两者 1.17 倍、1.24 倍，倒装式沥青路面更易出现永久变形破坏。

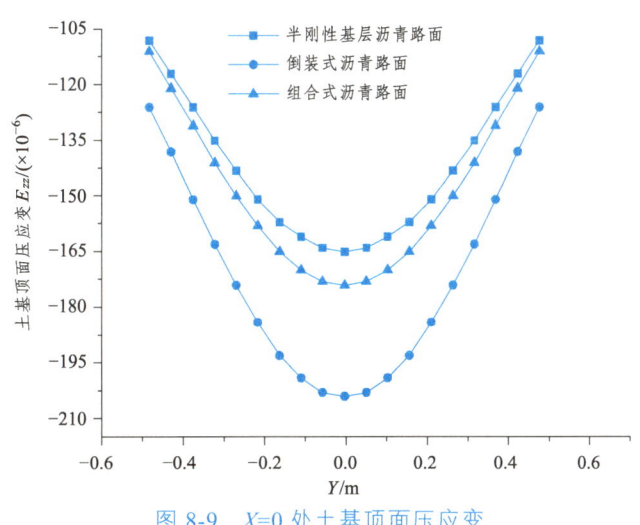

图 8-9　$X=0$ 处土基顶面压应变

8.3.4 路面结构横向剖面应力和应变分布

图 8-10 给出了 $X=0$ 处横向剖面的纵向应力 S_{xx} 分布情况，其中应力值单位为 kPa，亦视正值为拉、负值为压。纵向应力以轮隙中心处为准呈对称分布。单圆荷载中心处左右两侧约 $0.5d$（$d=0.213$ m）范围内为高受力区。从路表开始沿着路面结构深度方向，三种结构压应力均逐渐减小；对于半刚性基层沥青路面，拉应力约在水泥稳定碎石基层中部开始出现，且沿着深度逐渐增加；倒装式沥青路面在面层底部开始出现拉应力，拉应力较大值分布于沥青稳定碎石基层全层及级配碎石基层上部，且在级配碎石层呈现逐渐减小的趋势，级配碎石基层发挥着应力扩散的作用；组合式沥青路面于沥青稳定碎石基层顶面开始出现拉应力，拉应力集中分布于该层。对于倒装式沥青路面和组合式沥青路面，宜重点控制沥青稳定碎石基层的拉应力。

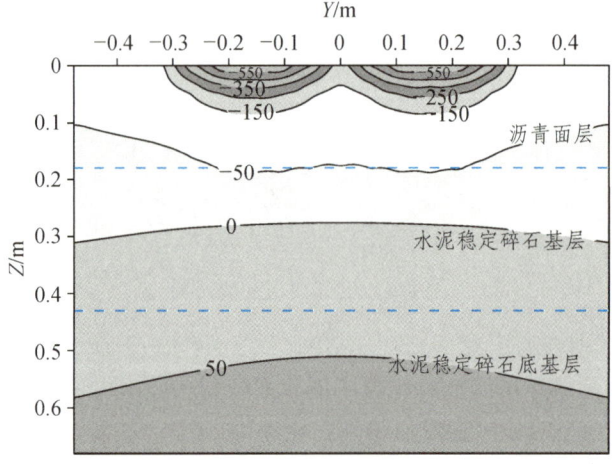

（a）半刚性基层沥青路面

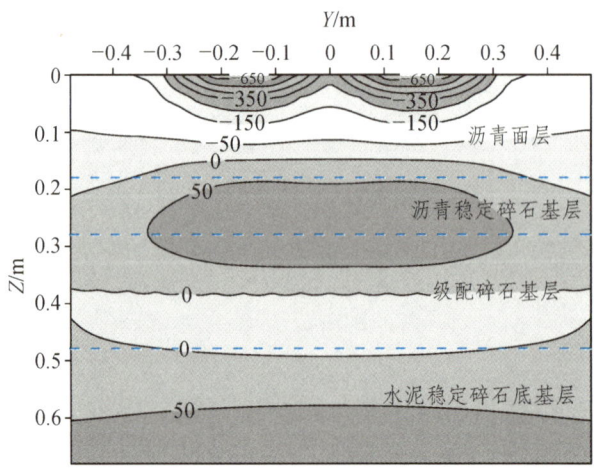

（b）倒装式沥青路面

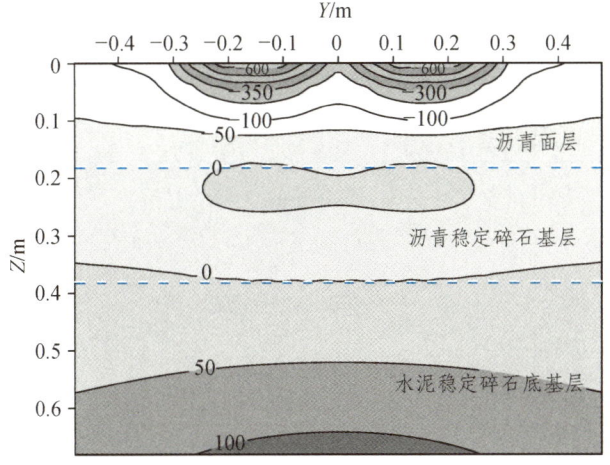

（c）组合式沥青路面

图 8-10 横向剖面应力 S_{xx} 分布

图 8-11 给出了 $X=0$ 处横向剖面的纵向应变 E_{xx} 分布情况，其中应变值单位为 $\times 10^{-6}$。纵向应变以轮隙中心处为准呈对称分布。轮隙中心处左右两侧约 $1.5d$（$d=0.213$ m），即 $y=\pm 0.3195$ m 范围内为应变集中分布区。从路表开始沿着深度方向，三种结构压应变逐渐减小，拉应变均于面层中部出现；半刚性基层沥青路面与组合式沥青路面应变分布接近，拉应变较大值大约分布于面层中下部，后者位置相对下移约 5 cm，说明组合式沥青路面在延缓面层疲劳开裂方面优于半刚性基层沥青路面。倒装式沥青路面拉应变较大值主要分布于沥青稳定碎石基层底部及级配碎石基层上部，其分布深度、范围及数值均明显大于半刚性基层沥青路面和组合式沥青路面。可考虑通过增加倒装式沥青路面沥青面层或沥青稳定碎石基层厚度来提高路面结构整体刚度，延缓面层的疲劳开裂。

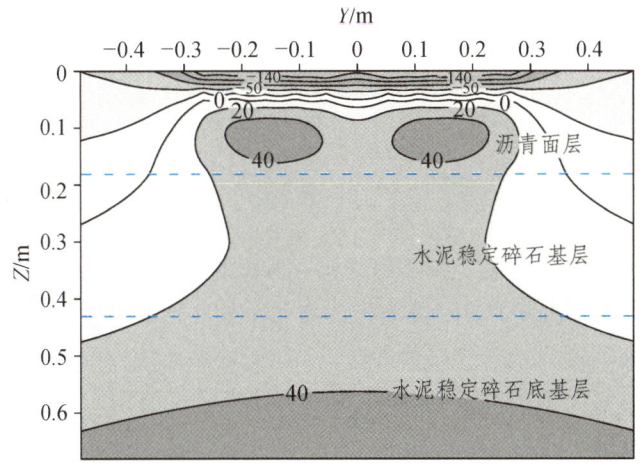

（a）半刚性基层沥青路面

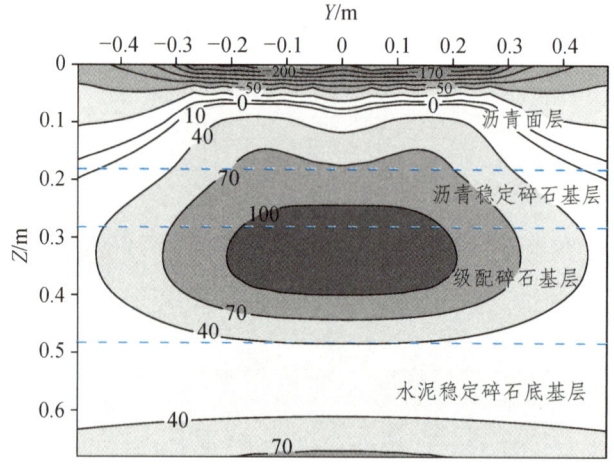

（b）倒装式沥青路面

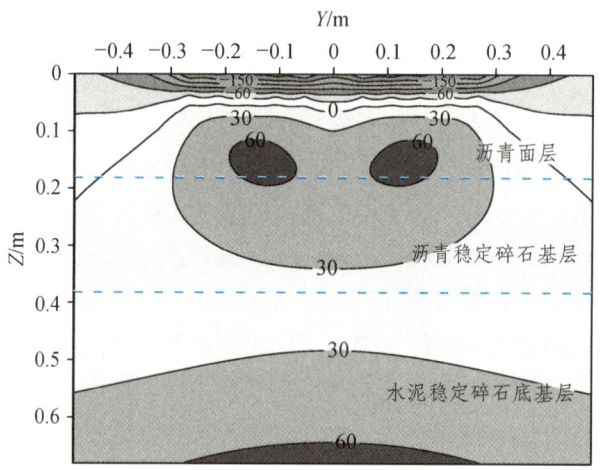

（c）组合式沥青路面

图 8-11　横向剖面应变 E_{xx} 分布

8.4　本次电算分析实施的几个核心环节

本章利用 BISAR 软件，就三种路面结构开展电算分析，从相同荷载作用下结构力学响应角度比选层次组合方案，其具体实施时有几个核心环节可供读者分享：

（1）因 BISAR 程序只能开展线弹性分析，故三种路面结构的差异除了结构层厚度之外，主要是通过材料（基层类型），即结构层弹性模量、泊松比来体现，且重点是相对准确地确定弹性模量。

（2）为校验电算模型的可靠性，将 BISAR 电算结果与现场贝克曼梁路表静态弯沉测试值对比，这时应严格地将计算点设置于现场贝克曼梁路表静态弯沉测点处，如图 8-12 所示。

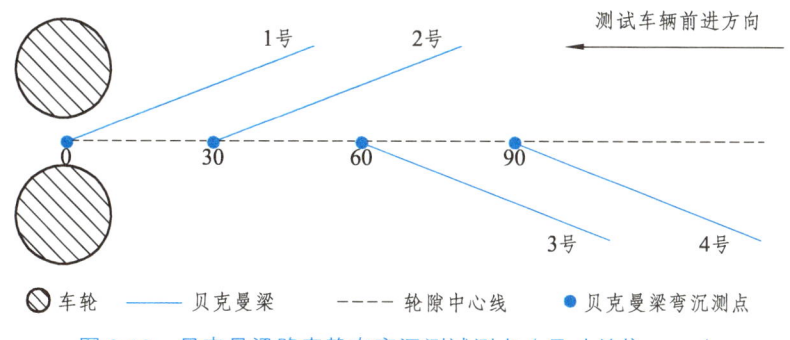

图 8-12 贝克曼梁路表静态弯沉测试测点（尺寸单位：cm）

（3）建立电算模型时，充分利用对称性，将坐标原点设置于路表双轮轮隙中心处，如图 8-13 所示，仅需计算右侧第一象限内若干计算点位的力学响应，然后沿 Y 轴、X 轴对称，即可获得全结构的力学响应，同时为了便于后续准确绘制等色图（等值线图）等，计算点应适当加密。

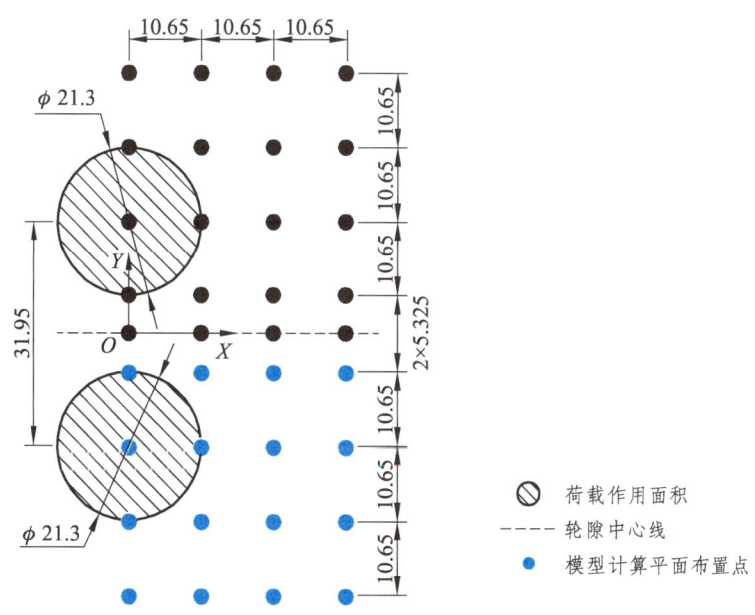

图 8-13 计算点位对称性的运用（尺寸单位：cm）

（4）剖面选择方面，对于路表弯沉，选取 $X=0$、$Z=0$；面层层底拉应变，选取 $Z=18$ cm（应注意选择以沥青面层底为准）；土基顶面压应变，选取 $Z=68$ cm（应注意选择以土基顶面为准）；路面结构横向剖面应力和应变分布，应选择 $X=0$ 处剖面。

（5）计算输出结果后，运用 Origin、Surfer 等软件进行后处理，很好地实现了计算结果的可视化，从而为后续讨论分析奠定了良好基础。

（6）当然，还需要指出的是，在本次电算分析中，受 BISAR 程序自身功能所限，视所有结构层均为线弹性体，忽视了沥青层的黏弹性、粒料（如级配碎石）和细粒土的非线性弹性，这将与实际情况有所出入。

第 9 章 KENLAYER 软件应用于路面工程课程设计之思考

9.1 概 述

"路面工程课程设计"是西南交通大学面向土木工程、道路桥梁与渡河工程、铁道工程等本科专业开设的一门重要专业课程,根据课程教学大纲,要求学生遵照我国现行行业标准《公路沥青路面设计规范》(JTG D50)、《公路水泥混凝土路面设计规范》(JTG D40),完成新建高等级公路的沥青路面设计、水泥混凝土路面设计,且以结构设计为主。对于沥青路面而言,注意到《公路沥青路面设计规范》(JTG D50—2017)(以下简称《规范》)于 2017 年 3 月颁布,并于 2017 年 9 月 1 日起正式实施执行,应用时间偏短,且《规范》正文条文、附录及条文说明均未提供完整的设计算例,也未明确采用何软件(程序)用于设计。从宏观上看,我国公路沥青路面设计实则基于力学-经验法,首先需要准确、高效分析设计轴载作用下弹性连续多层体系在重要部位的关键力学响应,此任务无法由手算完成,往往需要引入电算软件。尽管目前国内有相关单位尝试采用 HPDS2017 (Highway Pavement Design System 2017)、好路网(http://www.goodpave.com/)所提供的在线设计沥青路面结构分析 APAD、东南大学 asphalt 等设计软件开展沥青路面设计,但在"路面工程课程设计"这门课程的实际教学过程中,发现很多学生对于沥青路面结构验算时各设计指标所分别对应的力学响应的分析存疑颇多,原因在于不清楚上述设计软件中力学响应结果具体如何得到,《规范》中所给出的供路面结构验算的力学响应计算公式无法通过手算求解,故无法检验电算设计软件结果的正确性。如何合理引导学生正确理解规范,深入掌握路面设计的相关问题亟待解决。

基于此,笔者建议在路面工程课程设计中引入电算分析软件,用于计算沥青路面结构验算时所需力学响应。本章主要选取基于弹性层状体系理论的 KENLAYER 软件,通过具体算例,详细说明其操作流程及注意事项,以期提高路面工程课程设计的教学效果与质量,帮助学生掌握软件,加深对规范的理解[30]。

9.2 在路面工程课程设计中引入 KENLAYER 软件的缘由

考虑到学时紧张(仅授课 8 周,每周 2 学时,共 16 学时),西南交通大学路面工程课程设计主要以新建沥青路面、水泥混凝土路面的结构设计为核心内容,其关键环节是路面结构层厚度设计。注意，在进行水泥混凝土路面厚度设计时，根据《公路水泥混凝土路面设计规范》（JTG D40—2011），其厚度的确定可完全通过手算实现，而沥青路面结构设计采用力学-经验法，需要根据基层、底基层的类型，确定不同结构组合路面对应的设计指标，这些设计指标直接涉及设计轴载作用下弹性层状连续体系在若干重要部位的关键力学响应，包括沥青混合料层永久变形量、沥青混合料层层底拉应变、路基顶面竖向压应变等，这些力学响应的准确、高效求解实则为路面结构验算的关键，但在《规范》中，这些力学响应均以相对复杂的数学表达式的形式呈现。以沥青混合料层层底拉应变为例，该力学响应用于沥青混合料层疲劳开裂寿命的预估，《规范》附录 B.1 节指出，沥青混合料层层底拉应变根据弹性层状体系理论，按照规定选取计算点，按式（9-1）计算：

$$\varepsilon_a = p \cdot \overline{\varepsilon}_a$$
$$\overline{\varepsilon}_a = f\left(\frac{h_1}{\delta}, \frac{h_2}{\delta}, \ldots, \frac{h_{n-1}}{\delta}; \frac{E_2}{E_1}, \frac{E_3}{E_2}, \ldots, \frac{E_0}{E_{n-1}}\right) \quad (9\text{-}1)$$

式中：ε_a——沥青混合料层层底拉应变（$\times 10^{-6}$）；

$\overline{\varepsilon}_a$——理论拉应变系数；

p——标准轴载的轮胎接地压强（MPa）；

δ——当量圆半径（mm）；

E_0——路基顶面回弹模量（MPa）；

$E_1, E_2, \cdots, E_{n-1}$——各结构层模量（MPa）。

从式（9-1）不难看出，理论拉应变系数依赖于各结构层厚度、当量圆半径、各结构层模量、路基顶面回弹模量等，其数值无法直接通过解析求解，早年规范[如《公路柔性路面设计规范》（JTJ 014—86）]建议采用查诺谟图或电算的方式实现求解。而使用诺谟图求解具有较强的主观性，受使用者个人影响甚大，误差难以控制，故电算成为当仁不让的选择。

国内已开发出包括 HPDS2017、好路网、东南大学 asphalt 等沥青路面设计软件，纵观这些软件，或存在软件购买价格昂贵、需实名注册且免费使用次数有限等弊端，尤其突出的是，尽管这些设计软件都内嵌有分析功能，但一般只给出最终分析结果，部分软件虽给出了对应的力学响应，但也并未详细列出计算过程，用户很难彻底知晓计算结果具体从何而来，这对在校初学者深刻理解、灵活运用现行规范颇为不利。图 9-1~图 9-3 为 HPDS2017、好路网、东南大学 asphalt 等软件计算后所获结果的展现，可清晰地看到，这些设计软件尽管给出了沥青路面结构在设计轴载作用下的力学响应结果，但因缺乏详细的中间过程，学生其实难以真正掌握求解中的难点与关键之处。同时，即便好路网提供了较为详细的设计报告，但仍没有列出力学响应完整的分析过程。

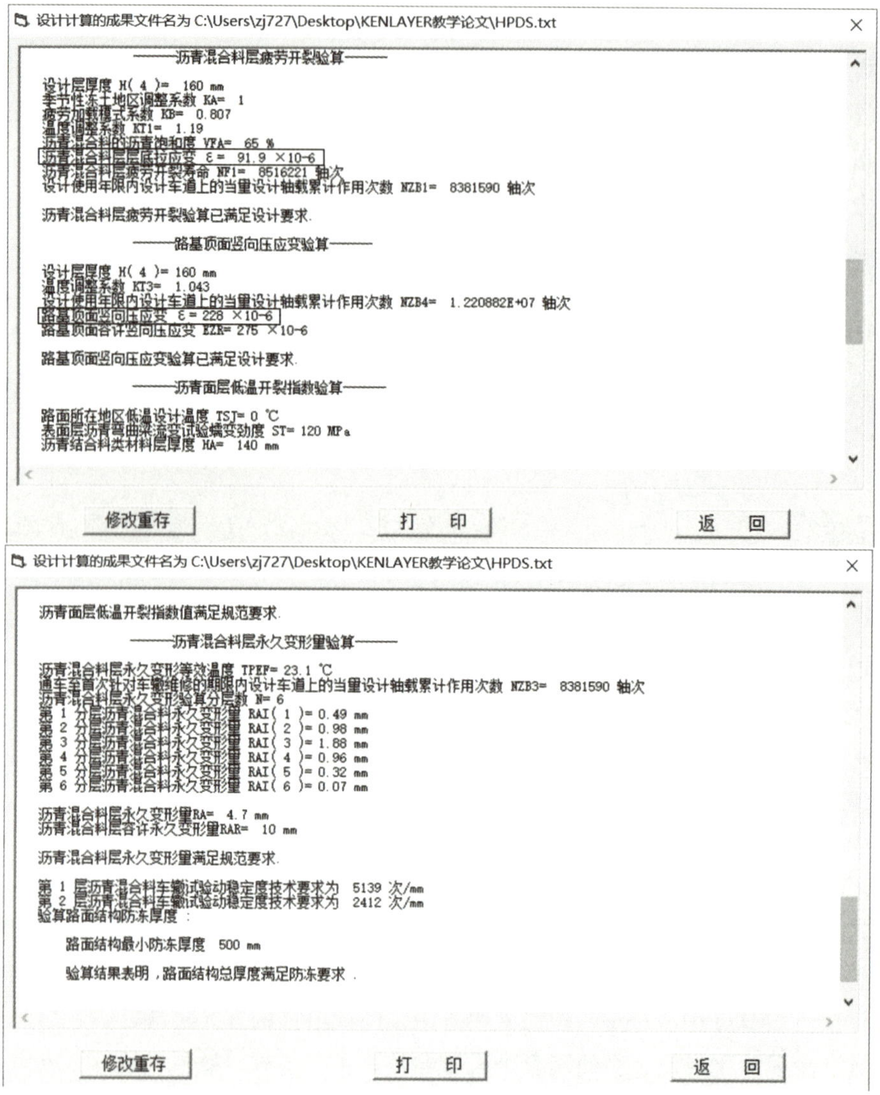

图 9-1 HPDS2017 程序计算结果

图 9-2 好路网计算结果

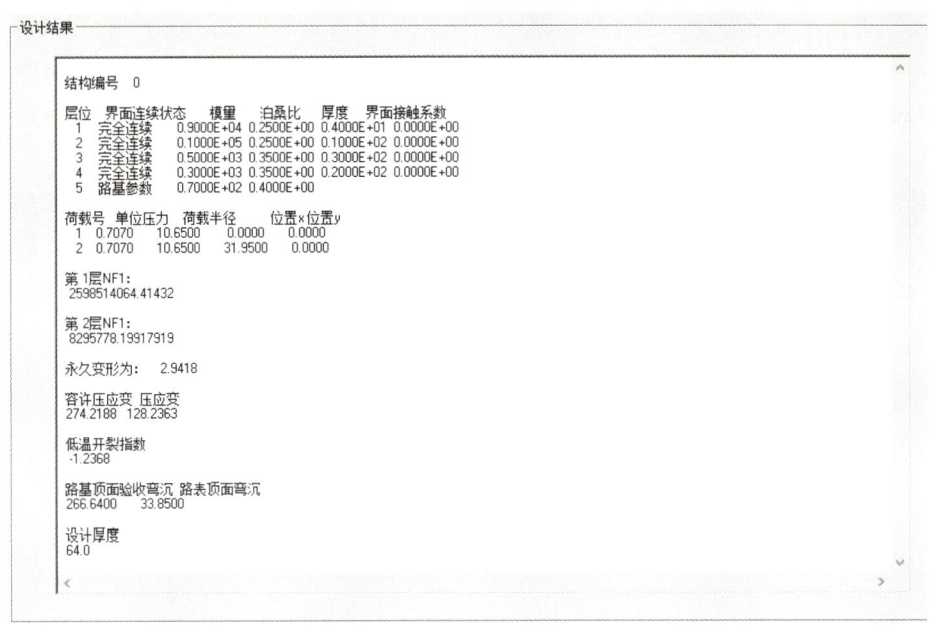

图 9-3　asphalt 程序计算结果

显然，若能计算出《规范》中复杂的力学响应，则完全可以通过手算的方式，将力学响应代入各项验算公式中，即可进一步开展后续路面结构验算。现行《规范》指出，使用弹性层状连续体系理论来开展沥青路面结构的分析，目前基于弹性层状体系理论已开发有 BISAR、GAMES、EverStress 等电算分析软件，这些软件均可计算路面结构验算时所需力学响应。但根据笔者所掌握的资料来看，由美国肯塔基大学（University of Kentucky）土木工程教授 Yang H. Huang 主持研发的 KENLAYER 应当是很好的选择，其功能强大，可计算多层路面结构，考虑多轮、粒料与细粒土的非线性、沥青混合料的黏弹性、移动荷载等，可靠性已被充分证实，原理算法已在 Yang H. Huang 所著 *Pavement analysis and design* 一书中予以较详细的阐释。许多研究者已成功运用 KENLAYER 软件开展相关分析，笔者亦编撰了相关的辅导性书籍，即《沥青路面结构力学分析软件 KENLAYER》，可资参考。这些都无疑为 KENLAYER 软件推广应用于路面工程课程设计奠定了坚实基础。

9.3　在路面工程课程设计中应用 KENLAYER 软件的方法

下面通过一个具体算例，详细介绍使用 KENLAYER 软件开展沥青路面结构设计的方法及其若干注意事项。

9.3.1 算例描述

不妨参考由黄晓明主编的《路基路面工程》(人民交通出版社，第6版，2019年)，以沥青混合料面层(4 cm厚 AC-13 上面层+10 cm 厚 AC-25 下面层)+30 cm厚级配碎石基层+20 cm 厚级配碎石底基层+土基组成的四层体系沥青路面结构为例，阐述在路面工程课程设计中引入、应用 KENLAYER 软件的具体方法。

该路面结构组合详见图 9-4，各结构层厚度 h、弹性模量 E、泊松比 ν 等参数均列于图内。设计轴载为轴重 100 kN 的单轴-双轮组，轮胎接地压强为 0.70 MPa，单轮接地当量圆直径为 21.3 cm，双轮中心距为 31.95 cm。

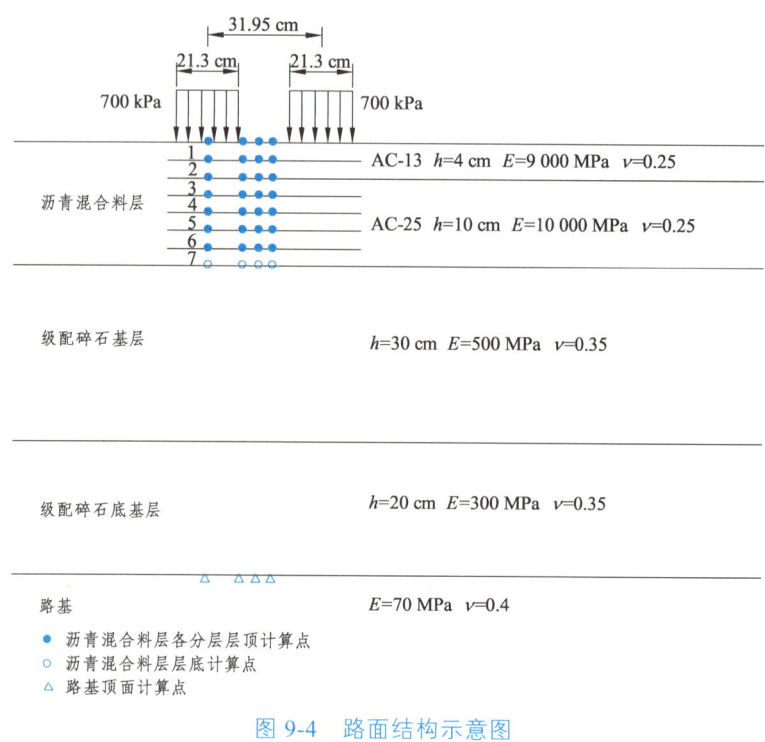

图 9-4 路面结构示意图

9.3.2 具体实施过程

1. 确定分析模型的核心参数

算例中基层、底基层类型均为粒料类，根据《规范》要求，对该路面进行结构验算时需考虑的设计指标应包含沥青混合料层层底拉应变、沥青混合料层永久变形量、路基顶面竖向压应变等，这些设计指标对应的力学响应分别为沥青混合料层层底沿行车方向水平拉应变、沥青混合料层各分层顶部竖向压应力以及路基顶面竖向压应变等，即为待求解的目标响应。上述力学响应的计算将直接影响弹性层状连续体系的总层数及需计算的 Z 坐标数目(即对应 KENLAYER 中 NL、NZ 参数的填写)。需特别说明的是，由于待求解的力学响应涉及应变，故程序中 NSTD=9（NSTD 为需输出的力学响应类型指示）。此外，因采用国际单位，KENLAYER 中 NUNIT=1（NUNIT 表示单位制类型）。具体见 KENLAYER 软件中的"General"菜单（图 9-5）。

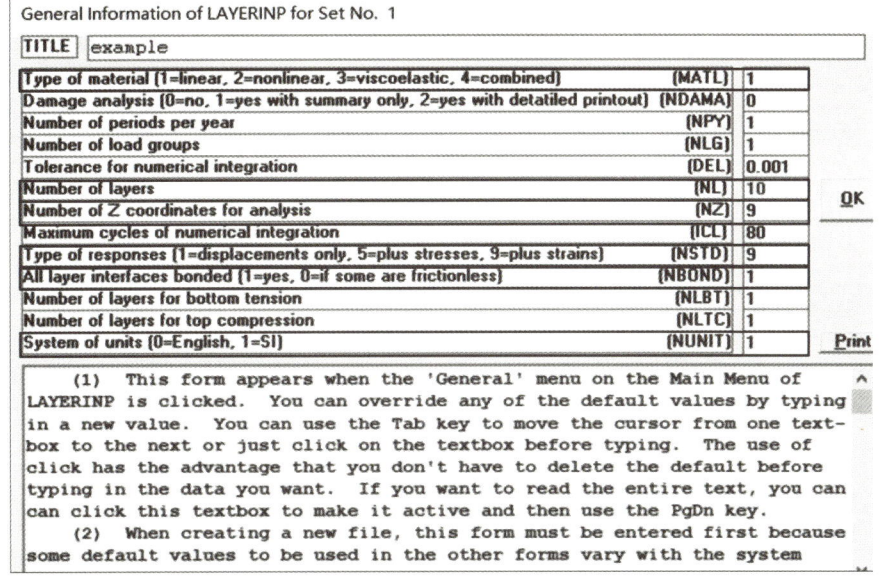

图 9-5　General 菜单

2. 确定结构层参数

因路面结构验算时涉及沥青混合料层永久变形量这一设计指标，需按照《规范》第 B.3.1 条，对沥青混合料层分层后计算各子层顶的竖向压应力。其中规定，表面层采用 10~25 mm 为一分层；第二层沥青混合料，每一分层厚度不应大于 25 mm。因此，将算例中沥青混合料层分为 7 层，上面层均分为子层厚度为 20 mm 的两层；下面层亦均分为子层厚度为 20 mm 的 5 层，并且按 1~7 的顺序从上至下依次编号。此时，在"General"菜单中输入结构层数（NL）时需注意，NL 应包含各子层以及土基，即 NL=10（见图 9-5）。

因规范基于弹性层状连续体系理论，故直接取 MATL=1（MATL 表示材料类型，算例中各结构层均视为线弹性体），NBOND=1（NBOND 表示层间结合类型，算例中各结构层层间完全连续）。然后填入各结构层的弹性模量、泊松比、厚度等参数。其中输入弹性模量时应注意：沥青面层采用 20 ℃、10 Hz 条件下的动态压缩模量；粒料层采用经湿度调整的回弹模量；路基采用平衡湿度状态下并考虑干湿与冻融循环作用后的顶面当量回弹模量。泊松比取值可直接参照《规范》表 5.6.1。上面层、下面层中的各子层材料参数分别与上面层、下面层完全相同。土基视为半无限体，其厚度无需输入。如图 9-6、图 9-7 所示。

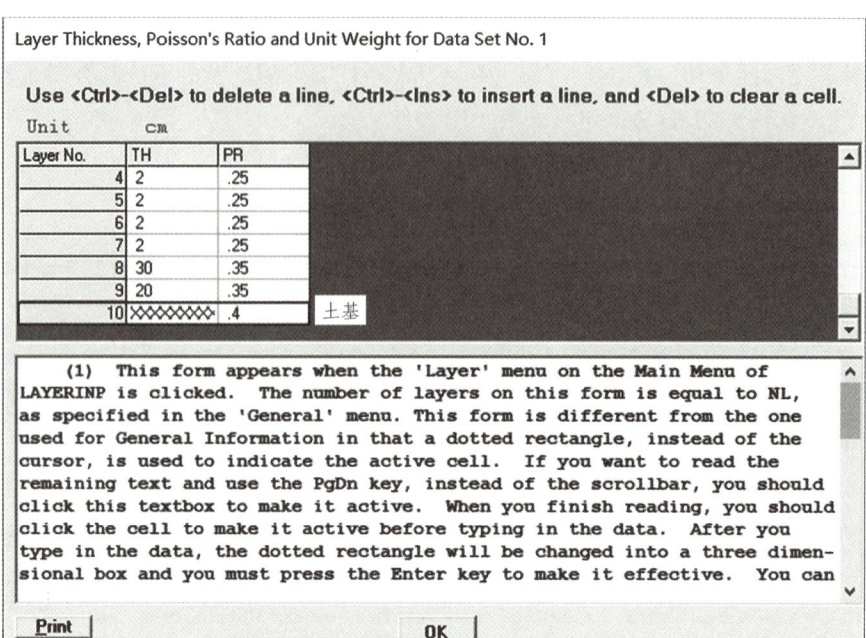

图 9-6　各结构层厚度及泊松比

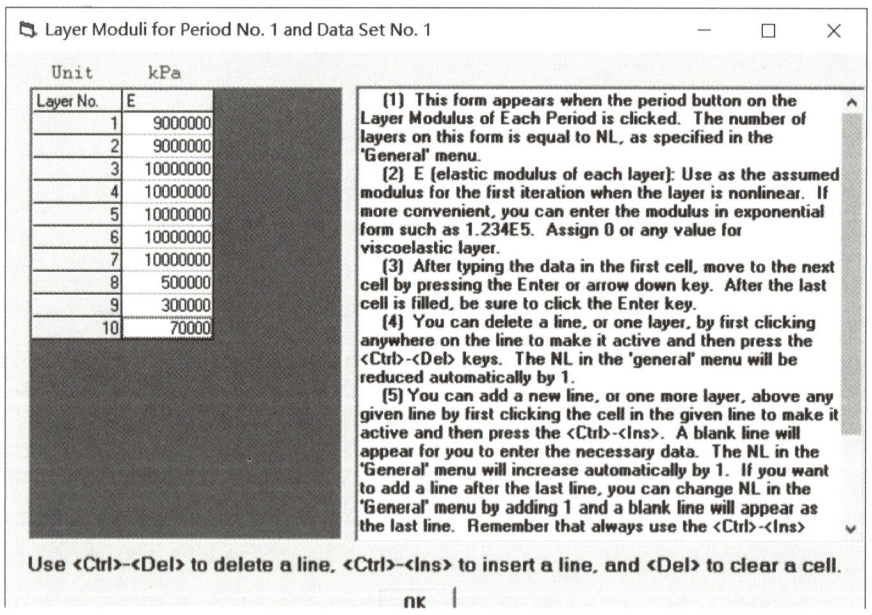

图 9-7　各结构层弹性模量

3. 确定荷载参数

根据设计轴载参数，在 KENLAYER 中予以定义。因系单轴-双轮组，取 $LOAD=1$（$LOAD$ 表示荷载类型）。根据 KENLAYER 坐标体系定义（图 9-8），X 轴方向为行车方向，YW 为轮距，XW 为轴距。取 $CR=10.65$ cm（荷载圆半径），$CP=700$ kPa（轮胎接地压强），YW=31.95 cm，XW=0，如图 9-9 所示。注意，在使用 KENLAYER 进行分析时，轴载类型一旦确定，则意味着其坐标位置随之固定，坐标原点及坐标轴位置不可更改。

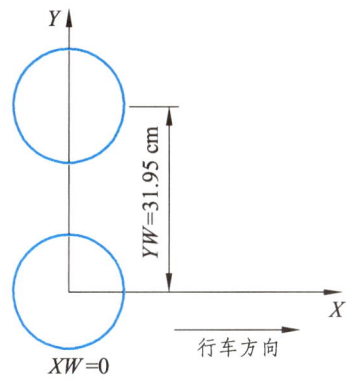

图 9-8　坐标平面位置

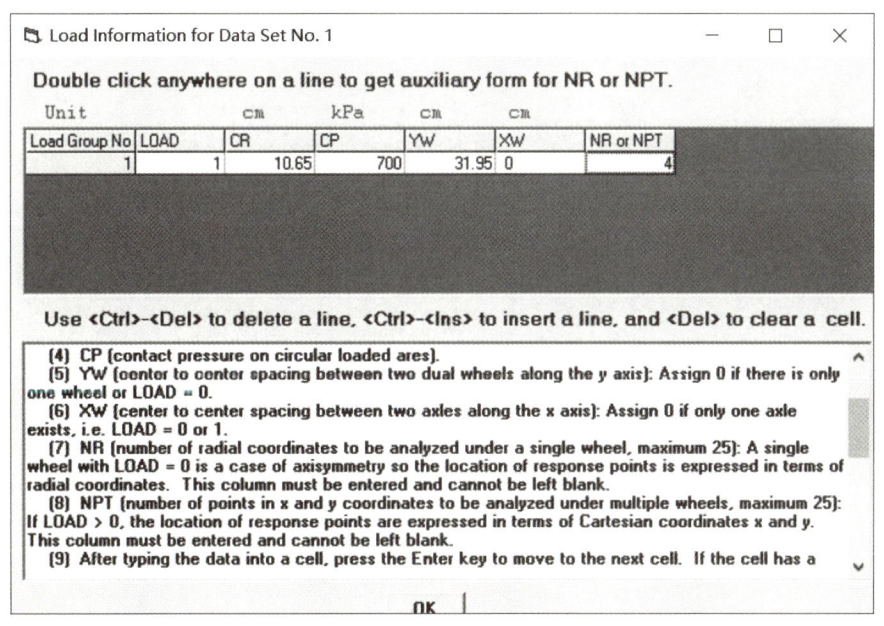

图 9-9　荷载参数

4. 确定计算点

根据《规范》第 6.2.2 条，在进行路面结构验算时应选取的计算点的平面位置如图 9-10 所示，包含 4 个计算点位，即 NPT=4（NPT 表示待分析的平面计算点数量，见图 9-9），分别用序号 A、B、D、C 表示。双击荷载参数输入界面，填写如图 9-11 所示的计算点平面位置坐标，该图中点 1、2、3、4 分别对应图 9-10 中的 A、B、D、C。

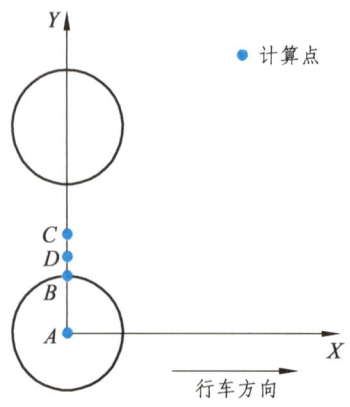

图 9-10　计算点平面位置

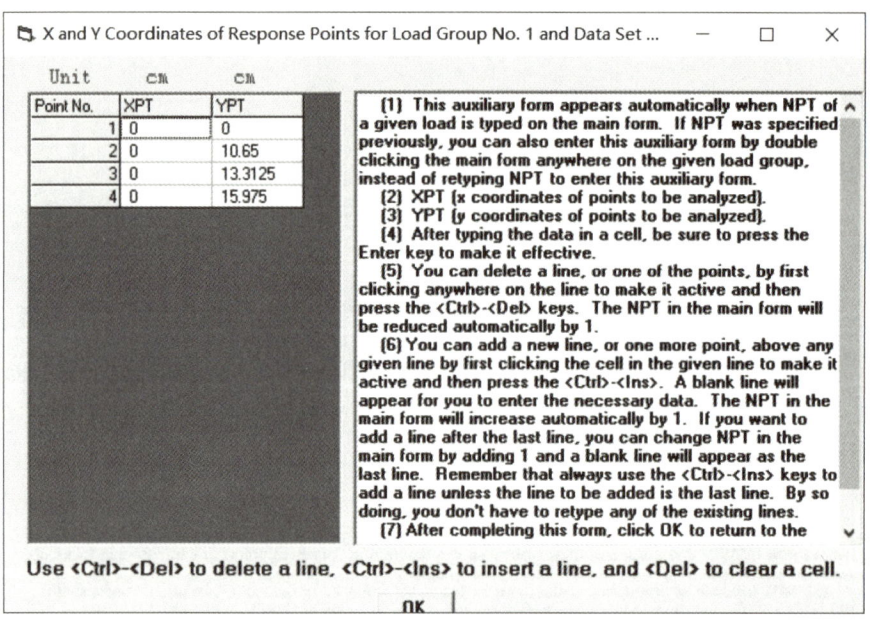

图 9-11　计算点平面坐标

如图 9-12 所示，在垂向深度方向，需输入计算点的深度（ZC）。算例中需计算沥青混合料层各分层顶面的竖向压应力，故计算该力学响应所需 Z 坐标数目为 7，而需计算的 Z 坐标总数目为 9（沥青混合料层各分层顶面+沥青混合料层层底+路基顶面），取 NZ=9（图 9-5）。在输入计算点的深度（ZC）时应注意的是，程序规定若垂向计算点刚好在两结构层界面之间，则表示该点位于界面上方结构层的底部，若计算点位于下层顶部，则对应 Z 坐标应加上稍大的值（0.000 1）。

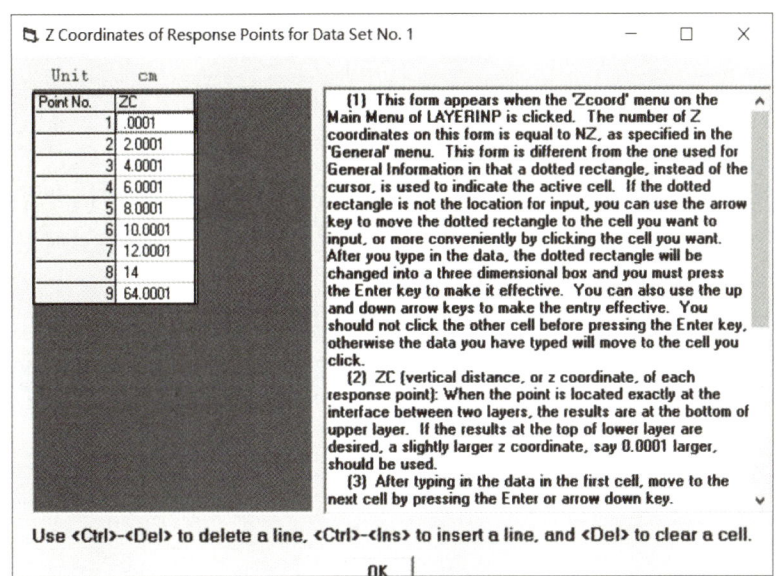

图 9-12　Z 坐标位置

5. 计算求解

完成上述信息输入后，保存文件，在主菜单界面点击"KENLAYER"按钮出现图 9-13 所示界面，注意选择点击"是（Y）"，选择输出所有力学响应，随后退出该界面，至此计算求解过程完成。届时将会生成 3 个文件，其中输出结果文件保存在"*.TXT"文件中。

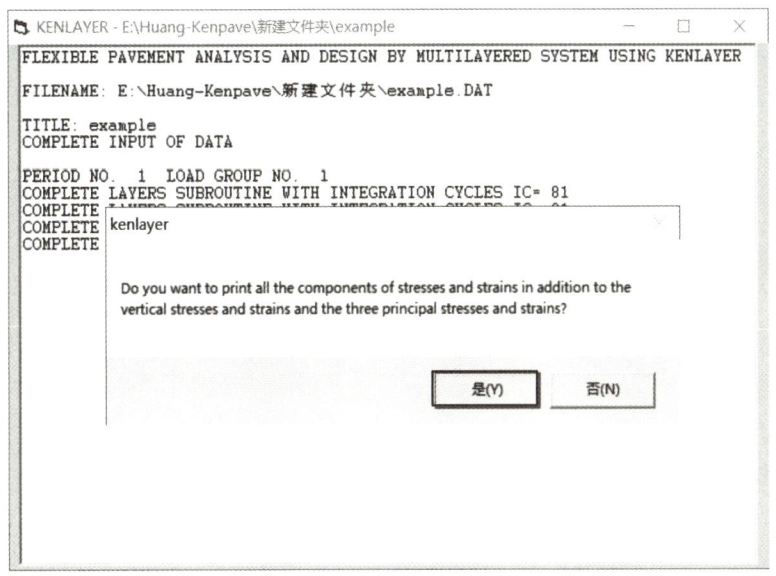

图 9-13　计算结果输出

6. 计算结果处理

使用文本编辑器打开结果输出文件（*.TXT 文件），有针对性地选择所需力学响应。

KENLAYER 软件输出的力学响应以受压为正、受拉为负。具体结果如下：

（1）沥青混合料层层底沿行车方向水平拉应变。

沥青混合料层层底对应的垂向深度为 14 cm（$ZC=14$ cm），行车方向即为 KENLAYER 平面坐标系中的 X 方向，故对应的力学响应即为输出文件中竖向坐标为 14 cm 的计算点的 ε_x 值。表 9-1 为 4 个计算点位对应的 ε_x 值。可以看出计算点 B 的拉应变绝对值最大，为 91.29×10^{-6}，故将其作为沥青混合料层疲劳开裂验算时对应的沥青混合料层层底拉应变值。

表 9-1　沥青混合料层层底沿行车方向水平拉应变

计算点位	ε_x /（$\times 10^{-6}$）
A	−90.46
B	−91.29
D	−90.30
C	−89.90

（2）沥青混合料层各分层顶部竖向压应力。

算例中，将沥青面层共分为 7 层，按 1~7 的顺序从上至下依次编号，因计算点均位于结构层顶部，故其深度均在实际深度上偏大 0.000 1，如图 9-12 点 1~7 所示。表 9-2 为沥青混合料层各分层顶部竖向应力 σ_z 值。

表 9-2　沥青混合料层各分层顶部竖向应力

计算点位	各分层顶部竖向应力 σ_z/kPa						
	1	2	3	4	5	6	7
A	698.081	679.578	616.553	513.738	389.253	266.440	168.392
B	346.752	322.122	284.247	241.467	198.360	159.201	128.498
D	4.684	24.367	76.372	107.590	117.807	117.365	112.979
C	−2.582	3.294	29.646	64.055	88.340	101.253	106.990

由表 9-2 可知，在计算点位 A、B，σ_z 随着深度的增加而减小；计算点位 C 在第一子层顶部处出现拉应力，其余各点均受压，且 σ_z 随深度的增加而增加；计算点位 D 的 σ_z 随深度增加先增大后略减小；在同一深度，从点位 A 至点位 C，σ_z 逐渐减小，与实际情况相符。各分层顶部竖向应力 σ_z 最大值均位于点位 A 处，故选取该值作为沥青混合料层永久变形量验算时对应的沥青混合料层各分层顶部竖向压应力值。

（3）路基顶面竖向压应变。

表 9-3 为各计算点位处路基顶面竖向应变 ε_z，可以看到 4 个计算点位均受压，最大值位于点位 C 处，其值为 218.3×10^{-6}，将该值与《规范》计算得到的路基顶面容许竖向压应变进行比较，可验算是否满足要求。

表 9-3　路基顶面竖向压应变

计算点位	$\varepsilon_z/(\times 10^{-6})$
A	206.4
B	217.0
D	218.0
C	218.3

7. 开展路面结构验算

分别取上述力学响应中的最大值，代入《规范》附录 B 对应的各项验算公式中，进行后续的路面结构验算。需要注意的是，若处于季节性冻土地区，尚应增加沥青面层低温开裂指数验算和防冻厚度验算，而这两项验算工作均可通过手算开展；代入《规范》验算时还应注意单位及数量级的变换。

可将以上具体流程，进一步通过图 9-14 予以概括。

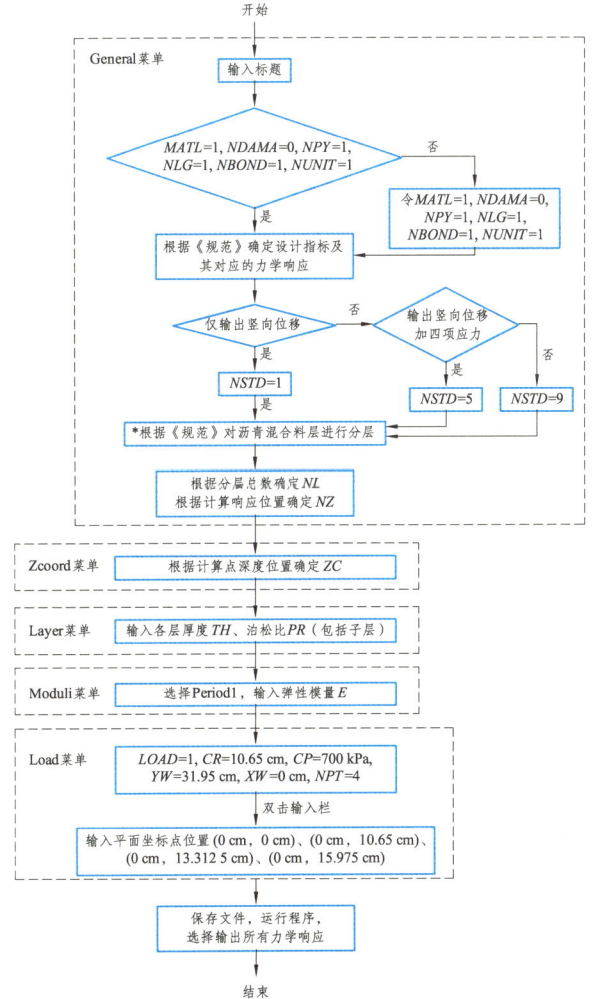

图 9-14　KENLAYER 用于沥青路面结构设计之力学响应分析流程

注：流程图中"General"菜单中未给出的参数均为默认值，用户无需修改；《规范》中所涉及的路面结构类型设计指标均包含沥青混合料层永久变形量，故均需对沥青混合料层进行分层后确定 NL、NZ。

8. 计算设计路面的验收弯沉值

对于通过结构验算的路面结构应进行技术经济分析，选定路面结构方案后，根据《规范》B.7 节计算设计路面结构的验收弯沉值，其中路基顶面验收弯沉值计算采用落锤式弯沉仪荷载参数，根据《规范》公式 B.7.1 可直接得到，但路表验收弯沉值仍需采用弹性层状体系理论计算。

路表验收弯沉值同样可采用 KENLAYER 软件求解，其荷载参数仍与设计轴载相同，对于选定的路面结构，只需在前文参数的基础上，将 NZ 增加 1，并且增加一个计算点的垂向坐标 ZC（$ZC=0$），同时路基顶面回弹模量应采用平衡湿度状态下路基顶面回弹模量乘以模量调整系数，其他参数不予改动，重新执行计算即可。注意，路面交（竣）工时要求路段内实测路表弯沉代表值不超过路表验收弯沉值，故应选取 4 个计算点位中路表弯沉的最小值作为路表验收弯沉值。

9.4　在路面工程课程设计中应用 KENLAYER 软件的其他益处

结合前文具体算例，不难看出，在路面工程课程设计中，引入、推广 KENLAYER 软件，可很好地完成设计任务、达到教学目标，同时还可带来其他一些益处：

（1）可进一步熟悉、理解弹性层状体系理论。弹性层状连续体系理论是沥青路面结构分析、设计的基础，通过在路面工程课程设计中应用 KENLAYER 软件，对洞察其背后的原理、算法颇有裨益。比如说，该理论本质上是求取附加荷载作用下弹性多层体系的附加力学响应，因假定路面结构为理想的线弹性体，故各结构层本身的自重不计，这在各结构层材料参数输入时可明显看出，其弹性参数用泊松比和弹性模量表征，无需输入密度或重度；对于双轮组荷载，采用笛卡尔坐标体系，其力学响应其实就是单轮荷载作用后的叠加；土基在深度方向被认为无限深，故无需输入其厚度。

（2）可进一步熟悉、理解现行规范。根据《规范》所确定的设计轴载参数，依基层、底基层类型确定路面结构验算时所需的设计指标及其对应的力学响应。利用 KENLAYER 软件得到力学响应之后，可自行代入《规范》中的公式，进行后续路面结构验算。

（3）可进一步正确、灵活运用 KENLAYER 软件。尽管 KENLAYER 现已有 Windows 版本，但其应用核心仍是基于关键字的输入数据文件填写。假定学生熟悉该程序，尤其是理解输入文件编写规则后，可通过直接修改"*.DAT"文件实现数据输入文件的生成，从而快速求解目标问题。例如：设计轴载已知（轴重为 100 kN 的单轴-双轮组），同时《规范》已规定计算点 4 个（具体见图 9-10），故直接取 $LOAD$=1，CR=10.65 cm，CP=700 kPa，YW=31.95 cm，XW=0，NPT=4，对应的平面坐标点位置为(0,0)、(0,10.65)、(0,13.312 5)、(0,15.975)；因规范设计基于弹性层状连续体系理论，故取 $MATL$=1，$NBOND$=1；考虑到国内均统一采用国际单位制，取 $NUINT$=1。在沥青路面设计所涉及结构分析中，上述参数取值不会改变。

（4）可开展更多深层次的探索与思考。如可启发学生，对材料非线性、黏弹性、不同的层间结合状况、计算沥青混合料层永久变形量所需竖向压应力时子层的分层规则等作进一步的思考，具体可参考笔者编写的《沥青路面结构力学分析软件 KENLAYER》一书，运用 KENLAYER 软件对不同类型的问题进行分析计算。

9.5 算例数据文件及进一步的思考

9.3 节所述算例的数据输入文件具体内容如下：

```
1    (1) NPROB
example
1  0  1  1    (3) MATL NDAMA NPY NLG
0.001  (4) DEL
10  9  80  9  1    (5) NL NZ ICL NSTD NUNIT
2  2  2  2  2  2  2  30  20    (6) TH
.25  .25  .25  .25  .25  .25  .25  .35  .35  .4    (7) PR
.0001 2.0001 4.0001 6.0001 8.0001 10.0001 12.0001 14 64.0001    (8) ZC
1    (9) NBOND
9000000   9000000   10000000   10000000   10000000   10000000   10000000
500000   300000   70000    (11) E
1    (13) LOAD
10.65   700    (14) CR CP
4    (19) NPT
0   31.95   0   0   0   10.65   0   13.3125   0   15.975    (20) XW YW XPT
```

对应的结果输出文件具体内容如下，其中方框内数值为需选用的力学响应数值。

```
INPUT FILE NAME   -E:\Huang-Kenpave\新建文件夹\example.DAT

NUMBER OF PROBLEMS TO BE SOLVED =  1

TITLE -example

MATL = 1 FOR LINEAR ELASTIC LAYERED SYSTEM
NDAMA = 0, SO DAMAGE ANALYSIS WILL NOT BE PERFORMED
NUMBER OF PERIODS PER YEAR (NPY) =  1
NUMBER OF LOAD GROUPS (NLG) =  1
TOLERANCE FOR INTEGRATION (DEL) -- =  0.001
NUMBER OF LAYERS (NL)------------- =  10
NUMBER OF Z COORDINATES (NZ)------ =  9
LIMIT OF INTEGRATION CYCLES (ICL)- =  80
COMPUTING CODE (NSTD)------------- =  9
SYSTEM OF UNITS (NUNIT)-----------=  1

Length and displacement in cm, stress and modulus in kPa
unit weight in kN/m^3, and temperature in C

THICKNESSES OF LAYERS (TH) ARE : 2  2  2  2  2  2  2  30  20
POISSON'S RATIOS OF LAYERS (PR) ARE : 0.25  0.25  0.25  0.25  0.25  0.25
 0.25  0.35  0.35  0.4
VERTICAL COORDINATES OF POINTS (ZC) ARE:  0.0001  2.0001  4.0001  6.0001
 8.0001  10.0001  12.0001  14  64.0001
ALL INTERFACES ARE FULLY BONDED

FOR PERIOD NO. 1 LAYER NO. AND MODULUS ARE :    1  9.000E+06   2  9.000E+06
   3  1.000E+07    4  1.000E+07    5  1.000E+07    6  1.000E+07    7  1.000E+07
   8  5.000E+05    9  3.000E+05   10  7.000E+04

LOAD GROUP NO. 1  HAS 2   CONTACT AREAS
CONTACT RADIUS (CR)--------------- =  10.65
CONTACT PRESSURE (CP)------------- =  700
NO. OF POINTS AT WHICH RESULTS ARE DESIRED (NPT)-- =  4
WHEEL SPACING ALONG X-AXIS (XW)------------------ =  0
WHEEL SPACING ALONG Y-AXIS (YW)------------------ =  31.95

RESPONSE PT. NO. AND (XPT, YPT) ARE:  1    0.000    0.000   2    0.000   10.650
   3    0.000   13.313   4    0.000   15.975

PERIOD NO.  1    LOAD GROUP NO.   1

POINT    VERTICAL     VERTICAL      VERTICAL       MAJOR         MINOR      INTERMEDIATE
                      DISPL.                      PRINCIPAL     PRINCIPAL    PRINCIPAL
 NO.    COORDINATE  (HORIZONTAL     STRESS         STRESS        STRESS       STRESS
                     P. STRAIN)    (STRAIN)       (STRAIN)      (STRAIN)     (STRAIN)

  1      0.00010     0.03313        698.081       1437.336       698.081      1207.213
                     (STRAIN)       7.482E-05     4.105E-06      1.068E-04    4.105E-06     7.482E-05
  1      2.00010     0.03310        679.578       1016.801       676.203       862.639
                     (STRAIN)       4.835E-05     2.340E-05      7.023E-05    2.293E-05     4.882E-05
  1      4.00010     0.03304        616.553        697.397       560.724       649.238
                     (STRAIN)       2.649E-05     2.939E-05      3.949E-05    2.241E-05     3.347E-05
  1      6.00010     0.03298        513.738        526.366       279.078       328.216
```

	(STRAIN)	8.122E-06	3.588E-05	3.745E-05	6.543E-06	1.269E-05
1	8.00010	0.03290	389.253	398.159	-6.773	12.796
	(STRAIN)	-1.095E-05	3.855E-05	3.967E-05	-1.095E-05	-8.505E-06
1	10.00010	0.03282	266.440	271.935	-333.943	-245.413
	(STRAIN)	-3.406E-05	4.099E-05	4.168E-05	-3.406E-05	-2.299E-05
1	12.00010	0.03274	168.392	170.716	-682.830	-521.892
	(STRAIN)	-5.950E-05	4.690E-05	4.719E-05	-5.950E-05	-3.939E-05
1	14.00000	0.03263	120.139	120.526	-1086.311	-847.483
	(STRAIN)	-9.046E-05	6.035E-05	6.040E-05	-9.046E-05	-6.060E-05
1	64.00010	0.02591	13.953	14.208	-0.934	-0.566
	(STRAIN)	-9.130E-05	2.064E-04	2.115E-04	-9.130E-05	-8.394E-05
2	0.00010	0.03348	346.752	1320.639	346.752	810.988
	(STRAIN)	4.379E-05	-2.068E-05	1.146E-04	-2.068E-05	4.379E-05
2	2.00010	0.03351	322.122	876.256	216.529	760.799
	(STRAIN)	3.951E-05	-6.749E-06	7.021E-05	-2.142E-05	5.418E-05
2	4.00010	0.03351	284.247	627.846	168.410	601.780
	(STRAIN)	2.905E-05	5.800E-07	4.353E-05	-1.390E-05	4.027E-05
2	6.00010	0.03350	241.467	445.251	95.382	275.598
	(STRAIN)	1.404E-05	9.778E-06	3.525E-05	-8.483E-06	1.404E-05
2	8.00010	0.03347	198.360	293.224	-30.281	-13.454
	(STRAIN)	-1.002E-05	1.856E-05	3.042E-05	-1.002E-05	-7.919E-06
2	10.00010	0.03343	159.201	194.658	-336.045	-172.383
	(STRAIN)	-3.416E-05	2.774E-05	3.218E-05	-3.416E-05	-1.370E-05
2	12.00010	0.03336	128.498	137.624	-660.350	-360.121
	(STRAIN)	-6.047E-05	3.813E-05	3.927E-05	-6.047E-05	-2.294E-05
2	14.00000	0.03327	111.462	111.465	-1023.610	-554.146
	(STRAIN)	-9.129E-05	5.059E-05	5.059E-05	-9.129E-05	-3.261E-05
2	64.00010	0.02629	14.568	14.598	-0.988	-0.595
	(STRAIN)	-9.413E-05	2.170E-04	2.176E-04	-9.413E-05	-8.627E-05
3	0.00010	0.03334	4.684	1102.372	4.684	509.118
	(STRAIN)	2.582E-05	-4.424E-05	1.082E-04	-4.424E-05	2.582E-05
3	2.00010	0.03342	24.367	795.643	17.236	579.929
	(STRAIN)	4.087E-05	-3.530E-05	7.182E-05	-3.630E-05	4.186E-05
3	4.00010	0.03348	76.372	565.656	52.173	529.452
	(STRAIN)	3.447E-05	-1.914E-05	4.202E-05	-2.216E-05	3.750E-05
3	6.00010	0.03350	107.590	360.090	65.156	261.066
	(STRAIN)	1.548E-05	-3.709E-06	2.785E-05	-9.013E-06	1.548E-05
3	8.00010	0.03349	117.807	200.205	-33.583	26.158
	(STRAIN)	-9.017E-06	9.906E-06	2.021E-05	-9.017E-06	-1.550E-06
3	10.00010	0.03346	117.365	135.974	-331.118	-121.007
	(STRAIN)	-3.349E-05	2.257E-05	2.490E-05	-3.349E-05	-7.222E-06
3	12.00010	0.03340	112.979	117.043	-645.661	-304.549
	(STRAIN)	-5.988E-05	3.495E-05	3.546E-05	-5.988E-05	-1.724E-05
3	14.00000	0.03332	107.592	107.595	-992.945	-467.336
	(STRAIN)	-9.030E-05	4.727E-05	4.727E-05	-9.030E-05	-2.460E-05
3	64.00010	0.02635	14.631	14.638	-0.984	-0.588
	(STRAIN)	-9.434E-05	2.180E-04	2.181E-04	-9.434E-05	-8.643E-05
4	0.00010	0.03332	-2.582	1085.547	-2.582	511.455
	(STRAIN)	2.675E-05	-4.465E-05	1.065E-04	-4.465E-05	2.675E-05
4	2.00010	0.03340	3.294	781.774	3.294	522.912
	(STRAIN)	3.629E-05	-3.588E-05	7.225E-05	-3.588E-05	3.629E-05
4	4.00010	0.03346	29.646	556.568	29.646	483.949
	(STRAIN)	3.374E-05	-2.305E-05	4.282E-05	-2.305E-05	3.374E-05

4	6.00010	0.03349	64.055	318.567	64.055	256.995
	(STRAIN)	1.613E-05	-7.984E-06	2.383E-05	-7.984E-06	1.613E-05
4	8.00010	0.03349	88.340	117.422	-34.317	88.340
	(STRAIN)	-8.576E-06	6.756E-06	1.039E-05	-8.576E-06	6.756E-06
4	10.00010	0.03347	101.253	101.253	-329.055	-89.462
	(STRAIN)	-3.320E-05	2.059E-05	2.059E-05	-3.320E-05	-3.251E-06
4	12.00010	0.03341	106.990	106.990	-639.968	-281.541
	(STRAIN)	-5.963E-05	3.374E-05	3.374E-05	-5.963E-05	-1.483E-05
4	14.00000	0.03333	106.111	106.111	-981.130	-434.688
	(STRAIN)	-8.990E-05	4.601E-05	4.601E-05	-8.990E-05	-2.159E-05
4	64.00010	0.02637	14.650	14.650	-0.983	-0.587
	(STRAIN)	-9.440E-05	2.183E-04	2.183E-04	-9.440E-05	-8.648E-05

POINT NO.	VERTICAL COORDINATE	NORMAL X STRESS (STRAIN)	NORMAL Y STRESS (STRAIN)	SHEAR XY STRESS (STRAIN)	SHEAR YZ STRESS (STRAIN)	SHEAR XZ STRESS (STRAIN)
1	0.00010	1.437E+03	1.207E+03	0.000E+00	-1.296E-03	0.000E+00
	(STRAIN)	1.068E-04	7.482E-05	0.000E+00	-3.600E-10	0.000E+00
1	2.00010	1.017E+03	8.593E+02	0.000E+00	-2.487E+01	0.000E+00
	(STRAIN)	7.023E-05	4.835E-05	0.000E+00	-6.908E-06	0.000E+00
1	4.00010	6.974E+02	5.934E+02	0.000E+00	-4.272E+01	0.000E+00
	(STRAIN)	3.949E-05	2.649E-05	0.000E+00	-1.068E-05	0.000E+00
1	6.00010	3.282E+02	2.917E+02	0.000E+00	-5.444E+01	0.000E+00
	(STRAIN)	1.269E-05	8.122E-06	0.000E+00	-1.361E-05	0.000E+00
1	8.00010	-6.773E+00	2.170E+01	0.000E+00	-5.790E+01	0.000E+00
	(STRAIN)	-1.095E-05	-7.392E-06	0.000E+00	-1.448E-05	0.000E+00
1	10.00010	-3.339E+02	-2.399E+02	0.000E+00	-5.304E+01	0.000E+00
	(STRAIN)	-3.406E-05	-2.230E-05	0.000E+00	-1.326E-05	0.000E+00
1	12.00010	-6.828E+02	-5.196E+02	0.000E+00	-4.005E+01	0.000E+00
	(STRAIN)	-5.950E-05	-3.910E-05	0.000E+00	-1.001E-05	0.000E+00
1	14.00000	-1.086E+03	-8.471E+02	0.000E+00	-1.935E+01	0.000E+00
	(STRAIN)	-9.046E-05	-6.056E-05	0.000E+00	-4.837E-06	0.000E+00
1	64.00010	-9.341E-01	-3.106E-01	0.000E+00	-1.926E+00	0.000E+00
	(STRAIN)	-9.130E-05	-7.883E-05	0.000E+00	-7.704E-05	0.000E+00
2	0.00010	1.321E+03	8.110E+02	0.000E+00	2.484E-01	0.000E+00
	(STRAIN)	1.146E-04	4.379E-05	0.000E+00	6.899E-08	0.000E+00
2	2.00010	8.763E+02	6.552E+02	0.000E+00	2.152E+02	0.000E+00
	(STRAIN)	7.021E-05	3.951E-05	0.000E+00	5.978E-05	0.000E+00
2	4.00010	6.018E+02	5.120E+02	0.000E+00	1.995E+02	0.000E+00
	(STRAIN)	4.027E-05	2.905E-05	0.000E+00	4.988E-05	0.000E+00
2	6.00010	2.756E+02	2.992E+02	0.000E+00	1.725E+02	0.000E+00
	(STRAIN)	1.404E-05	1.699E-05	0.000E+00	4.313E-05	0.000E+00
2	8.00010	-3.028E+01	8.141E+01	0.000E+00	1.418E+02	0.000E+00
	(STRAIN)	-1.002E-05	3.939E-06	0.000E+00	3.544E-05	0.000E+00
2	10.00010	-3.360E+02	-1.369E+02	0.000E+00	1.084E+02	0.000E+00
	(STRAIN)	-3.416E-05	-9.271E-06	0.000E+00	2.711E-05	0.000E+00
2	12.00010	-6.603E+02	-3.510E+02	0.000E+00	6.678E+01	0.000E+00
	(STRAIN)	-6.047E-05	-2.180E-05	0.000E+00	1.669E-05	0.000E+00
2	14.00000	-1.024E+03	-5.541E+02	0.000E+00	1.472E+00	0.000E+00
	(STRAIN)	-9.129E-05	-3.261E-05	0.000E+00	3.680E-07	0.000E+00
2	64.00010	-9.883E-01	-5.659E-01	0.000E+00	-6.693E-01	0.000E+00
	(STRAIN)	-9.413E-05	-8.568E-05	0.000E+00	-2.677E-05	0.000E+00

3	0.00010	1.102E+03	5.091E+02	0.000E+00	-7.114E-03	0.000E+00
	(STRAIN)	1.082E-04	2.582E-05	0.000E+00	-1.976E-09	0.000E+00
3	2.00010	7.956E+02	5.728E+02	0.000E+00	6.294E+01	0.000E+00
	(STRAIN)	7.182E-05	4.087E-05	0.000E+00	1.748E-05	0.000E+00
3	4.00010	5.657E+02	5.053E+02	0.000E+00	1.047E+02	0.000E+00
	(STRAIN)	4.203E-05	3.447E-05	0.000E+00	2.618E-05	0.000E+00
3	6.00010	2.611E+02	3.177E+02	0.000E+00	1.035E+02	0.000E+00
	(STRAIN)	1.548E-05	2.255E-05	0.000E+00	2.588E-05	0.000E+00
3	8.00010	-3.358E+01	1.086E+02	0.000E+00	8.690E+01	0.000E+00
	(STRAIN)	-9.017E-06	8.750E-06	0.000E+00	2.173E-05	0.000E+00
3	10.00010	-3.311E+02	-1.024E+02	0.000E+00	6.660E+01	0.000E+00
	(STRAIN)	-3.349E-05	-4.896E-06	0.000E+00	1.665E-05	0.000E+00
3	12.00010	-6.457E+02	-3.005E+02	0.000E+00	4.119E+01	0.000E+00
	(STRAIN)	-5.988E-05	-1.673E-05	0.000E+00	1.030E-05	0.000E+00
3	14.00000	-9.929E+02	-4.673E+02	0.000E+00	1.442E+00	0.000E+00
	(STRAIN)	-9.030E-05	-2.460E-05	0.000E+00	3.605E-07	0.000E+00
3	64.00010	-9.836E-01	-5.807E-01	0.000E+00	-3.362E-01	0.000E+00
	(STRAIN)	-9.434E-05	-8.628E-05	0.000E+00	-1.345E-05	0.000E+00
4	0.00010	1.086E+03	5.115E+02	0.000E+00	0.000E+00	0.000E+00
	(STRAIN)	1.065E-04	2.675E-05	0.000E+00	0.000E+00	0.000E+00
4	2.00010	7.818E+02	5.229E+02	0.000E+00	0.000E+00	0.000E+00
	(STRAIN)	7.225E-05	3.629E-05	0.000E+00	0.000E+00	0.000E+00
4	4.00010	5.566E+02	4.839E+02	0.000E+00	0.000E+00	0.000E+00
	(STRAIN)	4.282E-05	3.374E-05	0.000E+00	0.000E+00	0.000E+00
4	6.00010	2.570E+02	3.186E+02	0.000E+00	0.000E+00	0.000E+00
	(STRAIN)	1.613E-05	2.383E-05	0.000E+00	0.000E+00	0.000E+00
4	8.00010	-3.432E+01	1.174E+02	0.000E+00	0.000E+00	0.000E+00
	(STRAIN)	-8.576E-06	1.039E-05	0.000E+00	0.000E+00	0.000E+00
4	10.00010	-3.291E+02	-8.946E+01	0.000E+00	0.000E+00	0.000E+00
	(STRAIN)	-3.320E-05	-3.251E-06	0.000E+00	0.000E+00	0.000E+00
4	12.00010	-6.400E+02	-2.815E+02	0.000E+00	0.000E+00	0.000E+00
	(STRAIN)	-5.963E-05	-1.483E-05	0.000E+00	0.000E+00	0.000E+00
4	14.00000	-9.811E+02	-4.347E+02	0.000E+00	0.000E+00	0.000E+00
	(STRAIN)	-8.990E-05	-2.159E-05	0.000E+00	0.000E+00	0.000E+00
4	64.00010	-9.832E-01	-5.869E-01	0.000E+00	0.000E+00	0.000E+00
	(STRAIN)	-9.440E-05	-8.648E-05	0.000E+00	0.000E+00	0.000E+00

需要再次强调几点：

（1）KENLAYER 程序本身无法直接遵循我国公路沥青路面设计规范，完成沥青路面结构设计，应用该软件的核心目标是获得设计轴载 BZZ-100 作用下设计指标分别所对应的力学响应。

（2）程序每次只能计算某一种路面结构层次组合方案，无法类似 HPDS 2017 软件可选定设计层后，自动在某范围内调整该设计层厚度进行多方案比选，用户可考虑将 *NPROB* 设置为大于 1 的整数，开展层次组合多方案情况下的并行计算。

（3）如需通过沥青混合料层分层后各子层顶的竖向压应力来验算沥青混合料层永久变形量这一设计指标，亦可考虑不将 4 cm 厚 AC-13 上面层+10 cm 厚 AC-25 下面层分别划分为 2 个、5 个厚度均为 2 cm 的子层，而直接视路面结构为 5 层体系，亦可获得与前述算例相同的解答。

关于虚拟仿真技术应用于道路工程专业方向本科教学实践，有兴趣的读者还可进一步阅读本书末"主要参考文献"之文献[25]。

附录 *Pavement analysis and design*（Second Edition）习题 KENLAYER 数据输入文件

Yang H. Huang 教授所著 *Pavement analysis and design*（Second Edition）一书的第 3 章 "KENALYER Computer Program" 末列出了需使用 KENLAYER 程序开展电算分析的共计 14 道习题，书中给出了最终答案，暂未提供详细的数据输入文件。本附录列出了利用 KENLAYER 程序求解这些习题的全部数据输入文件（*.DAT 文件）及扼要注释。

需要说明的是：

（1）以下所列数据输入文件中 "//" 及其后文字注释系本书作者所加。

（2）为保持与 *Pavement analysis and design*（Second Edition）一书一致，数据输入文件填写时仍全部采用英制单位。

（3）KENLAYER 程序中涉及应力应变等计算结果，以正表示受压，以负表示受拉。但 *Pavement analysis and design*（Second Edition）所提供的最终解答个别未明确应力、应变等的正负。

（4）需注意个别习题数据输入文件填写中一些参数设定或并不唯一固定，如非线性层的假设初始弹性模量、允许迭代次数、允许收敛精度等。

（5）本附录给出了各习题的解答，并与 *Pavement analysis and design*（Second Edition）一书对比，同时本书作者还指出了若干极易犯错之处，供读者参考。

习题 3.1

数据输入文件：

```
1       (1) NPROB                          //待求解的问题数量为 1
KENLAYER 3.1                               //问题标题定义为 "KENLAYER 3.1"
2  0  1  1  (3) MATL NDAMA NPY NLG         //2 个结构层均为非线性体；不开展损伤
分析；1 个时期；1 个荷载组
0.001   (4) DEL                            //含贝塞尔函数积分的允许精度为 0.001
2  1  80  1  0  (5) NL NZ ICL NSTD NUNIT   //2 个结构层；1 个需分析的竖向
距离数；含贝塞尔函数循环积分的最大次数为 80；只计算竖向位移；采用英制单位
36      (6) TH                             //第 1 层厚度为 36 in
0.35   0.35   (7) PR                       //第 1 层泊松比为 0.35；第 2 层泊松比为 0.35
0       (8) ZC                             //计算点竖向距离为 0 in（即路表）
1       (9) NBOND                          //层间界面完全连续
3000   3 000   (11) E                      //第 1 层假设初始弹性模量为 3 000 psi；第
2 层假设初始弹性模量为 3 000 psi
```

0   (13) LOAD   //单轴单轮荷载
6   100   (14) CR CP   //圆形荷载作用面积的接触半径为 6 in；圆形荷载作用面积的接触应力为 100psi
1   (16) NR   //单轮荷载作用下需分析径向距离的点数为 1
0   (17) RC   //计算点的径向距离为 0 in
2 2   (25) NOLAY ITENOL   //非线性结构层数为 2；非线性分析的最大迭代次数为 2
1 0 2 0 (26) LAYNO NCLAY   //层 1 为非线性结构层；层 1 为粒料层；层 2 为非线性结构层；层 2 为粒料层
12   12   (27) ZCNOL   //非线性层 1（即结构层 1）弹性模量计算点的 z 坐标为 12 in；非线性层 2（即结构层 2）弹性模量计算点的 z 坐标为 12 in
0 0 0 0 0.01 (28) RCNOL XCNOL YCNOL SLD DELNOL   //计算单轮荷载作用下非线性层弹性模量的路表径向坐标为 0 in；多轮荷载作用下非线性层弹性模量路表计算点的 x 坐标为 0 in（无多轮荷载，赋值 0）；多轮荷载作用下非线性层弹性模量路表计算点的 y 坐标为 0 in（无多轮荷载，赋值 0）；荷载分布斜率为 0；非线性分析的允许精度为 0.01
1   (29) RELAX   //非线性分析用的松弛系数为 1
110   110   (30) GAM   //结构层 1 的重度为 110 pcf；结构层 2 的重度为 110 pcf
0.55   0.6   (31) K2 K0   //粒料层 1 的非线性幂指数为 0.55；粒料层 1 的静止土压力系数为 0.6
0.55   0.6   (31) K2 K0   //粒料层 2 的非线性幂指数为 0.55；粒料层 2 的静止土压力系数为 0.6
3000   3000   (33) PHI K1   //采用应力修正方法 2，粒料层 1 的最小弹性模量为 3 000 psi；粒料层 1 的非线性系数为 3 000 psi
3000   3000   (33) PHI K1   //采用应力修正方法 2，粒料层 2 的最小弹性模量为 3 000 psi；粒料层 2 的非线性系数为 3 000 psi

电算结果：按上述数据输入文件计算得到表面最大挠度为 0.058 85 in（1.495 mm）。*Pavement analysis and design*（*Second Edition*）一书给出的答案为 0.053 4 in（1.356 mm）。

说明：①该题欲分析的对象为单轴单轮荷载作用下的非线性粒料半空间体，程序无法直接开展半空间体的分析，故依习题提示，将半空间体人为划分为相同材料、层间界面完全连续（*NBOND*=1）的两层，其中第 1 层为 36 in，第 2 层为半空间体；②采用应力修正方法 2，将第 1 层的应力点设于该层上 1/3 处（即深度 12 in 处），而第 2 层亦按照深度 12 in 处（*ZCONL*=12 in）的弹性模量设定；③当采用应力修正方法 2 时，*PHI* 代表粒料层的最小回弹模量，建议取本构模型中的 K_1 值；④按习题提示取 *ITENOL*=2，*RELAX*=1。

习题 3.2

数据输入文件：

```
1     (1) NPROB                              //待求解的问题数量为 1
KENLAYER 3.2                                 //问题标题定义为"KENLAYER 3.2"
1  0  1  1  (3) MATL NDAMA NPY NLG   //2 个结构层均为线弹性体；不开展损伤分析；1 个时期；1 个荷载组
0.001  (4) DEL                               //含贝塞尔函数积分的允许精度为 0.001
2  2  80  5  0  (5) NL NZ ICL NSTD NUNIT  //2 个结构层；2 个需分析的竖向距离数；含贝塞尔函数循环积分的最大次数为 80；需计算竖向位移和四项应力；采用英制单位
8     (6) TH                                 //第 1 层厚度为 8 in
0.5  0.5  (7) PR                             //第 1 层泊松比为 0.5；第 2 层泊松比为 0.5
0  8   (8) ZC                                //第 1 个计算点竖向距离为 0 in（即路表）；第 2 个计算点竖向距离为 8 in（即第 1 层与第 2 层之间的界面）
1    (9) NBOND                               //层间界面完全连续
200000  10000  (11) E   //第 1 层弹性模量为 200 000 psi；第 2 层弹性模量为 10 000 psi
0    (13) LOAD                               //单轴单轮荷载
6.3  80  (14) CR CP                          //圆形荷载作用面积的接触半径为 6.3 in；圆形荷载作用面积的接触应力为 80 psi
1    (16) NR                                 //单轮荷载作用下需分析径向距离的点数为 1
0    (17) RC                                 //计算点的径向距离为 0 in
```

电算结果：按上述数据输入文件计算得到最大表面挠度为 0.025 06 in（0.637 mm），界面挠度为 0.023 42 in（0.595 mm），界面垂向应力为 11.371 psi（78.4 kPa）。*Pavement analysis and design*（*Second Edition*）一书给出的答案分别为 0.025 1 in（0.638 mm）、0.023 5 in（0.597 mm）和 11.4 psi（78.6 kPa）。

说明：该题欲求解最大表面挠度、界面挠度和界面应力，因系单轴单轮荷载，可知单轮荷载中心处为最大值出现点位，数据输入文件中取 $ZC=8$，恰位于层 1 和层 2 的界面，计算结果实则为层 1 底部的值，但因层间界面完全连续，故界面处的竖向应力、竖向位移、剪应力和径向位移均连续。

习题 3.3

数据输入文件：

```
1     (1) NPROB                              //待求解的问题数量为 1
KENLAYER 3.3                                 //问题标题定义为"KENLAYER 3.3"
1  0  1  1  (3) MATL NDAMA NPY NLG   //2 个结构层均为线弹性体；不开展损伤
```

分析；1个时期；1个荷载组

0.001 (4) DEL   //含贝塞尔函数积分的允许精度为 0.001

2 2 80 9 0 (5) NL NZ ICL NSTD NUNIT //2个结构层；2个需分析的竖向距离数；含贝塞尔函数循环积分的最大次数为 80；需计算竖向位移、四项应力和四项应变；采用英制单位

8   (6) TH   //第 1 层厚度为 8 in

0.5   0.5   (7) PR   //第 1 层泊松比为 0.5；第 2 层泊松比为 0.5

8   8.0001   (8) ZC   //第 1 个计算点竖向距离为 8 in（即沥青层底）；第 2 个计算点竖向距离为 8.0001 in（即土基顶面）

1   (9) NBOND   //层间界面完全连续

1500000   30000   (11) E   //第 1 层弹性模量为 1 500 000 psi；第 2 层弹性模量为 30 000 psi

2   (13) LOAD   //双轴荷载

12.61566   100   (14) CR CP   //圆形荷载作用面积的接触半径为 12.615 66 in；圆形荷载作用面积的接触应力为 100 psi

1   (19) NPT   //多轮荷载作用下应分析 x 和 y 坐标的点数为 1

60   28   0   0   (20) XW YW XPT   //两轴沿 x 轴中心到中心间距为 60 in；两轮沿 y 轴中心到中心间距为 28 in；计算点的 x 坐标为 0 in；计算点的 y 坐标为 0 in

电算结果：按上述数据输入文件计算得到沥青层底部最大拉应变为 -2.065×10^{-4}，土基表面的竖向位移为 0.057 09 in（1.45 mm）。Pavement analysis and design（Second Edition）一书给出的答案分别为 2.065×10^{-4} 和 0.057 1 in（1.45 mm）。

说明：① 该程序自身或存在 Bug，理论上说，数据输入文件行号（20）之后应为 "XW YW XPT YPT" 方完整，目前显示缺少 "YPT" 字样，但不影响计算分析及结果；② 欲求解一个轮中心下沥青层底部的最大拉应变和一个轮中心下土基表面的竖向位移，数据输入文件中通过将 ZC 分别设置为 8 in、8.000 1 in 予以判识。

习题 3.4

数据输入文件：

1   (1) NPROB   //待求解的问题数量为 1

KENLAYER 3.4   //问题标题定义为 "KENLAYER 3.4"

1 0 1 1 (3) MATL NDAMA NPY NLG   //3 个结构层均为线弹性体；不开展损伤分析；1 个时期；1 个荷载组

0.001 (4) DEL   //含贝塞尔函数积分的允许精度为 0.001

3 2 80 9 0 (5) NL NZ ICL NSTD NUNIT   //3 个结构层；2 个需分析的竖向距离

数；含贝塞尔函数循环积分的最大次数为80；需计算竖向位移、四项应力和四项应变；采用英制单位

5.75   23   (6) TH　　　　　　　　//第1层厚度为5.75 in；第2层厚度为23 in
0.5 0.5 0.5   (7) PR　　　　　　//第1层泊松比为0.5；第2层泊松比为0.5；第3层泊松比为0.5
5.75   28.7501   (8) ZC　　　　　//第1个计算点竖向距离为5.75 in（即沥青层底）；第2个计算点竖向距离为28.750 1 in（即土基顶面）
1   (9) NBOND　　　　　　　　　　　//层间界面完全连续
400000 20000 10000 (11) E　　//第1层弹性模量为400 000 psi；第2层弹性模量为20 000 psi；第3层弹性模量为10 000 psi
0   (13) LOAD　　　　　　　　　　　//单轴单轮荷载
9.2132   150   (14) CR CP　　　　//圆形荷载作用面积的接触半径为9.213 2 in；圆形荷载作用面积的接触应力为150 psi
1   (16) NR　　　　　　　　　　　　//单轮荷载作用下需分析径向距离的点数为1
0   (17) RC　　　　　　　　　　　　//计算点的径向距离为0 in

电算结果：按上述数据输入文件计算得到 HMA 层底部最大水平拉应变为-7.259×10^{-4}，土基顶部最大竖向压应变为 1.065×10^{-3}。*Pavement analysis and design*（*Second Edition*）一书给出的答案分别为-7.26×10^{-4} 和 1.06×10^{-3}。

说明：欲求解 HMA 层底部最大水平拉应变和土基顶部最大竖向压应变，数据输入文件通过将 ZC 分别设置为 5.75 in、28.750 1 in（注意此处不是 5.75+23=28.75 in）予以判识是 HMA 层底部、土基顶部。

习题 3.5
按照应力修正方法 1 的数据输入文件：

1   (1) NPROB　　　　　　　　　　　//待求解的问题数量为1
KENLAYER 3.5 method1　　　　　　　//问题标题定义为"KENLAYER 3.5 method1"
2 0 1 1   (3) MATL NDAMA NPY NLG　//3个结构层均为非线性体，1个结构层为线弹性体；不开展损伤分析；1个时期；1个荷载组
0.001   (4) DEL　　　　　　　　　　　//含贝塞尔函数积分的允许精度为0.001
4 2 80 9 0   (5) NL NZ ICL NSTD NUNIT //4个结构层；2个需分析的竖向距离数；含贝塞尔函数循环积分的最大次数为80；需计算竖向位移、四项应力和四项应变；采用英制单位
8   2   2   (6) TH　　　　　　　　//第1层厚度为8 in；第2层厚度为2 in；第3层厚度为2 in
0.45 0.3 0.3 0.4   (7) PR　　//第1层泊松比为0.45；第2层泊松比为0.3；

第 3 层泊松比为 0.3；第 4 层泊松比为 0.4

8   12.0001   (8) ZC   //第 1 个计算点竖向距离为 8 in(即沥青层底)；第 2 个计算点竖向距离为 12.000 1 in（即土基顶面）

1   (9) NBOND   //层间界面完全连续

500000   10000   10000   3020   (11) E   //第 1 层弹性模量为 500 000 psi；第 2 层假设初始弹性模量为 10 000 psi；第 3 层假设初始弹性模量为 10 000 psi；第 4 层假设初始弹性模量为 3 020 psi

0   (13) LOAD   //单轴单轮荷载

4.5   75   (14) CR CP   //圆形荷载作用面积的接触半径为 4.5 in；圆形荷载作用面积的接触应力为 75 psi

1   (16) NR   //单轮荷载作用下需分析径向距离的点数为 1

0   (17) RC   //计算点的径向距离为 0 in

3   15   (25) NOLAY ITENOL   //非线性结构层数为 3；非线性分析的最大迭代次数为 15

2   0   3   0   4   1   (26) LAYNO NCLAY   //层 2（即粒料子层 1）为非线性结构层；层 2（即粒料子层 1）为粒料层；层 3（即粒料子层 2）为非线性结构层；层 3（即粒料子层 2）为粒料层；层 4 为非线性结构层；层 4 为细粒土层

9   11   13   (27) ZCNOL   //非线性层 1 弹性模量计算点的 z 坐标为 9 in；非线性层 2 弹性模量计算点的 z 坐标为 11 in；非线性层 3 弹性模量计算点的 z 坐标为 13 in

0   0   0   0   0.01   (28) RCNOL XCNOL YCNOL SLD DELNOL   //计算单轮荷载作用下非线性层弹性模量的路表径向坐标为 0 in；多轮荷载作用下非线性层弹性模量路表计算点的 x 坐标为 0 in（无多轮荷载，赋值 0）；多轮荷载作用下非线性层弹性模量路表计算点的 y 坐标为 0 in（无多轮荷载，赋值 0）；荷载分布斜率为 0；非线性分析的允许精度为 0.01

0.5   (29) RELAX   //非线性分析用的松弛系数为 0.5

145   135   135   130   (30) GAM   //层 1 的重度为 145 pcf；层 2 的重度为 135 pcf；层 3 的重度为 135 pcf；层 4 的重度为 130 pcf

0.5   0.6   (31) K2 K0   //层 2（即粒料子层 1）的非线性幂指数为 0.5；层 2（即粒料子层 1）的静止土压力系数为 0.6

0.5   0.6   (31) K2 K0   //层 3（即粒料子层 2）的非线性幂指数为 0.5；层 3（即粒料子层 2）的静止土压力系数为 0.6

6.2   1110   178   0.8   (31) K2 K3 K4 K0   //黏土层拐点处偏应力为 6.2 psi；当偏应力小于 K_2 时，黏土层回弹模量与偏应力直线关系的斜率为 1110；当偏应力大于 K_2 时，黏土层回弹模量与偏应力直线关系的斜率为 178；黏土层静止土压力系数为 0.8

0   10000   (33) PHI K1   //采用应力修正方法 1；层 2（即粒料子层 1）的非线性系数为 10 000 psi

0   10000   (33) PHI K1   //采用应力修正方法 1；层 3（即粒料子层 2）的非线性

系数为10 000 psi

1827 7682 3020 (33) EMIN EMAX K1 //黏土层最小弹性模量为1 827 psi；黏土层最大弹性模量为7 682 psi；黏土层的拐点处模量为3 020 psi

电算结果：按上述数据输入文件计算得到层1底部最大拉应变为-1.024×10^{-4}，层4顶部最大压应变为2.874×10^{-4}。*Pavement analysis and design*（*Second Edition*）一书给出的答案分别为1.02×10^{-4}和2.85×10^{-4}。

说明：因采用应力修正方法1，需注意将粒料层细分为2个子层后引起结构层层数NL的改变。

按照应力修正方法2的数据输入文件：

1 (1) NPROB   //待求解的问题数量为1
KENLAYER 3.5 method2   //问题标题定义为"KENLAYER 3.5 method2"
2 0 1 1 (3) MATL NDAMA NPY NLG   //2个结构层均为非线性体，1个结构层为线弹性体；不开展损伤分析；1个时期；1个荷载组
0.001 (4) DEL   //含贝塞尔函数积分的允许精度为0.001
3 2 80 9 0 (5) NL NZ ICL NSTD NUNIT   //3个结构层；2个需分析的竖向距离数；含贝塞尔函数循环积分的最大次数为80；需计算竖向位移、四项应力和四项应变；采用英制单位
8 4 (6) TH   //第1层厚度为8 in；第2层厚度为4 in
0.45 0.3 0.4 (7) PR   //第1层泊松比为0.45；第2层泊松比为0.3；第3层泊松比为0.3
8 12.0001 (8) ZC   //第1个计算点竖向距离为8 in（即沥青层底）；第2个计算点竖向距离为12.0001 in（即土基顶面）
1 (9) NBOND   //层间界面完全连续
500000 10000 3020 (11) E   //第1层弹性模量为500 000 psi；第2层假设初始弹性模量为10 000 psi；第3层假设弹性模量为3 020 psi
0 (13) LOAD   //单轴单轮荷载
4.5 75 (14) CR CP   //圆形荷载作用面积的接触半径为4.5 in；圆形荷载作用面积的接触应力为75 psi
1 (16) NR   //单轮荷载作用下需分析径向距离的点数为1
0 (17) RC   //计算点的径向距离为0 in
2 15 (25) NOLAY ITENOL   //非线性结构层数为2；非线性分析的最大迭代次数为15
2 0 3 1 (26) LAYNO NCLAY   //层2为非线性结构层；层2为粒料层；层3为非线性结构层；层3为细粒土层

9   13   (27) ZCNOL   //非线性层 1 弹性模量计算点的 z 坐标为 9 in；非线性层 2 弹性模量计算点的 z 坐标为 13 in

0   0   0   0   0.01   (28) RCNOL XCNOL YCNOL SLD DELNOL   //计算单轮荷载作用下非线性层弹性模量的路表径向坐标为 0 in；多轮荷载作用下非线性层弹性模量路表计算点的 x 坐标为 0 in（无多轮荷载，赋值 0）；多轮荷载作用下非线性层弹性模量路表计算点的 y 坐标为 0 in（无多轮荷载，赋值 0）；荷载分布斜率为 0；非线性分析的允许精度为 0.01

0.5   (29) RELAX   //非线性分析用的松弛系数为 0.5

145   135   130   (30) GAM   //层 1 的重度为 145 pcf；层 2 的重度为 135 pcf；层 3 的重度为 130 pcf

0.5   0.6   (31) K2 K0   //层 2 的非线性幂指数为 0.5；层 2 的静止土压力系数为 0.6

6.2   1110   178   0.8   (31) K2 K3 K4 K0   //黏土层拐点处偏应力为 6.2 psi；当偏应力小于 K_2 时，黏土层回弹模量与偏应力直线关系的斜率为 1 110；当偏应力大于 K_2 时，黏土层回弹模量与偏应力直线关系的斜率为 178；黏土层静止土压力系数为 0.8

10000   10000   (33) PHI K1   //采用应力修正方法 2，层 2 的最小回弹模量为 10 000 psi；层 2 的非线性系数为 10 000 psi

1827   7682   3020   (33) EMIN EMAX K1   //黏土层最小弹性模量为 1 827 psi；黏土层最大弹性模量为 7 682 psi；黏土层的拐点处模量为 3 020 psi

电算结果：按上述数据输入文件计算得到层 1 底部最大拉应变为 -1.037×10^{-4}，层 3 顶部最大压应变为 2.831×10^{-4}。*Pavement analysis and design*（Second Edition）一书给出的答案分别为 1.04×10^{-4} 和 2.85×10^{-4}。

说明：该习题针对应力修正方法 1、应力修正方法 2，分别编制数据输入文件，亦可设定 NPROB=2，按照后续习题 3.13 的方式一次性编制数据输入文件。

习题 3.6

习题 3.6、习题 3.7 和习题 3.8 结构层均相同，*Pavement analysis and design*（Second Edition）一书未给出土基的重度 GAM，本书调试时按习题 3.5 取土基重度为 130 pcf。

数据输入文件：

1   (1) NPROB   //待求解的问题数量为 1

KENLAYER 3.6   //问题标题定义为"KENLAYER 3.6"

2   2   1   1   (3) MATL NDAMA NPY NLG   //1 个结构层为非线性体，2 个结构层为线弹性体；开展损伤分析，并作详细输出；1 个时期；1 个荷载组

0.001   (4) DEL   //含贝塞尔函数积分的允许精度为 0.001

3   0   80   9   0   (5) NL NZ ICL NSTD NUNIT   //3 个结构层；0 个需分析的竖向距离数（开展损伤分析时，NZ 可赋值 0）；含贝塞尔函数循环积分的最大次数为 80；需计

算竖向位移、四项应力和四项应变；采用英制单位

4   8   (6) TH   //第 1 层厚度为 4 in；第 2 层厚度为 8 in
0.4 0.3 0.45 (7) PR   //第 1 层泊松比为 0.4；第 2 层泊松比为 0.3；第 3 层泊松比为 0.45
1   (9) NBOND   //层间界面完全连续
400000 8000 10000 (11) E //第 1 层弹性模量为 400 000 psi；第 2 层假设初始弹性模量为 8 000 psi；第 3 层弹性模量为 10 000 psi
1   (13) LOAD   //单轴双轮荷载
4.5 75 (14) CR CP   //圆形荷载作用面积的接触半径为 4.5 in；圆形荷载作用面积的接触应力为 75 psi
3   (19) NPT   //多轮荷载作用下应分析 x 和 y 坐标的点数为 3
0 13.5 0 0 0 4.5 0 6.75 (20) XW YW XPT   //两轴沿 x 轴中心到中心间距为 0 in（单轴）；两轮沿 y 轴中心到中心间距为 13.5 in；计算点 1 的 x 坐标为 0 in；计算点 1 的 y 坐标为 0 in；计算点 2 的 x 坐标为 0 in；计算点 2 的 y 坐标为 4.5 in；计算点 3 的 x 坐标为 0 in；计算点 3 的 y 坐标为 6.75 in
1 15 (25) NOLAY ITENOL //非线性结构层层数为 1；非线性分析的最大迭代次数为 15
2 0 (26) LAYNO NCLAY   //层 2 为非线性结构层；层 2 为粒料层
6 (27) ZCNOL   //非线性层（层 2）弹性模量计算点的 z 坐标为 6 in
0 0 6.75 0 0.01 (28) RCNOL XCNOL YCNOL SLD DELNOL //计算单轮荷载作用下非线性层弹性模量的路表径向坐标为 0 in；多轮荷载作用下非线性层弹性模量路表计算点的 x 坐标为 0 in；多轮荷载作用下非线性层弹性模量路表计算点的 y 坐标为 6.75 in；荷载分布斜率为 0；非线性分析的允许精度为 0.01
0.5 (29) RELAX   //非线性分析用的松弛系数为 0.5
145 135 130 (30) GAM   //层 1 的重度为 145 pcf；层 2 的重度为 135 pcf；层 3 的重度为 130 pcf
0.5 0.6 (31) K2 K0   //层 2 的非线性幂指数为 0.5；层 2 的静止土压力系数为 0.6
8000 8000 (33) PHI K1   //采用应力修正方法 2，层 2 的最小回弹模量为 8 000 psi；层 2 的非线性系数为 8 000 psi
1 1 (46) NLBT NLTC   //底部受拉的结构层层数为 1；顶部受压的结构层层数为 1
1 (47) LNBT   //底部受拉的结构层层号为 1
3 (48) LNTC   //顶部受压的结构层层号为 3
36500 (49) TNLR   //各个时期各组荷载预期施加的荷载重复作用总次数为 36 500
0.0796 3.291 0.854 (50) FT1 FT2 FT3   //底部受拉疲劳系数
1.365E-09 4.477 (51) FT4 FT5   //顶部受压永久变形系数

电算结果：按上述数据输入文件计算得到路面设计寿命由永久变形控制，路面设计寿命为 5.4 年。若设计寿命为 20 年，那么一年的损伤率应为 1/20=0.05，在结果输出文件中找到限制永久变形允许荷载重复作用次数为 1.972×10^5 次，利用本书式（3-46）手算得到此时对应的全年预计荷载作用次数为 9 860 次，即每天重复作用次数为 9 860/365=27.014 次。*Pavement analysis and design*（*Second Edition*）一书给出的答案分别为路面设计寿命 5.49 年，每天重复作用 27.5 次。

习题 3.7

数据输入文件：

1　(1) NPROB　　　　　　　　　　　　　　　　　　　//待求解的问题数量为 1
KENLAYER 3.7　　　　　　　　　　　　　　　　　//问题标题定义为 "KENLAYER 3.7"
2　2　1　1　(3) MATL NDAMA NPY NLG　　//1 个结构层为非线性体，2 个结构层为线弹性体；开展损伤分析，并作详细输出；1 个时期；1 个荷载组
0.001　(4) DEL　　　　　　　　　　　　　　　　//含贝塞尔函数积分的允许精度为 0.001
6　0　80　9　0　(5) NL NZ ICL NSTD NUNIT　　//6 个结构层；0 个需分析的竖向距离数（开展损伤分析时，NZ 可赋值 0）；含贝塞尔函数循环积分的最大次数为 80；需计算竖向位移、四项应力和四项应变；采用英制单位
4　2　2　2　2　(6) TH　　//第 1 层厚度为 4 in；第 2、3、4、5 层厚度均为 2 in
0.4　0.3　0.3　0.3　0.3　0.45　(7) PR　　//第 1 层泊松比为 0.4；第 2、3、4、5 层泊松比均为 0.3；第 6 层泊松比为 0.45
1　(9) NBOND　　　　　　　　　　　　　　　　　　//层间界面完全连续
400000　8000　8000　8000　8000　10000　(11) E　//第 1 层弹性模量为 400 000 psi；第 2、3、4、5 层假设初始弹性模量为 8 000 psi；第 6 层弹性模量为 10 000 psi
1　(13) LOAD　　　　　　　　　　　　　　　　　　//单轴双轮荷载
4.5　75　(14) CR CP　　//圆形荷载作用面积的接触半径为 4.5 in；圆形荷载作用面积的接触应力为 75 psi
3　(19) NPT　　　　　　　//多轮荷载作用下应分析 x 和 y 坐标的点数为 3
0　13.5　0　0　0　4.5　0　6.75　(20) XW YW XPT　//两轴沿 x 轴中心到中心间距为 0 in（单轴）；两轮沿 y 轴中心到中心间距为 13.5 in；计算点 1 的 x 坐标为 0 in；计算点 1 的 y 坐标为 0 in；计算点 2 的 x 坐标为 0 in；计算点 2 的 y 坐标为 4.5 in；计算点 3 的 x 坐标为 0 in；计算点 3 的 y 坐标为 6.75 in
4　15　(25) NOLAY ITENOL　//非线性结构层层数为 4；非线性分析的最大迭代次数为 15
2　0　3　0　4　0　5　0　(26) LAYNO NCLAY　　//层 2、3、4、5 均为非线性结构层；层 2、3、4、5 均为粒料层
5　7　9　11　(27) ZCNOL　　　　　　　　　　//非线性层（层 2、3、4、5）弹性模

量计算点的 z 坐标分别为 5、7、9、11 in

```
0  0  6.75  0  0.01  (28) RCNOL XCNOL YCNOL SLD DELNOL   //计算单轮荷载
```
作用下非线性层弹性模量的路表径向坐标为 0 in；多轮荷载作用下非线性层弹性模量路表计算点的 x 坐标为 0 in；多轮荷载作用下非线性层弹性模量路表计算点的 y 坐标为 6.75 in；荷载分布斜率为 0；非线性分析的允许精度为 0.01

```
0.5    (29) RELAX                              //非线性分析用的松弛系数为 0.5
145   135   135   135   135   130   (30) GAM           //层 1 的重度为 145
```
pcf；层 2、3、4、5 的重度均为 135 pcf；层 6 的重度为 130 pcf

```
0.5  0.6  (31) K2 K0   //层 2 的非线性幂指数为 0.5；层 2 的静止土压力系数为 0.6
0.5  0.6  (31) K2 K0   //层 3 的非线性幂指数为 0.5；层 3 的静止土压力系数为 0.6
0.5  0.6  (31) K2 K0   //层 4 的非线性幂指数为 0.5；层 4 的静止土压力系数为 0.6
0.5  0.6  (31) K2 K0   //层 5 的非线性幂指数为 0.5；层 5 的静止土压力系数为 0.6
0    8000  (33) PHI K1   //采用应力修正方法 1；层 2 的非线性系数为 8 000 psi
0    8000  (33) PHI K1   //采用应力修正方法 1；层 3 的非线性系数为 8 000 psi
0    8000  (33) PHI K1   //采用应力修正方法 1；层 4 的非线性系数为 8 000 psi
0    8000  (33) PHI K1   //采用应力修正方法 1；层 5 的非线性系数为 8 000 psi
1  1  (46) NLBT NLTC  //底部受拉的结构层层数为 1；顶部受压的结构层层数为 1
1  (47) LNBT                                  //底部受拉的结构层层号为 1
6  (48) LNTC                                  //顶部受压的结构层层号为 6
36500   (49) TNLR   //各个时期各组荷载预期施加的荷载重复作用总次数为 36 500
0.0796   3.291   0.854   (50) FT1 FT2 FT3       //底部受拉疲劳系数
1.365E-09   4.477   (51) FT4 FT5               //顶部受压永久变形系数
```

电算结果：按上述数据输入文件计算得到路面设计寿命由永久变形控制，路面设计寿命为 5.06 年。若设计寿命为 20 年，那么荷载每天重复作用次数为 25.274 次。*Pavement analysis and design*（Second Edition）一书给出的答案分别为路面设计寿命 5.08 年，每天重复作用 25.4 次。

习题 3.8

数据输入文件：

```
1   (1) NPROB                                //待求解的问题数量为 1
KENLAYER 3.8                                 //问题标题定义为"KENLAYER 3.8"
2  0  1  1   (3) MATL NDAMA NPY NLG   //1 个结构层为非线性体，2 个结构
```
层为线弹性体；不开展损伤分析；1 个时期；1 个荷载组
```
0.001   (4) DEL                              //含贝塞尔函数积分的允许精度为 0.001
```

```
3 1 80 9 0   (5) NL NZ ICL NSTD NUNIT       //3 个结构层；1 个需分析的竖向
```
距离数；含贝塞尔函数循环积分的最大次数为 80；需计算竖向位移、四项应力和四项应变；采用英制单位

```
4 8   (6) TH                                 //第 1 层厚度为 4 in；第 2 层厚度为 8 in
0.4 0.3 0.45   (7) PR                        //第 1 层泊松比为 0.4；第 2 层泊松比均
```
为 0.3；第 3 层泊松比为 0.45

```
6   (8) ZC                                   //计算点竖向距离为 6 in
1   (9) NBOND                                //层间界面完全连续
400000 8000 10000   (11) E                   //第 1 层弹性模量为 400 000 psi；
```
第 2 层假设初始弹性模量为 8 000 psi；第 3 层弹性模量为 10 000 psi

```
1   (13) LOAD                                //单轴双轮荷载
4.5 75   (14) CR CP                          //圆形荷载作用面积的接触半径为 4.5 in；
```
圆形荷载作用面积的接触应力为 75 psi

```
1   (19) NPT                                 //多轮荷载作用下应分析 x 和 y 坐标的点数为 1
0 13.5 0 6.75   (20) XW YW XPT               //两轴沿 x 轴中心到中心间距为 0 in(单轴)；
```
两轮沿 y 轴中心到中心间距为 13.5 in；计算点的 x 坐标为 0 in；计算点的 y 坐标为 6.75 in

```
1 15   (25) NOLAY ITENOL   //非线性结构层层数为 1；非线性分析的最大迭代次数为 15
2 0   (26) LAYNO NCLAY                       //层 2 为非线性结构层；层 2 为粒料层
6   (27) ZCNOL                               //非线性层（层 2）弹性模量计算点的 z 坐标分别为 6 in
0 0 6.75 0 0.01   (28) RCNOL XCNOL YCNOL SLD DELNOL   //计算单轮荷载
```
作用下非线性层弹性模量的路表径向坐标为 0 in；多轮荷载作用下非线性层弹性模量路表计算点的 x 坐标为 0 in；多轮荷载作用下非线性层弹性模量路表计算点的 y 坐标为 6.75 in；荷载分布斜率为 0；非线性分析的允许精度为 0.01

```
0.5   (29) RELAX                             //非线性分析用的松弛系数为 0.5
145 135 130   (30) GAM                       //层 1 的重度为 145 pcf；层 2 的重度为 135 pcf；
```
层 3 的重度为 130pcf

```
0.5 0.6   (31) K2 K0   //层 2 的非线性幂指数为 0.5；层 2 的静止土压力系数为 0.6
8000 8000   (33) PHI K1                      //采用应力修正方法 2，层 2 的最小回弹模量为
```
8 000 psi；层 2 的非线性系数为 8 000 psi

电算结果：按上述数据输入文件计算得到迭代后满足收敛精度的层 2 弹性模量为 28 970 psi（199.741 MPa），三个主应力分别为 13.990 psi（96.458 kPa）、1.143 psi（7.881 kPa）和-2.999 psi（-20.677 kPa）。*Pavement analysis and design*（*Second Edition*）一书给出的答案分别为层 2 弹性模量为 29 560 psi（203.809 MPa），三个主应力分别为 14.00 psi（96.527 kPa）、1.13 psi（7.791 kPa）和-3.08 psi（-21.235 kPa）。

习题 3.9

数据输入文件：

1　(1) NPROB　　　　　　　　　　　　　　　　　//待求解的问题数量为 1

KENLAYER 3.9　　　　　　　　　　　　　　　　//问题标题定义为"KENLAYER 3.9"

3　0　1　1　(3) MATL NDAMA NPY NLG　　//1 个结构层为黏弹性体，1 个结构层为线弹性体；不开展损伤分析；1 个时期；1 个荷载组

0.001　(4) DEL　　　　　　　　　　　　　　　//含贝塞尔函数积分的允许精度为 0.001

2　1　80　1　0　(5) NL NZ ICL NSTD NUNIT　　//2 个结构层；1 个需分析的竖向距离数；含贝塞尔函数循环积分的最大次数为 80；只需计算竖向位移；采用英制单位

8　(6) TH　　　　　　　　　　　　　　　　　　//第 1 层厚度为 8 in

0.5　0.5　(7) PR　　　　　　　　　　//第 1 层泊松比为 0.5；第 2 层泊松比为 0.5

0　(8) ZC　　　　　　　　　　　　　　//计算点竖向距离为 0 in(即路表)

1　(9) NBOND　　　　　　　　　　　　　　　//层间界面完全连续

0　10000　(11) E　　　　　　//第 1 层弹性模量为 0 psi（第 1 层系黏弹性体，E 可赋值 0）；第 2 层弹性模量为 10 000 psi

0　(13) LOAD　　　　　　　　　　　　　　　　//单轴单轮荷载

6　75　(14) CR CP　　　　　　　//圆形荷载作用面积的接触半径为 6 in；圆形荷载作用面积的接触应力为 75 psi

1　(16) NR　　　　　　　　　　//单轮荷载作用下需分析径向距离的点数为 1

0　(17) RC　　　　　　　　//计算点的径向距离为 0 in(即单轴单轮荷载中心)

0　(36) DUR　　　　　　　　　　　　//运动荷载的历时为 0 s（即为静载）

1　1　(37) NVL LNV　　　　　　//黏弹性层数为 1；黏弹性结构层层号为 1

7　(38) NTYME　　　　　　　　　　　　　//输入蠕变柔量的历时数为 7

0　0.01　0.1　1　10　30　100　(39) TYME　　//输入蠕变柔量所需的历时分别为 0、0.01、0.1、1、10、30、100 s

0.113　70　(41) BETA TEMPREF　　　　//温度修正系数为 0.113；黏弹性层计算蠕变柔量的基准温度为 70 ℉

0.000002　2.37086E-06　3.8058E-06　4.38212E-06　4.57293E-06
4.5995E-06　4.5999E-06　(42) CREEP　　//黏弹性层在基准温度时的蠕变柔量分别为 2×10^{-6}、$2.370\,86 \times 10^{-6}$、$3.805\,8 \times 10^{-6}$、$4.382\,12 \times 10^{-6}$、$4.572\,93 \times 10^{-6}$、$4.599\,5 \times 10^{-6}$、$4.599\,9 \times 10^{-6}$ in²/lb

70　(44) TEMP　　　　　　//时期 1 时黏弹性层（即层 1）的温度为 70 ℉

电算结果：按上述数据输入文件计算得到 0、0.01 s、0.1 s、1 s、10 s 和 100 s 时的最大竖向位移为 0.015 61 in(0.396 mm)、0.016 57 in(0.421 mm)、0.019 56 in(0.497 mm)、

0.020 57 in（0.522 mm）、0.020 88 in（0.530 mm）和 0.020 92 in（0.531 mm）。*Pavement analysis and design*（*Second Edition*）一书给出的答案分别为 0.015 6 in（0.396 mm）、0.016 6 in（0.422 mm）、0.019 6 in（0.498 mm）、0.020 6 in（0.523 mm）、0.020 9 in（0.531 mm）和 0.020 9 in（0.531 mm）。

说明：需利用本书式（3-21）根据本题对应示意图直接写出蠕变柔量表达式：

$$D(t)=\frac{1}{5\times10^5}+\frac{1}{5\times10^5}(1-e^{-\frac{t}{0.05}})+\frac{1}{2.5\times10^6}(1-e^{-\frac{t}{0.5}})+\frac{1}{5\times10^6}(1-e^{-\frac{t}{5}})$$

将题中所需计算时刻 $t=0$、0.01、0.1、1、10 和 100 s 分别代入上式计算可得相应时刻的蠕变柔量。

习题 3.10

数据输入文件：

```
1          (1) NPROB                              //待求解的问题数量为 1
KENLAYER 3.10                                     //问题标题定义为"KENLAYER 3.10"
3  2  1  1  (3) MATL NDAMA NPY NLG               //1 个结构层为黏弹性体，1 个结构层
```
为线弹性体；开展损伤分析，并详细输出；1 个时期；1 个荷载组
```
0.001      (4) DEL                                //含贝塞尔函数积分的允许精度为 0.001
2  0  80  9  0  (5) NL NZ ICL NSTD NUNIT         //2 个结构层；需分析的竖向
```
距离数为 0（当开展损伤分析时，NZ 可赋值 0）；含贝塞尔函数循环积分的最大次数为 80；需计算竖向位移、四项应力和四项应变；采用英制单位
```
8          (6) TH                                 //第 1 层厚度为 8 in
0.5  0.5   (7) PR                                 //第 1 层泊松比为 0.5；第 2 层泊松比为 0.5
1          (9) NBOND                              //层间界面完全连续
0  10000   (11) E                                 //第 1 层弹性模量为 0 psi（第 1 层系黏弹性体，E 可赋
```
值 0）；第 2 层弹性模量为 10 000 psi
```
0          (13) LOAD                              //单轴单轮荷载
6  75      (14) CR CP                             //圆形荷载作用面积的接触半径为 6 in；
```
圆形荷载作用面积的接触应力为 75 psi
```
1          (16) NR                                //单轮荷载作用下需分析径向距离的点数为 1
0          (17) RC                                //计算点的径向距离为 0 in（即单轴单轮荷载中心）
0.1        (36) DUR                               //运动荷载的历时为 0.1 s
1  1       (37) NVL LNV                           //黏弹性层数为 1；黏弹性结构层层号为 1
7          (38) NTYME                             //输入蠕变柔量的历时数为 7
0  0.01  0.1  1  10  30  100  (39) TYME          //输入蠕变柔量所需的历
```
时分别为 0、0.01、0.1、1、10、30、100 s

0.113   70   (41) BETA TEMPREF   //温度修正系数为 0.113；黏弹性层计算蠕变柔量的基准温度为 70 ℉

0.000002   2.37086E-06   3.8058E-06   4.38212E-06   4.57293E-06
4.5995E-06 4.5999E-06   (42) CREEP   //黏弹性层在基准温度时的蠕变柔量分别为 2×10^{-6}、$2.370\,86\times10^{-6}$、$3.805\,8\times10^{-6}$、$4.382\,12\times10^{-6}$、$4.572\,93\times10^{-6}$、$4.599\,5\times10^{-6}$、$4.599\,9\times10^{-6}$ in^2/lb

70   (44) TEMP   //时期 1 时黏弹性层（即层 1）的温度为 70 ℉
1   1   (46) NLBT NLTC   //底部受拉的结构层层数为 1；顶部受压的结构层层数为 1
1   (47) LNBT   //底部受拉的结构层层号为 1
2   (48) LNTC   //顶部受压的结构层层号为 2
100000   (49) TNLR   //各个时期各组荷载预期施加的荷载重复作用总次数为 100 000
0.0796   3.291   0.854   (50) FT1 FT2 FT3   //底部受拉疲劳开裂系数
1.365E-09   4.477   (51) FT4 FT5   //顶部受压永久变形系数

电算结果：按上述数据输入文件计算得到路面设计寿命由沥青面层疲劳开裂控制，设计寿命为 20.79 年。*Pavement analysis and design*（*Second Edition*）一书给出的设计寿命为 21 年。

习题 3.11
数据输入文件：
1   (1) NPROB   //待求解的问题数量为 1
KENLAYER 3.11   //问题标题定义为"KENLAYER 3.11"
1   2   1   1   (3) MATL NDAMA NPY NLG   //所有结构层均为线弹性体；开展损伤分析，并详细输出；1 个时期；1 个荷载组
0.001   (4) DEL   //含贝塞尔函数积分的允许精度为 0.001
3   0   80   9   0   (5) NL NZ ICL NSTD NUNIT   //3 个结构层；需分析的竖向距离数为 0（当开展损伤分析时，NZ 可赋值 0）；含贝塞尔函数循环积分的最大次数为 80；需计算竖向位移、四项应力和四项应变；采用英制单位
6   8   (6) TH   //第 1 层厚度为 6 in；第 1 层厚度为 8 in
0.4   0.35   0.45   (7) PR   //第 1 层泊松比为 0.4；第 2 层泊松比为 0.35；第 3 层泊松比为 0.45
1   (9) NBOND   //层间界面完全连续
740000   23000   11000   (11) E   //第 1 层弹性模量为 740 000 psi；第 2 层弹性模量为 23 000 psi；第 3 层弹性模量为 11 000 psi
2   (13) LOAD   //双轴荷载
4.52   70   (14) CR CP   //圆形荷载作用面积的接触半径为 4.52 in；圆形荷载作用面积的接触应力为 70 psi

3   (19) NPT   //多轮荷载作用下应分析 x 和 y 坐标的点数为 3
48   13.5   0   0   0   3.375   0   6.75   (20) XW YW XPT   //两轴沿 x 轴中心到中心间距为 48 in（双轴）；两轮沿 y 轴中心到中心间距为 13.5 in；计算点 1 的 x 坐标为 0 in；计算点 1 的 y 坐标为 0 in；计算点 2 的 x 坐标为 0 in；计算点 2 的 y 坐标为 3.375 in；计算点 3 的 x 坐标为 0 in；计算点 3 的 y 坐标为 6.75 in
1   1   (46) NLBT NLTC   //底部受拉的结构层层数为 1；顶部受压的结构层层数为 1
1   (47) LNBT   //底部受拉的结构层层号为 1
3   (48) LNTC   //顶部受压的结构层层号为 3
200000   (49) TNLR   //各个时期各组荷载预期施加的荷载重复作用总次数为 200 000
0.0796   3.291   0.854   (50) FT1 FT2 FT3   //底部受拉疲劳开裂系数
1.365E-09   4.477   (51) FT4 FT5   //顶部受压永久变形系数

电算结果：按上述数据输入文件计算得到路面设计寿命由沥青面层疲劳开裂控制，路面设计寿命为 19.09 年。由于本例为双轴荷载，故损伤分析实际进行两次（见本书第 3 章 3.3.1.4），沥青层底最大拉应变（第一次）引起的损伤率为 4.357×10^{-2}，沥青层底差异拉应变（第二次）引起的损伤率为 8.804×10^{-3}，即沥青层底最大拉应变造成的损伤占比为：$\frac{4.357 \times 10^{-2}}{8.804 \times 10^{-3} + 4.357 \times 10^{-2}} \times 100\% = 83.2\%$；沥青层底差异拉应变造成的损伤占比为 16.8%。Pavement analysis and design（Second Edition）一书给出的答案为设计寿命为 19.09 年，损伤占比分别为 83.2% 和 16.8%。

说明：该题需设定 NDAMA=2（即开展损伤分析，且详细输出），方可获得沥青层底最大拉应变、差异拉应变等。

习题 3.12

应力修正方法 1 数据输入文件：

1   (1) NPROB   //待求解的问题数量为 1
KENLAYER 3.12 method1   //问题标题定义为 "KENLAYER 3.12 method1"
2   2   1   1   (3) MATL NDAMA NPY NLG   //所有结构层均为非线性体；开展损伤分析，并详细输出；1 个时期；1 个荷载组
0.001   (4) DEL   //含贝塞尔函数积分的允许精度为 0.001
7   0   80   9   0   (5) NL NZ ICL NSTD NUNIT   //7 个结构层；需分析的竖向距离数为 0（当开展损伤分析时，NZ 可赋值 0）；含贝塞尔函数循环积分的最大次数为 80；需计算竖向位移、四项应力和四项应变；采用英制单位
2   2   2   2   2   2   (6) TH   //第 1、2、3、4、5、6 层厚度均为 2 in
0.35   0.35   0.35   0.35   0.35   0.35   0.45   (7) PR   //第 1、2、3、4、5、6 层泊松比均为 0.35；第 7 层泊松比为 0.45

1　(9) NBOND　　　　　　　　　　　　　　　　　//层间界面完全连续
10000　10000　10000　10000　10000　10000　3020　(11) E　//第1、2、
3、4、5、6层的假设初始弹性模量均为10 000 psi；第7层假设初始弹性模量为3 020 psi
0　(13) LOAD　　　　　　　　　　　　　　　　　//单轴单轮荷载
6　100　(14) CR CP　　　　　//圆形荷载作用面积的接触半径为6 in；圆形荷载
作用面积的接触应力为100 psi
1　(16) NR　　　　　　　　　　//单轮荷载作用下需分析径向距离的点数为1
0　(17) RC　　　　　　　　　//计算点的径向距离为0 in（即单轴单轮荷载中心）
7　15 (25) NOLAY ITENOL　//非线性结构层层数为7；非线性分析的最大迭代次数为15
1　0　2　0　3　0　4　0　5　0　6　0　7　1　(26) LAYNO NCLAY //
第1、2、3、4、5、6层均为非线性层，为粒料；第7层为非线性层，为细粒土
1　3　5　7　9　11　13　(27) ZCNOL　//非线性层（层1、2、3、4、5、6、
7）弹性模量计算点的z坐标分别为1、3、5、7、9、11、13 in
0　0　0　0　0.01　(28) RCNOL XCNOL YCNOL SLD DELNOL　　//计算单轮荷载作
用下非线性层弹性模量的路表径向坐标为0 in；多轮荷载作用下非线性层弹性模量路表
计算点的x坐标为0 in；多轮荷载作用下非线性层弹性模量路表计算点的y坐标为0 in；
荷载分布斜率为0；非线性分析的允许精度为0.01
0.5　(29) RELAX　　　　　　　　　　　　　　//非线性分析用的松弛系数为0.5
135　135　135　135　135　135　115　(30) GAM　//第1、2、3、4、5、6、
7层的重度分别为135、135、135、135、135、135、115 pcf
0.5　0.6　(31) K2 K0　//第1层非线性幂指数为0.5；第1层静止土压力系数为0.6
0.5　0.6　(31) K2 K0　//第2层非线性幂指数为0.5；第2层静止土压力系数为0.6
0.5　0.6　(31) K2 K0　//第3层非线性幂指数为0.5；第3层静止土压力系数为0.6
0.5　0.6　(31) K2 K0　//第4层非线性幂指数为0.5；第4层静止土压力系数为0.6
0.5　0.6　(31) K2 K0　//第5层非线性幂指数为0.5；第5层静止土压力系数为0.6
0.5　0.6　(31) K2 K0　//第6层非线性幂指数为0.5；第6层静止土压力系数为0.6
6.2　1110　178　0.8　(31) K2 K3 K4 K0　//黏土层拐点处偏应力为6.2 psi；当偏
应力小于K_2时，黏土层回弹模量与偏应力直线关系的斜率为1 110；当偏应力大于K_2
时，黏土层回弹模量与偏应力直线关系的斜率为178；黏土层静止土压力系数为0.8
0　10000　(33) PHI K1　　//采用应力修正方法1；层1的非线性系数为10 000 psi
0　10000　(33) PHI K1　　//采用应力修正方法1；层2的非线性系数为10 000 psi
0　10000　(33) PHI K1　　//采用应力修正方法1；层3的非线性系数为10 000 psi
0　10000　(33) PHI K1　　//采用应力修正方法1；层4的非线性系数为10 000 psi
0　10000　(33) PHI K1　　//采用应力修正方法1；层5的非线性系数为10 000 psi
0　10000　(33) PHI K1　　//采用应力修正方法1；层6的非线性系数为10 000 psi

1827　　7682　　3020　　(33) EMIN EMAX K1　　　　//黏土层最小弹性模量为 1 827 psi；黏土层最大弹性模量为 7 682 psi；黏土层的拐点处模量为 3 020 psi

0　1　(46) NLBT NLTC　　　　//底部受拉结构层层数为 0；顶部受压结构层层数为 1

7　(48) LNTC　　　　//顶部受压结构层层号为 7

1000　(49) TNLR　　　　//各个时期各组荷载预期施加的荷载重复作用总次数为 1 000

1.365E-09　4.477　(51) FT4 FT5　　　　//顶部受压永久变形系数

应力修正方法 1 电算结果：按上述数据输入文件计算得到路面设计寿命由土基永久变形控制，路面设计寿命为 1.88 年。Pavement analysis and design（Second Edition）一书给出的设计寿命为 1.89 年。

应力修正方法 2 数据输入文件：

1　(1) NPROB　　　　//待求解的问题数量为 1

KENLAYER 3.12 method2　　　　//问题标题定义为"KENLAYER 3.12 method2"

2　2　1　1　(3) MATL NDAMA NPY NLG　　　　//所有结构层均为非线性体；开展损伤分析，并详细输出；1 个时期；1 个荷载组

0.001　(4) DEL　　　　//含贝塞尔函数积分的允许精度为 0.001

2　0　80　9　0　(5) NL NZ ICL NSTD NUNIT　　　　//2 个结构层；需分析的竖向距离数为 0（当开展损伤分析时，NZ 可赋值 0）；含贝塞尔函数循环积分的最大次数为 80；需计算竖向位移、四项应力和四项应变；采用英制单位

12　(6) TH　　　　//结构层 1 的厚度为 12 in

0.35　0.45　(7) PR　　　　//结构层 1 的泊松比为 0.35；结构层 2 的泊松比为 0.45

1　(9) NBOND　　　　//层间界面完全连续

10000　3020　(11) E　　　　//结构层 1 的假设初始弹性模量为 10 000 psi；结构层 2 的假设初始弹性模量为 3020 psi

0　(13) LOAD　　　　//单轴单轮荷载

6　100　(14) CR CP　　　　//圆形荷载作用面积的接触半径为 6 in；圆形荷载作用面积的接触应力为 100 psi

1　(16) NR　　　　//单轮荷载作用下需分析径向距离的点数为 1

0　(17) RC　　　　//计算点的径向距离为 0 in（即单轴单轮荷载中心）

2　15　(25) NOLAY ITENOL　　//非线性结构层数为 2；非线性分析的最大迭代次数为 15

1　0　2　1　(26) LAYNO NCLAY　　　　//第 1 层为非线性层，为粒料；第 2 层为非线性层，为细粒土

4　13　(27) ZCNOL　　//非线性层（层 1、2）弹性模量计算点的 z 坐标分别为 4、13 in

0　0　0　0　0.01　(28) RCNOL XCNOL YCNOL SLD DELNOL　　　　//计算单轮荷载作用下非线性层弹性模量的路表径向坐标为 0 in；多轮荷载作用下非线性层弹性模量路表

计算点的 x 坐标为 0 in；多轮荷载作用下非线性层弹性模量路表计算点的 y 坐标为 0 in；荷载分布斜率为 0；非线性分析的允许精度为 0.01

0.5 　　　　 (29) RELAX　　　　　　　　　//非线性分析用的松弛系数为 0.5

135　　115　　(30) GAM　　　　　　　　//第 1、2 层的重度分别为 135、115 pcf

0.5　　0.6　　(31) K2 K0　　//第 1 层非线性幂指数为 0.5；第 1 层静止土压力系数为 0.6

6.2　　1110　　178　　0.8　　(31) K2 K3 K4 K0　　//黏土层拐点处偏应力为 6.2 psi；当偏应力小于 K_2 时，黏土层回弹模量与偏应力直线关系的斜率为 1 110；当偏应力大于 K_2 时，黏土层回弹模量与偏应力直线关系的斜率为 178；黏土层静止土压力系数为 0.8

10000　　10000　　(33) PHI K1　　//采用应力修正方法 2，粒料层的最小回弹模量为 10 000 psi；层 1 的非线性系数为 10 000 psi

1827　　7682　　3020　　(33) EMIN EMAX K1　　//黏土层最小弹性模量为 1 827 psi；黏土层最大弹性模量为 7 682 psi；黏土层的拐点处模量为 3 020 psi

0　　1　　(46) NLBT NLTC　　//底部受拉结构层层数为 0；顶部受压结构层层数为 1

2　　(48) LNTC　　　　　　　　　　　　　//顶部受压结构层层号为 2

1000　　(49) TNLR　　//各个时期各组荷载预期施加的荷载重复作用总次数为 1 000

1.365E-09　　4.477　　(51) FT4 FT5　　　　　//顶部受压永久变形系数

应力修正方法 2 电算结果：按上述数据输入文件计算得到路面设计寿命由土基永久变形控制，路面寿命为 24.22 年。*Pavement analysis and design*（*Second Edition*）一书给出的设计寿命为 24.22 年。

应力修正方法 3 数据输入文件：

1　(1) NPROB　　　　　　　　　　　　　//待求解的问题数量为 1

KENLAYER 3.12 method3　　　　　　　//问题标题定义为"KENLAYER 3.12 method3"

2　2　1　1　(3) MATL NDAMA NPY NLG　//所有结构层均为非线性体；开展损伤分析，并详细输出；1 个时期；1 个荷载组

0.001　(4) DEL　　　　　　　　　　　　//含贝塞尔函数积分的允许精度为 0.001

2　0　80　9　0　(5) NL NZ ICL NSTD NUNIT　//2 个结构层；需分析的竖向距离数为 0（当开展损伤分析时，NZ 可赋值 0）；含贝塞尔函数循环积分的最大次数为 80；需计算竖向位移、四项应力和四项应变；采用英制单位

12　(6) TH　　　　　　　　　　　　　　//结构层 1 的厚度为 12 in

0.35　0.45　(7) PR　　　　　　//结构层 1、2 的泊松比分别为 0.35、0.45

1　(9) NBOND　　　　　　　　　　　　　//层间界面完全连续

10000　3020　(11) E　//结构层 1、2 的假设初始弹性模量分别为 1 000、3 020 psi

0　(13) LOAD　　　　　　　　　　　　　//单轴单轮荷载

6　100　(14) CR CP　//圆形荷载作用面积的接触半径为 6 in；圆形荷载作用面

积的接触应力为 100 psi

1　(16) NR　　　　　　　　　　　　　//单轮荷载作用下需分析径向距离的点数为 1
0　(17) RC　　　　　　　　　　　　　//计算点的径向距离为 0 in（即单轴单轮荷载中心）
2　15　(25) NOLAY ITENOL　//非线性结构层层数为 2；非线性分析的最大迭代次数为 15
1　0　2　1　(26) LAYNO NCLAY　　　第 1 层均为非线性层，为粒料；第 2 层为非线性层，为细粒土
6　13　(27) ZCNOL　　//非线性层（层 1、2）弹性模量计算点的 z 坐标分别为 6、13 in
0　0　0　0.01　(28) RCNOL XCNOL YCNOL SLD DELNOL　　//计算单轮荷载作用下非线性层弹性模量的路表径向坐标为 0 in；多轮荷载作用下非线性层弹性模量路表计算点的 x 坐标为 0 in；多轮荷载作用下非线性层弹性模量路表计算点的 y 坐标为 0 in；荷载分布斜率为 0；非线性分析的允许精度为 0.01
0.5　(29) RELAX　　　　　　　　　　　//非线性分析用的松弛系数为 0.5
135　115　(30) GAM　　　　　　　//结构层 1、2 的重度分别为 135 pcf、115 pcf
0.5　0.6　(31) K2 K0　　//第 1 层非线性幂指数为 0.5；第 1 层静止土压力系数为 0.6
6.2　1110　178　0.8　(31) K2 K3 K4 K0　　//黏土层拐点处偏应力为 6.2 psi；当偏应力小于 K_2 时，黏土层回弹模量与偏应力直线关系的斜率为 1 110；当偏应力大于 K_2 时，黏土层回弹模量与偏应力直线关系的斜率为 178；黏土层静止土压力系数为 0.8
40　10000　(33) PHI K1　　//采用应力修正方法 2，粒料层的内摩擦角度为 40°；层 1 的非线性系数为 10 000 psi
1827　7682　3020　(33) EMIN EMAX K1　　//黏土层最小弹性模量为 1 827 psi；黏土层最大弹性模量为 7 682 psi；黏土层的拐点处模量为 3 020 psi
0　1　(46) NLBT NLTC　　　//底部受拉结构层层数为 0；顶部受压结构层层数为 1
2　(48) LNTC　　　　　　　　　　　　　//顶部受压结构层层号为 2
1000　(49) TNLR　　//各个时期各组荷载预期施加的荷载重复作用总次数为 1000
1.365E-09　4.477　(51) FT4 FT5　　　　　　//顶部受压永久变形系数

应力修正方法 3 电算结果：按上述数据输入文件计算得到路面设计寿命由土基永久变形控制，路面设计寿命为 7.75 年。Pavement analysis and design（Second Edition）一书给出的设计寿命为 7.75 年。

说明：该题亦可设定 NPROB=3，采用类似习题 3.13 的形式一次性编制数据输入文件。

习题 3.13
数据输入文件：
2　(1) NPROB　　　　　　　　　　　　　　　　　　　　//待求解的问题数量为 2
KENLAYER 3.13 problem1　　　　　//问题 1 标题定义为"KENLAYER 3.13 problem1"

3 2 1 1 (3) MATL NDAMA NPY NLG　　//所有结构层均为黏弹性体；开展损伤分析，并详细输出；1个时期；1个荷载组

0.001　(4) DEL　　//含贝塞尔函数积分的允许精度为0.001

2 0 80 9 0 (5) NL NZ ICL NSTD NUNIT　　//2个结构层；需分析的竖向距离数为0（当开展损伤分析时，NZ可赋值0）；含贝塞尔函数循环积分的最大次数为80；需计算竖向位移、四项应力和四项应变；采用英制单位

10　(6) TH　　//结构层1的厚度为10 in

0.5 0.5 (7) PR　　//结构层1的泊松比为0.5；结构层2的泊松比为0.5

1　(9) NBOND　　//层间界面完全连续

0 0 (11) E　　//结构层1的假设初始弹性模量为0 psi；结构层2的假设初始弹性模量为0 psi

0 (13) LOAD　　//单轴单轮荷载

10 100 (14) CR CP　　//圆形荷载作用面积的接触半径为10 in；圆形荷载作用面积的接触应力为100 psi

1 (16) NR　　//单轮荷载作用下需分析径向距离的点数为1

0 (17) RC　　//计算点的径向距离为0 in（即单轴单轮荷载中心）

0.1 (36) DUR　　//运动荷载历时为0.1 s

2 1 2 (37) NVL LNV　　//黏弹性层层数为2；黏弹性层层号分别为1、2（即结构层1、结构层2）

7 (38) NTYME　　//输入蠕变柔量的历时数为7

0.01 0.03 0.1 0.3 1 3 10 (39) TYME　　//输入蠕变柔量所需的历时分别为0.01、0.03、0.1、0.3、1、3、10 s

0.113 70 (41) BETA TEMPRFF　　//黏弹性层1（即结构层1）温度修正系数为0.113；黏弹性层1（即结构层1）计算蠕变柔量的基准温度为70 ℉

1.02E-06 1.06E-06 1.21E-06 1.59E-06 2.68E-06 4.84E-06 9.27E-06 (42) CREEP　　//黏弹性层1（即结构层1）在基准温度时的蠕变柔量分别为1.02×10^{-6}、1.06×10^{-6}、1.21×10^{-6}、1.59×10^{-6}、2.68×10^{-6}、4.84×10^{-6}、9.27×10^{-6} in^2/lb

0.113 70 (41) BETA TEMPREF　　//黏弹性层2（即结构层2）温度修正系数为0.113；黏弹性层2（即结构层2）计算蠕变柔量的基准温度为70 ℉

0.000105 0.000289 0.000732 0.00125 0.00195 0.00359 0.00732 (42) CREEP　　//黏弹性层2（即结构层2）在基准温度时的蠕变柔量分别为0.000 105、0.000 289、0.000 732、0.001 25、0.001 95、0.003 59、0.007 32 in^2/lb

70 70 (44) TEMP　　//各个时期黏弹性层1（即结构层1）的温度为70 ℉；各个时期黏弹性层2（即结构层2）的温度为70 ℉

1 0 (46) NLBT NLTC　　//底部受拉的结构层层数为1；顶部受压的结构层层数为0

1   (47) LNBT   //底部受拉的结构层层号为 1（即结构层 1）
60000   (49) TNLR   //各个时期各组荷载预期施加的荷载重复作用总次数为 60 000
0.0796   3.291   0.854   (50) FT1 FT2 FT3   //底部受拉疲劳开裂系数
KENLAYER 3.13 problem2   //问题 2 标题定义为"KENLAYER 3.13 problem2"
3   2   1   1   (3) MATL NDAMA NPY NLG   //所有结构层均为黏弹性体；开展损伤分析，并详细输出；1 个时期；1 个荷载组
0.001   (4) DEL   //含贝塞尔函数积分的允许精度为 0.001
2   0   80   9   0   (5) NL NZ ICL NSTD NUNIT   //2 个结构层；需分析的竖向距离数为 0（当开展损伤分析时，NZ 可赋值 0）；含贝塞尔函数循环积分的最大次数为 80；需计算竖向位移、四项应力和四项应变；采用英制单位
10   (6) TH   //结构层 1 的厚度为 10 in
0.5   0.5   (7) PR   //结构层 1 的泊松比为 0.5；结构层 2 的泊松比为 0.5
1   (9) NBOND   //层间界面完全连续
0   0   (11) E   //结构层 1 的假设初始弹性模量为 0 psi；结构层 2 的假设初始弹性模量为 0 psi
0   (13) LOAD   //单轴单轮荷载
10   100   (14) CR CP   //圆形荷载作用面积的接触半径为 10 in；圆形荷载作用面积的接触应力为 100 psi
1   (16) NR   //单轮荷载作用下需分析径向距离的点数为 1
0   (17) RC   //计算点的径向距离为 0 in（即单轴单轮荷载中心）
0.2   (36) DUR   //运动荷载历时为 0.2 s
2   1   2   (37) NVL LNV   //黏弹性层层数为 2；黏弹性层层号分别为 1、2（即结构层 1、结构层 2）
7   (38) NTYME   //输入蠕变柔量的历时数为 7
0.01   0.03   0.1   0.3   1   3   10   (39) TYME   //输入蠕变柔量所需的历时分别为 0.01、0.03、0.1、0.3、1、3、10 s
0.113   70   (41) BETA TEMPREF   //黏弹性层 1（即结构层 1）温度修正系数为 0.113；黏弹性层 1（即结构层 1）计算蠕变柔量的基准温度为 70 ℉
1.02E-06   1.06E-06   1.21E-06   1.59E-06   2.68E-06   4.84E-06
9.27E-06   (42) CREEP   //黏弹性层 2（即结构层 2）在基准温度时的蠕变柔量分别为 1.02×10^{-6}、1.06×10^{-6}、1.21×10^{-6}、1.59×10^{-6}、2.68×10^{-6}、4.84×10^{-6}、9.27×10^{-6} in²/lb
0.113   70   (41) BETA TEMPREF   //黏弹性层 2（即结构层 2）温度修正系数为 0.113；黏弹性层 2（即结构层 2）计算蠕变柔量的基准温度为 70℉
0.000105   0.000289   0.000732   0.00125   0.00195   0.00359   0.00732
(42) CREEP   //黏弹性层 2（即结构层 2）在基准温度时的蠕变柔量分别为

0.000 105、0.000 289、0.000 732、0.001 25、0.001 95、0.003 59、0.007 32 in^2/lb
70 70 (44) TEMP   //各个时期黏弹性层 1（即结构层 1）的温度为 70℉；各个时期黏弹性层 2（即结构层 2）的温度为 70℉
1 0 (46) NLBT NLTC   //底部受拉的结构层层数为 1；顶部受压的结构层层数为 0
1 (47) LNBT   //底部受拉的结构层层号为 1（即结构层 1）
60000 (49) TNLR   //各个时期各组荷载预期施加的荷载重复作用总次数为 60 000
0.0796 3.291 0.854 (50) FT1 FT2 FT3   //底部受拉疲劳开裂系数

电算结果：按上述数据输入文件计算得到路面设计寿命由层 1 疲劳开裂控制，动载作用 0.1 s 时，设计寿命为 11.54 年；动载作用 0.2 s 时，设计寿命为 7.54 年。*Pavement analysis and design*（*Second Edition*）一书给出的设计寿命分别为 11.54 年和 7.54 年。

说明：该题分析对象为黏弹性的双层体系，不包含细粒土路基，故路面设计寿命自然由层 1 的疲劳开裂所控制，故可设定 *NLTC*=0，*LNTC* 不再予以输入。

习题 3.14
数据输入文件：

1 (1) NPROB   //待求解的问题数量为 1
KENLAYER 3.14   //问题标题定义为"KENLAYER 3.14"
4 1 2 2 (3) MATL NDAMA NPY NLG   //结构层 1 为黏弹性体，结构层 2、3、4、5 和结构层 6 为非线性体；开展损伤分析，并简略输出；2 个时期；2 个荷载组
0.001 (4) DEL   //含贝塞尔函数积分的允许精度为 0.001
6 0 80 9 0 (5) NL NZ ICL NSTD NUNIT   //6 个结构层（注：需将粒料层等分为 4 个子层）；需分析的竖向距离数为 0（当开展损伤分析时，*NZ* 可赋值 0）；含贝塞尔函数循环积分的最大次数为 80；需计算竖向位移、四项应力和四项应变；采用英制单位
6 2 2 2 2 (6) TH   //结构层 1、2、3、4、5 的厚度分别为 6、2、2、2、2 in
0.4 0.35 0.35 0.35 0.35 0.45 (7) PR   //结构层 1 的泊松比为 0.4；结构层 2、3、4、5 的泊松比均为 0.35；结构层 6 的泊松比为 0.45
1 (9) NBOND   //层间界面完全连续
0 7500 7500 7500 7500 3020 (11) E   //时期 1 结构层 1 的假设初始弹性模量为 0 psi；结构层 2、3、4、5 的假设初始弹性模量为 7 500 psi；结构层 6 的假设初始弹性模量为 3 020 psi
0 10000 10000 10000 10000 12340 (11) E   //时期 2 结构层 1 的假设初始弹性模量为 0 psi；结构层 2、3、4、5 的假设初始弹性模量为 10 000 psi；结构层 6 的假设初始弹性模量为 12 340 psi
0 (13) LOAD   //荷载组 1：单轴单轮荷载
5.35 100 (14) CR CP   //荷载组 1：圆形荷载作用面积的接触半径为 5.35 in；

圆形荷载作用面积的接触应力为 100 psi

1   (16) NR   //荷载组 1：单轮荷载作用下需分析径向距离的点数为 1
0   (17) RC   //荷载组 1：计算点的径向距离为 0 in（即单轴单轮荷载中心）
1   (13) LOAD   //荷载组 2：单轴双轮荷载
4.52   70   (14) CR CP   //荷载组 2：圆形荷载作用面积的接触半径为 4.52 in；圆形荷载作用面积的接触应力为 70 psi
3   (19) NPT   //多轮荷载作用下应分析 x 和 y 坐标的点数为 3
0 13.5 0 0 0 3.375 0 6.75 (20) XW YW XPT //两轴沿 x 轴中心到中心间距为 0 in（单轴）；两轮沿 y 轴中心到中心间距为 13.5 in；计算点 1 的 x 坐标为 0 in；计算点 1 的 y 坐标为 0 in；计算点 2 的 x 坐标为 0 in；计算点 2 的 y 坐标为 3.375 in；计算点 3 的 x 坐标为 0 in；计算点 3 的 y 坐标为 6.75 in；
5   15   (25) NOLAY ITENOL   //非线性结构层数为 5；非线性分析的最大迭代次数为 15
2 0 3 0 4 0 5 0 6 1 (26) LAYNO NCLAY   //层 2、3、4、5 均为非线性层，为粒料；层 6 为非线性层，为细粒土
7 9 11 13 15 (27) ZCNOL   //非线性层弹性模量计算点的 z 坐标分别为 7、9、11、13、15 in
0 0 6.75 0 0.01 (28) RCNOL XCNOL YCNOL SLD DELNOL   //计算单轮荷载作用下非线性层弹性模量的路表径向坐标为 0 in；多轮荷载作用下非线性层弹性模量路表计算点的 x 坐标为 0 in；多轮荷载作用下非线性层弹性模量路表计算点的 y 坐标为 6.75 in；荷载分布斜率为 0；非线性分析的允许精度为 0.01
0.5   0.5   (29) RELAX   //非线性分析用的松弛系数为 0.5、0.5
145 135 135 135 135 125 (30) GAM   //各结构层重度分别为 145、135、135、135、135、125 pcf
0.5   0.6   (31) K2 K0   //粒料层 1 的非线性幂指数为 0.5；粒料层 1 的静止土压力系数为 0.6
0.5   0.6   (31) K2 K0   //粒料层 2 的非线性幂指数为 0.5；粒料层 2 的静止土压力系数为 0.6
0.5   0.6   (31) K2 K0   //粒料层 3 的非线性幂指数为 0.5；粒料层 3 的静止土压力系数为 0.6
0.5   0.6   (31) K2 K0   //粒料层 4 的非线性幂指数为 0.5；粒料层 4 的静止土压力系数为 0.6
6.2 1110 178 0.8 (31) K2 K3 K4 K0   //黏土层拐点处偏应力为 6.2 psi；当偏应力小于 K_2 时，黏土层回弹模量与偏应力直线关系的斜率为 1 110；当偏应力大于 K_2 时，黏土层回弹模量与偏应力直线关系的斜率为 178；黏土层静止土压力系数为 0.8
0   7500   (33) PHI K1   //时期 1：采用应力修正方法 1；粒料子层 1 的非线性系数为 7 500 psi

0   7500   (33) PHI K1   //时期1：采用应力修正方法1；粒料子层2的非线性系数为7 500 psi

0   7500   (33) PHI K1   //时期1：采用应力修正方法1；粒料子层3的非线性系数为7 500 psi

0   7500   (33) PHI K1   //时期1：采用应力修正方法1；粒料子层4的非线性系数为7 500 psi

1827   7682   3020   (33) EMIN EMAX K1   //时期1：黏土层最小弹性模量为1 827 psi；黏土层最大弹性模量为7 682 psi；黏土层的拐点处模量为3 020 psi

0   10000   (33) PHI K1   //时期2：采用应力修正方法1；粒料子层1的非线性系数为7 500 psi

0   10000   (33) PHI K1   //时期2：采用应力修正方法1；粒料子层2的非线性系数为7 500 psi

0   10000   (33) PHI K1   //时期2：采用应力修正方法1；粒料子层3的非线性系数为7 500 psi

0   10000   (33) PHI K1   //时期2：采用应力修正方法1；粒料子层4的非线性系数为7 500 psi

7605   17002   12340   (33) EMIN EMAX K1   //时期2：黏土层最小弹性模量为7 605 psi；黏土层最大弹性模量为17 002 psi；黏土层的拐点处模量为12 340 psi

0.1 (36) DUR   //运动荷载历时为0.1 s
1 1   (37) NVL LNV   //黏弹性层层数为1；黏弹性结构层层号为1
11   (38) NTYME   //输入蠕变柔量的历时数为11
0.001   0.003   0.01   0.03   0.1   0.3   1   3   10   30   100   (39) TYMF   //输入蠕变柔量所需的历时分别为0.001、0.003、0.01、0.03、0.1、0.3、1、3、10、30、100 s

0.113   70   (41) BETA TEMPREF   //温度修正系数为0.113；黏弹性层计算蠕变柔量的基准温度为70 ℉

3.7E-07   5.2E-07   8.6E-07   1.45E-06   0.0000025   0.000004   0.0000062 0.0000086   0.000012   0.000016   0.000019   (42) CREEP   //黏弹性层在基准温度时的蠕变柔量分别为3.7×10^{-7}、5.2×10^{-7}、8.6×10^{-7}、1.45×10^{-6}、2.5×10^{-6}、4×10^{-6}、6.2×10^{-6}、8.6×10^{-6}、1.2×10^{-5}、1.6×10^{-5}、1.9×10^{-5} in²/lb

60   (44) TEMP   //时期1黏弹性层的温度为60 ℉
80   (44) TEMP   //时期2黏弹性层的温度为80 ℉
1 1   (46) NLBT NLTC   //底部受拉结构层层数为1；顶部受压结构层层数为1
1   (47) LNBT   //底部受拉结构层层号为1
6   (48) LNTC   //顶部受压结构层层号为6

```
9125    18250    (49) TNLR      //时期 1 荷载组 1 预期施加的荷载重复作用总次数为
9 125；时期 1 荷载组 2 预期施加的荷载重复作用总次数为 18 250
9125    18250    (49) TNLR      //时期 2 荷载组 1 预期施加的荷载重复作用总次数为
9 125；时期 2 荷载组 2 预期施加的荷载重复作用总次数为 18 250
0.0796   3.291   0.854   (50) FT1 FT2 FT3          //底部受拉疲劳开裂系数
1.365E-09   4.477   (51) FT4 FT5                   //顶部受压永久变形系数
```

电算结果：按上述数据输入文件计算得到路面设计寿命由土基永久变形控制，设计寿命为 25.15 年。*Pavement analysis and design*（Second Edition）一书给出的设计寿命为 25.15 年。

说明：该题需开展损伤分析，故可设定 *NZ*=0，同时需注意将 8 in 厚的粒料层细分为 4 个子层后对 *LNTC* 的影响（即 *LNTC*=6，而不是 *LNTC*=3）。

主要参考文献

[1] MALLICK R B, TAHAR E K. Pavement engineering-principles and practice[M].2nd ed. Boca Raton：CRC Press, 2013.

[2] MALLICK R B, TAHAR E K. Pavement engineering-principles and practice[M].3rd ed. Boca Raton：CRC Press, 2018.

[3] GHAZI G A. Traffic and pavement engineering[M]. Boca Raton：CRC Press, 2021.

[4] HUANG Y H. Pavement analysis and design [M]. Upper Saddle River, New Jersy：Prentice Hall, 1993.

[5] HUANG Y H. Pavement analysis and design [M]. 2nd ed. Upper Saddle River, New Jersy：Prentice Hall, 2004.

[6] 张起森. 道路工程有限元分析法[M]. 北京：人民交通出版社，1983.

[7] 王秉纲，邓学钧. 路面力学数值计算[M]. 北京：人民交通出版社，1992.

[8] 唐勇. 道路工程电算——从技能到软件[M]. 成都：成都科技大学出版社，1994.

[9] 邓学钧，黄卫，黄晓明. 路面结构计算和设计电算方法[M]. 南京：东南大学出版社，1997.

[10] 黄仰贤. 路面分析与设计[M]. 余定选，齐诚，译. 北京：人民交通出版社，1998.

[11] 邓学钧，黄晓明. 路面设计原理与方法[M]. 北京：人民交通出版社，2001.

[12] 夏永旭，王秉纲. 道路结构力学计算（下册）[M]. 北京：人民交通出版社，2003.

[13] 刘俊卿. 路面结构数值分析方法[M]. 西安：西安交通大学出版社，2016.

[14] 干凯. 层状弹性体系的力学分析与计算（第二版）[M]. 北京：科学出版社，2016.

[15] 赵彬强. 路面结构设计及数值分析软件应用[M]. 北京：中国电力出版社，2017.

[16] 蒋鑫，邱延峻，姚康. 沥青路面结构力学分析软件 KENLAYER[M]. 成都：西南交通大学出版社，2021.

[17] 蒋鑫，邱延峻，古含焱. 水泥混凝土路面结构力学分析软件 KENSLABS[M]. 北京：科学出版社，2021.

[18] 廖公云，黄晓明. ABAQUS 有限元软件在道路工程中的应用[M]. 南京：东南大学出版社，2008.

[19] 廖公云，黄晓明. ABAQUS 有限元软件在道路工程中的应用（第二版）[M]. 南京：东南大学出版社，2014.

[20] 严明星，王金昌. ABAQUS 有限元软件在路面结构分析中的应用[M]. 杭州：浙江大学出版社，2016.

[21] 陈俊，张东，黄晓明. 离散元颗粒流软件（PFC）在道路工程中的应用[M]. 北京：人民交通出版社，2015.

[22] 吴玉，蒋鑫，梁雪娇，等. 轮载作用下典型沥青路面结构力学行为分析[J]. 西南交通大学学报. 2017, 52（3）：563-570.

[23] 蒋鑫，姚康，程淳羽，等. 面-基层层间结合状态对半刚性基层沥青路面结构力学响应的影响[J]. 华东公路，2018（5）：103-108.

[24] 蒋鑫，冯文青，吴朝阳，等. 沥青路面结构力学分析四款典型专业软件评析[J]. 中外公路，2019，39（4）：38-44.

[25] 蒋鑫，古含焱，栗振坤，等. 虚拟仿真技术应用于道路工程专业方向本科教学的探索与实践[J]. 中国建设教育，2019（4）：137-141.

[26] XIN JIANG, CHENG ZENG, XIAOFENG GAO, et al.3D FEM analysis of flexible base asphalt pavement structure under non-uniform tyre contact pressure[J]. International Journal of Pavement Engineering, 2019,20(9): 999-1011.

[27] XIN JIANG, KANG YAO, HANYAN GU,et al. Comparison of nonlinear analysis algorithms for two typical asphalt pavement computer programs [J]. The Baltic Journal of Road and Bridge Engineering，2020, 15(4):225-251.

[28] XIN JIANG, CHENG ZENG, KANG YAO, et al. Influence of bonding conditions on flexible base asphalt pavement under non-uniform vertical loads [J]. International Journal of Pavement Engineering，2021,22(12): 1491-1503.

[29] KANG YAO, XIN JIANG, JIN JIANG, et al. Influence of modulus of base layer on the strain distribution for asphalt pavement[J]. The Baltic Journal of Road and Bridge Engineering, 2021, 16(4): 126-152.

[30] 蒋鑫，姜金，古含焱，等. KENLAYER 软件应用于"路面工程"课程设计之思考[J].中国建设教育，2021（上）：121-128.

[31] 蒋鑫，陈戈，王鑫，等. 垂直非均布移动轮载作用下沥青路面结构数值分析[J]. 交通科技，2021（5）：10-16.

[32] 蒋鑫，姜金，姚康，等. 沥青路面结构两款轴对称非线性有限元分析软件应用之比较[J]. 交通运输工程与信息学报，2021，19（4）：134-145.

[33] 曾诚. 非均布垂直轮载作用下柔性基层沥青路面结构力学行为研究[D]. 成都：西南交通大学，2015.

[34] 梁雪娇. 轮载作用下高寒地区沥青路面结构力学响应及损伤分析[D]. 成都：西南交通大学，2017.

[35] 吴玉. 基于土基模量衰变的路面结构轮致损伤规律、机理及其防治对策[D]. 成都：西南交通大学，2017.

[36] 冯文青.半挂汽车列车荷载作用下沥青路面结构力学响应的三维连续有限层法数值分析[D].成都：西南交通大学，2018.

[37] 姚康. 倒装式沥青路面结构的力学行为及性能评估[D]. 成都：西南交通大学，2021.

[38] 姜金. 级配碎石基层沥青路面结构力学响应及损伤分析[D]. 成都：西南交通大学，2022.

[39] 陈戈. 非均布移动轮载作用下沥青路面结构力学行为数值模拟[D]. 成都：西南交通大学，2022.

[40] THOMPSON M R，ELLIOTT R P.ILLI-PAVE-based response algorithms for design of conventional flexible pavements[J]. Transportation Research Record，1985（1043）：50-57.

[41] GILBERT BALADI.Fatigue life and permanet deformation characteristics of asphalt concrete mixes[J]. Transportation Research Record,1989（1227）：75-87.

[42] 熊鹰. 水泥掺量对碎石基层路用性能影响的研究[D]. 长沙：长沙理工大学，2007.